21 世纪全国高等院校物流专业创新型应用人才培养规划教材

物流决策技术

主　编　王道平　程肖冰

北京大学出版社
PEKING UNIVERSITY PRESS

内 容 简 介

本书全面系统地介绍了物流决策的基本理论和相关技术。全书共分 8 章，包括绪论、物流决策中的线性规划、物流需求预测、物流节点与设施布局、库存决策、运输与配送决策、物流成本概述和装箱决策，其中物流决策作业中的相关决策问题都有所涉及。

本书在编写过程中注重以下特色：理论联系实际，重点突出运用物流技术解决实际物流问题的方法，提供了与物流决策相关的大量案例，注重解题实例，多方面、多角度地运用例题解决问题，并大量使用图表，便于读者理解和巩固所学知识，提高学习的积极性。

本书可作为高等院校物流管理和物流工程专业的教材，也可作为物流理论研究者、物流咨询公司，以及其他企事业单位物流主管人员及物流从业人员科研和实践的参考书籍。

图书在版编目(CIP)数据

物流决策技术/王道平，程肖冰主编. —北京：北京大学出版社，2013.3

(21 世纪全国高等院校物流专业创新型应用人才培养规划教材)

ISBN 978-7-301-21965-2

Ⅰ. ①物…　Ⅱ. ①王…②程…　Ⅲ. ①物流—物资管理—经营决策—高等学校—教材　Ⅳ. ①F252

中国版本图书馆 CIP 数据核字(2013)第 011724 号

书　　名：物流决策技术

著作责任者：王道平　程肖冰　主编

策 划 编 辑：李　虎　刘　丽

责 任 编 辑：刘　丽

标 准 书 号：ISBN 978-7-301-21965-2/U・0087

出 版 发 行：北京大学出版社

地　　址：北京市海淀区成府路 205 号　100871

网　　址：http://www.pup.cn　新浪官方微博：@北京大学出版社

电 子 信 箱：pup_6@163.com

电　　话：邮购部 62752015　发行部 62750672　编辑部 62750667　出版部 62754962

印　刷　者：**北京宏伟双华印刷有限公司**

经　销　者：新华书店

787 毫米×1092 毫米　16 开本　20.25 印张　466 千字

2013 年 3 月第 1 版　2013 年 3 月第 1 次印刷

定　　价：38.00 元

丛书总序

物流业是商品经济和社会生产力发展到较高水平的产物，它是融合运输业、仓储业、货代业和信息业等的一种复合型服务产业，是国民经济的重要组成部分，涉及领域广，吸纳就业人数多，促进生产、拉动消费作用大，在促进产业结构调整、转变经济发展方式和增强国民经济竞争力等方面发挥着非常重要的作用。

随着我国经济的高速发展，物流专业在我国的发展很快，社会对物流专业人才需求逐年递增，尤其是对有一定理论基础、实践能力强的物流技术及管理人才的需求更加迫切。同时随着我国教学改革的不断深入以及毕业生就业市场的不断变化，以就业市场为导向，培养具备职业化特征的创新型应用人才已成为大多数高等院校物流专业的教学目标，从而对物流专业的课程体系以及教材建设都提出了新的要求。

为适应我国当前物流专业教育教学改革和教材建设的迫切需要，北京大学出版社联合全国多所高校教师共同合作编写出版了本套《21世纪全国高等院校物流专业创新型应用人才培养规划教材》。其宗旨是：立足现代物流业发展和相关从业人员的现实需要，强调理论与实践的有机结合，从“创新”和“应用”两个层面切入进行编写，力求涵盖现代物流专业研究和应用的主要领域，希望以此推进物流专业的理论发展和学科体系建设，并有助于提高我国物流业从业人员的专业素养和理论功底。

本系列教材按照物流专业规范、培养方案以及课程教学大纲的要求，合理定位，由长期在教学第一线从事教学工作的教师编写而成。教材立足于物流学科发展的需要，深入分析了物流专业学生现状及存在的问题，尝试探索了物流专业学生综合素质培养的途径，着重体现了“新思维、新理念、新能力”三个方面的特色。

1. 新思维

(1) 编写体例新颖。借鉴优秀教材特别是国外精品教材的写作思路、写作方法，图文并茂、清新活泼。

(2) 教学内容更新。充分展示了最新的知识以及教学改革成果，并且将未来的发展趋势和前沿资料以阅读材料的方式介绍给学生。

(3) 知识体系实用有效。着眼于学生就业所需的专业知识和操作技能，着重讲解应用型人才培养所需的内容和关键点，与就业市场结合，与时俱进，让学生学而有用，学而能用。

2. 新理念

(1) 以学生为本。站在学生的角度思考问题，考虑学生学习的动力，强调锻炼学生的思维能力以及运用知识解决问题的能力。

(2) 注重拓展学生的知识面。让学生能在学习了必要知识点的同时也对其他相关知识有所了解。

(3) 注重融入人文知识。将人文知识融入理论讲解，提高学生的人文素养。

3. 新能力

(1) 理论讲解简单实用。理论讲解简单化，注重讲解理论的来源、出处以及用处，不做过多的推导与介绍。

(2) 案例式教学。有机融入了最新的实例以及操作性较强的案例，并对案例进行有效的分析，着重培养学生的职业意识和职业能力。

(3) 重视实践环节。强化实际操作训练，加深学生对理论知识的理解。习题设计多样化，题型丰富，具有启发性，全方位考查学生对知识的掌握程度。

我们要感谢参加本系列教材编写和审稿的各位老师，他们为本系列教材的出版付出了大量卓有成效的辛勤劳动。由于编写时间紧、相互协调难度大等原因，本系列教材肯定还存在不足之处。我们相信，在各位老师的关心和帮助下，本系列教材一定能不断地改进和完善，并在我国物流专业的教学改革和课程体系建设中起到应有的促进作用。

齐二石

2009 年 10 月

齐二石　本系列教材编写指导委员会主任，博士、教授、博士生导师。天津大学管理学院院长，国务院学位委员会学科评议组成员，第五届国家 863/CIMS 主题专家，科技部信息化科技工程总体专家，中国机械工程学会工业工程分会理事长，教育部管理科学与工程教学指导委员会主任委员，是最早将物流概念引入中国和研究物流的专家之一。

前　言

物流作为经济的重要组成部分正在全球范围内迅速发展，它已成为我国经济发展的重要产业和新的经济增长点。为了适应物流理论与实践的快速发展，高等学校需要培养出既掌握物流理论基本知识，又具备实践操作技能的物流人才。物流科学的发展相对运筹学来说比较晚，尚未形成系统的科学体系，但这并没有割裂这两个学科之间的相互联系、相互渗透和交叉发展。

编者在多年的物流管理专业的教学实践中了解到，物流专业学生普遍认为自己学到的知识不少，但大多是经济管理类的基础知识，而且不知道如何运用这些理论，缺乏实践应用经验和能力，临近毕业时对就业还是比较迷惘。究其原因，首先是绝大部分的本科生就业不可能一蹴而就地进入管理层，而是需要在基层锻炼，大学所学的经济管理类知识能用到的不多；其次是动手技能缺乏，不知如何将理论知识灵活地应用到实践中；另外就是在学习过程中缺乏对物流技术类知识的系统学习和动手实践环节的培养。物流技术理论的掌握和应用可以让学生感觉学有所获、学有所用，在工作中能迅速得以应用。

为了更好地帮助学生建立管理决策思维方式和灵活应用决策方法，编者在《现代物流决策技术》基础上改写成《物流决策技术》，目的是运用物流科学与运筹学的基本理论体系，科学分析物流运作及其管理，努力提高物流决策的科学水平，为探索未来物流技术的发展方向拓展新的空间。结合编者多年的教学实践，本书力求为读者打开物流决策方法理论与应用之门，尽可能追求较强的可读性和易引导性，做到好读易教。本书重点介绍了物流决策中常用的定量分析技术，运用运筹学及其相关学科的理论，如决策论、规划论、对策论、概率论、预测技术等，对包括需求预测、物流节点与设施布局、库存控制、运输与配送规划、物流成本分析、装箱技术等在内的物流活动进行分析，以期对提高学生的物流决策水平提供一些帮助。全书共分 8 章：第 1 章介绍决策和物流决策的基本理论知识，包括确定型决策、不确定型决策、风险型决策和效用理论及其在决策中的应用等；第 2 章介绍物流决策中的线性规划，能够利用线性规划知识获得物流决策问题的最佳解法，如运输问题等；第 3 章讲述物流需求预测常用的方法，包括定性和定量预测方法与技术、预测方法的选择和预测结果的处理方法等；第 4 章重点介绍与物流设施决策相关的内容，包括设施选址方法、物流节点布局规划、设施规模决策等；第 5 章主要介绍库存决策的基本知识，重点分析了单周期和多周期库存模型、随机库存问题和供应链环境下的库存控制方法等；第 6 章介绍运输与配送决策的相关知识，重点分析了运输方式选择的决策方法、运输路线优化决策方法、制定合理行车路线和时间表、配送中心决策等，在掌握的基础上才能根据实际情况做出正确的运输与配送决策；第 7 章介绍关于物流成本的相关知识，重点分析了物流成本决策的基本知识、物流成本控制方法等；第 8 章介绍装箱决策的相关知识，重点分析了多物品装箱决策和集装箱装箱优化技术等。书中提供了与物流决策有关的大量的生动案例(包括导入案例、阅读链接和案例分析)、形式多样的习题，以供读者阅读、训练使用，便于学生对所学的知识进行巩固和灵活应用。总之，本书的内容全面系统并具有较强的实用性和操作性。

本书具有以下特点。

(1) 为体现本课程实用性和操作性较强的特点，书中提供了3种类型共30多个案例供读者分析、研读，以加深和拓展读者的视野；提供形式多样的习题，以便读者巩固和灵活运用所学的物流决策方法和技术。

(2) 紧密结合本课程教学的基本要求，教材内容全面系统、重点突出，所用资料力求更新、更准确地解读知识点。该书注重决策理论知识与物流决策活动相结合，强调知识的实用性，具有较强的针对性。

本书由王道平和程肖冰担任主编，负责写作提纲、组织编写和最后的统稿工作。编写分工为：第1章由王道平和肖扬编写，第2章由王道平和周丹云编写，第3章由程肖冰和肖扬编写，第4章由王道平和张学龙编写，第5章由王道平和李秀雅编写，第6章由王道平和周丹云编写，第7章由程肖冰和李秀雅编写，第8章由王道平和张学龙编写。建议总授课48学时，第1章4学时，第2章6学时，第3章6学时，第4章4学时，第5章8学时，第6章8学时，第7章6学时，第8章4学时，复习课2学时。

本书在编写过程中，参考了大量相关书籍和资料，在此向其作者表示衷心的感谢！本书在出版过程中，得到北京大学出版社的大力支持，在此一并表示衷心的感谢！

由于作者水平有限，加之时间仓促，书中难免有疏漏之处，敬请读者批评指正。

编　者

2012年12月于北京科技大学

目　录

第1章 绪论

【教学要点】

知识要点	掌握程度	相关知识	应用方向
决策的概念	重点掌握	狭义的决策概念和广义的决策概念；决策概念的理解	掌握有关决策的基本知识，并在此基础上能够根据决策的原则和步骤进行决策
决策的原则和特点	了解	决策遵循的5个原则	
决策的过程	掌握	决策的4个主要过程	
决策的分类	掌握	决策的6种分类方式	
不确定型决策的概念	熟悉	不确定型决策的概念及需要满足的条件	能够利用不确定型决策的概念分析哪些属于不确定型决策问题或风险性决策问题，并利用适当的原则解决不确定决策问题或风险性决策问题
不确定型决策的决策原则	重点掌握	不确定型决策5种决策原则	
风险型决策的概念	熟悉	风险型决策的概念及需要满足的条件	
风险型决策的决策原则	重点掌握	风险型决策的决策准则及方法	
物流的概念与发展现状	了解	物流的4个发展阶段；我国、美国和日本关于物流的定义；物流的6项功能	随着现代物流管理要求的提高，物流优化中的量化分析越来越重要，这就突出了物流定量决策的重要性
物流管理的概念和模式	掌握	现代物流管理的概念；物流管理的两种基本模式	
物流决策的概念	掌握	物流决策的概念	
物流决策和运筹学的关系	了解	物流决策中要用到的运筹学知识	

导入案例

福特汽车公司的物流外包①

福特公司总部设在美国密歇根州的迪尔·伯恩，公司创于1903年，此后迅速成长为一个世界范围内汽车制造及汽车相关产品和服务的领导者。福特公司建立了世界第一个垂直一体化公司。

但随着市场转变，庞大的垂直一体化集团再也无法适应变化迅速、需求多样化的消费市场，福特公司发现独立于自己已控制之外的专业化公司不仅能够完成基本的工作，而且有一些工作甚至比福特自己的机构做得更好。所以公司管理层决定将除了核心业务——制造轿车和卡车外，其他相关的业务进行外包，其中，最重要的是物流活动的外包。

公司决策层经过分析发现，物流活动并不是公司的核心竞争力。公司对整个供应链进行控制，不仅不能保持高的服务水平，相反带来了巨大的财务包袱，损害了公司汽车业务的发展，庞大的供应链不能及时地反映这种变化。此外，当时美国也出现了像联邦、UPS 等优秀的物流提供商。在这种历史背景下，福特审时度势，将许多不具有竞争力的子公司都剥离出去，其金融资源于被转移用于开发和维持自己的核心业务——汽车制造和汽车租赁等具有竞争力优势的业务，而原料的供应、运输等不具有竞争力的工作都交给独立专业化公司去做。

在决定公司的物流活动进行外包后，福特公司要做的工作就是选择低成本的供应商及保持对供应商的控制，以确保公司要求的物流服务水平，以最低成本完成物流功能。福特公司采取的做法是进行全球资源配置计划及对重点供应商进行运输外包委托。

福特公司的全球资源配置计划着重于评价全球范围内的供应商，以获得一流的质量、最低的成本和最先进的技术的提供者。福特公司致力于将这种策略扩展成为集团化的采购战略，它的目标是建立一个适于全球的汽车生产环境，零部件的设计、制造、采购及组装都将在全球的范围内进行。

福特汽车公司已经对核心供应商开通了内部互联网，因此供应商可以得到关于福特工厂和仓库库存的实时信息，以便进行无间断供应，这种物流配合使供应商能将原材料准确送到。福特公司与供应商在经营上协调一致并实现了信息共享与集成。他们以顾客的需求驱动顾客化的生产计划，共同开发产品和设计工艺流程，实现了相互之间的工艺集成、技术和运作的集成，增强了矛盾冲突解决能力，进而提高了产品的质量，缩短了交货提前期，提高了其可靠性，因此获得了柔性敏捷的市场响应能力。除了采用全球采购策略，福特公司还将运输业务外包，缩短了零部件和成品的交付时间，降低了运输和库存成本。

福特公司的经营模式上的转变表明，在社会分工日益专业化的现代经济中，没有哪一个厂家完全做到自给自足，只有将企业有限的资源投入加强自身核心竞争力上，并与供应链上其他企业通力合作以最有效地利用内外部资源，才能成为真正的赢家。

讨论题

(1) 福特公司的核心能力是什么？

(2) 结合材料谈谈物流企业外包决策对福特公司发展的作用。

决策是人类自古就有的活动，也是现代管理的核心。可以认为整个管理过程都是围绕着决策制定和组织实施展开的。对于企业管理人员来说，决策是最重要、最耗费精力和最冒险的事情。决策的准确程度直接关系到企业运作的成败，因此决策是至关重要的。决策

① 资料来源：http://wenku.baidu.com/view/e018d6eeaeaad1f346933fce.html.

不仅仅对企业管理重要，对物流管理同样很重要。本书讲解的就是在现代物流管理中需要解决的物流决策问题。

1.1 决策概述

1.1.1 决策的概念、特征和原则

1. 决策的概念

决策是现代管理的核心。诺贝尔经济学奖获得主赫伯特·西蒙[1]认为“管理就是决策”，那么什么是决策呢？

目前关于决策的概念主要是从两方面给予描述的。从狭义上来讲，决策就是领导者为了解决某一问题，从众多的方案中选定某一方案的行为。从广义上来讲，决策是一个管理的过程，是人们为了实现某个或者某些特定的目标，运用科学理论和方法分析目前所处的状态，提出预选方案，借助一些工具，如计算机，从预定的方案中选择出最优的或者较优的方案，并对此方案进行实施和监督的过程。

简单地说，决策就是决策者为了实现一定的目标，根据评定的准则和标准，从两个或两个以上的方案中选择一个最优方案，并组织实施的过程。

对决策定义的理解包括以下几个方面。

1) 决策者

决策者也称决策的主体，可以是个体也可以是群体。决策者受社会、政治、经济、文化和科学等因素的影响，具有特定的知识结构、心理结构。决策者的知识、经验、判断力、价值观、个性甚至个人感情都会直接影响到决策的结果。参与整个决策过程的决策主体实际上可以分为两种：承担分析问题、评价方案的是分析者；提出问题并最后作出决断的是领导者。

由于决策本身就是一个由人来主导的过程，不同的领导者和不同的决策团队所作出的决策很可能是不同的，因此决策者是整个决策过程中最重要的因素。

阅读链接 1-1

决策者素质的重要性

日本尼西奇公司作为一家尿布生产企业闻名于日本乃至于全世界，但是最初的时候它只是一家生产雨伞等橡胶制品和婴儿尿垫的小企业。一次偶然的机会，董事长多博川看到了一份人口普查报告。从人口普查资料中他获知，日本每年约有250万个婴儿出生，他立即意识到尿布这个小商品有着巨大的潜在市场，按每个婴儿每年最低消费2条计算，一年就是500万条，再加上广阔的国际市场，潜力是巨大的。于是他

① 美国著名管理学家，曾任卡内基梅隆大学计算机科学与心理学教授，美国伊利诺伊理工学院教师，1975年荣获计算机科学最高奖——图灵奖，1978年荣获诺贝尔经济学奖，1986年荣获美国总统科学奖，代表作有《管理行为》、《经济学和行为科学中的决策理论》、《管理决策新科学》等。

立即决定放弃其他产品的生产，集中力量生产尿布，创立名牌。结果尼西奇生产的尿布畅销全国，走俏世界。如今该公司的尿布销量已占世界的1/3，多博川本人也因此成为享誉世界的“尿布大王”。尼西奇公司的成功与董事长多博川对市场的敏锐观察力和及时出击的战略是分不开的。

(资料来源：万志强．名副其实的“尿垫大王”[J]．生意通，2011，(6)：66-67.)

2) 具有明确的目标

在进行任何决策之前，都必须要有明确的目标。决策目标的合理性会直接影响决策的成败。决策的目标可以是一个，也可以是相互关联的几个组成的一组。实际中的决策跟理论上的决策有很大不同，实际中的决策不可能总达到最优，使用最少的资源而获取最大的效用一般难以实现。同时，任何一种决策方案都不可能使所有的目标都达到最优，因此，通常情况下可以用“满意解”来代替“最优解”。

3) 可行性方案

决策组织分析得到的决策方案必须为两个或者两个以上，这样才能供领导者来决定较优的方案。如果只提出一个决策方案给决策者，就认为这个决策团队是失败的。

4) 决策准则和标准

决策面临多个可行性方案的选择，不同的方案各具特点，根据不同的方案的特征，选择一定的准则和标准进行评价。

5) 方案收益值

每一种可能方案最终都要采用某种方法得到它的收益值，然后决策者就可以根据收益值和某种决策准则来判断此方案的好坏。

6) 决策的本质

决策实质上就是决策者或管理者基于客观事实的主观判断的过程。本质上，决策是一个连续统一的循环的过程，贯穿于管理活动的始终。

2. 决策的特征

决策一般具有以下两个明显的特征。

(1) 决策解决未来的问题，面向尚未发生的事件，因而存在一定的不确定性。这就要求决策者对未来有敏锐的洞察力，决策的行为必须富有前瞻性。当然，决策者也要正确面对决策方案的实施后果与预期的差别，决策者大都希望方案实施的后果符合甚至超越预期，但这往往是很困难的，因为决策所处的环境瞬息万变，当方案开始实施时往往环境就已经不是制定方案时的环境了，因而作出完全正确的决策的可能性是较低的。

(2) 决策具有“不可重复性”。决策多属于一次性的，失败的决策将导致显著的消极后果，损失也是无法挽回的，也就要求决策者必须要掌握一定的有关决策科学的基本理论，并正确地运用科学决策的方法和技术。

阅读链接 1-2

科学决策的重要性

科学决策是相对于经验决策而言的。经验决策主要是依赖于决策者的智慧和经验的决策，这些决策有一些也是有效的，从现代科学的角度分析也是较科学的，但是没有从科学规律上去总结，缺乏规范性，没有形成便于他人学习的能运用的理论与方法；而科学的决策是指以科学理论作为基础，采用一系列规范的程序而作出的决策，科学决策是“顺时而生”的。社会的发展和进步，对决策提出了更高的要求，迫切需要经验决策向科学化的方向发展。正确的决策会使企业兴旺发达，而错误的决策往往会使企业或国家陷入困境。

美国福特公司是世界著名的汽车生产商之一。福特公司是福特于1903年创立的。福特曾经聘任了一位管理专家库兹恩斯担任公司的经理。库兹恩斯上任后采取了3项重要的决策：①进行市场调查，预测市场需求；②确定产品的目标价格；③狠抓生产管理，大力提高劳动生产率，降低成本，确保目标价格的实现。由于事先经过了详细的调研，因而福特公司生产出了一批价廉、美观而又实用的N型汽车，在其他的几家公司还在生产专供有钱人乘坐的豪华型旅行汽车时，福特公司就已经夺取了大部分中层消费水平的汽车市场。到1908年，福特公司又推出了效率更高、价格更低的T型轿车，这样到1910年，福特公司就已经成为世界上最大的汽车制造公司。但是这样的情景并没有持续下去，到了20世纪20年代中期，随着美国经济的快速增长和百姓收入的增加、生活水平的提高，汽车市场发生了巨大的变化，买方市场在美国已经基本形成，道路及交通状况也发生了质的改变，简陋而又千篇一律的T型车虽然价廉，但已经不能满足消费者的消费需求。然而，面对市场的变化，福特仍然自以为是，置消费者的需求变化于不顾，顽固地坚持生产中心的观念，就像他宣称的“无论你需要什么颜色的汽车，我福特只有黑色的”。而此时，面对市场的变化，通用汽车公司及时地抓住了市场机会，推出了新的式样和颜色的雪佛兰汽车，雪佛兰一上市就受到了消费者的追捧，福特T型车的销量剧降。1927年福特公司的T型车不得不停产，通用公司趁虚而入，一举超过福特公司，成为世界最大的汽车公司。当然，后来在小福特的领导下福特公司又重新成为了一流的汽车公司，但是从福特公司的起落可以看出，对全局有着重大联系的关键性问题的决策的正确与否、及时与否，对一个企业的兴衰成败都将有着重要的作用和深远的影响。

(资料来源：刘亦文，胡宗义．企业技术创新路径依赖的盛宴和陷阱研究——以福特公司为例[J]．科技进步与对策，2011，28(17)：81-84)

3. 决策的原则

在进行决策的过程中要遵守6项基本原则，即可行性原则、满意原则、经济性原则、信息全面化原则、定性分析与定量分析相结合的原则和群体决策原则。

1) 可行性原则

决策的最终目标是为了解决问题、实现目标，那么决策的首要原则就是提供给决策者的每一个方案都必须是可行的。只有在准确地把握好以上几个方面的可行性之后，决策者和决策的实施者才能使整个的决策进程处于有意义的状态。

2) 满意原则

满意是指在系统环境下，试图追寻最优解，找到实现目标的最优方案。在现实生活中，决策后因为客观因素的影响，使人们无法得到最优解，只能退而求其次，得到次优解，即求得相对满意解。

3) 经济性原则

经济性原则要求决策者选择能获得最大经济效益的方案。现代社会资源稀缺，在这个条件的约束下，决策者作出的任何选择都应该是以有利于企业实现效益最大化和实现企业价值最大化为目标。这样才能够使企业免受更大的风险，这也是企业生存和发展的基本要求。

4) 信息全面化原则

无论进行什么样的决策，信息都是必不可少的。各种决策技术的作用对象都是信息。

决策信息的准确和全面是取得高质量决策必不可少的条件。未经调查，缺乏信息而盲目地去作出一些决策，毫无疑问是要失败的。尤其在一个被数据淹没的时代，周围的环境瞬息万变，不注意与时俱进，及时更新信息，对个人、企业乃至国家来说都是极其危险的。因此，在进行决策前，决策者应认真研究解决的问题，运用科学的手段广泛收集信息，以便获得准确、及时、可靠的决策依据。

5) 定量分析与定性分析相结合的原则

传统的决策通常使用定性的决策方法，主要是受到当时社会发展的约束。纯粹的定性分析的方法主观臆断的成分较大，但是如果不注重事物在发展过程中的数量变化、数量表现、数量关系和在数量方面存在的规律，就不可能真正把握事物的内在规律，当然就不能够作出科学的决策。能否在决策中使用定量的科学方法，决定了决策是否是科学的。

当然，定量分析有其反映事物本质可靠和确定的一面，也有其局限和不足的一面。当变量较多、约束条件变化较大时，要取得定量分析的最优结果往往需要耗费较大的人力、时间和资金。当缺乏完善的分析方法和分析数据时，甚至很难得出可靠的结果。另外，有些社会的、政治的、心理的、行为的因素，很难完全对它们量化分析，但它们对于决策也具有举足轻重的影响。因此，在进行定量分析和比较的同时，也不能忽视定性分析的一面。因此在决策时要尽量将定性分析与定量分析相结合。

6) 群体决策原则

科学技术的飞速发展使得社会、经济、科技等许多问题的复杂程度与日俱增，很多问题的决策已绝非决策者个人和少数几个人所能胜任，因此实行群体决策是决策科学化的重要组织保证。

群体决策不是靠少数领导“拍脑袋”，也不是找几个专家简单讨论一下，或靠少数服从多数来进行决策，而是充分依靠和利用智囊团对要决策的问题进行系统的调查研究，弄清历史和现状，掌握第一手资料，然后通过方案论证和综合评估提出切实可行的方案供决策者参考。群体决策还是需要最终有一个能够作出选择的“决策者”，要避免出现各执一词，难以定夺的局面，智囊团的作用在于提出科学化的决策方案，并向决策者建议诸多方案中的较优者，最终还需决策人来定夺，如果决策者百分之百采用智囊团提出的决策，那么这个决策者是不称职的。

1.1.2 决策的过程和特点

作为西方决策理论的重要创始人，美国著名教授西蒙在 1978 年获得了诺贝尔经济学奖。西蒙提出：“从广义的方面来理解决策过程，那么决策过程与管理是同义的。”他认为，在决策中既要重视使用数学模型、计算机技术等定量分析的方法，也要注重心理因素和人际关系等社会因素。

1. 决策的过程

西蒙认为决策可以分为以下 4 个过程。

1) 情报活动

情报活动就是指明确决策需要解决的问题，确定目标。正确的问题和目标是决策的基础。在进行决策时首先应该确定一个科学的、适合环境的、有针对性的、切中问题要害的决策目标，这就要求事先必须进行详细的调查和收集资料，依靠智囊团或者专家组进行分析，最终找到科学的问题。现代社会情况复杂，环境变化快，对新情况作出及时的反应是比较困难的，决策者在某一时间只能集中精力处理少数重要事项，很难了解所有的情况。因此在实践中，不同的部门都设立了一些专门化的机构，主要从事情报活动。例如，企业设立市场部门，专门了解国内外与本企业相关的新产品、新技术的动态和各种商业情报；政府机关设立政策研究部门，主要了解内外部的环境发展情况，为政府提供战略性的政策建议等。

阅读链接 1-3

科学决策的前提

由马来西亚国营重工业公司和日本三菱汽车公司合资2.8亿美元生产的新款汽车“沙格型”隆重推出市场。马来西亚政府视之为马来西亚工业的“光荣产品”，产品在推出后，销售量很快跌至低潮。经济学家经过研究，认为“沙格型”汽车的一切配件都从日本运来，由于日元升值，使它的生产成本急涨，再加上马来西亚本身的经济不景气，所以汽车的销售量很少。此外，最重要的因素是政府在决定引进这种车型时，主要考虑到满足国内的需要。因此，技术上未达到先进国家的标准，无法出口。由于在目标市场决策中出现失误，“沙格型”汽车为马来西亚工业带来的好梦，只是昙花一现而已。

此例说明，科学经营决策的前提是确定决策目标。它作为评价和监测整个决策行动的准则，不断地影响、调整和控制决策活动的过程，一旦目标错了，就会导致决策失败。

(资料来源：刘裕国．经营决策案例及其给我们的启示[J]．决策借鉴，1997，(2)：48-49)

2) 设计活动

设计活动也就是确定实现决策的备选方案。在第一阶段顺利完成的基础上，寻求多种解决问题、达到目标的备选方案。在此过程中，决策团队使用头脑风暴法或戈登法来发掘、构想和分析多种可能的方案，其中也可能会使用到数学模型进行定量分析，筛选出若干个可行性方案，只提出一个方案是不可行的。

3) 抉择活动

抉择活动是预测、评估和选择方案的过程。选择方案是指使用某些方法评价各种方案，并且从中选取最满意的方案。这一阶段是复杂的，首先，如果评价方案的准则较多，那么如何兼顾各个准则将是一个比较困难的问题；其次，决策者的偏好也是影响方案选择的重要因素，冒险型的决策者和保守型的决策者作出的选择肯定会有很大的不同。在选定方案后，需组织专业的团队进行方案的论证，因为最初选定的最优方案应用到实际中不一定也是最优的。

4) 实施活动

方案的实施和监督是最后一个阶段，也就是反馈的阶段。这一阶段的主要工作是确定方案后组织实施，并监督实施的过程。发现问题、及时调整或者重新进行决策，直到实现决策的目标为止。决策过程如图 1.1 所示。

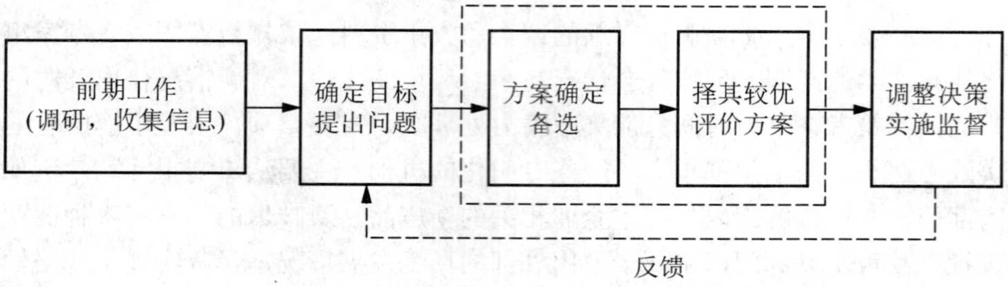

图 1.1　决策过程

本书所讲的有关决策的知识主要集中在第二阶段和第三阶段，其余各阶段的相关知识读者可以参看相关书籍。

2. 决策的特点

根据决策的过程和决策概念的理解，可以看出决策具有以下几个特点：目标性、可行性、选择性、满意性、过程性、风险性等。

1) 目标性

任何组织决策都必须首先确定组织的活动目标。目标能为组织决策的实施和控制提供依据，因此确定目标，是决策的必要的环节。

2) 可行性

决策方案的拟定和选择，不仅要考察采取某种行动的必要性，而且要注意实施条件的限制。例如，一家旅游公司经过市场调查，发现月球旅游是一个潜在的目标市场，但旅游公司就其实力难以实现该项目，因而在现阶段，该决策无可行性。

3) 选择性

如果只有一种方案可供选择，那么很有可能这种方案是错误的。在制定可行方案时，应满足整体详尽性和相互排斥性要求。所谓整体详尽性，是指将各种可能实现的方案尽可能考虑到，以免漏掉可能是最好的方案。所谓相互排斥性，是指可行性的方案尽量相互独立，不要雷同。

4) 满意性

选择活动的方案的原则是满意原则，而非最优原则。最优原则往往只能是理论上的，因为它要求决策者了解全部的信息，并识别辨别可用的信息，了解其价值，而决策者不可能识别出所有的可能实现的目标方案，因此通常选择在目前环境中足够好的方案。

5) 过程性

决策实际上是一个过程，是一个“决策－实施－再决策－再实施”的连续不断的循环过程。决策过程包括发现问题、确定目标、拟定方案、方案的比较和选择、执行方案、反馈检查处理。

6) 风险性

决策无处不在，无时不有。决策具有显著的动态性，决定了在其过程中伴随着风险性。由于各种备选方案都会遇到几种不同的可能情况，出现每一种情况发生的概率有多大，在依据不同的概率拟定的各种方案中，不论选择哪一个方案，都要承担一定的风险。

1.1.3　决策的分类

按照不同的标准，决策有以下 6 种主要的分类方式。

1. 按决策重要性分类

按照决策的重要性来分，可以把决策分为战略决策、战术决策和执行决策，或者叫做战略计划、管理控制和运行控制(这种分类模式也常被称为安东尼模式)。

(1) 战略决策是全局性的决策。它通常解决的问题是涉及组织生存和发展的重大问题。例如，新产品的开发、资金的投资、新厂址的选择等。战略决策是关系到组织的全局性、长远性的决策，属于高层次决策。

(2) 战术决策是为了实现战略决策的目标而进行的人力、物力、财力等各方面的具体的决策。例如，运输方案的选择、车间的布置等。战术决策属于中期决策。

(3) 执行决策是根据战术决策的要求而实施的具体方案的选择。例如，库存的控制、进货量、销售等。执行决策属于低层次的决策。

2. 按决策结构分类

按照问题的重复程度和有无先例可循，可以把决策分为程序化决策和非程序化决策(这种分类模式也常被称为西蒙模式)。

(1) 程序化决策是指那些例行的、按照一定的频率或间隔重复进行的决策。由于其反复性，这类决策一般都有明确的目标，可以按照已有的程序进行。例如，订货、车间零件的加工顺序等。

(2) 非程序化决策是指那些非例行的，很少重复出现的决策，是针对新问题、新情况而需作出的决策。例如，经济危机来临时，企业是否该舍弃某些产品的生产等。

3. 按涉及范围分类

按照决策要解决问题所涉及的范围来分，可将决策分为宏观决策和微观决策。

(1) 宏观决策通常是指涉及国计民生的重大问题的决策。例如，我国的外贸形式、体制改革等。

(2) 微观决策是指企业、基层机构或者个人的相关决策。

4. 按决策目标分类

按照决策的目标来分，可以将决策分为单目标决策和多目标决策。

(1) 单目标决策是指决策目标只有一个。例如，是否开发新产品，以达到利润最大化的目标，是否修建配送中心，以距离最小化为目标等。

(2) 多目标决策是指决策目标多于一个。例如，修建配送中心，达到成本最小和配送距离最短作为目标等。

多目标决策常常因为其要满足多个目标，而很难得到最优的方案，因而多目标决策问题往往得到的是满意解而非最优解。

5. 按所处状态分类

最常用的一种分类方式是按照决策所处的状态来分，也就是将决策分为确定型决策、风险型决策和完全不确定型决策。

(1) 确定型决策是指决策所处的自然状态是完全确定的。因而可以不考虑未来的状况，按照既定的目标来选择方案。确定型决策求解相对比较容易，直接使用一些数学方法就可以，如高等数学中的微积分极值决策，运筹学中的线性规划、动态规划等，确定型决策一般都能够找到最优解。在物流中，产销平衡的运输问题就属于确定型决策的问题。

(2) 风险型决策是指未来出现的自然状态不止一种，各种自然状态出现的可能性(概率)是已知的。例如，是否建立配送中心的问题就属于风险型决策。3 种新产品收益见表 1-1。

表 1-1　3 种新产品的收益　　单位：万元

决 策 方 案	市场可能状况		
	需求高	需求中	需求低
产品 A	400	300	200
产品 B	760	520	160
产品 C	1 000	400	-100

经统计得到市场需求高的概率为 0.3，市场需求中的概率为 0.5，市场需求低的概率为 0.2。风险型决策中各种未来状态的概率一般是由决策者的主观经验判定的，或者根据已有的数据资料进行统计得到的。

(3) 完全不确定型的决策与风险型决策的相同之处是决策者同样面临着多种自然状态，只不过完全不确定型所指的各种自然状态出现的概率是不能确定的。完全不确定型决策问题所掌握的信息相对较少，决策分析的方法主观性较大，因而风险较大。

6. 按基于经验和科学分类

按决策采用的方式和方法来分，可以将决策分为经验决策和科学决策。

(1) 经验决策是指决策者主要根据其个人或群体的阅历、智慧、知识、洞察力和直觉判断等人的素质作出的决策。

(2) 科学决策是指以科学预测、科学思考和科学计算为依据来作出决策。科学决策离不开定量分析方法的开发和应用。

1.2　不确定型决策

不确定型决策是指决策者无法确定未来各种自然状态发生概率的大小的决策。在这种情况下，只能是决策者根据自己的主观选择一些原则来比较不同方案的经济效果并选择相对收益最好的方案。

【例 1.1】某化妆品公司对开发的新产品进行决策。现有 3 种备选产品，分别为 X_1、X_2 和 X_3，销售单价分别为 500 元、300 元和 200 元。未来市场对 3 种产品的需求有 3 种可能的情况，需求量为 Y_1、Y_2 和 Y_3，见表 1-2。

表 1-2　产品与需求量数据

需求量/万个 产　品	Y_1	Y_2	Y_3
产品名称			
X_1	200	100	50
X_2	260	200	110
X_3	350	280	180

表 1-2 也称决策矩阵，根据决策矩阵中元素的不同含义，可分为收益矩阵、损失矩阵、风险矩阵、后悔值矩阵等。

基于表 1-2 的数据得到益损表 1-3。

表 1-3　益损表

单位：元

产品 \ 需求量/万个	Y_1	Y_2	Y_3
X_1	100 000	50 000	25 000
X_2	78 000	60 000	33 000
X_3	70 000	56 000	36 000

不确定型的决策问题满足以下几个条件。

(1) 存在决策者期望达到的目标(利益最大化或者损失最小化)。

(2) 存在两种以上的方案可供决策者选择。

(3) 存在两种以上的自然状态。

(4) 能够计算出不同方案在不同自然状态下的益损值。

(5) 各种自然状态出现的概率未知。

对于不确定型决策问题，决策者根据自己的主观判断进行决策，主要包括以下 5 种决策原则。

1. 悲观原则

悲观原则，也称“小中取大”或“坏中求好”，是一种避险性决策原则。悲观原则处理问题的思路是，从最不利的结果出发，在最不利的结果中取得最有利的结果作为最优方案。

悲观原则决策包括以下步骤。

(1) 编制决策益损值表。

(2) 计算出各个情况在自然状态下的最小收益值。

(3) 进行比较，选择在决策中收益最小值中的一个最大值。

用悲观原则对例 1.1 进行决策：

$\min(S_1)=\min\{100\ 000，50\ 000，25\ 000\}=25\ 000$(元)

$\min(S_2)=\min\{78\ 000，60\ 000，33\ 000\}=33\ 000$(元)

$\min(S_3)=\min\{70\ 000，56\ 000，36\ 000\}=36\ 000$(元)

$S=\max\{S_1，S_2，S_3\}=36\ 000$(元)

计算可知，按照悲观原则，公司应该选择产品 X_3。

悲观原则是 5 种原则中最悲观的，它只考虑每个方案的最小收益，其他的都不考虑，属于一种低风险低收益型的决策原则。

2. 乐观原则

乐观原则，也称“大中取大”或“好中求好”，它与悲观原则恰恰相反，决策者持乐观态度，是一种趋险性决策原则。首先确定每个方案在最佳自然状态下的收益值，进行比较，选择其中最大收益值对应的方案作为最优方案。

乐观原则决策包括以下步骤。

(1) 编制决策益损值表。

(2) 计算出各个情况在自然状态下的最大收益值。

(3) 进行比较，选择在决策中的收益最大值中的一个最大值。

用乐观原则对例 1.1 进行决策：

$\max(S_1)=\max\{100\,000，50\,000，25\,000\}=100\,000$(元)

$\max(S_2)=\max\{78\,000，60\,000，33\,000\}=78\,000$(元)

$\max(S_3)=\max\{70\,000，56\,000，36\,000\}=70\,000$(元)

$S=\max\{S_1，S_2，S_3\}=100\,000$(元)

计算可知，按照乐观原则，公司应该选择产品 X_1。

乐观原则是 5 种原则中最乐观的，它只考虑每个方案的最大收益，其他的都不考虑，属于一种高风险高收益型的决策原则。

3. 折中原则

折中原则是一种介于悲观原则和乐观原则之间决策的原则。在决策时，有些决策者认为单纯的采取悲观原则或乐观原则都太极端，因而提出将这两种决策原则予以综合，通过设置一个乐观系数 $\alpha(0\leqslant\alpha\leqslant1)$，将悲观和乐观的结果进行加权平均，用加权最后的结果来作为方案的收益值。

折中原则决策包括以下步骤。

(1) 编制决策益损值表。

(2) 给定乐观系数 α，根据公式，计算出各个情况下在自然状态下的折中收益值。

折中收益值=α×最大收益值+(1−α)×最小收益值

(3) 进行比较，选择折中决策中的收益最大值。

用折中原则对例 1.1 进行决策，取 $\alpha=0.3$。

$S_1=\alpha\times100\,000+(1-\alpha)\times25\,000=0.3\times100\,000+(1-0.3)\times25\,000=47\,500$(元)

$S_2=\alpha\times78\,000+(1-\alpha)\times33\,000=0.3\times78\,000+(1-0.3)\times33\,000=46\,500$(元)

$S_3=\alpha\times70\,000+(1-\alpha)\times36\,000=0.3\times70\,000+(1-0.3)\times36\,000=46\,200$(元)

$S=\max\{S_1，S_2，S_3\}=47\,500$(元)

计算可知，按照折中原则，公司应该选择产品 X_1。

其中，$\alpha(0\leqslant\alpha\leqslant1)$ 为乐观系数，可自行主观决定，α 越大，折中收益值对方案评价的结果影响越大，若 $\alpha=1$，则为最大收益值，就是乐观主义决策原则；若 $\alpha=0$，则为最小收益值，就是悲观主义决策原则。

4. 等可能性原则

等可能性原则也称 Laplace 原则，它是由 19 世纪的数学家拉普拉斯[①]提出的。他认为当一个人面临着多种选择的事件集合时，在没有什么理由能够确切说明这一事件比那一事

① 拉普拉斯是法国数学家、天文学家、物理学家。1749 年 3 月 23 日生于博蒙昂诺日；1827 年 3 月 5 日卒于巴黎。拉普拉斯的研究成果大都包括在他的 3 部总结性名著中：《宇宙体系论》(1796)，《天体力学》(1799—1825，这是部 5 卷 16 册的巨著，实际上是牛顿、克莱罗、欧拉、拉格朗日及其本人关于天文学研究工作的总结和统一)，《概率的分析理论》(1812)。由于拉普拉斯在科学上的重要成就，他有“法国的牛顿”之称。

件有更多发生的机会，就认为各事件发生的可能性是相等的。假如结合中共有 n 个事件，则每个事件发生的可能性就是 $1/n$，决策者计算各个方案的收益值，然后选择期望值最大的作为决策的策略。

等可能性原则决策包括以下步骤。

(1) 编制决策益损值表。

(2) 计算每一个方案的平均收益值。

(3) 进行比较，选择最大的平均收益值。

用等可能性原则对例 1.1 进行决策：

$$E(S_i)=\frac{1}{n}\sum_{j=1}^{n}Y_jP_i，i=1，2，3，\cdots，m$$

$$E(S_1)=500\times\frac{200+100+50}{3}=58\ 300(元)$$

$$E(S_2)=300\times\frac{260+200+110}{3}=57\ 000(元)$$

$$E(S_3)=200\times\frac{350+280+180}{3}=54\ 000(元)$$

计算可知，按照等可能性原则，公司应该选择产品 X_1。

5. 最小后悔值原则

最小后悔值原则也称最小机会损失原则、最小遗憾值决策原则或者萨维奇决策原则。在决策的过程中，如果某种自然状态一定出现时，那么决策者肯定会选取相应的收益值最大的方案，但是实际决策时，不可能预知哪种自然状态会出现，因而可能出现了某种自然状态，但是没有选取相应的最大收益值对应的方案，决策者会感到后悔，最大收益值与其他收益值之间的差就叫做后悔值或者遗憾值。最小后悔值决策原则就是要使后悔值达到最小。

最小后悔值原则决策包括以下步骤。

(1) 编制决策益损值表。

(2) 计算不同自然状态下不同方案的后悔值，构成后悔值矩阵。

(3) 选取每个方案对应的最大后悔值。

(4) 在最大的后悔值中选取最小的后悔值，这个最小的后悔值对应的方案就是最佳的方案。

用最小后悔值原则对例 1.1 进行决策：

$$\Delta S_{ij}=\max_{1\leqslant i\leqslant m}\{S_{ij}\}-S_{ij}$$

在 Y_1 的自然状态下，最大收益值为 100 000 元，则

$\Delta S_{11}=0$ 元　　$\Delta S_{21}=22\ 000$ 元　　$\Delta S_{31}=30\ 000$ 元

在 Y_2 的自然状态下，最大收益值为 60 000 元，则

$\Delta S_{12}=10\ 000$ 元　　$\Delta S_{22}=0$ 元　　$\Delta S_{32}=4\ 000$ 元

在 Y_3 的自然状态下，最大收益值为 36 000 元，则

$\Delta S_{13}=11\ 000$ 元　　$\Delta S_{23}=3\ 000$ 元　　$\Delta S_{33}=0$ 元

将以上数据填入后悔值矩阵表中，见表 1-4。

表 1-4 后悔值矩阵表

需求量/万个 产品	Y_1	Y_2	Y_3
X_1	0	10 000	11 000
X_2	22 000	0	3 000
X_3	30 000	4 000	0

计算可知，X_1、X_2和 X_3的最大后悔值分别为 11 000，22 000，30 000。按照最小后悔值原则公司应该选择产品 X_1。

1.3 风险型决策

决策方案未来的自然状态不能预先确定，可能有几种状态，每种自然状态发生的概率可以作出客观估计，但不管哪种方案都是有风险的。因此，风险型决策是指决策者对决策的客观条件不太了解，但是可以进行预测，并且根据过去的统计资料，凭借经验进行统计，对未来可能发生的自然状态的概率进行估算，这种条件下的决策称为风险型决策。

风险型决策问题满足以下条件。

(1) 存在决策者期望达到的目标(利益最大化或者损失最小化)。

(2) 存在两种以上的方案可供决策者选择。

(3) 存在两种以上的自然状态。

(4) 能够计算出不同方案在不同自然状态下的益损值。

(5) 已知各种自然状态出现的概率。

风险型的决策准则主要有：优势准则、满意准则、期望值准则、最大可能准则、期望效用准则、方差准则。

风险型决策方法的方法有：最大可能法、期望值法和贝叶斯决策方法。下面主要介绍风险型决策方法。

1.3.1 最大可能法

最大可能法的基本思想是将不确定的决策问题转化为确定型的决策问题。实际上是把大概率事件看成必然事件，小概率事件看成不可能事件。

那么如何将不确定的决策问题转化为确定型的决策问题呢？最大可能收益值准则的决策过程为：首先，从各自然状态的概率值中，选出最大值对应的状态，其余状态不予考虑；其次，再根据在最大可能状态下各方案的益损值进行决策。

【例 1.2】某汽车公司为了生产一种新的轿车产品，需要近期扩建一条生产线，有 3 个备选方案，在不同的形势下，3 种投资方案的收益见表 1-5。

表 1-5 收益表

需求状态 方案	需求高	需求中	需求低
改造现有生产线 A	260	100	20
引进国外生产线 B	230	110	60
协作建造生产线 C	240	126	70

解：需求状态高的概率比较大，因而可以只考虑需求高的状态，在这种状态下，考虑收益最大，选取方案B。

最大可能法只适用于一组自然状态中某种自然状态出现的概率明显大于比其他状态发生概率，而且其他状态的各行动方案相差不大的情况，否则就会造成较大的损失。

1.3.2 期望值法

期望值法实际上利用了概率期望值计算的原理，将每个方案看作一个随机变量，每个方案的损益值看作随机变量的取值，取值的概率即为对应自然状态的概率，这样就可以计算出每个方案的数学期望，通过比较数学期望值的大小来决定选取哪个方案。

期望值的计算方法：

$$E(S_i)=\sum_{j=1}^{n} X_{ij} P_j \tag{1.1}$$

式中：$E(S_i)$——第 i 个方案的期望值；

X_{ij}——第 i 个方案在第 j 种状态下的损益值；

p_j——第 j 种状态发生的概率。

如果决策目标是收益，则应该选取期望收益中的最大者，把选取期望收益最大值的准则称为最大期望收益决策准则。如果决策目标是成本、损失等，则取期望值中的最小值，把选取期望值最小值的原则称为最小机会损失决策准则。

期望值法可以用决策表法和决策树法来表示。

1. 决策表

【例1.3】某商品公司得知某新产品今年6月在市场上的销售前景为畅销、一般和滞销的概率分别为0.3、0.5和0.2。为使该新产品投产，该商品公司有以下3种可供选择的方案。

(1) 投资20万元新建一车间，按这种方案，畅销、一般和滞销3种情况下的利润情况分别为80万元、50万元和亏损10万元。

(2) 投资5万元扩建原有车间，按这种方案，畅销、一般和滞销3种情况下的利润情况分别为60万元、35万元和6万元。

(3) 投资10万元租赁车间，按这种方案，畅销、一般和滞销3种情况下的利润情况分别为40万元、25万元和8万元。

则该公司应确定哪一种方案比较合适？

解：依据给出的信息，得到决策矩阵，见表1-6。

表1-6　决策矩阵　　单位：万元

状态 方案	畅销	一般	滞销
新建一车间A	80	50	−10
扩建原有车间B	60	35	6
租赁车间C	40	25	8

$E(S_1)=0.3\times80+0.5\times50+0.2\times(-10)=47$(万元)

$E(S_2)=0.3\times60+0.5\times35+0.2\times6=36.7$(万元)

$E(S_3)=0.3\times40+0.5\times25+0.2\times8=26.1$(万元)

依据最大期望值原则，应该选取方案新建一车间 A。

2. 决策树

决策树法是利用一种树形图作为分析工具，通过对各种方案在各种结果条件下损益值的计算比较，为决策者提供依据。它不仅可以解决简单的单阶段的决策问题，而且还可以解决复杂的多阶段的决策问题。

决策树的基本结构如图 1.2 所示。

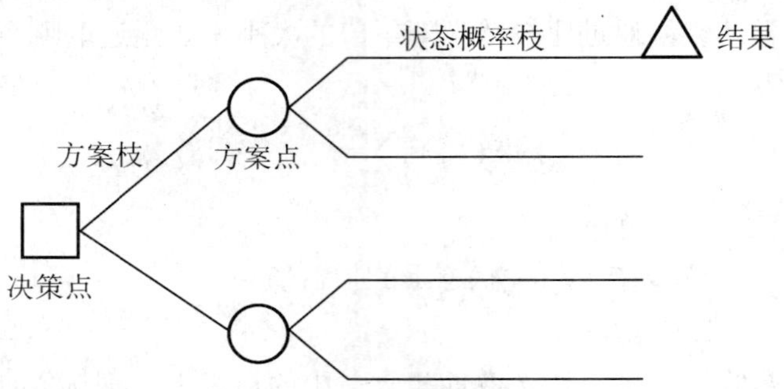

图 1.2　决策树的基本结构

决策树的结构比较简单，由节点和分枝组成，节点包括以下 3 种。

(1) 决策节点，用□表示。

决策节点表示此时的行为是决策者在自己能够控制的情况下进行分析和选择的。从它引出的分枝称为方案分枝。每条分枝代表一个方案，分枝数反映方案的数目。

(2) 方案节点，用○表示。

方案节点表示此时的行为是决策者在自己无法控制的情况下进行分析和选择的。从它引出的分枝称为概率分枝。每条概率分枝上标明了自然状态及其发生的概率。概率分枝数反映了该方案面对的可能状态数。

(3) 结果点，用△表示。

结果点是状态分枝的最末端，节点后面的数字是决策在相应方案下的损益值。

决策树的优点是直观、简单，它不仅能够表示出所有的决策方案在各种自然状态下的结果，而且能清晰地表示出整个决策过程，思路非常清晰。应用决策树进行决策是从右至左逐步进行的，主要分为以下几步。

① 画出决策树，计算出益损值，将可能的情况在决策树中反映出来，要从左向右绘制。

② 计算期望值，根据方案的益损值和状态发生的概率计算出各方案的期望收益(损失)。

③ 根据期望值选择最优方案，对比各个方案的期望收益(损失)，如果决策目标是收益，则应该选取期望收益中的最大者，如果决策目标是成本、损失等，则取期望值中的最小值。将舍弃的方案进行剪枝处理，即把舍弃的方案枝用“//”划掉。如果是多阶段决策，应从右向左逐级剪枝，选择一条贯穿始终的方案枝，这个就是最优方案。

以下用决策树工具和期望决策原则对单阶段决策问题和多阶段决策问题分别进行讨论。

1) 单阶段决策

单阶段决策是简单的决策，决策只需一个阶段即能完成，上例都属于单阶段决策的问题。

利用决策树对例 1.3 进行决策，画出决策树，如图 1.3 所示。

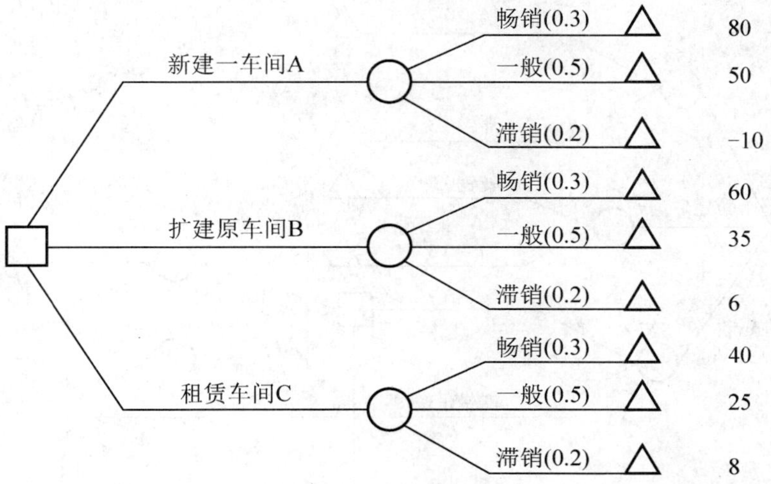

图 1.3　开发的决策树

(1) 画出决策树。

(2) 计算期望收益值。

$E(S_1)=0.3\times80+0.5\times50+0.2\times(-10)=47$(万元)

$E(S_2)=0.3\times60+0.5\times35+0.2\times6=36.7$(万元)

$E(S_3)=0.3\times40+0.5\times25+0.2\times8=26.1$(万元)

(3) 优选。

$E(S_1)>E(S_2)>E(S_3)$，因此应选择新建一车间 A。

2) 多阶段决策

多阶段决策相对于单阶段决策要复杂一些，因为很多实际问题并不是一次决策就能够解决的，往往需要多次决策，这些决策按顺序可以分为几个阶段，后一阶段的决策与前一阶段决策的结果和决策后的状态相关，而在作前一阶段决策时也要考虑到后面阶段决策的情况。一般而言，一个决策问题如果要作几次决策才能完成，则称为多阶段决策问题(multi-stage decision problem)。

【例 1.4】某企业开发一种新产品，拟定 3 个生产方案，新建需投资 300 万元；改建需投资 120 万元，方案的使用周期均为 10 年；方案 3 为先改后扩，若前 3 年畅销，则 3 年后扩建，使用期 7 年，需投资 100 万元，年收益为 120 万元，并假设前 3 年畅销，后 7 年也畅销，试进行决策。方案的自然状态和年收益见表 1-7。

表 1-7　产品开发自然状态和年收益　　单位：万元

方案 / 自然状态	新建	改建	先改后扩	
			前 3 年	前 3 年
畅销 0.7	120	40	40	120
滞销 0.3	-30	15	15	-30

解：(1) 画出决策树，如图 1.4 所示。

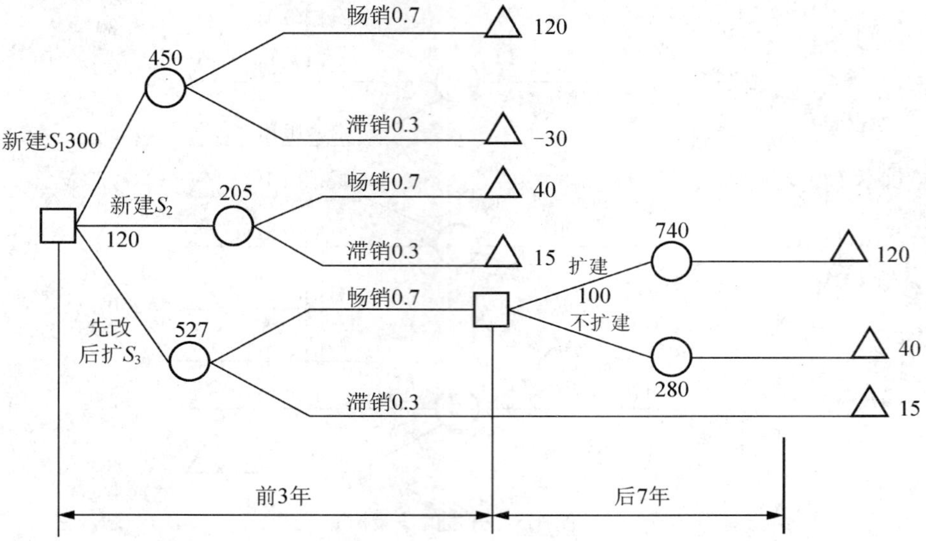

图 1.4　某产品开发的决策树

(2) 计算各期望值。

$E(S_1)=120\times0.7\times10+(-30)\times0.3\times10-300=450$(万元)

$E(S_2)=40\times0.7\times10+15\times0.3\times10-120=205$(万元)

$120\times7\times1.0-100=740$(万元)

$40\times7\times1.0=280$(万元)

$E(S_3)=(40\times3+740)\times0.7+15\times10\times0.3-120=527$(万元)

(3) 选择最优方案。

比较 3 方案，先改后扩收益期望值最高，故应选择先改后扩方案。

1.3.3　贝叶斯决策

贝叶斯决策的原理是从概率论中的贝叶斯公式的思想演化而来的。贝叶斯决策在决策的过程中考虑到先验概率和主观概率对新信息考虑的不完全性，通过试验对先验概率作出修正，形成后验概率。利用后验概率，决策者再使用期望收益最大或者期望损失最小的准则进行决策。通过以下的实例分析说明什么是贝叶斯决策。

先验概率：根据过去经验或主观判断而形成的对各自然状态的发生概率的测算值。由此得到的概率分布为先验分布。

后验概率：通过市场调查或试验等措施补充新资料后对各自然状态的发生概率的改进值。由此得到的概率分布为后验分布。

设$\theta=\{\theta_1,\theta_2,\cdots,\theta_n\}$，状态$\theta_i$的先验概率为$p(\theta_i)$，获得信息 X 后所得的后验概率为$p(\theta_i\mid X)$，则贝叶斯公式为：

$$p(\theta_i\mid X)=\frac{p(X\mid\theta_i)p(\theta_i)}{p(X)}$$

$$p(X)=\sum_{j=1}^{n}p(X\mid\theta_i)p(\theta_i)$$

贝叶斯方法的决策包括以下步骤。

(1) 先验分布。根据历史资料或主观估计的方法，估计和测算出自然状态的先验分布。以此计算各个方案在不同自然状态下的结果值，根据这些信息和一定的决策准则，对各个方案进行评价，得出最优方案。

(2) 后验预分析。这个步骤是权衡补充新资料是否必要，若补充的新资料能够给企业带来很大的效益，效益大于成本，则表明补充的新资料会给企业增加效益，因此补充是必要的；反之则是不必要的。

(3) 后验分布。在补充资料的基础上，利用贝叶斯公式来改进先验分布，得到更加符合实际的后验分布，然后利用后验分析进行决策分析，最后选择最优方案。

【例 1.5】某汽车公司考虑生产一种新型车型。未来市场对该车型的需求有两种可能的自然状态：需求高θ_1、需求低θ_2。根据历史资料和决策者经验得到，需求高S_1、需求低S_2的先验概率分别是 0.35 和 0.65。公司市场部对市场进行预测，得到不同市场需求下的收益，详见表 1-8。

表 1-8　不同市场需求下的收益

调 研 方 案	先 验 概 率	收益值/万元
需求高θ_1	0.35	16
需求低θ_2	0.65	−6

此外，为了作出正确的决策，公司通过试销法进行市场调查，调研费为 0.6 万元，得到市场状态下销售情况为好X_1、差X_2的条件概率，详见表 1-9。

表 1-9　有关数据　　单位：万元

市场状态 / 调研方案	需求高θ_1	需求低θ_2
销售好X_1	0.6	0.2
销售差X_2	0.4	0.8

分析该公司应如何作出决策。

(1) 先验分布。

先验概率为 0.35 和 0.65。

公司期望值为 16×0.35+(−6)×0.65=1.7(万元)

(2) 后预验分析。

首先，由全概率公式计算各需求状态调查结果的概率。

$$p(X)=\sum_{j=1}^{n}p(X\mid\theta_j)p(\theta_j)$$

$$p(X_1)=0.35\times0.6+0.65\times0.2=0.34(\text{万元})$$

$$p(X_2)=0.35\times0.4+0.65\times0.8=0.66(\text{万元})$$

其次，由贝叶斯公式计算后验概率。

$$p(\theta_i\mid X)=\frac{p(X\mid\theta_i)p(\theta_i)}{p(X)}$$

$$p(\theta_1 \mid X_1)=\frac{p(X_1 \mid \theta_1)p(\theta_1)}{p(X_1)}=\frac{0.6\times 0.35}{0.34}=0.618(\text{万元})$$

以此类推，求的其他值，得到表 1-10。

表 1-10　后验概率分布

单位：万元

调研方案 \ 概率	$p(\theta_1 \mid X_i)$	$p(\theta_2 \mid X_i)$
销售好 X_1	0.618	0.382
销售差 X_2	0.212	0.788

再次，计算期望收益值。

$E(X_1)=0.618\times 16+(-6)\times 0.382=7.596\,(\text{万元})$

$E(X_2)=0.212\times 16+(-6)\times 0.788=-1.336\,(\text{万元})$

当市场调查结论为销售好时，生产新型号的期望收益值是 7.596 万元；当销售差时，期望收益值是-1.336 万元，由于收益值为零，因此此时不可能投产。这样生产该新产品的期望收益值为：

$E(S)=7.596\times 0.34+0\times 0.66=2.583(\text{万元})$

2.583-1.7=0.883(万元)

因此可使期望收益值增加 0.883 万元，高于市场调研费 0.6 万元。

最后进行决策，基于以上信息，应进行以下决策。

(1) 进行市场调研，确定基本信息。

(2) 若调查结论表明销售状况为“好”，则生产改新车型，否则不予生产。

通过例 1.5，可以看出贝叶斯决策的基本思想和步骤。贝叶斯决策的基本思想是通过试验获取新的信息，在新信息的基础上修正先验概率得到后验概率，利用后验概率和一定的决策准则，得出较准确的决策结果。

对以上 3 种风险性决策方法进行分类，可分为无试验风险型决策和有试验风险型决策。无试验风险型决策是与有试验风险型决策相对而言的。无试验风险型决策是指在决策时使用的自然状态的概率是根据历史经验和统计数据得到的，即概率论中的先验概率，在计算过程中，概率值不通过试验进行修正；无试验风险型决策的方法有最大可能法和期望值法。有试验风险型决策问题也称贝叶斯决策。

1.4　物流决策

1.4.1　物流概述

1. 现代物流的发展史

物流的概念最早出现于美国，它来源于对军事领域后勤的研究，包括军队的转移、住宿和供给。物流的发展大约经历了 4 个阶段。

1) 物流概念的产生阶段(20 世纪初至 50 年代)

物流作为研究对象，最早出现在 1901 年格鲁威尔在美国政府报告《农产品流通产业委员会报告》中，报告提出了配送对成本的影响，从而引起了人们对物流的认识和研究。随着工业化进程的加快和产品的批量化生产与销售，人们开始意识到利用配送降低成本的重要性。当时的学者从商业的角度描述物流，称为实体分配(physical distribution)。第二次世界大战后这种局面有所改变，有些行业的企业已经设置了一些重要部门，掌管采购、运输、存储、分配、保养和废物处理的一体化过程，它们研究如何能够提高效率、降低成本。早期的物流有 3 个特点：第一，最初建立的实体分配送部门的目标仅仅是提高效率、降低成本；第二，制造业内部的实体配送管理被认为是一个分离的组织功能或领域；第三，存储、实体配送只是作为交通运输部门的辅助功能。

2) 产品物流阶段(20 世纪 50 年代至 60 年代)

在该阶段，实体分配的概念得到了很大的发展。物流的重要性在企业经营的过程中逐步显现出来，此时企业开始重视物流在产品中的重要作用，形成产品物流。1954 年，在美国波士顿工商会议所召开的第 26 次波士顿流通会议上，鲍尔·D·康柏斯发表了题为《市场营销的另一半》的演讲。他认为，无论是学术界还是实业界，都应该重视市场营销中的物流，这是物流发展中的一个里程碑。

3) 综合物流发展阶段(20 世纪 60 至 80 年代)

1962 年，著名管理大师彼得·德鲁克[①]在《财富》杂志上发表了题为《经济领域的黑暗大陆》的文章。这篇文章首次提出物流领域的潜力，具有划时代的意义。企业的决策者对物流的认识提高了，并开始把寻求成本优势和差别化优势的视角转向物流领域，物流成为企业的“第三利润源”。从此，企业物流管理领域正式启动。

MRP、MRPⅡ、JIT 等先进管理方法的开发和在物流管理中的应用，丰富了物流理论。

4) 现代物流发展阶段(20 世纪 80 年代至今)

1985 年美国物流管理协会正式将名称由 National Council of Physical Distribution Management 更名为 Council of Logistics Management，从而标志着现代物流理念的确立。与此同时，随着科学技术的发展、政策的放开、竞争的加剧，现代物流管理思想进一步发展，一体化物流管理的思想逐步形成。直至 20 世纪 90 年代，企业开始把着眼点放在物流活动的整个过程，供应链管理的概念开始出现。供应链的出现，对于企业提高效率、节约成本、提高经济效益具有重大的现实意义，从此，物流管理逐渐扩大到整个供应链范围。

2. 物流的概念

到目前为止，人们对物流的概念并没有统一的认识，在此仅介绍中国、美国和日本 3 个国家对物流概念的描述。

中国对物流(GB/T 18354—2006)的定义：物流是指物品从供应地向接受地的实体流动

① 彼得·德鲁克对世人有卓越贡献及深远影响，被尊为“大师中的大师”。德鲁克以他建立于广泛实践基础之上的 30 余部著作，奠定了其现代管理学开创者的地位，被誉为“现代管理学之父”。德鲁克先生已出版超过 30 本书籍，被翻译成 30 多种文字，传播及 130 多个国家，甚至在苏联、波兰、南斯拉夫、捷克等国也极为畅销。其中最受推崇的是他的原则概念及发明，包括：“将管理学开创成为一门学科、目标管理与自我控制是管理哲学、组织的目的是为了创造和满足顾客、企业的基本功能是行销与创新、高层管理者在企业策略中的角色、成效比效率更重要、分权化、民营化、知识工作者的兴起、以知识和资讯为基础的社会。”至 2004 年，德鲁克先生还有新书问世。

过程。根据实际需要，将运输、储存、装卸、搬运、包装、流通加工、配送、信息处理等基本功能实施有机结合。

美国物流管理协会关于物流的定义：物流是供应链运作的一部分，是以满足客户要求为目的，对货物、服务和相关信息在产出地和消费地之间实现高效且经济的正向及反向的流动与存储所进行的计划、执行和控制的过程。

日本关于物流的定义：物流是指物质资料从供给者向需要者的移动，是创造时间性、场所性价值的经济活动。从物流的范畴来看，包括包装、装卸、保管、库存管理、流通加工、运输、配送等活动。

与物流定义相比，现代物流的概念更强调以下3点。

(1) 现代化技术的广泛应用，全球网络资源的可用性，网络的普及性，为传统物流向现代物流的发展提供了平台。

(2) 服务化物流、绿色物流和逆向物流是现代物流发展的主题。

(3) 信息技术、现代化的设施和管理技术与先进的思想观念相结合，突出物流的系统化、网络化、信息化、服务化、市场化，这是现代物流与传统物流的主要区别。

3. 物流的功能

1) 基本功能

(1) 运输功能。运输是实现物品的空间转移。运输功能是在物流体系的所有动态功能中是最核心的功能，是“第三个利润泉”的主要源泉。

(2) 仓储功能。仓储是在特定的场所储存物品的行为。仓储是物流体系中唯一的静态环节，相对于物流体系来说，既有调节的作用，也有增值的作用。

(3) 配送功能。配送是由末端物流节点向最终用户进行的货物运输活动。从某种意义上说，配送实际上可以看做整个物流体系的一个缩影。

2) 辅助功能

(1) 包装功能。包装功能可以看做一个动态的过程。它能够保护商品、方便流通、促进销售及便于处理的作用。

(2) 装卸搬运功能。在物流的各个环节之间和同一环节之间，都必须进行装卸搬运。加速货物周转，降低作业成本。

(3) 流通加工功能。流通加工不改变商品的基本形态和功能，只是完善商品的使用功能，提高商品的实用价值。

除上面提到的3项辅助功能外，采购、设施布局、服务信息处理等也属于物流的辅助功能。

4. 我国现代物流的发展趋势

1) 物流是电子商务的基础

信息化、自动化、网络化、智能化的一流物流服务水平，已成为电子商务下物流企业追求的目标。作为21世纪重要经济增长点之一的电子商务，简化了贸易流程，改善了物理系统，从而大幅度地降低交易成本，增加贸易机会，推动了企业业务重组和经济结构的调整。

2) 物流的网络化、信息化趋势

网络化和信息化是21世纪物流发展的趋势之一。现代物流在信息系统的支撑下，借助存储和运输等系统的参与和各种现代物流技术，共同完成一个纵横交错、四通八达的物流网络。物流覆盖面不断扩大，规模经济效益日益明显，社会物流成本不断下降。物流的网络化是物流信息化的必然，是电子商务环境下物流活动的主要特征之一。

3) 服务化物流、绿色物流和逆向物流将是现代物流发展的主题

服务化物流源于人们收入的提高和消费的多样化、全方位化的发展趋势；绿色物流是指以降低污染物排放、减少资源消耗为目标，通过先进的物流技术和面向环境的理念，进行网络物流系统的规划、控制、管理和实施；逆向物流在于抑制传统直线型的物流对环境造成危害的同时，设计和建立一个闭环的循环的物流系统，使达到传统物流末端的废旧物质能回流到正常的物流过程中来，是一种全新的物流形态。

1.4.2 物流管理决策

1. 物流管理的概念和目标

在1.4.1小节中对物流的概念作了一个简单的阐述，那么物流管理和物流的概念是等同的吗？实际上，物流管理和物流是两个既相关联又有区别的概念。

物流管理是指对原材料、半成品和成品的高效流动进行全面规划、控制和实施的过程，它同时协调物流所涉及的各个企业和部门的利益，最终达到满足客户需求的目的。可以这样认为，物流的外在体现形式就是物流管理的结果，优秀的物流管理可以提高物流的效率，降低物流成本。

物流管理的绩效水平是通过总成本和物流表现来衡量的，物流表现涉及的就是服务水平，一般来说，服务水平越高意味着物流的成本也就越高。这两个目标之间存在着“二律背反”的关系，即一个目标的实现是以牺牲另一个目标的一定利益为代价的，如图1.5所示，物流管理的关键就是要在这两者之间寻求一种均衡。

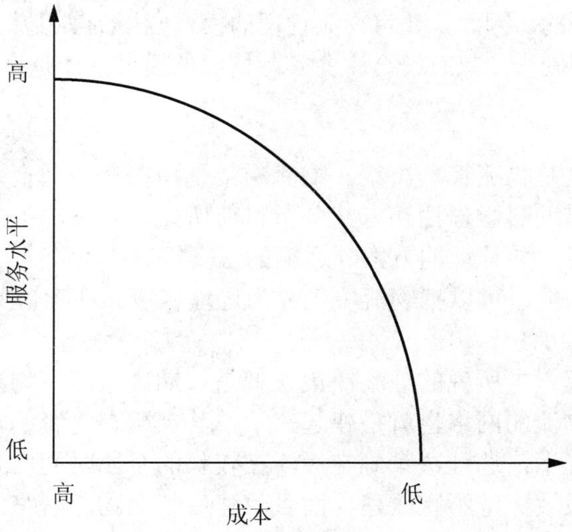

图1.5　物流成本与物流服务水平关系图

2. 物流管理的模式

企业的决策者如何在物流成本与物流服务之间寻找均衡点呢，即企业应该如何制定自己的物流管理的战略目标呢？总的来说，企业物流管理的战略目标必须要为企业总体的战

略目标服务，在此基础上对物流管理的各个分目标进行权衡并合理分配，合理分配的方案就构成了企业物流管理的不同模式。

根据企业物流管理所要实现的目标，以及商品本身的特性和对市场需求的准确预测，企业物流管理的基本模式有两种：低成本模式和快速反应模式。

1) 低成本模式

举例来说，对于日常消费品，如洗发水，生产的技术含量较低，进入此类市场的门槛较低，每个家庭都会用到它，而且一年四季的需求量相差不大。面对此类商品的特点，企业除了要为消费者提供高质量的产品，通过各种营销手段扩大销售量以外，要想在激烈的竞争中扩大市场份额，最有效的手段就是降低价格，那么在进行物流决策时，决策者要追求的目标就是降低成本的策略和方案，因而要采取以降低成本为主要目标的物流管理模式。

2) 快速反应模式

例如，服装类企业，服装本身就是一种季节性很强的商品，尤其是时装，时装主要的销售对象是追求时尚的消费者，此类消费者一般对当季流行的款式和颜色的追求大过时装的价格，过季时装只能打折低价出售。对于此类商品，物流管理决策者的目标是抓住市场的时机，使商品及时上市，快速有效地对市场需求作出反应。也就是说，对于时效性较强的产品，物流管理的模式应该选择快速反应的模式。

物流管理最基本的模式就是上述两种，但是对于不同的企业来说，可能选择两种模式中的某一种，也有可能选择两种模式的综合。例如，蔬菜物流，要兼顾低成本和快速反应；如果仅仅考虑低成本，由于蔬菜本身不易保存，可能导致蔬菜的不新鲜甚至腐烂；但是如果仅仅考虑快速反应，就可能导致成本过高以至于菜价过高，最后影响到蔬菜的销售。又如冰激凌的销售，冰激凌的销售量受季节影响较大，在冰激凌销售的淡季——秋冬季节，企业的物流管理模式应偏向于低成本模式；在冰激凌销售的旺季——春夏季节，应该偏重于快速反应模式。不同企业选择的物流管理模式是不同的，即便是同一企业在不同的外界环境下，选择的模式也有可能是不同的。因此，要将物流管理的模式应用到实践中去，要考虑到企业自身的具体情况，不能生搬硬套，只有符合企业实际情况的模式，才是有效和合理的。

3. 物流决策

物流决策实际上就是物流管理决策。物流决策是指在充分调查研究的基础上，根据物流所处的实际环境，借助科学理论和方法分析目前所处的状态，提出预选方案，并在预选方案中选取合理满意者，如选址的方案、运输的方案等。

根据物流实现的功能，可以把物流决策分为选址决策、库存决策、运输决策等。

1) 选址决策

选址决策属于管理学中所说的战略决策或者是长期决策。在物流的整个过程中，确定了设施节点后，整个物流的网络也就搭建起来了，其余所有物流的功能都是基于这个网络平台实现的。通常情况下，选址决策确定后，在较长的一段时间内是难以改变的，其原因是物流设施的投资一般较大，不宜改建，而且改建后整个物流网络都会随之发生变化。物流设施选址的决策相比于其他物流管理决策而言，对整个物流管理决策的成败起着最重要的作用，因而属于战略决策的范围。

2) 库存决策

库存是为了满足生产和客户需求以及改善服务质量防止短缺而存储的各种物料，包括原材料、成品、半成品等。库存涉及了生产和流通领域的各个环节。产品库存的费用往往会占到企业自身价值的 20%～40%，因而，有效的控制库存费用对降低整个物流系统的成本有着非常重要的作用。库存的规划、存储、移动和计算是整个物流作业的基础，库存的供应能力也是衡量物流服务好坏的重要标准，由于实际的库存是难以快速转化为流动资产的，所以库存也是风险较高的一项投资，因而库存决策是物流决策关注的重点。

3) 运输决策

运输在整个物流成本中所占的比例较大，它不仅实现了产品的转移，而且实现了产品的流动存储。有效的运输管理能够以较低的成本为顾客提供优质的服务。运输决策是运输管理的前期工作，它包括了运输方式、运输工具、运输线路、运输时间的选择，还包括了承运方的选择、运输人员的选择、客户资源管理等。快速、有效、合理的运输决策是物流管理的关键。

在物流决策中，除了以上 3 种主要决策外，还有许多其他决策问题，包括设施规模大小的决策、设备拥有台数的决策、停车场内最佳停车位数的决策、配送决策、装箱决策等，这些内容将在以后的章节中一一讲解。

1.4.3　运筹学在物流优化中的应用

1. 运筹学概述

运筹学(operations research)产生于 20 世纪 40 年代的第二次世界大战期间。运筹学是一门应用学科。莫斯和金博尔曾经对运筹学作过如下的定义：“为决策机构在对其控制下的业务活动进行决策时，提供以数量化为基础的科学方法。”运筹学是用数学方法研究系统最优问题的一门学科。它研究如何运用有限的人力物力达到最优的效果，为决策者提供科学决策的有关信息和依据。运筹学解决问题的目的是寻求问题的最优解或满意解。

物流与运筹学具有紧密的关系，它们作为科学的概念都起源于 20 世纪 40 年代的第二次世界大战期间。从发展开始，就相互渗透，交叉发展。在战争期间，科学家们就运用运筹学解决后勤保障、配送运输等一系列方面取得巨大的成就。此后应用到企业管理中，部分企业取得成功，运筹学得到更加广泛的发展。运筹学是一门实用性很强的学科，它的方法广泛应用到各个领域，与物流的关系也更加密切。运筹学的很多典型案例都是物流作业及其管理，因此，物流技术的发展离不开运筹学的支持。

2. 运筹学在物流优化中的运用

(1) 规划论。规划论主要研究计划管理工作中有关安排和估计的问题，一般可以归纳为：在满足既定的要求下，按照某一衡量指标来寻找最优方案。

线性规划模型可以用来解决物流中的运输问题，还可以解决合理选址问题、车辆调度问题、货物配送问题等。

(2) 排队论。主要具有随机性的拥挤现象。

排队论在物流过程中具有广泛的应用。例如，机场跑道设计和机场设施数量问题，如何才能既保证飞机起降的使用要求，又不浪费机场的资源。

(3) 存储论。存储论又称为库存论，主要是研究物资库存策略的理论，即确定物资库存量、补货频率和一次补货量。

存储论可以解决物流决策中的存储决策，在实际应用过程中，则应针对库存物资的特性，选用相应的库存控制模型和补货策略，制定一个包含合理存储量、合理存储时间、合理存储结构和合理存储网络的存储系统。

(4) 决策论。决策论主要研究决策问题，即根据客观可能性，科学地选择最优方案的过程。

决策论在物流过程中具有广泛的应用。例如，制订投资计划、生产计划、物资调运计划、选择自建仓库或租赁公共仓库、自购车辆或租赁车辆等。

(5) 对策论。对策论是一种定量分析方法，可以帮我们寻找最佳的竞争策略，以便战胜对手或减少损失。

对策论在物流中的应用，如在一个城市内有两个配送中心经营相同的业务，为了争夺市场份额，双方都有多个策略可供选择，可以运用对策论进行分析，寻找最佳策略。

(6) 质量控制。质量控制是用数理统计方法来研究控制产品和服务质量的方法和实践活动。

物流管理中也常应用质量控制技术。例如，在一定条件下，包装商品的时间允许在一定范围内变动。物流公司为了提高质量，将“包装商品的时间不超过多少时间”作为一项工作考核指标。那么这个服务时间指标不能凭空想象，要应用质量控制技术研究制定。

可见运筹学和物流有着非常密切的关系。二者从产生开始就相互渗透、交叉发展。一方面，物流的发展离不开运筹学的技术支持；另一方面，运筹学的应用研究大部分都跟物流有关系。

本章小结

物流决策实际上就是物流管理决策。物流管理是指对原材料、半成品和成品的高效流动进行全面规划、控制和实施的过程，它同时协调物流所涉及的各个企业和部门的利益，最终达到满足客户需求的目的。解决不同类型的决策问题需要用不同的决策准则和方法。首先应该明确确定型决策、不确定型决策和风险型决策的概念，在进行决策之前，应该分析清楚决策问题属于哪种类型。

物流决策不确定型的决策问题和风险型决策问题，掌握解决这两类决策问题的原则和方法，尤其是风险型决策问题，现实中大部分决策问题属于这一类，解决风险型决策问题的准则主要有期望收益准则和期望效用准则，而解决风险型决策问题的重要方法或工具是决策树法。

关键术语

(1) 决策　　(2) 决策原则　　(3) 决策过程　　(4) 决策要素

(5) 物流　　(6) 物流管理　　(7) 物流决策　　(8) 运筹学

习　　题

1. 选择题

(1) ________是确定实现决策的备选方案。

A．情报活动　　B．抉择活动　　C．设计活动　　D．实施活动

(2) 对策论是一种________。

A．定量分析方法　　B．定性分析方法

C．综合性分析方法　　D．风险型决策方法

(3) 物流管理实现的两个目标——提高物流效率和降低物流成本之间的关系是________。

A．成正比例　　B．相辅相成　　C．二律背反　　D．没有关系

(4) 某公司需要进行以下一项决策：在A地建立大型配送中心还是小型配送中心？根据对市场的预测和计算得出收益表(见表1-11)，该公司要进行的这项决策属于________问题。

表1-11　建立配送中心收益　　单位：万元

决策方案	市场可能状况	
	繁荣(0.8)	衰退(0.2)
建立大型配送中心	600	10
建立小型配送中心	380	100

A．业务决策　　B．程序化决策　　C．风险型决策　　D．多目标决策

(5) 决策树中“△”表示________。

A．决策点　　B．状态点　　C．概率点　　D．结果点

(6) 贝叶斯决策的原理在于在决策中考虑了________。

A．决策者的主观偏好　　B．先验概率

C．后验概率　　D．方案收益

(7) 折中主义决策准则主要是综合考虑了________决策准则。

A．悲观主义和乐观主义　　B．最大期望收益和最小后悔值

C．最大期望效用和最小风险　　D．最大可能和最小可能

(8) 在物流系统的基本功能中，________功能实现了物流活动的“空间效益”。

A．运输　　B．仓储　　C．流通加工　　D．搬运

2. 简答题

(1) 什么是决策？进行决策时应遵循什么原则？

(2) 决策问题有哪些分类方法？

(3) 我国对物流的定义是什么？什么是物流决策？

(4) 简述运筹学在物流管理决策中的应用。

(5) 什么是风险型决策？风险型决策的方法有哪些？

(6) 简述不确定型决策的决策准则。

(7) 现代物流与传统物流的区别有哪些？

(8) 简述决策树的结构特点及其优点。

3. 判断题

(1) 按照决策的重要性，可以把决策分为程序化的决策和非程序化的决策。　(　　)

(2) 选择方案的原则是最优原则而非满意原则。　(　　)

(3) 物流被称为企业的“第三利润源泉”。　(　　)

(4) 物流的基本功能包括运输、仓储、配送、包装等。　(　　)

(5) 存储论又称库存论，主要是研究物资库存策略的理论，即确定物资库存量、补货频率和一次补货量。　(　　)

(6) 物流管理中的选址决策属于战略决策。 (　　)

(7) 不确定型决策问题的自然状态的概率是确定的。 (　　)

(8) 风险型决策问题的自然状态的概率一旦确定就不能够再更改了。 (　　)

(9) 贝叶斯决策中考虑了后验概率，因而更加准确。 (　　)

(10) 贝叶斯决策是无试验风险型决策。 (　　)

4. 计算题

仓库为应付日益扩大的业务量，提出以下 3 个方案。

(1) 兴建一个仓库，投资 300 万元。据估计，如果仓储业景气，每年可获利 90 万元，如果不景气，将亏损 20 万元。服务期限为 10 年。

(2) 扩建旧仓库投资 140 万元。如果仓储业景气，每年可获利 40 万元；如果不景气，仍然可获利 30 万元。

(3) 先扩建旧仓库，3 年后如果仓储业景气时，再新建仓库。投资 200 万元，服务期限为 7 年。每年估计获利 90 万元。

根据物流市场预测，仓储业景气的概率是 0.7，不景气的概率是 0.3，试选择最优方案。

5. 思考题

(1) 对“科学决策的重要性”你是怎样理解的？

(2) 企业应如何选择自身的物流管理模式？

(3) 不确定型决策问题和风险型决策问题的区别是什么？

(4) 简述贝叶斯决策的原理。

案例分析

家乐福物流系统运输决策[①]

成立于 1959 年的法国家乐福集团于 1995 年进入中国市场，最早在北京和上海开设了当时规模最大的大卖场。家乐福(中国)在网络设计方面主要体现为运输网络分散度高，一般流通企业都是自己建立仓库及其配送中心，而家乐福的供应商直接模式决定了它的大量仓库及配送中心都是由供应商自己解决的，受家乐福集中配送的货物占极少数。这样的经营模式不但可以节省大量的建设仓库和管理费用，商品运送也较集中配送来说更方便，而且能及时供应商品或下架滞销商品，这对家乐福的销售，以及供应商了解商品销售情况都是极有利的。在运输方式上，除了少数需要进口或长途运送的货物使用集装箱挂车及大型货运卡车外，由于大量商品来自本地生产商，故较多采用送货车。这些货车中有一部分是家乐福租的车，而绝大部分则是供应商自己长期为家乐福各店送货的车，家乐福自身需要车的数量不多，所以它并没有自己的运输车队，也省去了大量的运输费用，从另一方面提高了效益。在配送方面，在供应商直送的模式下，商品来自多条线路，而无论各供应商还是家乐福自己的车辆都采用了“轻重配载”的策略，有效利用了车辆的各级空间，使单位货物的运输成本得以降低，进而在价格上取得主动地位。而先进的信息管理系统也能让供应商在最短的时间内掌握货架上供其销售的各种商品的货物数量以及每天的销售情况，补货和退货因此而更加方便，也让供应商与家乐福之间相互信任，建立长期的合作关系。

① 资料来源：李毅学. 物流规划理论与案例分析[M]. 北京：中国物资出版社，2010：109-110.

讨论题

(1) 简述家乐福的物流系统运输模式的优势。

(2) 科学的运输决策方法对家乐福的运营产生什么影响?

德邦物流仓库选址决策①

仓库选址对于第三方物流公司起很大的作用；库址相对于大都市的远近，在运输成本和操作效率上所反映出的相关性就十分显著。德邦最终选址在广州，从20世纪90年代末到21世纪初来看德邦的发展，就可以看到德邦仓库选址的优点所在。

仓库尤其是配送中心选址，是仓库或配送中心经营的战略问题，选址的方案是物流网络规划设计的重要内容。仓库选址对于第一、第二方物流公司的发展起着举足轻重的作用，而对于第三方物流公司是否毫无影响呢？其实不然，仓库、配送作为物流七环节中的两大过程，对于第三方物流公司的发展起的作用也很大。

任何一个仓库在规划建设初期都会将如何快速有效地送达货物作为考虑因素之一。货物的目的地大多是人口聚集地，因此库址相对于大都市的远近，在运输成本和操作效率上所反映出的相关性就十分显著。而德邦选择了我国东南部城市广州，很能体现它的优势。广东省的水、陆、空交通都在我国处于领先地位，这里有医疗设施齐全的医院，也有路线完善的员工上下班的公交，公安、银行、电话线等服务性设施更是应有尽有。

选址问题还需要考虑其他因素，首先要确定该地点建立的是工厂还是配送中心。不同的城市中，运输涉及的问题相对固定。如果你通过铁路车载货物和卡车来接收你的货物，那么铁路和公路因素将是主要的考虑因素；如果你接收货物仅为一卡车或者还没有一卡车的容量，作为包裹运输又嫌太重，或者要求特定的到达时间时，空运就成为我们依赖的方式，这种情况下我们的考虑重点又不同了。

其次需要考虑成本问题，德邦物流公司作了大量有关仓储业发展的实践调查，并且提供了一份关于这50个顶级城市内仓储配送中心运营成本比较分析的报告。如常人所料，建设一所仓储或配送中心所花费用最低的前10个城市均集中在西北部地区，而成本高昂的地区是东部和东南部地区。在所有50个城市里面，上海的建设费用是最高的。为了构造成本模型，他们假定一个占地350 000平方尺(1平方米=9平方尺)和有150名配套劳动力的仓库，通过公路为全国市场运输货物。工人的种类从秘书到叉车司机一共约16种，这就构成了运作一个配送中心的基本薪水账册，德邦在他的研究中将该方法运用到这50个城市中，并作出了适当的比较。其他的基本成本还包括能源、供热和空气条件，以及运输成本。建筑物比较包括分期贷款成本和财产所得税。成本因素也是形成这种趋势的原因之一。同时，公司发现他们可以将很多管理职能从办公室里面转移到生产一线。“大量的人员需求和技术需求使得这里的员工成本分析成为决定仓库选址的因素之一。”然而，仓库的最基本功能仍旧是运输和接受货物。为了突出这一点，德邦在模型中假定了一个外运成本，来区别各类始发—终到类型。德邦的外运模型包括了作为目的地的10个城市，这些城市都具有“可以很好地服务于整个美国范围内的消费者市场”。在模型中，广州、上海、北京、深圳、青岛仍然是运输成本最高的城市。同样的，中心城市，如武汉、长沙甚至郑州在全国范围内的运输成本方面有着强劲的优势。

当然只要厂址选择好以后，像停车场是否收费及相关费用、办公用房租赁费用、住宿房租、食堂伙食费、装卸费用；库房内是否有立柱及密度单个仓库面积库房内；是否具有消防设备及库房内照明情况；库房安全保卫措施、库房排水防洪措施情况；仓库周边周转通道情况；是否具有办公区域及可提供的办公用房数量可扩容情况等问题都可以解决，德邦也做到了这一点。

综上讨论和研究后德邦最终选址在广州，从20世纪90年代末到21世纪初来看德邦的发展，就可以看到德邦仓库选址的优点所在。

讨论题

(1) 简述仓库选址决策对德邦物流业务的作用。

(2) 德邦物流是怎样进行物流管理的?

---

① 资料来源：蒋长兵. 企业物流战略规划与运营[M]. 北京：中国物资出版社，2009：117-120.

第 2 章　物流决策中的线性规划

【教学要点】

知识要点	掌握程度	相关知识	应用方向
线性规划概述	熟悉	线性规划的提出与发展；线性规划的研究领域	能够利用相关知识将实际物流问题建立为线性规划一般数学模型；并将其标准化
线性规划的数学模型	重点掌握	线性规划问题的一般形式；线性规划问题的标准形式；如何将一般形式转换为标准形式	
线性规划问题的解	掌握	线性规划问题解的概念和解的性质	能够掌握线性规划解的相关概念性质，并能利用图解法和单纯形法对线性规划问题进行求解
图解法解线性规划问题	重点掌握	对具有两个变量的特殊线性规划问题利用图解法求解	
单纯形法解线性规划问题	重点掌握	单纯形法的思想；单纯形法的基本算法；用单纯形法解线性规划问题	
对偶问题的概念及数学模型	熟悉	对偶问题的提出；对偶问题的一般形式	能够利用对偶问题知识建立相应数学模型，并且利用其性质和对偶单纯形法对线性规划问题进行求解
对偶问题的基本性质	掌握	对偶问题的几大基本性质以及相关推论	
对偶单纯形法的应用	重点掌握	对偶单纯形法的定义；对偶单纯形法的计算步骤	
对偶问题的灵敏度分析	了解	目标函数系数的改变；约束条件右端常数的改变；约束条件左端系数的改变	
整数规划的一般应用	掌握	整数规划的数学模型；整数规划在物流决策中的应用	能够利用线性规划知识获得物流决策问题的最佳解法，如运输问题等
运输问题的特殊解法	熟悉	运输问题的提出和概念；运输问题的数学模型及相关解法	

导入案例

Citgo 石油公司经典案例①

Citgo 石油公司专长于石油炼制和销售，20 世纪 80 年代中期，每年的销售额有几十亿美元，是美国 150 大工业公司之一。经过几年的财务亏损后，1983 年被 Southland 集团收购了，Southland 集团是 7-11 便利连锁店的拥有者(7-11 便利连锁店每年销售 20 亿加仑高质量的汽车燃油)，为了扭转 Citgo 石油公司的亏损局面，Southland 集团组建了一个由 Southland 集团人员、Citgo 石油公司人员和外部咨询顾问组成的任务小组，一位管理科学咨询顾问被任命为小组的负责人并直接向 Citgo 石油公司总裁和 Southland 集团董事长汇报工作。

1984—1985 年，任务小组应用各种管理科学技术对 Citgo 石油公司广泛的业务领域活动进行了分析，如炼油、供应和配送、营销计划、应付和应收账款、库存控制和收购等领域。据报道这些管理科学的应用“转变了 Citgo 石油公司的经营方式并带来了每年约 7 000 万美元的利润增加”。

大部分增加的利润是由于应用了由任务小组开发的两个线性规划系统，一个称为“炼油 LP(linear programming，线性规划)系统”，它改善了炼油的产出率，使劳动成本的本质性下降和节约了其他一些成本节支。炼油 LP 系统使管理部门能更有效率地运作 Citgo 石油公司的炼油作业(这是赢利还是亏损的重要取决因素)，1985 年 7 000 万美元的利润增加中有 5 000 万美元是由于应用这一系统所创造的。

另一个线性规划系统是供应、配送和营销模型系统(或简称 SDM 系统)引入系统多年后直至今日，Citgo 石油公司继续在使用该系统并且从系统中得到好处。它是以一类特殊的线性规划模型为基础，应用网络对所要研究的系统进行描述，这个模型是对 Citgo 石油公司全部营销和配送网络的一个表述。

SDM 系统用来协调在美国每项产品的供应、配送和营销，可以利用它作许多决策，如产品销往何处、以什么价格、在哪里购买或贸易、购买或贸易数量的多少、库存保持多少，以及各种运输方式各运输多少等。线性规划指导这些决策的作出并且什么时候实施这些决策使 Citgo 石油公司的总成本最低，SDM 系统还用作“What…if”分析，管理部门可以探究如果情况发生了不是模型假设的变化时结果会发生怎样的变化。

SDM 系统大大改善了 Citgo 石油公司供应、配送和营销运作的效率，在不降低服务水平的同时产品库存有了巨大的下降。引入系统不久，石油产品的库存价值下降了 11 650 万美元，与保管库存相关的资金的巨大下降导致每年这些借贷资金的利息花费大约节约了 1 400 万美元，因而为 Citgo 石油公司增加了 1 400 万美元的年利润。据估计，在协调、定价和采购决策上的改善又为公司至少增加了 250 万美元的年利润。

Citgo 石油公司运用管理科学的技术，特别是线性规划，建立供应、配送与营销的建模系统将公司主要产品的供应、配送与营销通过公司庞大的销售与配送网络得到很好的协调。在 20 世纪 90 年代中期创造了大量的财富。

讨论题

(1) 试分析 Citgo 石油公司的 SDM 系统用于协调哪些问题。

(2) 线性规划在 Citgo 石油公司的应用对公司的影响是什么？

---

① 资料来源：希利尔，等. 数据、模型与决策：运用电子表格建模与案例研究[M]. 北京：中国财政经济出版社，2010：18-19.

在物流活动中，运用相关的运筹学技术，如何利用有限的人力、物力资源取得最优的经济效益，或者说在已经确定目标的前提下，如何能够使用最少的人力、物力来完成这个目标，都是物流决策要解决的问题。以下重点介绍物流运筹学中的线性规划部分。

2.1 线性规划问题及数学模型

线性规划是规划论最基本也是最重要的组成部分，是运筹学的一个重要分支。它主要研究在既定的目标和条件下，如何最大限度地发挥有限资源的作用，从而完成最多最大的任务。简单地讲，也就是资源的最优利用问题。线性规划早在 20 世纪 30 年代末期就已经开始有人研究，直到 1947 年乔治·伯纳德·丹齐格提出了单纯形算法后，线性规划就在理论上日益完善了。随着计算机技术的发展，线性规划的应用范围也更加广泛，在农业、工业、军事、管理决策等各个方面都发挥了巨大的作用，已成为现代管理科学的重要基础和手段之一。

2.1.1 线性规划概述

20 世纪 30 年代，苏联科学院院士康托洛维奇写过一本书，讲述解决经济问题的数学方法，其中已有线性规划的论述。而在第二次世界大战期间，线性规划才真正成为一门科学并且得到应用。当时一批在军队中服务的英国科学家，为了保密把他们的工作对外统称为“线性规划”，这个名称也沿用到现在。它的起源有着较为深远的历史背景，这其中包含了许多经济科学家们多年来的潜心研究。可以说线性规划是经济学研究发展过程中的必然产物。

线性规划思想在第二次世界大战期间得到一系列运用。除了英国，美国对军事物资的生产、运输，以及士兵、装备的配置等也进行过相似的规划。在美国空军服役的科学家丹齐格把他用来解决某一些管理问题的方法加以总结，提出了“单纯形法”。这种方法一直保密，直到战后，1947 年，当丹齐格离开军队，才公开发表了有关线性规划的研究成果，正式提出了线性规划的概念以及求解线性规划的单纯形方法。同时，大批科学家将处理军事问题中研究出来的方法，应用到工业和商业的管理中去，使得第二次世界大战后的管理科学蓬勃发展。1960 年，康托洛维奇发表了《最佳资源利用的经济计算》一书，得到了国内外的一致重视，为此他获得了诺贝尔奖；而丹齐格由于发明了单纯形法，也被誉为“线性规划之父”。如今，随着高速的电脑以及大量的数学方法的使用，线性规划已上升为完整的理论，并被广泛地运用到生产和科学研究中。

阅读链接 2-1

乔治·伯纳德·丹齐格

1947 年，33 岁的美国数学家(乔治·伯纳德·丹齐格)提出了解决一种最优化问题的单纯形法，该方法奠定了线性规划的基础，使得经济学、环境科学、统计学应用等学科获得了迅速发展。丹齐格也因而被誉为“线性规划之父”。丹齐格在运筹学建树极高，获得了包括“冯·诺伊曼理论奖”在内的诸多奖项。他在 Linear Programming and Extensions 一书中研究了线性编程模型，为计算机语言的发展作出了不可磨灭的贡献。

丹齐格的父亲是大学数学教授，曾在法国师从著名的科学家亨利·庞加莱。但是丹齐格直到上初中时，对数学仍不感兴趣，甚至在初中三年级时，代数成绩还不及格。对于这样的结果，丹齐格非常内疚，他感到愧对自己的数学家父亲，于是发奋努力，很快就发现其实数学并不难，逐渐地建立了自信。上高中时丹齐格对父亲的数学题库非常着迷，他解决了所有的题目。丹齐格曾经这样回忆自己的父亲："在我还是个中学生时，他就让我做几千道几何题……解决这些问题的大脑训练是父亲给我的最好礼物。这些几何题，在发展我分析能力的过程中，起了最最重要的作用。"

在伯克利大学攻读统计学博士学位期间，第二次世界大战爆发了，丹齐格作为文职人员参加了空军。1946 年，丹齐格返回伯克利并取得博士学位。丹齐格师从著名的统计学家内曼(1894—1981)教授，在他们之间，发生过一个非常具有传奇色彩的故事。一天，丹齐格因故迟到了，看到黑板上写着两道题目，以为是老师留的课外作业，就抄了下来。在做的过程中，丹齐格感到有点困难，最后用了好几天时间才完成，为此他还特意向内曼教授道歉。几周后的一个周末清晨，丹齐格被一阵急促的敲门声吵醒，内曼教授一进门就激动地说："我刚为你的论文写好一篇序言，你看一下，我要立即寄出去发表。"丹齐格过了要一阵子才明白内曼教授的意思：原来那是两道统计学中著名的未解决问题，他竟然当成课外作业解决了！

后来谈到这件事时，丹齐格感慨道：如果自己预先知道这两道是统计学领域中一直悬而未决的难题，根本就不会有信心和勇气去思考，也不可能解决它们。丹齐格的故事告诉我们：一个人的潜能是难以预料的，成功的障碍往往来自于心理上的畏难情绪；一定要相信自己，保持积极的态度。

(资料来源：程泳淋．丹齐格简介与生平[EB/OL]．(2007-09-16).[2012-09-26].http://www.thn21.com/middle/gs/10412_2.asp)

线性规划研究的问题主要有两类：一是在定量的人力、物力、财力等资源下，如何统筹规划有限资源以最大限度地完成任务；二是给定一项任务，如何运筹规划、合理安排，以最少的资源来完成它。这两类问题中都有一个目标：第一类问题的目标是最大限度地完成任务；第二类问题的目标是使用最少的资源。目标约束可以用一个线性函数来描述。此外，这两类问题中都有一定的限制条件：第一类问题是给出一定量的人力、物力和财力等资源；第二类问题是给定一项任务。这种条件限制可以用一组线性方程组或线性不等式组来描述。这些线性函数及线性方程组或线性不等式组即构成了线性规划问题的最基本的形态。

现代物流决策中的许多问题都可以运用线性规划予以解决，包括生产技术、运输规划，以及仓储优化等方面。只要将物流中的实际问题用恰当的数学形式表达出来，也就是建立相应的数学模型，经过一系列的运算，就可以得到相应的决策方案。

阅读链接 2-2

军事上的运筹学

运筹学在军事上的运用，如原子弹的研制过程和战斗机的设计制造流程，都是功不可没的。

1914 年，兰彻斯特完成了一篇关于战斗的数学模型论文，建立了战斗损耗方程，第一次应用微分方程分析兵力与胜负关系，定量地论证了集中兵力原则的正确性。他用现代数学来研究红蓝双方兵力损耗，经他计算，假设红方 100 人，蓝方 80 人，在天时地利人和、战术武器装备条件均等的情况下，当蓝方被全歼，红方应剩 60 人。

真正将运筹学用于实战的是在第二次世界大战期间，当时同盟国成立了运筹小组。1940 年 8 月，挪威诺贝尔物理学奖获得者布莱凯特带领 11 名人员，成立了第一个运筹学小组，其中只有一名军官，其他人都是自然科学学者，包括两名数学家、两名理论物理学家、1 名测量员、1 名天体物理学家、3 名生理学家。他们运用自然科学方法，评估战斗效能，提出战术建议。较为著名的事例有：①英国防空部门如何布置防空雷达，建立最有效的防空警报系统。美空军如何提高对地面目标轰炸的命中率；②如何安排反潜飞机的巡逻飞行线路；③通过舰载炸弹、飞机投射炸弹试验研究，将深水炸弹的爆炸深度从 35 英尺加深到 70 英尺，使德军潜艇被炸沉数增加 400%；④商船如何编队，遭潜艇攻击时如何减少损失。使船只受敌机攻击时，中弹数由 47%降到 29%。更加有趣的是，由于第一个运筹小组人员来自不同学科，所以当时人们把这个小组戏称作“布莱凯特马戏团”。

运筹小组为同盟军取得胜利作出了重大贡献。第二次世界大战结束后，战胜国和战败国都面临经济重建，这些运筹小组大部分转入经济建设部门。例如，美国空军在第二次世界大战时的运筹小组经过多年辗转变化，最后演变为著名的智库兰德公司。

(资料来源：张东戈．军事运筹学[M]．北京：国防工业出版社，2011：45-46.)

2.1.2 线性规划问题的一般模型

数学模型是为了某种目的，用数学方法(字母、数字等其他数字符号)定量描述研究对象的特征以及内在联系。线性规划模型就是从实际的优化问题中抽象出来的，描述目标与条件相互关系的数学模型。无论目标大小，无论条件的多少与差异，线性规划模型最基本的要素是一致的。

【例 2.1】某农产品加工中心，加工甲、乙两种产品，加工需耗费的原料数和所占用的设备时数见表 2-1，假设加工 1 件甲产品可获利 1 元，加工 1 件乙产品可获利 2 元，机器每天工作的总时数为 8 小时，那么应如何安排生产计划才能够使加工中心获利最大。

表 2-1 工时、原料及利润表

产　品	原材料/件	工时/h	利润/元
甲	2	0.3	1
乙	2.5	0.6	2
限用数	60	8	

这个问题要达到的目标是使生产所获得的利润最大，决策变量是甲产品和乙产品的生产量，可以把它设为 x_1 和 x_2，决策变量的取值受到工时和原材料的约束，那么这个生产计划问题就可以用以下的数学模型来表示：

目标函数：$\max z = x_1 + 2x_2$

$$\text{约束条件：}\begin{cases} 0.3x_1 + 0.6x_2 \leqslant 8 \\ 2x_1 + 2.5x_2 \leqslant 60 \\ x_1、x_2 \geqslant 0 \end{cases} \tag{2.1}$$

通过求解数学模型(2.1)能得出能够使得利润最大的甲产品和乙产品的产量。

线性规划的数学模型满足以下几个条件。

(1) 每个问题都可以用一组决策变量来表示某一方案，这组决策变量(x_1，x_2)的具体取值就代表一个方案。

(2) 存在一定的约束条件，这些约束条件可以用一些线性的等式或不等式来表示。

(3) 有一个要达到的目标。这个目标是用决策变量的线性表达式来表示的，根据具体题目的不同，有些是要求目标函数最大化的，如利润最大化；有些是要求目标函数最小化的，如距离最小化。

满足上述3个条件的数学模型，就称为线性规划，线性规划的一般形式为：

目标函数：$\max(\min)z = c_1x_1 + c_2x_2 + \cdots + c_nx_n$

$$\text{s.t.}\begin{cases} a_{11}x_1 + a_{12}x_2 + \cdots + a_{1n}x_n \leqslant (=,\geqslant) b_1 \\ a_{21}x_1 + a_{22}x_2 + \cdots + a_{2n}x_n \leqslant (=,\geqslant) b_2 \\ \qquad\vdots \\ a_{m1}x_1 + a_{m2}x_2 + \cdots + a_{mn}x_n \leqslant (=,\geqslant) b_m \\ x_1, x_2, \cdots, x_n \geqslant 0 \end{cases} \tag{2.2}$$

利用求和符号∑，上述模型可以简写为：

目标函数：$\max(\min)z = \sum_{j=1}^{n} c_j x_j$

$$\text{s.t.}\begin{cases} \sum_{j=1}^{n} a_{ij}x_j \leqslant (=,\geqslant) b_i, i = 1,2,\cdots, m \\ x_j \geqslant 0,\ j = 1,2,\cdots, n \end{cases} \tag{2.3}$$

线性规划的解法有图解法和单纯形法，目前也有较多的数学软件可以求解，如WinQSB、MATLAB和LINGO等。在本书后面的章节中会对线性规划问题的求解进行详细的叙述。

2.1.3 线性规划的问题标准模型

线性规划问题可能有各种不同的形式。这种多样性给讨论问题带来不便，为了便于以后讨论，规定线性规划问题的标准形式为：

目标函数：$\max z = c_1x_1 + c_2x_2 + \cdots + c_nx_n$

$$\text{s.t.}\begin{cases} a_{11}x_1 + a_{12}x_2 + \cdots + a_{1n}x_n = b_1 \\ a_{21}x_1 + a_{22}x_2 + \cdots + a_{2n}x_n = b_2 \\ \qquad\vdots \\ a_{m1}x_1 + a_{m2}x_2 + \cdots + a_{mn}x_n = b_m \\ x_1, x_2, \cdots, x_n \geqslant 0 \end{cases} \tag{2.4}$$

上述模型也可以简写为：

目标函数：$\max z = \sum_{j=1}^{n} c_j x_j$

$$\text{s.t.}\begin{cases} \sum_{j=1}^{n} a_{ij}x_j = b_i, i = 1,2,\cdots,m \\ x_j \geqslant 0,\ j = 1,2,\cdots,n \end{cases} \tag{2.5}$$

线性规划的标准形式具有以下4个特征。

(1) 目标函数总为求最大值。

(2) 约束条件全部为线性等式。

(3) 决策变量全部大于或等于零。

(4) 限定系数全部为非负值。

有时，线性规划问题用向量和矩阵描述比较方便，用向量描述时：

目标函数：$\max z = \boldsymbol{CX}$

$$\text{s.t.}\begin{cases}\sum_{j=1}^{n}\boldsymbol{p}_j\boldsymbol{x}_j=\boldsymbol{b}\\ x_j\geqslant 0,\ j=1,2,\cdots,\ n\end{cases} \tag{2.6}$$

其中：$\boldsymbol{C}=(c_1,c_2,\cdots,c_n)$，$\boldsymbol{X}=\begin{bmatrix}x_1\\x_2\\\vdots\\x_n\end{bmatrix}$，$\boldsymbol{p}_j=\begin{bmatrix}a_{1j}\\a_{2j}\\\vdots\\a_{mj}\end{bmatrix}$，$\boldsymbol{b}=\begin{bmatrix}b_1\\b_2\\\vdots\\b_m\end{bmatrix}$。

向量 $\boldsymbol{p}_j$ 是其对应变量 $\boldsymbol{x}_j$ 的系数列向量。

用矩阵描述时：

目标函数：$\max z = \boldsymbol{CX}$

$$\text{s.t.}\begin{cases}\boldsymbol{AX}=\boldsymbol{b}\\ \boldsymbol{X}\geqslant 0\end{cases} \tag{2.7}$$

其中，$\boldsymbol{C}=(c_1,c_2,\cdots,c_n)$，$\boldsymbol{X}=\begin{bmatrix}x_1\\x_2\\\vdots\\x_n\end{bmatrix}$，$\boldsymbol{A}=\begin{bmatrix}a_{11}&a_{12}&\cdots&a_{1m}\\a_{21}&a_{22}&\cdots&a_{2m}\\\vdots&\vdots&&\vdots\\a_{m1}&a_{m2}&\cdots&a_{mm}\end{bmatrix}$，$\boldsymbol{b}=\begin{bmatrix}b_1\\b_2\\\vdots\\b_m\end{bmatrix}$。

其中称 $\boldsymbol{A}$ 为约束方程组的 $m\times n$ 阶系数矩阵，一般情况下 $m<n$；m、n 为正整数。

如果线性规划问题不是标准形式，可以通过一系列的数学变形将其转化为标准形式。

(1) 若要求目标函数实现最小化，即 $\min z$ 时，将目标函数乘以(−1)，令 $z'=-z$，可变为求最大值 $\max z'$ 问题。

(2) 若约束方程组为不等式，将其转化为等式。当“≤”时，在不等式的左端加上一个非负松弛变量，可化为等式；当“≥”时，在不等式的左端减去一个非负的剩余变量，可化为等式。

(3) 若决策变量 $\boldsymbol{x}_i$ 不满足非负条件时，则增加两个新的非负决策变量，令 $\boldsymbol{x}_i'\geqslant 0, \boldsymbol{x}_i''\geqslant 0$，令 $\boldsymbol{x}_i=\boldsymbol{x}_i'-\boldsymbol{x}_i''$。

(4) 若限定系数 $\boldsymbol{b}_i$ 不满足非负时，两端同时乘以(−1)得 $-\boldsymbol{b}_i\geqslant 0$。

从上面的讨论可以看出，任何形式的线性规划模型都可以化为标准型，下面举例说明。

【例 2.2】将下列线性规划问题转化为标准形式：

$$\min z=-3x_1+5x_2-2x_3$$

$$\text{s.t.}\begin{cases}2x_1+x_2+x_3\leqslant 8\\ x_1-3x_2+2x_3\geqslant 2\\ 3x_1-6x_2+x_3=-5\\ x_1,x_2\geqslant 0,x_3\text{无约束}\end{cases} \tag{2.8}$$

解：

(1) 令 $z'=-z$，将目标函数 $\min z$ 变为 $\max z'$；

(2) 在第一个约束不等式左端加入松弛变量 x_4；

(3) 在第二个约束不等式左端减去剩余变量 x_5；

(4) 因 x_3 无约束，令 $x_3=x_3'-x_3''$，其中 $x_3'\geqslant 0, x_3''\geqslant 0$；

(5) 因 $b_3=-5$，将第三个约束两端同时乘以(−1)；

即可得该线性规划问题的标准型：

$$\max z = 3x_1 - 5x_2 + 2(x_3' - x_3'')$$

$$\text{s.t.}\begin{cases} 2x_1 + x_2 + (x_3' - x_3'') + x_4 = 8 \\ x_1 - 3x_2 + 2(x_3' - x_3'') - x_5 = 2 \\ -3x_1 + 6x_2 - (x_3' - x_3'') = 5 \\ x_1, x_2, x_3', x_3'', x_4, x_5 \geqslant 0 \end{cases} \tag{2.9}$$

2.2 线性规划的求解

2.2.1 线性规划问题的解

1. 解的概念

对于标准形式的线性规划问题：

$$\max z = \sum_{j=1}^{n} \boldsymbol{c}_j \boldsymbol{x}_j \tag{2.10}$$

$$\text{s.t.}\begin{cases} \sum_{j=1}^{n} a_{ij}x_j = b_i, & i = 1,2,\cdots,m \\ x_i \geqslant 0, & j = 1,2,\cdots,n \end{cases} \tag{2.11}$$

可行解：满足约束条件(2.11)的解 $\boldsymbol{X}=(x_1,x_2,\cdots,x_n)^{\mathrm{T}}$ 称为线性规划问题的可行解。所有可行解的集合称为可行域。

最优解：满足目标函数(2.10)的可行解称为线性规划问题的最优解，即目标函数达到最大值的可行解，称为最优解。

基、基变量和非基变量：设 $\boldsymbol{A}$ 是约束方程组的 $m\times n$ 阶系数矩阵，其秩为 m；$\boldsymbol{B}$ 是矩阵 $\boldsymbol{A}$ 中 $m\times m$ 阶非奇异子矩阵($|\boldsymbol{B}|\neq 0$)，则称 $\boldsymbol{B}$ 是线性规划问题的一个基，就是说，矩阵 $\boldsymbol{B}$ 由 m 个线性独立的列向量组成，可设为：

$$\boldsymbol{B} = \begin{pmatrix} a_{11} & a_{12} & \cdots & a_{1m} \\ a_{21} & a_{22} & \cdots & a_{2m} \\ \vdots & \vdots & & \vdots \\ a_{m1} & a_{m2} & \cdots & a_{mm} \end{pmatrix} = (p_1, p_2, \cdots p_m)$$

称 $p_i\,(i=1,2,\cdots,m)$ 为基向量，与基向量 p_i 相对应的变量 $x_i\,(i=1,2,\cdots,m)$ 为基变量，否则称为非基变量。如果有 m 个约束方程，就可得到 m 个基变量。

基解：对于约束条件(2.11)，若令非基变量为零，得 $\boldsymbol{X}=(x_1, x_2,\cdots, x_m,0,\cdots,0)^{\mathrm{T}}$，称为基解。显然，有一个基就可求出一个基解。基解的最多数目是 C_n^m。

基可行解：满足非负条件式(2.12)的基本解，称为基可行解。对应于基可行解的基称为可行基。

2. 解的性质

一般的线性规划问题具有以下性质。

(1) 线性规划问题的可行域一定是凸集。它的几何定义是：连接一个集合中的任意两点的线段均在集合内，则称这个集合为凸集。例如，三角形、圆等是凸集，而圆环则不是凸集。

(2) 凸集的极点(顶点)个数是有限的。

(3) 若可行域非空且有界，则线性规划问题一定有最优解，且最优解在凸集的某个极点上达到。

线性规划问题的性质指明了求解的思路和方向：只要线性规划问题有可行解，就一定存在由可行解构成的集合——凸集，而凸集的极点个数是有限的，最优解又一定在极点上达到，这样就只需在有限的几个极点上寻找最优解。

2.2.2 图解法

线性规划问题的求解方法有许多种。对于具有两个变量的线性规划特殊数学模型，可以利用直观的几何图形求出它的最优解，这种方法称为图解法。利用图解法不仅可以确定线性规划模型的可行解与最优解，有助于从几何图形上了解线性规划问题求解的基本原理。

【例 2.3】某工厂利用 A、B、C 3 种不同类型的设备，生产甲、乙两种产品。各种产品每生产一件在各台设备上所需要的加工时间、每件产品的单位利润及 3 种设备每天的生产能力见表 2-2。怎样安排生产才能使每天获得的利润最大？

表 2-2　各产品的利润及加工时间

	甲	乙	生产能力
设备 A/h	1	2	40
设备 B/h	3	0	75
设备 C/h	2	3	65
利润/千元	3	2	

解：设变量 x_i 为第 i 种(甲、乙)产品的生产件数($i=1$，2)。根据以上分析，可将这个生成计划问题建立为以下的线性规划模型：

目标函数：$\max z = 3x_1 + 2x_2$

$$\text{s.t.}\begin{cases} x_1 + 2x_2 \leqslant 40 & \text{A} \\ 3x_1 \leqslant 75 & \text{B} \\ 2x_1 + 3x_2 \leqslant 65 & \text{C} \\ x_1, x_2 \geqslant 0 \end{cases} \tag{2.12}$$

图解法一般包括以下步骤。

(1) 分别取决策变量 x_1，x_2 建立直角坐标系。

(2) 对每个约束(包括非负约束)条件作出直线，并通过判断确定不等式所决定的半平面。找出所有约束条件交成的公共区域，即可行域。

(3) 改变 z 值，使等值线平行移动，当移动到某一点再移动就要离开可行域时，则该点使目标函数达到极值，该点坐标为最优解。

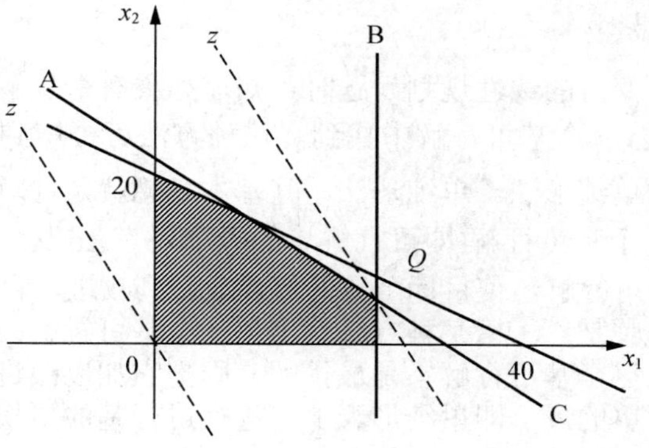

图 2.1　可行域

根据以上步骤，用图解法对例 2.3 的线性规划模型求解。首先建立直角坐标系，然后找出可行域，如图 2.1 所示。其中非负条件 $x_1, x_2 \geqslant 0$ 是指第一象限；约束条件 $x_1 + 2x_2 \leqslant 40$ 是代表以直线 $x_1 + 2x_2 = 40$ 为边界的左下方的半平面，$3x_1 \leqslant 75$ 是代表以直线 $x_1 = 25$ 为边界的左下方的半平面，$2x_1 + 3x_2 \leqslant 65$ 是代表以直线 $2x_1 + 3x_2 = 65$ 为边界的下方的半平面。若同时满足 $x_1, x_2 \geqslant 0$ 的约束条件的点，必然落在由这 5 条直线围成的区域内(图 2.1 中阴影部分)。阴影区域中的每一个点(包括边界点)都是这个线性规划问题的解，即可行解；因而此区域是例 2.3 的线性规划问题的解集合，即为可行域。

现分析目标函数：$\max z = 3x_1 + 2x_2$，在这坐标平面上，它可表示以 z 为参数、-2/3 为斜率的一簇平行线 $x_2 = -3/2x_1 + 1/2z$。

位于同一直线上的点，具有相同的目标函数值，因而称为“等值线”。当 z 值由小变大时，直线 $x_2 = -3/2x_1 + 1/2z$ 沿其法线方向向右上方移动，当移动到 Q 点时，使 z 值在可行域边界上实现最大化，这就得到了最优解 Q，坐标为(25，5)。于是可以根据目标函数计算出 max$z$=85。

这说明该厂的最优生产计划方案是：在计划期内生产产品甲 25 件，生产产品乙 5 件，可获得最大利润为 85 000 元。

例 2.3 中求解得到问题的最优解是唯一的，但对一般线性规划问题，图解法求解结果还可能出现其他情况，主要总结为以下几点结论。

(1) 线性规划的可行域有界时，则其一定有最优解。若为唯一最优解，则最优解一定是可行域的一个顶点；若为无数个最优解，则最优解一定是可行域的一条边，此时目标函数值相同。

(2) 线性规划的可行域无界时，则其可能有唯一的最优解(顶点)，也可能有无数的最优解(边)，还可能无最优解(函数值趋向无穷)。

(3) 线性规划无可行域时，必然无最优解。

2.2.3　单纯形法

线性规划提出后，人们创立了求解线性规划的多种方法，但直到 1947 年丹齐格给出了方便实用的单纯形法后，对线性规划的研究才真正具有现实意义，可以说单纯形法为线性规划作为一门学科奠定了基础。理论界通常也以单纯形法的提出作为线性规划的开始，可见单纯形法在线性规划问题中的地位和作用，它被广泛应用于各种线性规划求解，并且便于用来解决各种物流相关问题。

1. 单纯形法的思想

在用图解法解两个变量的线性规划问题时，知道如果有最优解，这个最优解必定能够从约束方程组的不超过 C_n^m 个基可行解中找到。这种方法可推广到多个变量的线性规划问题，就是目前最常用的单纯形法。单纯形法，其基本思想就是针对线性规划问题的标准形式，从约束方程组的一个基可行解(即可行解域的一个极点)出发。一次又一次地由一个基可行解转移到另一个基可行解，使目标函数的值逐渐得到改进，直至达到最优解。

单纯形法的具体步骤是：①用某种方法找出第一个基可行解；②检查这个基的可行解是不是最优解；③如果这个基可行解不是最优解，则把它加以改进，直到求出最优解。把上述步骤归结到一张简单的表，即单纯形表上，进行可行基的更换来实现，这就是单纯形法所要研究的主要内容。

2. 单纯形法的计算

【例 2.4】某工厂要安排生产Ⅰ、Ⅱ两种产品，已知生产单位产品所需的设备台时及 A、B 两种原材料的消耗，见表 2-3，表中右边一列是每日设备生产能力及原材料供应的限量(资源总量)。该工厂生产一单位产品Ⅰ可获利 2 元，生产一单位产品Ⅱ可获利 3 元，问应如何安排生产，使该厂获得最大利润？

表 2-3　各产品利润及加工时间

产　品	Ⅰ	Ⅱ	生产能力
设备/台时	1	2	8
原材料 A/kg	4	0	16
原材料 B/kg	0	4	12
利润/元	2	3	

解：设变量 x_i 为第 i 种(Ⅰ、Ⅱ)产品的生产件数(i=1，2)，建立为以下线性规划模型。

$$\max z = 2x_1 + 3x_2$$

$$\text{s.t.}\begin{cases} x_1 + 2x_2 \leqslant 8 \\ 4x_1 \leqslant 16 \\ 4x_2 \leqslant 12 \\ x_1, x_2 \geqslant 0 \end{cases} \tag{2.13}$$

(1) 将上述一般线性规划形式化为标准型：

$$\max z = 2x_1 + 3x_2 + 0x_3 + 0x_4 + 0x_5$$

$$\text{s.t.}\begin{cases} x_1 + 2x_2 + x_3 = 8 \\ 4x_1 + x_4 = 16 \\ 4x_2 + x_5 = 12 \\ x_1, x_2, x_3, x_4, x_5 \geqslant 0 \end{cases} \tag{2.14}$$

约束方程的增广矩阵为：

$$\boldsymbol{A} = \begin{bmatrix} 1 & 2 & 1 & 0 & 0 & 8 \\ 4 & 0 & 0 & 1 & 0 & 16 \\ 0 & 4 & 0 & 0 & 1 & 12 \end{bmatrix}$$

A 中 x_3，x_4，x_5 的系数列向量构成单位矩阵，可知这些系数列向量是线性独立的，均可以作为一个基：

$$\boldsymbol{B}=(p_3,p_4,p_5)=\begin{bmatrix}1&0&0\\0&1&0\\0&0&1\end{bmatrix}$$

取 x_3，x_4，x_5 基变量，令非基变量 $x_1=x_2=0$ 可得一个初始基本可行解：

$$x^{(0)}=(0,0,8,16,12)^{\mathrm{T}}$$

(2) 列单纯形表。将有关数字填入单纯形表的相应列中，见表 2-4。

表 2-4　初始单纯形表

C_j			2	3	0	0	0	θ_i
C_i	x_i	b	x_1	$x_2\downarrow$	x_3	x_4	x_5	
0	x_3	8	1	2	1	0	0	4
0	x_4	16	4	0	0	1	0	—
0	$\leftarrow x_5$	12	0	[4]	0	0	1	3
z		0	2	3	0	0	0	σ_j

表 2-4 中符号与数字的含义：

① C_j 行是目标函数各变量的系数。

② C_i 列是目标函数中基变量的系数；x_i 列是基变量，这里是 x_3,x_4,x_5；b 列是约束方程的常数项。

③ $x_j(j=1,2,3,4,5)$ 下对应约束方程当前的系数 a_{ij}；

④ θ_i 列是计算值，$\theta_i=\dfrac{b_i}{a_{ik}}\,|\,a_{ik}>0$(负数填“—”)；

⑤ σ_j 行是检验数，$\sigma_j=c_j-\sum\limits_{i=1}^{m}c_ia_{ij},j=m+1,\cdots,n$(其余为 0)；

⑥ z 是目标函数值，$z=c_i\times b$。

由此可得：

$$\sigma_1=c_1-\sum_{i=1}^{3}c_ia_{i1}=2-(0\times1+0\times4+0\times0)=2；$$

$$\sigma_2=c_2-\sum_{i=1}^{3}c_ia_{i2}=3-(0\times2+0\times0+0\times4)=3；$$

$$z=c_i\times b=0\times8+0\times16+0\times12=0。$$

(3) 确定换入变量和换出变量。

对于标准线性规划问题，即目标函数为求最大值，σ_j 全部小于 0 时确定最优解，由 $\max(\sigma_j)$ 确定换入变量，$\min(\theta_i)$ 确定换出变量；若目标函数为求最小值，则相反，σ_j 全部大于 0 时确定最优解，由 $\min(\sigma_j)$ 确定换入变量，$\max(\theta_i)$ 确定换出变量。

因 $\sigma_1=2$，$\sigma_2=3$ 都大于 0，且 $a_{i1}>0$，$a_{i2}>0$ 故可行解不是最优解；

$\max(\sigma_1，\sigma_2)=\max(2,3)=3$，因 $\sigma_2=3$，所以 x_2 为换入变量；

计算 θ_i 并比较。$\theta_i = \min\left(\frac{b_i}{a_{ik}} \mid a_{ik} > 0\right) = \min\left(\frac{8}{2}, -, \frac{12}{4}\right) = 3$，则对应 x_5 为换出变量。

(4) 以[4]为主元素进行迭代运算，即对表 2-4 进行初等行变换，使 P_2 变为 $[0,0,1]^{\mathrm{T}}$，将 x_2 换到原基变量 x_5 的位置，于是得到表 2-5。

表 2-5　单纯形表

$C_j \rightarrow$			2	3	0	0	0	θ_i
C_i	x_i	b	$x_1 \downarrow$	x_2	x_3	x_4	x_5	
0	$\leftarrow x_3$	2	[1]	0	1	0	−1/2	2
0	x_4	16	4	0	0	1	0	4
3	x_2	3	0	1	0	0	1/4	—
z		9	2	0	0	0	−3/4	σ_j

b 列的数字表示 $x_3 = 2, x_4 = 16, x_2 = 3$，于是得到一个新的基本可行解：

$$x^{(1)} = (0,3,2,16,0)^{\mathrm{T}}$$

(5) 重复(2)、(3)、(4)的计算步骤，检查表 2-5 中所有检验数 σ_j，这时还有检验数 $\sigma_1 = 2 > 0$ 说明应将 x_1 作为换入变量，再比较 θ_i 值可知应将 x_3 作为换出变量。以[1]为主元素进行迭代运算，使 P_1 变为 $[1,0,0]^{\mathrm{T}}$，将 x_1 换到原基变量行 x_3 的位置，于是得到表 2-6。

表 2-6　最终单纯形表

$C_j \rightarrow$			2	3	0	0	0	θ_i
C_i	x_i	b	x_1	x_2	x_3	x_4	$x_5 \downarrow$	
2	x_1	2	1	0	1	0	−1/2	—
0	$\leftarrow x_4$	8	0	0	−4	1	[2]	4
3	x_2	3	0	1	0	0	1/4	12
z		13	0	0	−2	0	1/4	σ_j
2	x_1	4	1	0	0	1/4	0	
0	x_5	4	0	0	−2	1/2	1	
3	x_2	2	0	1	1/2	−1/8	0	
z		14	0	0	−3/2	−1/8	0	σ_j

(6) 当所有检验数 $\sigma_j \leqslant 0$ 时，表明目标函数的值已不可能再增长，可得最优解。所以其最优解为 $x_0 = (4,2,0,0,4)^{\mathrm{T}}$，对应的目标函数值为：$z = 14$。

通过例 2.4 可以得出单纯形法一般具有以下解题步骤。

(1) 使线性规划问题标准化。

(2) 找出初始可行基，确定初始基本可行解，建立初始单纯形表。

(3) 求出检验数，判断初始方案是否最优，若最优或无解则停止计算，否则转入下一步。

(4) 比较 σ_j 确定换入变量，计算并比较 θ_i 确定换出变量，由此确定主元素。

(5) 对主元素进行迭代运算，并对换换入与换出变量，得到新单纯形表。

(6) 以新单纯形表为起点重复上述步骤，直至所有检验数合格为止，最后得到最优解。

2.3 线性规划对偶问题与灵敏度分析

对偶问题是线性规划理论中一个非常重要的内容，它充分体现了线性规划理论逻辑的严谨性和结构的对称性。任何一个线性规划问题都有一个与之相对应的线性规划问题，如果前者称为原始问题，后者就称为“对偶”问题。

对偶问题是对原问题从另一角度进行的描述，其最优解与原问题的最优解有着密切的联系，在求得一个线性规划最优解的同时也就得到对偶线性规划的最优解；反之亦然。因此研究对偶问题对解决线性规划问题有十分重要的现实意义。

2.3.1 对偶问题的数学模型

1. 对偶问题的提出

在本章前几小节中，对工厂生产计划模型问题以及其各种解法进行了讨论，现从另一个角度来讨论这方面问题，以例 2.3 为例。

假设另一工厂决定购买该厂原材料并租用其设备进行生产，这时欲购租者就要考虑，如何出价才能让该厂出租设备和出售原材料。设 y_1、y_2、y_3 分别表示单位设备台时的租金和单位原材料 A、B 的售价。欲租者在考虑出价时，一般会作出一个比较：对方用 1 个单位设备台时和出售 4 个单位原材料 A 可以生产一件产品 I，且可获利 2 元，那么出租 1 个单位设备台时和出售 4 个单位原材料 A 的总收入应不低于生产产品 I 的获利。即：

$$y_1 + 4y_2 \geqslant 2$$

同理，可得另一个约束条件：

$$2y_1 + 4y_3 \geqslant 3$$

而出租所有的设备台时，出售所有的原材料 A、B，其总收入为：

$$w = 8y_1 + 16y_2 + 12y_3$$

对于欲购租者来讲，其付给该厂的价格应该以在保证对方不小于其生产获利的基础上，使成本，即设备租金和原材料价格尽可能低，也就是说应使 w 尽可能低。把这个问题用数学表达式描述即为：

$$\min w = 8y_1 + 16y_2 + 12y_3$$
$$\text{s.t.}\begin{cases} y_1 + 4y_2 \geqslant 2 \\ 2y_1 + 4y_3 \geqslant 3 \\ y_1, y_2, y_3 \geqslant 0 \end{cases} \tag{2.15}$$

一般情况下，$z \leqslant w$；否则，该工厂不会出租这些资源，而宁可自己生产。因此，双方都能接受的结果应该是 $\max z = \min w$，这个结果是两个工厂决策者任务的最优方案。

将生产新产品 I 、II 作为线性规划问题 1，将其模型列成表 2-7。

表 2-7　线性规划问题 1 模型

x_1	x_2	
1	2	≤8
4	0	≤16
0	4	≤12
2	3	$= \max z$

将出租设备和出售原材料作为线性规划问题 2，将其模型列成表 2-8。

表 2-8　线性规划问题 2 模型

y_1	y_2	y_3	
1	4	0	≥2
2	0	4	≥3
8	16	12	$= \min w$

从这两个表中可以看出，线性规划问题 1 与线性规划问题 2 有以下关系。

(1) 两个规划问题的数据表格互为转置。

(2) 问题 1 的约束条件右端常数为问题 2 的价值系数。问题 1 的价值系数是问题 2 的约束条件右端常数。

(3) 问题 1 中的每一列对应问题 2 中的一个行约束。

(4) 问题 1 中的每一个行约束对应问题 2 中的一个变量。

(5) 问题 1 是 max 型，约束是“≤”，问题 2 是 min 型，约束是“≥”。

从不同的角度来看上述两个线性规划问题，通常把问题 1 称为线性规划问题的原问题，而把问题 2 称为线性规划问题的对偶问题；或者称问题 2 为原问题，则称问题 1 为对偶问题。

原问题与对偶问题所表述的经济含义是：如果原问题是在资源有限的情况下使收益最大，则相应的对偶问题是在产量有限的情况下使成本最小。

2. 对偶问题的一般形式

对偶理论是线性规划的重要内容之一，下面给出对偶问题的一般形式。首先说明的是，如果原问题与对偶问题两者都具有：①变量都是非负的；②约束条件都是同向不等式。那么，这类问题就称为对称对偶线性规划；否则即为非对称对偶规划。而非对称对偶规划很容易转化为对称对偶线性规划来处理。

设原线性规划问题是：

$$\max z = c_1x_1 + c_2x_2 + \cdots + c_nx_n$$

$$\text{s.t.}\begin{cases} \begin{bmatrix} a_{11} & a_{12} & \cdots & a_{1m} \\ a_{21} & a_{22} & \cdots & a_{2m} \\ \vdots & \vdots & & \vdots \\ a_{m1} & a_{m2} & \cdots & a_{mm} \end{bmatrix} \begin{bmatrix} x_1 \\ x_2 \\ \vdots \\ x_n \end{bmatrix} \leqslant \begin{bmatrix} b_1 \\ b_2 \\ \vdots \\ b_m \end{bmatrix} \\ x_1, x_2, \cdots, x_n \geqslant 0 \end{cases}$$

其对应的对偶问题为：

$$\min w = y_1 b_1 + y_2 b_2 + \cdots + y_m b_m$$

$$\text{s.t.}\begin{cases}(y_1, y_2, \cdots, y_m)\begin{bmatrix} a_{11} & a_{12} & \cdots & a_{1m} \\ a_{21} & a_{22} & \cdots & a_{2m} \\ \vdots & \vdots & \ddots & \vdots \\ a_{m1} & a_{m2} & \cdots & a_{mm} \end{bmatrix} \geqslant (c_1, c_2, \cdots, c_m) \\ y_1, y_2, \cdots, y_m \geqslant 0 \end{cases}$$

【例 2.5】 写出下述线性规划问题的对偶问题：

$$\min z = 6x_1 + 2x_2$$

$$\text{s.t.}\begin{cases} 5x_1 - x_2 \geqslant 12 \\ 2x_1 + 7x_2 \geqslant 8 \\ x_1, x_2 \geqslant 0 \end{cases}$$

直接套用上述公式：

$$\max w = (y_1, y_2)(12, 8)^{\mathrm{T}}$$

$$\text{s.t.}\begin{cases}(y_1, y_2)\begin{bmatrix} 5 & -1 \\ 2 & 7 \end{bmatrix} \leqslant (6, 2) \\ y_1, y_2 \geqslant 0 \end{cases}$$

可得对偶问题：

$$\max w = 12x_1 + 8x_2$$

$$\text{s.t.}\begin{cases} 5y_1 + 2y_2 \leqslant 6 \\ -y_1 + 7y_2 \leqslant 2 \\ y_1, y_2 \geqslant 0 \end{cases} \tag{2.16}$$

【例 2.6】 写出下列原问题的对偶问题：

$$\max z = -x_1 + x_2 + x_3$$

$$\text{s.t.}\begin{cases} x_1 + x_2 + 2x_3 \leqslant 25 \\ -x_1 + 2x_2 - x_3 \geqslant 2 \\ x_1 - x_2 + x_3 = 3 \\ x_1, x_2 \geqslant 0, x_3\text{无约束} \end{cases}$$

这个线性规划问题为非对称对偶问题，将之转化为对称对偶问题来处理，然后得出对任何线性规划的原问题与对偶问题相应的转换关系的结论。

将第二个约束条件的两边乘以-1，将“≥”变为“≤”。因 x_3 可正可负，所以令 $x_3 = x_3' - x_3''$，其中 $x_3' \geqslant 0$、$x_3'' \geqslant 0$。再将第三个等式约束用不等式表出，得到以下的对称对偶形式：

$$\max z = -x_1 + x_2 + x_3' - x_3''$$

$$\text{s.t.}\begin{cases} x_1 + x_2 + 2x_3' - 2x_3'' \leqslant 25 \\ x_1 - 2x_2 + x_3' - x_3'' \leqslant 2 \\ x_1 - x_2 + x_3 - x_3'' \leqslant 3 \\ -x_1 + x_2 - x_3 + x_3'' \leqslant -3 \\ x_1, x_2, x_3, \ x_3', \ x_3'' \geqslant 0 \end{cases}$$

套用相应的对偶公式得：

$$\min w = 25y_1 - 2y_2' + 3y_3' - 3y_3''$$

$$\text{s.t.}\begin{cases} y_1 + y_2' + y_3' - y_3'' \geqslant -1 \\ y_1 - 2y_2' - y_3' + y_3'' \geqslant 1 \\ 2y_1 + y_2' + y_3' - y_3'' \geqslant 1 \\ -2y_1 - y_2' - y_3' + y_3'' \geqslant -1 \\ y_1, y_2', y_3', \ y_3'' \geqslant 0 \end{cases}$$

令 $y_3 = y_3' - y_2''$， $y_2 = -y_2'$，则得到最终的对偶规划问题：

$$\min w = 25y_1 + 2y_2 + 3y_3$$

$$\text{s.t.}\begin{cases} y_1 - y_2 + y_3 \geqslant -1 \\ y_1 + 2y_2 - y_3 \geqslant 1 \\ 2y_1 - y_2 + y_3 = 1 \\ y_1 \geqslant 0, y_2 \leqslant 0 \end{cases} \tag{2.17}$$

一般来说，对任何对称或非对称的线性规划问题，原始问题和对偶问题的相应关系见表 2-9。

表 2-9　原始问题和对偶问题的相应关系

原始问题	对偶问题
最大化	最小化
$\boldsymbol{A}$ 系数矩阵	$\boldsymbol{A}^{\mathrm{T}}$ 系数矩阵
b 右端常数(列向量)	目标函数系数(行向量)
c 目标函数系数(行向量)	右端常数(列向量)
第 i 个约束为等式	对偶变量 y_i 为自由变量
第 i 个约束为“≤”	对偶变量 $y_i \geqslant 0$
第 i 个约束为“≥”	对偶变量 $y_i \leqslant 0$
x_i 为自由变量	第 i 个约束为等式
$x_i \geqslant 0$	第 i 个约束为“≥”
$x_i \leqslant 0$	第 i 个约束为“≤”

2.3.2　对偶问题的基本性质

原始线性规划与对偶线性规划不仅在数学模型的形式上存在相互对应的关系，而且它们的目标函数、可行解及最优解之间存在深刻的内在联系。

设原始线性规划问题为：

$$\max z = CX$$

$$\text{s.t.}\begin{cases} AX \leqslant b \\ X \geqslant 0 \end{cases}$$

对偶线性规划问题为：

$$\min w = Yb$$
$$\text{s.t.}\begin{cases} YA \geqslant C \\ Y \geqslant 0 \end{cases}$$

则有以下性质定理：

定理 2.1(对称性)：对偶问题的对偶问题就是原问题。即对偶问题与原问题互为对偶问题。

定理 2.2(弱对偶性)：对偶问题(极小)的任意一个可行解所对应的目标函数值，总是大于或等于原问题(极大)的任意一个可行解所对应的目标函数值。

证明：设 x_0、y_0 分别为原问题与对偶问题的可行解向量，要证明 $y_0 b \geqslant cx_0$。

按定义有 $Ax_0 \leqslant b$，$x_0 \geqslant 0$；$y_0 A \geqslant c$，$y_0 \geqslant 0$。对前一个约束不等式用 y_0 左乘，对后一个约束不等式用 x_0 右乘得：$y_0 Ax_0 \leqslant y_0 b$，$y_0 Ax_0 \geqslant cx_0$。因而可推出 $y_0 b \geqslant y_0$，$Ax_0 \geqslant cx_0$，所以有 $y_0 b \geqslant cx_0$。证毕。

此定理有以下两个推论：

推论 2.1：极大化问题(原问题)的任意一个可行解所对应的目标函数值是对偶问题最优目标函数值的一个下界。极小比问题(对偶问题)的任意一个可行解所对应的目标函数值是原问题的最优目标函数值的一个上界。

推论 2.2：如果原始问题可行，但其目标函数无界，则对偶问题不可能有可行解；如果对偶问题可行，但无界，则原问题不可能有可行解。

定理 2.3(最优性准则)：设对称对偶问题的原问题与对偶问题均有可行解，且两者的目标函数值相等，那么此时的可行解分别为相应问题的最优解。

证明：设 x_0、y_0 分别为原问题与对偶问题的可行解，且两者的目标函数值相等，那么此时的可行解分别为相应问题的最优解。

设 x 为原问题的任意一个可行解。则由定理 2.2，有 $cx \leqslant y_0 b$；由条件 $cx = y_0 b$，得 $cx \leqslant cx_0$，因此 x_0 个是原问题的最优解。同理，设 y 为对偶问题的任一可行解。由定理 2，有 $yb \geqslant cx_0$；由条件 $cx_0 = y_0 b$，得 $yb \geqslant y_0 b$，因此 y_0 是对偶问题的最优解。证毕。

定理 2.4(主对偶性定理)：如果原问题与对偶问题两者均有可行解，则两者均有最优解，并且此时目标的最优值相等。

定理 2.5(互补松弛定理)：设 x_0、y_0 分别为原问题与对偶问题的可行解。则 x_0、y_0 分别是相应问题的最优解的充分必要条件是：$(y_0 A - c)x_0 + y_0(b - Ax_0) = 0$。

由定理 2.5，可以得到应用比较广泛的互补松弛条件。

首先设 $u = (u_1, u_2, \cdots, u_m)^{\mathrm{T}}$ 为原规划(目标函数极大，约束方程 m 个，决策变量 n 个)与最优值 x_0 对应的松弛变量；$v = (v_1, v_2, \cdots, v_m)$ 为对偶规划与最优值 y_0 对应的松弛变量，则有以下的互补松弛条件：

$$v_i x_{0j} = 0 \quad (j = 1, 2, \cdots, n)$$
$$u_i y_{0i} = 0 \quad (i = 1, 2, \cdots, m)$$

【例 2.7】已知线性规划问题为：

$$\max z = 4x_1 + 3x_2$$

$$\text{s.t.}\begin{cases}x_1+2x_2\leqslant 2\\x_1-x_2\leqslant 3\\2x_1+3x_2\leqslant 5\\x_1+x_2\leqslant 2\\3x_1+x_2\leqslant 3\\x_1,x_2\geqslant 0\end{cases}$$

其对偶问题最优解为：$y_0=(1,0,0,0,1)$，$\min w=5$。试用互补松弛定律找出原问题的最优解。

解：分析可得原问题的对偶问题如下。

$$\min w=2y_1+3y_2+5y_3+2y_4+3y_5$$

$$\text{s.t.}\begin{cases}y_1+y_2+2y_3+y_4+3y_5\geqslant 4\\2y_1-y_2+3y_3+y_4+y_5\geqslant 3\\y_i\geqslant 0,i=1,2,3,4,5\end{cases}\tag{2.18}$$

由对偶问题的最优解 $y_0=(1,0,0,0,1)$，可知 $y_1>0$，$y_5>0$。由互补松弛定理解方程组：

$$\begin{cases}x_1+2x_2=2\\3x_1+x_2=3\end{cases}$$

可得原问题的最优解 $x_0=\left(\dfrac{4}{5},\dfrac{3}{5}\right)$，$\max z=5$。

2.3.3 对偶单纯形法

1. 对偶单纯形法的定义

单纯形法是求解线性规划问题的一种常用的方法，但用单纯形法求解必须先求得一个初始基本可行解，然后再进行求解。然而有时基本可行解的获得是比较困难的，而对偶单纯法则是在原问题初始基本可行解未知的情况下，求最优解的另一种方法。

仍设原始线性规划问题为：

$$\max z=CX$$

$$\text{s.t.}\begin{cases}AX\leqslant b\\X\geqslant 0\end{cases}$$

对偶线性规划问题为：

$$\min w=Yb$$

$$\text{s.t.}\begin{cases}YA\geqslant C\\Y\geqslant 0\end{cases}$$

定义：设 x_0 是原问题的基本解(不一定是可行解)，它对应的基矩阵为 $\boldsymbol{B}$，令 $\boldsymbol{y}_0=\boldsymbol{c}_B\boldsymbol{B}^{-1}$ 是对偶问题的可行解，则称 x_0 是原问题的对偶可行的基本解。

对偶单纯形法的基本思想是：首先从原问题的一个对偶可行的基本解(非可行解)开始，求改进的对偶可行的基本解，逐步向原问题的可行域逼近，当求到对偶可行的基本解是原问题的可行解时，就获得了最优解。

需要注意的是，对偶单纯形法并不是解对偶问题的单纯形法，而是运用对偶原理来求解原问题可行解的另一种方法。当然，当求解得到原问题的最优解的同时，也就得到对偶问题的最优解。其优点是原问题的初始解不一定要求是基可行解，可从非可行解开始迭代，也就是说，不必引进人工变量，使计算过程简单化。

2. 对偶单纯形法的计算步骤

对偶单纯形法的计算步骤分以下几点。

(1) 给定一个初始对偶可行的基本解，其相应的初始基为 $\boldsymbol{B}$，建立初始单纯形表；

(2) 检查基变量的取值，若 $b' = \boldsymbol{B}^{-1}b \geqslant 0$，则停止计算，此时对偶可行的基本解为最优解；否则令 $b'_l = \min\{b'_i \mid b'_i < 0\} < 0$，则该行对应的变量 x_l 为出基变量。

(3) 若所有 j，$a_{lj} \geqslant 0$，则停止计算，原问题无可行解；否则，令 $\dfrac{c_k - z_k}{a'_{lk}} = \min\{\dfrac{c_j - z_j}{a'_{lj}} \mid a'_{lj} < 0\}$，则 x_k 为进基变量。

(4) 以 a'_{lk} 为主元进行消元，得到新的单纯形表，返回步骤(2)。

可以证明，按上述方法进行迭代，所得的解始终是对偶可行解。

【例 2.8】用对偶单纯形法求解线性规划问题：

$$\min w = 2x_1 + 3x_2 + 4x_3$$
$$\text{s.t.}\begin{cases} x_1 + 2x_2 + x_3 \geqslant 3 \\ 2x_1 + x_2 + 3x_3 \geqslant 4 \\ x_1, x_2, x_3 \geqslant 0 \end{cases}$$

在第一、第二个约束条件中引入松弛变量 x_4、x_5，改极小问题为极大问题得：

$$\max z = -2x_1 - 3x_2 - 4x_3$$
$$\text{s.t.}\begin{cases} -x_1 - 2x_2 + x_3 + x_4 \geqslant -3 \\ -2x_1 + x_2 - 3x_3 + x_5 \geqslant -4 \\ x_j \geqslant 0, j = 1,2,3,4,5 \end{cases} \tag{2.19}$$

建立这个问题的初始单纯形表见表 2-10。

表 2-10　初始单纯形表

$C_j \rightarrow$			−2	−3	−4	0	0	θ_i
C_i	x_i	b	$x_1 \downarrow$	x_2	x_3	x_4	x_5	
0	x_4	−3	−1	−2	−1	1	0	3
0	$\leftarrow x_5$	−4	[−2]	1	−3	0	1	2
z		0	−2	−3	−4	0	0	σ_j

检验数对应的对偶问题的解是可行解，但因 $b' = B^{-1}b < 0$，所以需要调整。根据单纯形法可确定换出变量为 x_5；换入变量为 x_1。继续进行迭代，可得表 2-11。

表 2-11　最终单纯形表

$C_j \rightarrow$			−2	−3	−4	0	0	θ_i
C_i	x_i	b	x_1	$x_2 \downarrow$	x_3	x_4	x_5	
0	$\leftarrow x_4$	−1	0	[−5/2]	1/2	1	−1/2	2/5
−2	x_1	2	1	−1/2	3/2	0	−1/2	—

续表

z		−4	0	−4	−1	0	−1	σ_j
2	x_2	2/5	0	1	−1/5	−2/5	1/5	
0	x_1	11/5	1	0	7/5	−1/5	−2/5	
z		4/5	0	0	−9/5	−8/5	−1/5	σ_j

可得原问题的最优解为：$x_0=\left(\frac{11}{5},\frac{2}{5},0,0,0\right)^{\mathrm{T}}$；

同时，对偶问题的最优解为：$y_0=\left(\frac{8}{5},\frac{1}{5}\right)$。

用对偶单纯形法求解问题，具有以下特点。

(1) 简化计算：不引入人工变量将线性规划化成标准型，构造初始单纯形表(初始解是非可行解)，只要检验数为非负，即最优检验数，就可以进行基的转换。

(2) 适于变量多于约束条件：当变量少于约束方程的个数时，可考虑变成对偶问题后，再用于对偶单纯形法。

(3) 局限性：大多数问题很难找到检验数为负，即最优检验数的初始可行解。但可用于灵敏度分析中简化计算。

2.3.4 灵敏度分析

在前面讨论的线性规划问题中，均假定问题中的各参数是不变的。然而，在实际问题如企业管理、物流管理等过程中，随着内外部环境的变化，有的参数值将会随之改变。显然，当参数值改变时，原先得到的最优解可能已经不再是最优解，因此将讨论当参数中的一个或多个发生改变时，已求的问题的最优解将会如何变化以及当参数在一个什么范围内变化时，问题的最优解仍然不变。这样的分析，称为灵敏度分析。

线性规划问题灵敏度分析有以下 3 个方面内容。

(1) 市场价格等引起目标函数系数的改变的灵敏度分析。

(2) 资源量等的变化引起约束条件右端常数的改变的灵敏度分析。

(3) 生产技术水平变化、是否投入新产品、资源短缺等引起约束矩阵系数改变的灵敏度分析。

1. 目标函数系数的改变

这里讨论求极大目标函数的线性规划问题。

1) 非基变量目标函数系数的改变

此时基变量的检验数仍然不变，即等于零，求出改变了的非基变量目标函数系数对应的检验数，若仍然小于零，则此时的最优解不变，当然最优值也不变；若大于零，此时非基变量要作为基变量，按单纯形法求出最优解。同时令求出的检验数小于或等于零，可求出保持原最优解不变时，该非基变量目标函数系数变化的范围。

2) 基变量目标函数系数的改变

此时基变量的检验数仍然等于零，但所有的非基变量的检验数均改变，为使最优解保持不变，可令所有的检验数小于或等于零，这样可以求出基变量目标函数系数的变化范围。

在该范围内，问题的最优解不变，但目标函数的最优值将会变化。若该系数的变化超出了制定的范围，则原来的最优解将不再是最优解，必须再次用单纯形法求得新的最优解。

3) 基变量和非基变量的目标函数系数同时改变

以新的目标函数系数代入最终的单纯形表中计算所有的检验数，若均小于或等于零，则最优解不变；否则，再运用单纯形法，求出最优解。

2. 约束条件右端常数的改变

显然，右端常数的改变对单纯形表左端的计算数据是没有影响的。因此，各检验数不变，最优基不变，但最优解将会改变。改变的方式是：①若得到的基本解是非负的，则此解还是最优解，自然对应的最优目标函数值将作相应的改变；②若得到的基本解不是非负的，则再利用对偶单纯形法求得最优解；③若要计算右端常数在保持原最优解不变的情况下变化的范围，令求得的基本解大于或等于零，即可求得。

3. 约束条件矩阵系数的改变

约束矩阵系数的改变，一般是由于以下 3 种原因引起的。

1) 增加新的产品生产，即增加新的决策变量

此时，只需将这新变量加入单纯形表中，求出它的检验数，若非正，则原最优解不变，实际中相当于不安排新产品生产；若为正，新变量将成为入基变量，实际中相当于安排新产品生产。

2) 现行产品生产的单耗量发生了变化

此时，也要分为非基变量与基变量两种情况，对单位产品的单耗量发生改变进行讨论，讨论方法与上述情况相同。基变量的单位产品的单耗量发生改变，或者两种情况同时改变，一般最优基将会受到影响。这种情况，得重新运用单纯形法进行计算。

3) 对产品质量要求的提高，因而增加了新的约束条件

显然增加了新的约束条件肯定不会使线性规划问题的最优增大，至多维持不变。如果原先的最优解能满足新的约束条件，则最优解不变；如果不满足，就在原最终单纯形表中添上新的约束条件，再重新运用单纯行法求解。

2.4 线性规划在物流管理中的应用

2.4.1 整数规划的一般应用

在上述的线性规划中，最优解有可能是小数也有可能是分数，但是某些实际的问题所要求的最优解必须是整数的形式，如装货的货车数量、分配的人数、机器台数等。这样小数或者分数的解就不再符合需要，为了满足解为整数，如果简单地把分数解或者小数解取整，解的形式满足了，但是化整后常常就不再是可行解了，或者虽然是可行解却不是最优解了。因而提出了一类新的规划问题——整数规划(integer programming，IP)。整数规划分以下几类：如果整数规划中的所有决策变量都是非负整数，那么就称它为纯整数规划；如果仅一部分决策变量为整数，则称它为混合整数规划。整数规划中还有一类特殊的问题——0-1 规划，即决策变量的取值只能是 0 或者 1。物流决策中的选址问题就属于 0-1 整数规划问题。

1. 整数规划的数学模型

整数规划与一般线性规划的区别在于决策变量需为整数，因而在约束条件中要加整数的约束条件。整数规划的一般数学形式为：

目标函数：$\max(\min)\quad z=c_1x_1+c_2x_2+\cdots+c_nx_n$

$$\text{约束条件：}\begin{cases} a_{11}x_1+a_{12}x_2+\cdots+a_{1n}x_n\leqslant(=,\geqslant)b_1\\ a_{21}x_1+a_{22}x_2+\cdots+a_{2n}x_n\leqslant(=,\geqslant)b_2\\ \cdots\\ a_{m1}x_1+a_{m2}x_2+\cdots+a_{mn}x_n\leqslant(=,\geqslant)b_m\\ x_1,\ x_2,\cdots,\ x_n\geqslant 0\\ x_1,\ x_2,\cdots,\ x_n\text{为整数}\end{cases}\tag{2.20}$$

一般整数规划的解法通常有分支定界法和割平面法，而 0-1 整数规划的解法常采用隐枚举法。

2. 整数规划在物流决策中的应用

整数规划在物流决策中的典型应用是选址问题。在物流系统中，物流设施的选址在深度和广度上影响着物流管理中的其他决策，因而属于战略层决策。物流服务设施一经选定就将长时间运营，它不仅与运行费用直接相关，而且对工作效率及物流服务水平都会产生很大影响。因此，在物流系统设计的初始阶段，确定物流服务设施的位置和数量以及分配形式，在保证物流系统正常运营，提高供应链管理的水平，降低物流成本和商品损耗，加速周转，加快对客户需求的响应速度，提高服务质量，增强客户对物流环节的满意度，降低供应链运作成本等方面显示出巨大优势。而进行科学选址的一种重要的方法就是整数规划法。以下举出几种选址的经典模型。

1) P-中值模型

P-中值模型是指在一个给定数量和位置的需求集合与一个候选设施位置的集合下，分别为 p 个物流中心找到合适的位置，并为每个需求点指派一个特定的物流中心，使全部或平均性能最优的问题。通常是使成本最小，运输时间最少，或者是使总运费最低等，因而又称为最小和问题。P-中值模型用数学语言描述如下：

$$\min z=\sum_{i\in N}\sum_{j\in M}d_ic_{ij}y_{ij}$$

$$\text{s.t.}\begin{cases}\sum_{j\in M}y_{ij}=1, i\in N\\ \sum_{j\in M}x_j=p\\ y_{ij}\leqslant x_j,\ i\in N,\ j\in M\\ x_j\in\{0,\ 1\},\ j\in M\\ y_{ij}\in\{0,\ 1\},\ i\in N,\ j\in M\end{cases}\tag{2.21}$$

$N=\{1,2,\cdots,n\}$ 为需求点集合，d_i 为第 i 个客户的需求，$M=\{1,\ 2,\ \cdots,\ m\}$ 为备选点集合，c_{ij} 为从地点 i 到地点 j 的单位运输费用，p 为建设的物流中心的总数，$x_j=1$ 表示在 j 处

合，c_{ij} 为从地点 i 到地点 j 的单位运输费用，p 为建设的物流中心的总数，$x_j=1$ 表示在 j 处选址，$x_j=0$ 表示不在 j 处选址，$y_{ij}=1$ 表示客户 i 由中心 j 来服务，$y_{ij}=0$ 表示客户 i 不由中心 j 来服务。

P-中值模型能够解决两方面的问题：第一是选择合适的备选点作为物流中心；第二是为客户指派相应的物流中心。

2) 覆盖模型

覆盖模型，就是对于需求已知的一些需求点，如何确定一组物流中心来满足这些需求点的需求。在这个模型中需确定设施的最小数量和合适的位置。根据解决问题的不同，覆盖模型可以分为两类：集合覆盖模型和最大覆盖模型。集合覆盖模型使用最小数量的设施去覆盖所有的需求点；最大覆盖模型是在给定数量的设施下，覆盖尽可能多的点。集合覆盖模型的数学描述为：

$$\min z=\sum_{j\in N}x_j$$

$$\text{s.t.}\begin{cases}\sum_{j\in B(i)} y_{ij}=1, i\in N\\ \sum_{j\in A(j)} d_i y_{ij}\leqslant C_j x_j, i\in N\\ x_j\in\{0,1\}, j\in N\\ y_{ij}\geqslant 0, i,j\in N\end{cases}\tag{2.22}$$

$N=\{1,2,\cdots,n\}$ 为需求点集合，d_i 为第 i 个节点的需求，C_j 为设施节点 j 的容量，$A(j)$ 为设施节点 j 所覆盖的需求点的集合，$B(i)=\{i|i\in A(j)\}$ 是指可以覆盖需求节点 i 的设施节点 j 的集合，x_j=1 表示在 j 处选址，x_j=0 表示不在 j 处选址，y_{ij} 表示节点 i 需求中被分配到节点 j 的部分。

最大覆盖模型的数学描述为：

$$\max z=\sum_{j\in N}\sum_{i\in A(j)} d_i y_{ij}$$

$$\text{s.t.}\begin{cases}\sum_{j\in B(i)} y_{ij}\leqslant 1, i\in N\\ \sum_{j\in A(j)} d_i y_{ij}\leqslant C_j x_j, i\in N\\ \sum_{j\in N} x_j=p\\ x_j\in\{0,1\}, j\in N\\ y_{ij}\geqslant 0, i,j\in N\end{cases}\tag{2.23}$$

$N=\{1,2,\cdots,n\}$ 为需求点集合，d_i 为第 i 个节点的需求，C_j 为设施节点 j 的容量，$A(j)$ 为设施节点 j 所覆盖的需求点的集合，$B(i)=\{i|i\in A(j)\}$ 为可以覆盖需求节点 i 的设施节点 j 的集合，p 是可建设的物流中心的总数，$x_j=1$ 表示在 j 处选址，$x_j=0$ 表示不在 j 处选址，y_{ij} 表示节点 i 需求中被分配到节点 j 的部分。

覆盖模型是一类混合整数规划问题。这类问题有两种解法，规模较小时可以使用分支定界法进行精确求解；对于大规模的问题可以使用启发式算法进行求解。使用启发式算法所得到的结果不一定是最优解，但可以对大型问题进行有效的分析和求解。

2.4.2 运输问题的特殊应用

1. 运输问题的提出

运输问题是线性规划在物流决策中的一个典型应用。物流活动中最重要的就是运输环节，可以将运输问题描述如下：运输问题是在涉及物资运送时，如何依据已有的运输线路，制定调运方案，将运送物资运到各消费地点，从而使得运输的费用最少。用数学语言描述如下：某类物资有 m 个产地，n 个销地。第 i 个产地的产量为 x，第 j 个销地的销量为 y。设由第 i 个产地到第 j 个销地的单位物资的运费为 c_{ij}。问应如何制定调运方案，才能够使总费用最少？

运输问题通常分为产销平衡问题和产销不平衡问题，产销平衡问题就是产地的产量总和等于销地的销量总和，产销不平衡问题就是产地的产量总和大于或小于销地的销量总和。

【例 2.9】 设有两个砖厂 A_1、A_2，产量分别为 23 万块、27 万块，两个砖厂的产品联合供应 3 个施工现场 B_1、B_2、B_3，其需要量分别为 17 万块、18 万块、15 万块。各产地到各施工现场的单位运价见表 2-12，问如何组织调度，可使得运费最少？

表 2-12 各产地到各施工现场的单位运价　　单位：元/万块

现场 砖厂	B_1	B_2	B_3
A_1	5	14	7
A_2	6	18	9

解：根据本章前面内容，可设 x_{ij} 表示从砖厂 A_i 运至现场 B_j 的数量(i=1,2；j=1,2,3)，即可以将此运输问题用以下的数学模型来表示。

$$\min z = 5x_{11} + 14x_{12} + 7x_{13} + 6x_{21} + 18x_{22} + 9x_{23}$$

$$\text{s.t.}\begin{cases} x_{11} + x_{12} + x_{13} = 23 \\ x_{21} + x_{22} + x_{23} = 27 \\ x_{11} + x_{21} = 17 \\ x_{12} + x_{22} = 18 \\ x_{13} + x_{23} = 15 \\ x_{ij} \geqslant 0 (i = 1,2; j = 1,2,3) \end{cases} \tag{2.24}$$

通过求解上面数学模型能得出能够使得运费最小的调度方式。

2. 运输问题的数学模型

由例 2.7 引入，先来看产销平衡的运输问题的数学模型。

运输问题最终得到的是从第 i 个产地到第 j 个销地的运输量，用变量 x_{ij} 来表示从第 i 个产地到第 j 个销地的运输量，那么上述的问题就可以表示成求一组非负的决策变量 x_{ij}，其中 i=(1,…,m)，j=(1,…,n)，则所得的数学模型为：

$$\min z=\sum_{i=1}^{m}\sum_{j=1}^{n}c_{ij}x_{ij}$$

$$\text{s.t.}\begin{cases}\sum_{j=1}^{n}x_{ij}=a_i,\ i=1,\cdots,\ m\\ \sum_{i=1}^{m}x_{ij}=b_j,\ j=1,\cdots,\ n\\ x_{ij}\geqslant 0, i=1,2,\cdots,m, j=1,2,\cdots,n\end{cases}\tag{2.25}$$

产销不平衡的运输问题模型可以分为两种情况。

(1) 当产量大于销量时，即 $\sum_{i=1}^{m}a_i>\sum_{j=1}^{n}b_j$ 。此时表示产地 A_i 的产量不一定全部运出，只需将上述产销平衡模型中的约束条件 $\sum_{j=1}^{n}x_{ij}=a_i$ 改为 $\sum_{j=1}^{n}x_{ij}\leqslant a_i$ ，其余不变。

(2) 当销量大于产量时，即 $\sum_{i=1}^{m}a_i<\sum_{j=1}^{n}b_j$ 。此时表示产地 B_j 的销量未必能全部满足，只需将上述产销平衡模型中的约束条件 $\sum_{i=1}^{m}x_{ij}=b_j$ 改为 $\sum_{i=1}^{m}x_{ij}\leqslant b_j$ ，其余不变。

产销平衡的运输问题可以用常规的单纯形算法来求解，但是由于其本身的特殊性也可以采用特殊的方法来求解，如表上作业法，在后面章节具体讲到运输问题的时候，会讲述表上作业法。

产销不平衡的运输问题可以采用虚拟销地或者虚拟产地的方法，将之转化为一个产销平衡的问题来求解。

本 章 小 结

线性规划主要研究在既定的目标和条件下，如何最大限度地发挥有限资源的作用，从而完成最多最大的任务。线性规划包括决策变量、目标函数和约束条件 3 个要素。根据实际问题可建立一般模型，并通过数学方法转换为标准模型。线性规划的最常用解法是图解法和单纯形法两种。对偶问题是线性规划理论中一个非常重要的内容，具有与原问题对称的性质。对它的研究可以使解决线性规划相关问题的方法更加简单。

线性规划在物流管理中的应用主要包括整数规划以及运输问题的应用。整数规划是研究线性规划问题中全部或部分整数最优解的问题；运输问题则是线性规划在物流决策中常见的实际问题的应用。

关键术语

(1) 线性规划　(2) 图解法　(3) 单纯形法　(4) 对偶问题
(5) 对偶单纯形法　(6) 灵敏度分析　(7) 整数规划　(8) 覆盖模型

习　题

1. 选择题

(1) 线性规划模型不包括下列________要素。

A. 目标函数　B. 约束条件　C. 决策变量　D. 状态变量

(2) 线性规划模型中增加一个约束条件，可行域的范围一般将________。

A. 增大　B. 缩小　C. 不变　D. 不定

(3) 关于线性规划模型的可行域，下面________的叙述正确。

A. 可行域内必有无穷多个点　B. 可行域必有界

C. 可行域内必然包括原点　D. 可行域必是凸的

(4) 如果第 K 个约束条件是"≤"情形，若转化为标准形式，需要________。

A. 左边增加一个变量　B. 右边增加一个变量

C. 左边减去一个变量　D. 右边减去一个变量

(5) 单纯形法当中，入基变量的确定应选择检验数________。

A. 绝对值最大　B. 绝对值最小　C. 正值最大　D. 负值最小

(6) 在约束方程中引入人工变量的目的是________。

A. 体现变量的多样性　B. 变不等式为等式

C. 使目标函数为最优　D. 形成一个单位阵

(7) 线性规划原问题的目标函数为求极小值型，若其某个变量小于等于 0，则其对偶问题约束条件为________形式。

A. "≥"　B. "≤"　C. "＞"　D. "＝"

(8) 如果 z 是某标准型线性规划问题的最优目标函数值，则其对偶问题的最优目标函数值 w 满足条件________。

A. $w=z$　B. $w\neq z$　C. $w\leqslant z$　D. $w\geqslant z$

(9) 在一对对偶问题中，不可能存在的情况是________。

A. 一个问题有可行解，另一个问题无可行解

B. 两个问题都有可行解

C. 两个问题都无可行解

D. 一个问题无界，另一个问题可行

(10) 产销不平衡的运输问题模型可以分为两种情况，当产量大于销量时，数学模型中 $\sum_{j=1}^{n} x_{ij} = a_i$ 应该改写为________。

A. $\sum_{j=1}^{n} x_{ij} \geqslant a_i$　B. $\sum_{j=1}^{n} x_{ij} \leqslant a_i$　C. $\sum_{j=1}^{n} x_{ij} \neq a_i$　D. 不变

2. 简答题

(1) 什么是线性规划问题的标准形式，如何将一般的线性规划问题化为标准形式？

(2) 什么是图解法，图解法的求解结果一般有几种情况？

(3) 单纯形法的一般解题步骤有哪些？

(4) 试述对偶问题的概念以及它与原问题的关系。

(5) 具体分析并解释对偶问题的基本性质。

(6) 试述整数规划法的经典模型，并且分别给出其概念与模型。

3. 判断题

(1) 若线性规划存在最优解则一定存在基本最优解。 ( )

(2) 线性规划的可行域无界则具有无界解。 ( )

(3) 可行解集有界非空时，则在极点上至少有一点达到最优值。 ( )

(4) 在基本可行解中基变量一定不为零。 ( )

(5) 任何线性规划问题具有唯一的对偶问题 ( )

(6) 如果线性规划的原问题存在可行解，则其对偶问题也一定存在可行解。 ( )

(7) 原问题(极大值)第 i 个约束为“≥”时，则对偶变量 $y_i \geqslant 0$。 ( )

(8) 对偶单纯法是直接解对偶问题的一种方法。 ( )

(9) 在互为对偶的一对原问题与对偶问题中，不管原问题是求极大或极小，原问题可行解的目标函数值一定不超过其对偶问题可行解的目标函数值。 ( )

(10) 整数规划的最优解是先求相应的线性规划的最优解然后取整得到。 ( )

4. 计算题

(1) 将下列问题化成标准型：

$$\max z = 5x_1 + x_2 + 3x_3 + x_4$$

$$\text{s.t.}\begin{cases} x_1 + x_2 + x_3 + 2x_4 \leqslant 7 \\ 4x_1 - x_2 + 5x_3 = -9 \\ x_1 - 3x_3 + 4x_4 \geqslant 1 \\ x_1,\ x_3 \geqslant 0,\ x_2 \leqslant 0,\ x_4\text{符号不限} \end{cases}$$

(2) 用单纯形法求解下列线性规划问题：

$$\max z = 3x_1 + 4x_2 + x_3$$

$$\text{s.t.}\begin{cases} 2x_1 + 3x_2 + x_3 \leqslant 1 \\ x_1 + 2x_2 + 2x_3 \leqslant 3 \\ x_1, x_2, x_3 \geqslant 0 \end{cases}$$

(3) 给出线性规划问题：

$$\max z = x_1 + 2x_2 + x_3$$

$$\text{s.t.}\begin{cases} x_1 + x_2 - x_3 \leqslant 2 \\ x_1 - x_2 + x_3 = 1 \\ 2x_1 + x_2 + x_3 \geqslant 2 \\ x_1 \geqslant 0,\ x_2 \leqslant 0, x_3\text{无约束} \end{cases}$$

要求：写出其对偶问题；利用对偶问题性质验证原问题目标函数值 $z \leqslant 1$。

(4) 用对偶单纯形法求解下列线性规划问题：

$$\min z = 4x_1 + 12x_2 + 18x_3$$

$$\text{s.t.}\begin{cases} x_1 + 3x_3 \geqslant 3 \\ 2x_2 + 3x_3 \geqslant 5 \\ x_1, x_2, x_3 \geqslant 0 \end{cases}$$

(5) 某工厂生产 A，B 两种化工产品。生产 1kg A 产品需要 2h，成本 2 元；生产 1kg B 产品需要 1h，成本 3 元。下个月的总生产时间是 600h。要生产的 A，B 两种产品的总产量至少 350kg。此外，公司的一个主要客户订购了 125kg A 产品的要求必须满足。问公司应该怎样安排生产可使成本尽量降低。

(6) 某投资人现有下列 4 种投资机会，3 年内每年年初都有 3 万元(不计利息)可供投资。

方案一：在 3 年内投资人应在每年年初投资，一年结算一次，年收益率是 20%，下一年可继续将本息投入获利。

方案二：在 3 年内投资人应在第一年年初投资，两年结算一次，收益率是 50%，下一年可继续将本息投入获利，这种投资最多不超过 2 万元。

方案三：在 3 年内投资人应在第二年年初投资，两年结算一次，收益率是 60%，这种投资最多不超过 1.5 万元。

方案四：在 3 年内投资人应在第三年年初投资，一年结算一次，年收益率是 30%，这种投资最多不超过 1 万元。

投资人应采用怎样的投资决策使 3 年的总收益最大，建立数学模型。

5. 思考题

(1) 分析对偶单纯形法的计算步骤，试总结它的优点及应用上的局限性。

(2) 试从经济上解释对偶问题及对偶变量的含义。

案例分析

某摩托车集团公司产品年度生产计划的优化分析①

某摩托车集团公司共有 3 个专业厂，分别生产轻便摩托车、普通两轮摩托车和三轮摩托车三大系列产品。由于市场疲软，企业从实际情况出发下调了整车出厂价和目标利润率，有关数据见表 2-13。

表 2-13　整车出厂价和目标利润率

产品系列	轻便摩托车			普通两轮摩托车			三轮摩托车		
型号	M_1	M_2	M_3	M_4	M_5	M_6	M_7	M_8	M_9
出厂价/(元/辆)	1 800	2 100	2 300	3 800	4 800	6 500	8 200	8 800	9 200
目标利润率/%	6	7	10	7	6	8	6	6	6
最大生产能力/辆	50 000			60 000			10 000		

集团该年度可供摩托车生产的流动资金总量为 4 000 万元，年周转次数为 5 次，生产各种型号摩托车资金占用情况见表 2-14。

表 2-14　摩托车资金占用情况表

型号	M_1	M_2	M_3	M_4	M_5	M_6	M_7	M_8	M_9
占用资金/(元/辆)	1 520	1 700	1 850	3 200	4 100	5 400	6 900	7 450	8 600

① 资料来源：沈艳萍．物流运筹学[M]．重庆：重庆大学出版社，2008：50-51.

由于发动机改型生产的限制，改号 M_3 和 M_6 两种车在该年的生产量预测数分别为 20 000 辆和 22 000 辆。

另外，合理地控制该年末产成品的库存是减少资金占用和降低仓储压力的必要措施。经预测，3 种系列摩托车该年产销率及各系列摩托车仓储面积占用率见表 2-15。

表 2-15　各系列摩托车年产销率及仓储面积占用率表

产品系列	轻便摩托车	普通二轮摩托车	三轮摩托车
产效率/%	97	97	92
单车占用面积	1 个仓储单位	1.5 个仓储单位	3 个仓储单位

公司该年可提供的最大仓储能力为 3 000 个仓储单位，库存产品最大允许占用生产资金为 1 600 万元。

试问：如何安排生产可使公司总利润最大？

设 x_j 表示生产 M_j 型摩托车的数量($j=1$，2，…，9)。根据上述数据，有如下摩托车产品生产计划总利润最大的教学模型：

$$\max z = 0.18\times0.06x_1 + 0.21\times0.07x_2 + 0.23\times0.1x_3 + 0.38\times0.07x_4 + 0.48\times0.06x_5 + 0.65\times0.08x_6 + 0.82\times0.06x_7 + 0.88\times0.06x_8 + 0.92\times0.06x_9 \leqslant 400$$

$$s.t.\begin{cases} x_1+x_2+x_3 \leqslant 50\,000 \\ x_4+x_5+x_6 \leqslant 60\,000 \\ x_7+x_8+x_9 \leqslant 10\,000 \\ 0.152x_1+0.17x_2+0.185x_3+0.32x_4+0.41x_5+0.54x_6+0.6x_7+0.754x_8+ \\ 0.86x_9 \leqslant 4\,000\times5 \\ x_3 \leqslant 20\,000 \\ x_6 \leqslant 22\,000 \\ 0.03(x_1+x_2+x_3)+0.03\times1.5(x_4+x_5+x_6)+0.08\times(x_7+x_8+x_9) \leqslant 3\,000 \\ 0.004\,56x_1+0.005\,1x_2+0.005\,55x_3+0.009x_4+0.012\,3x_5+0.016\,2x_6 \\ +0.048x_7+0.059x_8+0.0688x_9 \leqslant 1\,600 \end{cases}$$

这是一个线性规划问题，理论上引入 8 个松弛变量化为标准型后，利用单纯形法可求出问题的解。但可运用 Q5B′ 软件在计算机上进行求解，结果如下：

$$x_0 = (0, 26\,000, 20\,000, 0, 0, 22\,000, 0, 0, 0)^{\mathrm{T}}$$

即生产 M_2 型车 26 000 辆，M_3 型车 20 000 辆，M_6 型车 220 000 辆，共计 68 000 辆。最大利润为 1 986.2 万元。

从上述计算结果看，虽然得出了最优解，但该计划并没有充分利用公司现有的生产能力，尤其是三轮摩托车生产线完全闲置。为了保持产品的市场占有率，可添加一些约束条件，重新规划最优生产方案。

讨论题

(1) 试用对偶单纯形法对上述线性规划问题进行求解。

(2) 为了增加市场占有率，试添加一些约束条件，重新规划最优生产方案。

第 3 章 物流需求预测

【教学要点】

知识要点	掌握程度	相关知识	应用方向
需求预测的基本概念	掌握	战略计划、物流管理计划、需求预测的准确性影响企业的经营绩效	掌握物流需求和预测的基本知识，才能根据实际情况作出正确的需求预测决策
需求的特性	了解	时空性、规律性和稳定性、一次性需求和长期需求、相关需求与独立需求	
物流需求预测的原理	熟悉	可知性、可能性、可控性、系统性、连续性、类推性、因果性、相关性、反馈性、可检性、经济性	
物流需求预测的步骤	掌握	确定目的、资料收集分析、建立模型、模型检验、结果分析	
各定性预测的定义、主要特点和适合对象	掌握	预测事物发展的性质、趋势、方向和重大转折点	各种物流需求预测技术，熟练应用后可解决一般的物流需求预测问题
时间序列预测法	重点掌握	移动平均、指数平滑	
因果分析法	重点掌握	一元线性回归、多元线性回归	
计算机仿真预测法	熟悉	聚焦预测、神经网络预测	
预测方法的选择	熟悉	影响因素、时效范围、预测精度	
选择预测模型的原则	熟悉	精度优先、简洁、适应、实用	
预测结果的处理	掌握	预测误差、组合预测权系数确定	

导入案例

圣象地板协同经营平台建设①

圣象集团成立于1995年，总部位于上海，是中国著名木地板企业，连续13年同类产品销量第一。圣象集团营销网络遍布全球，拥有国际先进的设备，除能大批量生产标准产品外，还能根据客户需求生产个性化定制产品。

受房产政策紧缩的影响，2011 年房地产销售不振，直接影响到了下游地板行业。作为地板行业龙头，圣象地板拥有最大的木业产业链，但受到房地产需求市场的缩水，地板行业市场需求也受到影响，整个产业链上也受到不同程度的冲击。在市场压抑期，如何借助信息化手段开源节流，降低内部运营管理成本、提升工作效率？如何协调产业链上的各个业务部门以及代理商、供应商？借助协同 OA 系统，圣象地板管理层希望通过协同经营平台的构建，真正做到开源节流。

圣象地板的解决方案及核心应用有以下几个方面。

(1) 门户应用及事务管理。构建集团、公司、部门、个人级别的办公门户，实时推送公司通知、新闻、制度，并呈现员工岗位工作相关的代办、知识文档信息等，实现各种信息和应用的集中、统一展现；建员工个性化工作平台。并且各项行政办公流程实现了电子化，简化了各项行政制度的落地实施。

(2) 订单管理。实现订单信息跟踪、订单任务执行、新品订单审批等流程的电子化，极大地提升了订单流程的运转效率，并且协同 OA 平台上对各项信息的关联呈现，让管理者能够有依据地审批，把订单管理中的风险降到最低。

(3) 采购管理。采购协议审批、原材料出入库、原材料出入账等流程实现了电子化，采购管理更加规范并且有迹可循。

(4) 研发项目管理。从新品研发立项开始，研发用料采购、研发设计图纸、研发文档、新品试制、研发试验跟踪、研发样品打样，直到正式投入市场，实现全方位的研发项目管理，控制新品研发项目进程，同时实现新品研发经验的积累。

(5) 设备及备件管理。满足日常研发生产所需的设备及备件管理，涵盖设备领用、维修、采购、租赁、借用，设备日常检测，设备检修计划等。

(6) 财务管理。涵盖预算科目管理、预算编制、费用管控、财务报表等。

(7) 产品质量管理。用于满足产品质量管理方面的需求，圣象协同经营平台专门设立了一系列的质量管理措施，产品质量管理各项流程在系统中得以高效流转，并且各项记录有迹可循。极大地降低因为人为因素造成的产品质量管理风险，实现产品质量可控化。

圣象运营管理系统涉及设备及备品备件管理、人力资源管理、预算管理、流程管理、知识管理、研发管理、质量管理、合同管理、供应商管理、生产管理、采购及财务管理等多个方面，通过系统实施，行政管理制度得到了很好地落实和执行，业务方面采购管理、订单管理、新品研发项目管理、产品质量管理等也实现了电子化流转，极大地降低了业务过程中的风险和其他的内耗成本，同时也构建起了基于业务流程的活水化的知识库，真正做到了开源节流。

讨论题

(1) 圣象运营平台的内容及其作用。

(2) 圣象如何做到开源节流，并以最低成本高效率运行？

---

① 资料来源：http://www.chinawuliu.com.cn/information/201204/17/181290.shtml.

预测是对未来可能发生的事情的估计与推测。预测不是凭空想象的猜测，而是根据过去和现在的客观实际资料，运用科学的方法，探求事物发展的规律，从现在预计未来，从已知或有根据的假设推测未知的可能趋向。预测的任务就是要寻求预测对象发展变化的规律，判断其发展趋势及评估其能达到的程度。

预测作为一门学科，产生于20世纪。但是，预测的意识和简单的直观预测在古代就已经出现。“人无远虑，必有近忧”，“凡事预则立，不预则废”，这些古代的俗语充分说明了我国古代的劳动人民在社会生活中就非常重视预测的作用。但古代的预测主要是依靠直观分析和经验，借助于一些先兆信息加以推断而获得。在20世纪30年代，由于科技和生产力的发展，新技术和新工艺的不断涌现，生产竞争越来越激烈，人们越来越意识到预测未来的重要性。客观的需要导致人们对预测的研究和实践。随着实践经验的积累和研究的深入，再加上科技的发展，预测的方法和手段越来越科学和多样化，最终，预测成为一门独立的学科，并得到了迅速的发展。

无论是物流产业的宏观决策，还是物流企业的规划和经营决策，都需要以正确的预测为前提。我国在经历了改革开放后的经济快速增长和20世纪90年代的经济结构调整之后，目前国民经济进入了集约化的增长阶段，健康高效的物流产业已成为我国经济发展的重要组成部分。在这样的背景下，基于合理预测的物流决策便成为保证物流产业快速发展的前提和基础。本章将在介绍物流预测的作用和原理、分析物流预测的影响因素和物流预测分类的基础上，重点对物流预测方法及其应用进行讨论，并介绍物流预测结果的组合处理方法及进行物流预测的注意事项。

3.1 物流需求预测的理论与步骤

物流需求预测是根据物流市场过去和现在的需求状况以及影响物流市场需求变化的因素之间的关系，利用一定的经验判断、技术方法和预测模型，应用合适的科学方法对有关反映市场需求指标的变化以及发展的趋势进行预测。

3.1.1 物流需求预测的理论

1. 需求预测

需求预测是企业制定战略规划、生产安排、销售计划，尤其是物流管理计划的重要依据。现代化企业的管理离不开对未来的准确把握。需求预测的准确性，影响企业对未来市场的理解，决定企业的经营决策，也在一定程度上决定了企业的经营绩效。

1) 预测的概念和作用

(1) 预测的概念。

预测是人们根据历史资料和现实，利用已经掌握的知识和手段，对事物的未来或未知状况进行的事前推知或判断，其目的是为计划或决策提供依据。

预测学是一门注重实际应用的学科，同时也是一门边缘学科。它运用观察、归纳、演绎、推理等分析方法，使用数学模型和实验方法，根据客观的历史资料、实际经验和教训，研究客观事物的发展变化趋势和规律，从而在技术上保证预测结果的可靠性和准确性。预测学同许多学科都有着密切的联系，如经济学、管理学、概率论、数理统计学、控制论、系统论、社会心理学和计算机技术等。

(2) 预测的作用。

① 预测是决策的依据。有些管理学家认为“管理就是决策”，而决策的前提就是预测。从一定意义上讲，正确的决策依靠可靠的预测。

② 预测是计划工作的基础。二者的顺序是不能颠倒的，有预测才能有计划。物流系统的存储、运输、采购等各项业务活动的计划都是以预测资料为基础制定的。预测资料的正确与否，直接影响到计划的可行性。

③ 预测是改善经营管理的手段。企业根据市场信息，通过市场预测和分析未来市场产品需求变化，以此改变和调节各项业务活动，采取措施获得最大的效益。

2) 需求的特点

进行需求预测要考虑需求的特点。对物流部门而言，预测涉及需求的时间和空间特征、不确定性和相关性。由于季节变化、新产品出现等导致销售量变化，需求也随时间变化出现波动，规划仓库位置、平衡物流网络中的库存水平和按地理位置分配运输资源等需要知道需求的空间位置，这也是实现物流的时间价值和空间价值的需要。因此，所选择的预测技术必须反映需求的时间和空间差异。

(1) 需求的特性。

① 需求的时间性和空间性。需求的时间性是指需求随着时间的推移而发生的变化，在企业中这一变化往往反映为不同时间段销售量的波动；需求的空间性则是指在某一时间需求的地域分布，显示出企业目标市场的分散程度。

通常来讲，虽然企业所有部门都需要利用需求预测作进一步的计划，但它们侧重点有所不同，如生产部门就较多利用需求的时间特性，根据总的需求预测(更确切地说是销售预测)作出下一阶段总的生产计划安排。物流管理则不然，它不仅需要考虑需求的时间特性，还需要考虑需求的地域分布，即物流管理者不仅要知道需求在哪里发生，还要知道需求发生的时间，这样才能够制订相应的库存分布计划、车辆调度计划、运输安排。

② 需求的规律性。如果需求是有规律的，如线性递增的，则利用现有的预测技术很容易计算出预期的需求。如果产品或服务的总体需求量较小，需要的时间和数量非常不确定，那么需求就是间歇式的，这样的需求被称为“不规律的”，即随机的。刚刚投入市场的产品或将要退出市场的产品常常出现这种情况，因为只有少数客户有需求，而且分散在不同的地区，故每个店铺面对的需求很少。这类具有随机性的需求难以预测，但由于这类产品可能占企业经营产品种类的近一半，因此给物流管理者提出特殊的需求预测难题。

除此之外，需求的变化还会受到随机因素的影响，即发生在不特定时间的特殊事件所导致的需求变化。这种随机变化可能很小，使实际需求与预测值相差无几，但也可能很大，使得各点需求分布极为分散，造成预测的困难。

③ 需求模式的稳定性。某些产品或服务需求模式的形状会随时间变化而变化，而另一些则可能在相当长的时间内保持不变。前者被称为动态需求，而后者被称为稳定需求。需求的动态变化可能影响需求的趋势、周期性特征或随机变动的幅度。一般来讲，需求越稳定，就越容易预测。

④ 一次性需求和长期需求。对于日报等某些时效性极强的特殊产品来讲，一旦在某特定时期内未能提供给市场，市场需求就降至零，换句话说，市场对它就不再需要，即使有，也过于零星，可以忽略不计，这样的需求就是一次性需求；但对大多数商品或服务，虽然也有销售有效期，但相对较长，可以将需求看做是长期存在的，称为长期需求。需求具有一次性特征的商品或服务对物流管理的要求较后者高。

⑤ 相关需求与独立需求。需求可以分为相关需求和独立需求。相关需求是指一种物资的需求量与其他物资有直接的配套关系，当一种物资的需求量确定后，其他物资的需求量可直接推算出来，如汽车轮胎的数量是汽车数量的若干倍。相关需求关系可分为垂直相关和水平相关两种。垂直相关与产品的生产流程有关，如甘蔗和蔗糖的需求是垂直相关。水平相关与生产流程无关，一般是指某种产品及其附属物或同类物品，如电脑主机和显示器的需求是水平需求。对有相关关系的产品，一般只需预测基本物资的需求，根据基本物资需求计算出相关物资的需求。

独立需求是指某种物资的需求量由市场决定，且与其他物资不存在直接的连带关系，例如对洗衣机的需求跟对电话的需求无关。因此，对洗衣机进行的预测对电话的预测不起任何作用。这类具有独立性的物资需要单独进行预测。

(2) 需求的可预测性。

通常来讲，从预测的难度上看有 3 种情况：①有规律需求，而且具有高度可预测性；②无规律需求，但数学上统计特征持续、统一；③无规律需求，且不可预测。

从管理角度上讲，第一种需求模式最简单，无需复杂的预测模型，就可以得到较为准确的预计销售额，直接用于运输安排和库存管理。面对第二种需求，就需要借助统计预测的方法，但也可以获得预测值，并在一定概率水平下达到预计的结果。如果属于第三种需求模式，则需要完善的库存管理系统，强调系统柔性，才能达到企业减少存货，降低成本，满足客户需要的战略目标。

阅读链接 3-1

某大型制造企业的电力设备部门为工业用户生产一系列小功率电动机，每台电动机包含 50～100 个零部件。企业根据所收到的订单制订生产计划，产品在未来某时间交付，生产计划的制订要基于需求预测，预测的产品是那些标准化程度高的等待出售的电动机。根据以上要求，就需要制订未来 3 个月的生产计划，表明什么时间生产某特定型号的电动机，生产多少。然后，物料管理经理据此备齐生产所需的所有配件和原材料。

物料管理计划通常用两种方法确定需求。对于在多数电动机的生产中都需试用的配件或原材料，管理人员先预测一般的消耗速度，随后决定采购量以支持库存。对于价值高，需特殊设计的部件则要根据生产计划的需求进行采购。本例中，这类部件有转子轴和轴承。这些产品的采购需求来自生产计划，通过“浏览”物料清单获得。例如，假设某月需要生产 3 种型号的电动机，每种型号分别生产 200 个、300 个、400 个。各种型号的电动机都需要同样的转子轴，但是型号 1 和型号 2 需要两个球形轴承，型号 3 只需要 1 个球形轴承。同样，从每种型号的电动机取物料清单就可以得出该型号所需配件，再按配件类型分别求和就能得到每种配件的总需求。

从例题可以看出，只要最终产品的需求确定、已知，利用需求的方法、特点得出的需求预测是非常准确的。

(资料来源：张庆英．物流系统工程——理论、方法与案例分析[M]．北京：电子工业出版社，2011：132)

2. 物流需求预测

1) 物流需求预测的含义

物流需求预测，就是利用历史的资料和市场信息，运用适当的方法和技巧，对未来的物流需求状况进行科学的分析、估算和推断。物流需求的意义在于指导和调节物流管理活动，以便采取适当的策略和措施谋取最大的利益。在进行物流需求预测时，根据预测原理对不同的对象选择不同的预测模型进行。决策的过程往往是从预测开始的，物流需求预测是物流运筹的基础和前提。

物流需求预测的目的是及时准确地掌握物流需求情况及变化规律，结合实际状况，提出切实可行的需求目标，在此基础上制订需求计划，指导物流工作的开展。

2) 物流需求预测的作用

物流需求预测具有以下作用。

(1) 物流需求预测是改善物流管理的重要手段。在物流管理活动中，企业如果能够根据历史材料和市场信息，通过预测了解到市场未来的需求变化，对未来的物流需求状况进行科学的分析、估算和推断，就能采取适当的策略和措施来谋取最大的利益。例如，如果预测到下个月某种商品的市场需求量将有大幅度的上扬，企业就可以事先进行采购预测，调整库存策略，以免供不应求而失去市场机会。

(2) 物流需求预测是物流需求分析的必要环节。物流需求分析是指将物流需求与生产需求的社会经济活动进行相关分析的过程。在分析的过程中，都要准确把握物流发展中的诸多因素的影响，就必须依靠预测。因此，一切物流需求分析活动，都是从信息的了解和预测入手，物流需求预测是物流需求分析的必要环节。

物流需求预测是物流需求分析的必要环节，但并不是最终的目的。物流需求预测的真正意义在于指导和调节物流管理活动，以便采取适当的策略和措施，谋取更大的利益。

(3) 物流需求预测为物流发展规划和战略提供依据。通过物流需求预测，可以揭示和描述市场需求的变动趋势，勾画未来物流需求发展的轮廓，并对物流需求发展可能出现的有利方面和不利方面、成功的机会和失败的风险，进行全面、系统的分析和预见，从而为物流发展规划和战略提供依据。例如，企业可以通过对客户的需求预测了解到采取什么样的经营方针对企业更有利。

3. 物流需求预测的原理

事物之所以能够预测，是因为事物的发展变化总呈现出一定的规律或表现出一定的特征，这些规律或特征就是预测的理论依据，即预测的原理。

1) 可知性原理

世界上一切事物的运动、变化都是有规律的，同时，客观事物发展的规律性是可以认识的。因此，世界是可知的，人们不仅可以认识事物的过去和现在，还可以通过总结过去和现在，寻求预测规律，认识未来，人们正是根据这一原理从事各项预测活动的。就物流市场而言，其发展规律也是可以认知的，人们可以根据物流市场发展的规律性，去预测物流市场未来的发展变化趋势。

2) 可能性原理

由于事物的发展具有各种可能性，则预测对象的相关因素也不是一成不变的，都有其固有的发展历史。这些因素在各个发展阶段对预测对象都有影响，并相互制约，有时甚至改变预测对象的发展方向或性质。根据可能性原理，在对物流市场进行预测时，要按照预测对象发展变化的多种可能性去确定预测值。

3) 可控性原理

任何事物的发展都具有不以人的意志为转移的客观规律性，人们只能按客观规律办事。但这并不说明人在客观规律面前是无能为力的，当人们认识了客观事物发展的客观规律性后，就可以预测各种事物未来发展的趋势和进程。从而能够积极创造条件，对事物的发展进行必要的控制，使事物朝着人们所希望的方向发展。依据可控性原理进行物流预测，应尽可能利用物流系统中的可控因素，重视研究政府的方针政策、国民经济发展计划对物流的影响，从而增强人们对物流发展趋势和进程的控制能力。

4) 系统性原理

系统论认为，事物是在普遍联系中存在和发展的，任何一种事物都有一个完整的系统，它不仅与其他事物存在相互联系、相互制约的关系，在其系统内部各组成部分之间也存在相互联系、相互作用的关系。物流系统也是一个庞大的有机整体，必须将其看做一个大系统。在系统性原理指导下，物流市场预测不能独立地、封闭地研究预测对象。一方面，必须把预测对象放在社会经济的大系统中加以研究，将物流市场预测与人口预测、工业预测、农业预测等有机地结合起来；另一方面，还必须把预测对象与其内部的各子系统有机地结合起来，在不同层次上分析预测对象的影响因素。只有这样，才能防止顾此失彼，产生片面性，从而提高预测结果的准确性和实用性。

5) 连续性原理

任何事物的发展变化都有其合乎自身规律的连续性，只要规律发生作用的条件不变，则合乎规律的现象必然重复出现。物流市场也和其他事物一样，其发展变化具有连续性，现在的物流市场状况是过去物流市场的历史演进，未来的物流市场状况也将是现在物流市场发展的继续。因此，可以通过分析历史和现实的物流市场资料，找出物流市场发展变化的固有规律，按照连续性原理进行逻辑推理，以预测出未来物流市场的状况。连续性原理通常也称为惯性原理，它是趋势外推预测方法的理论依据，如时间序列包括的预测方法。

基于惯性原理的预测方法比较适合于短期定量预测，且研究对象在预测期内的发展趋势不会产生“突变”的场合。

6) 类推性原理

客观事物之间在结构和发展模式上往往存在某种相似性，人们可以根据已知事物的结构和发展模式，类推某个预测目标未来的结构和发展模式。因为典型样本与总体在结构和发展模式上具有相似性，可以利用典型样本来推断总体，并得出符合实际的结论，这就是预测的类推性原理的基础。运用类推性原理进行预测，既适用于同类事物之间的类推预测，也适用于不同事物之间的类推预测。在不同事物之间进行类推预测，要注意强调不同事物之间在结构、本质特征和发展模式上必须具有明显的相似性。

类推可分为定性类推和定量类推，如利用甲地在某一经济水平的物流弹性，来预测与甲地相类似的乙地达到同一经济水平时的物流弹性。

基于类似原理的预测方法，适合于两种事物的发展规律或发展特征具有明显的相似性，且两种事物在发展时间上存在先后差别的场合。

7) 因果性原理

世界上各种事物、现象的交织变化和更替运动存在于因果关系变化之中。作为原因的某种现象一旦发生，作为结果的另一种现象必然随之发生，有因必有果，有果必有因。依据因果性原理，人们一旦准确把握某种事物或现象发展变化的原因，便可以从已知原因推测该事物或现象未来发展变化的结果。

运用因果性原理进行物流市场预测时，要注意以下两点：①必须重视对预测目标的各种因素进行具体分析，找出预测目标与影响因素之间的数量变动关系和因果关系；②必须对预测目标的因果关系进行全面分析，在物流市场发展的因果链条中，分清对预测目标起作用的内部与外部原因，紧紧把握住影响预测目标的主要原因和内部原因，排除非主要原因的干扰，从而由因推果，推测物流市场未来的发展趋势。

8) 相关原理

任何事物发展变化都不是独立的，事物之间的相互影响常常表现为因素关系或关联关系。基于相关原理的预测方法适合于事物之间存在明确的因果关系或存在统计学上明显的相关性的预测场合。

9) 反馈性原理

预测效果的检验标准是事物未来的实绩，预测值与实际发生情况之间存在差异是正常的、绝对的。因此，在物流市场预测中，要靠各种渠道，把各种市场信息迅速、准确地反馈出来，并反馈到远期预测值，经类比、判断、加工后调整预测模型，得到新的误差后再反馈处理，从而形成预测的反馈系统。

10) 可检性原理

预测具有可检性的基本特点，这也是对预测的基本要求，如果不具备这一特点，预测工作就不能戴上科学的桂冠。可检性是指预测结果必须是明确无误的，不能是含糊的，或是模棱两可的。必须指出事件发生与否，数值的大小程度，以备未来的实践所验证。在实际预测中，常可用多种预测方法对同一事件进行预测，目的是相互检验预测方法的优劣，对同一事件采用不同的信息源进行预测，目的也是相互检验，取得一致的预测结果。

11) 经济性原理

预测是一种经济管理活动，必须考虑经济效益。预测的目的是为了运用，这就要求具有一定的可行性，要在保证预测质量的前提下，尽量以较少的预测费用获得较好的预测效果。

以上预测原理主要为定量预测的方法提供了理论基础。

阅读链接 3-2

新奥燃发展供应链及物流管理信息化

作为国内最具竞争力的民营燃气运营之一的新奥燃气发展有限公司组建于1993年，主要从事城市管道燃气的投资、建设和运行服务；分销管道燃气、燃气器具并提供服务，成为我国最大也是最重要的民营天然气营运商。

为了在激烈的市场竞争中取得先机，努力将自身打造成为具备国际竞争力的能源物流分销商，新奥燃发展确立了新的发展规划，他们以建立供应链一体化的气源分销与物流服务信息平台为手段，建立集成的一体化数据采集与分析系统。对企业的信息系统提出了以下关键需求。

(1) 供应链上下游的业务协同。企业需要建立一个能够连接上下游客户、上游供应商以及承运商等多方业务实体信息交换的平台，能够快速准确地将各业务实体间的信息分发与共享。

(2) 科学的需求预测。企业需要综合各种因素，如长短期天气因素、用户组成结构、终端用户的发展规划、宏观政策影响等，建立科学的预测模型，可以对下游用户的需求进行主动预测，进而进行主动补货。以防止出现需求供给不足而发生的危机或过量需求扰乱市场的现象。

(3) 预警功能。行业的特殊性要求企业在业务运作的多个环节设置预警功能，如异常库存容量预警等，帮助管理者提前预见危机的到来，做好应对的准备。

(4) 运输过程的安全监控。借住 GPS 系统监控运输的全过程，加强运输保障力度。

(5) 优化调度管理。综合调度系统的优化涉及多方面的资源平衡，包括要气需求、气源供给能力、运力资源的约束、线路的选择。企业应在总结人工调度经验的基础上，结合相关的数学方法建立优化调度管理。

总之，通过新奥燃发展的气源综合调度平台，实现对公司气源分销与物流业务进行综合管理、终端客户管理及需求预测、合同管理、结算管理等业务功能的一体化管理；同时，新系统也将成为新奥燃发展调度中心，下游客户、承运商、上游供应商等多个业务实体的协同集成信息平台。

(资料来源：李毅学．物流规划理论与案例分析[M]．北京：中国物资出版社，2010：145-147)

3.1.2 物流需求预测的步骤

物流需求预测的步骤主要分为准备阶段、实施阶段、模型检验、结果分析和决策阶段。

1. 准备阶段

1) 确定预测目标

确定预测目标是开展物流需求预测工作的第一步，因此，必须首先根据决策任务要求确定预测目标，包括预测指标、预测对象和预测期限。只有目标明确，才能根据预测目标去收集数据、选择预测方法和预测精度。

2) 资料收集和整理

根据选用的预测方法和预测指标，通过直接或间接方法，尽可能多地收集有关影响预测对象的各种资料和统计数据，并对数据进行分析、整理，去伪存真，填平补齐，形成合格的数据样本。获得数据的方法除了从统计数据部门直接获得相关数据外，还包括观察法、调查法、访谈法、问卷法等。需求资料的整理可以按照物流需求的时间、空间、数量、结构和方向等方式进行整理。

3) 数据分析

数据分析是最重要的一步，关系到以后方案的执行。通过数据分析首先查找容易出现的问题，进行数据核查，然后对出现的问题进行处理，即数据处理，接着进行提高数据的可比性，对数据进行一些简单的转换，使其数据满足数据分析的需要，最后对预测的数据进一步检测内容是否满足分析的需要，进行检验与修正，确保优质的数据进入后面的预测阶段。

2. 实施阶段

1) 选择预测方法

根据预测的目标以及各种预测方法的特点，选出合适的预测方法。不同的预测方法各有特点，其适用的范围都存在明显不同，预测方法的选用是否恰当，直接影响到预测的精确性和可靠性。

2) 建立预测模型

根据选定的预测方法，用有关变量来真实表达预测对象的特征，建立起能反映研究对象变化规律的模型。例如，采用数学模型，就需确定模型的形式，并用收集到的资料进行必要的参数估计，求出模型的有关参数。预测模型是预测对象发展规律的近似模拟。

3) 模型预测

根据所建立的模型，并按照相应的方法，代入数据进行模型的运算，得到预测的结果。

3. 模型检验

1) 模型检验与评价

根据预测模型得到的结果对模型进行检验、修正和评价。如果预测结果与实际值存在很大的差距，模型评价不好，则需要重新收集资料，进行数据分析，重新选定预测方法，直至满意为止。

2) 预测结果检验

实际的系统受多种确定因素和随机因素的影响，而预测模型不可能考虑所有因素，故预测结果与实际值有一定差距，即会产生预测误差。如果误差太大，就失去了预测的意义。因此，必须对建立的预测模型的有效性和合理性进行检验。一方面要对有关假设进行检验；另一方面要对模型精度即预测误差进行检验，如果预测结果与实际值之间有显著的误差，则说明预测模型不合理。这时就必须对原有的预测模型进行修正或重新设计。若实际情况发生较大变化，则原有的预测方法也必须重新选择。

4. 结果分析

运用通过检验的预测模型，使用有关数据，预测结果；并运用有关理论和经验对结果进行分析，必要时还可以运用不同的模型同时预测结果并加以分析对比，以便作出更加可靠的判断，为系统决策提供科学依据。

5. 决策阶段

决策阶段主要是编制预测报告，预测报告的内容应该包括物流需求预测的目标、预测对象及有关因素的分析讨论，主要资料和数据，选择预测的方法和构建的模型，预测结论的评估、分析与修正。

这 5 个程序只是一般步骤，实际工作时，应根据具体情况灵活运用。实际上，要完全达到目的，往往需要若干次的迭代和多次修正。因此，预测是对客观事物不断认识和深化的动态过程，这一动态过程可用图 3.1 表示出来。

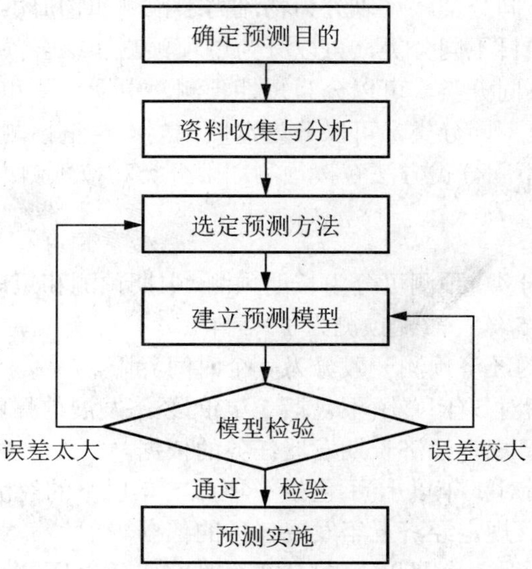

图 3.1 动态的预测过程

可以看出，预测过程是一个资料收集、处理、结果分析和决策的过程。在整个预测过程中，对预测成败影响最大的是两个分析和处理。一个是对收集到的资料进行分析和处理，这直接影响到预测模型的建立；另一个是对利用模型求得的预测结果进行分析和处理，它直接决定预测的质量。这两个分析和处理是最能体现预测者水平和能力的两个步骤。

3.2 物流需求预测基本方法

物流需求预测的方法和手段，总称为物流需求预测技术。物流预测可以推动物流信息系统的计划并加以协调，通常可以预测未来出现的事件，如物资计划需求量、成本材料费控制水平、仓库储备量等，也可以是定期对配送中心装运的某一产品进行的一种预测，也可能要对几个时期的资料进行汇总，作出分析和报告。精确的物流预测及由此生成的计划可以使物流经理积极地分配资源，而不需要付出昂贵的代价对生产能力或库存需求作出反应。

在供应链管理过程中，经理根据战略目标预测对生产需求和设施能力需求进行有利约束；合理地计划现金流量和商业活动；通过物流需求预测可以确定产品是如何向配送中心和多级仓库进行协调分配的；通过制造预测可以确定采购需求，从而影响生产计划。显而易见，要实现供应链一体化，就需要通过多方预测来推动全方位的活动。例如，物流需求应结合采购活动和大规模销售活动进行预测，以便使物流能够在生产能力约束之内进行作业。

3.2.1 物流需求预测的分类

物流需求预测有自顶向下预测法和自底向上预测法。自顶向下预测法要求先进行总需求预测，后按部门或地理位置等分解，因此也称为分解法；自底向上预测法则相反，要求先按部门或地理位置等单独预测，再根据需要汇总。实际预测过程中，可将两种方法结合在一起。物流需求预测根据预测的目标和特点不同，基本包括以下分类方法。

(1) 按预测对象的范围或者空间不同分类，可以分为宏观预测、中观预测和微观预测。

(2) 按预测的内容不同分类，可以分为物流需求预测和物流供给预测。

(3) 按预测内容的项目不同分类，可以分为单项预测和综合预测。

(4) 按预测的期限不同分类，可以分为短期预测、中期预测和长期预测。

(5) 按预测方法特征不同分类，可以分为定性预测、定量预测和综合预测。

最常见的物流预测不同分类方法有按预测期限分类和按预测方法特征分类。

1. 按预测期限分类

按照预测期限不同分类，预测可分为长期预测、中期预测和短期预测。长期预测为15～50年；中期预测为5～15年；短期预测为1～5年。

但对物流需求预测的经济预测一般分为4个时间界限。

(1) 长期经济预测指对5年以上(不包括5年)的经济发展前景的预测。它是制订经济发展十年计划、远景计划、规定经济长期发展任务的依据。

(2) 中期经济预测指对1年以上(不包括1年)、5年以下的经济发展前景的预测。它是制订经济发展五年计划、规定经济五年发展任务的依据。

(3) 近期经济预测指对3个月以上(包括3个月)、1年以下的经济发展前景的预测。它是制订经济发展年度计划、季度计划和明确规定近期经济发展具体任务的依据。

(4) 短期经济预测指以日、周、旬、月为单位，对 3 个月以下经济发展前景的预测。它是制订月、旬计划和明确规定短期经济活动具体任务的依据。

2. 按预测方法特性分类

从方法本身的性质不同分类，可将预测方法分成两大类，即定性预测方法和定量预测方法。

1) 定性预测

定性预测也称“直观预测法”，又称为经验预测法，是指预测者依靠熟悉业务知识、具有丰富经验和综合分析能力的人员与专家，根据已掌握的历史资料和直观材料，运用个人的经验和分析判断能力，对事物的未来发展作出性质和程度上的判断，然后，再通过一定的形式综合各方面的意见，作为预测未来的主要依据。

定性分析常用于预测一般商业趋势，或长时期内对某类产品或服务的潜在需求，主要为高层管理者使用。此外，因为定性预测对数据要求少，所以在历史数据稀少的新市场或新产品预测中，使用较多。对社会经济生活中一些突变因素，如政策调整对市场影响，由于无适当变量或模型作量化分析，也大多采用定性预测法。定性预测方法也有许多种，目前，在长期经济预测和技术预测中使用得较多的是专家调查法。

2) 定量预测

定量预测也称统计预测，指主要依靠历史统计数据，运用数学的概念、理论和方法，对预测对象的量的关系、量的变化进行推导和演算，定量地表示出预测对象未来的发展状态的方法。进行定量预测，通常需要积累和掌握历史统计数据。

定量预测适应了企业管理中量化未来需求的要求，在生产经营，尤其是物流管理领域起着重要作用。但由于远期预测误差过大，使得预测本身失去价值，所以定量预测法大多数用在近期预测上。

定量预测的方法有很多，在物流需求预测中常用的分类方法是时间序列预测法(包括算术平均法、加权平均法、移动平均法、指数平均法等)和因果分析法(包括回归分析法、一元线性回归分析、多元回归分析等)和计算机仿真预测方法(包括聚焦预测法、神经网络预测法等)。

3) 综合预测

综合预测指两种以上预测方法的组合运用。通常是定性方法和定量方法的组合运用，或者两种以上定量预测方法的综合运用。综合预测法的预测结果较为可靠和精确，这是因为各预测方法都有其相应的适用范围和优点，综合预测法兼有多种预测方法的长处。

定性预测主观性很强，受人为因素影响较大，通常只对实践起指导作用，适合用作战略决策的依据；定量预测比较客观，而且量化的数据可以直接用来帮助制订物流计划，在管理中应用广泛。定性预测和定量预测并不是相互排斥的，而是可以相互补充的，在实际预测过程中应该把两者结合起来正确地使用。

物流系统是开放的系统，影响物流需求的因素众多，为了提高经济预测质量，在进行定量预测时，也要进行定性预测。物流需求预测应将定性分析作为出发点，定量预测应以定性分析为基础。任何质量都表现为一定的数量，都有决定质量的数量界限。定量预测虽可使定性分析深入和具体化，起到心中有“数”的作用。但是，定量预测只能测定主要因素的影响，其余因素的影响，特别是无法定量的因素的影响，则难以包含。因此，在定量预测之后，也要进行定性分析，对其结果进行必要的调整，才能使预测结果与实际接近。

3.2.2 定性预测方法

1. 定性预测方法概述

定性预测法，它主要依靠人们的知识、经验、判断能力和综合分析能力，对未来的发展状况作出推测和估计，着重对事物发展的趋势、方向和重大转折点进行预测。定性预测一般不需要建立高深的数学模型，所以易于普及和推广。

1) 定性预测的特点

定性预测主要依赖专家的意见及对事物的综合分析能力进行预测，在历史数据缺乏的情况下，这种技术是理想的。它具有以下特点。

(1) 着重对事物发展的性质进行预测，主要凭借人的经验以及分析判断能力。特别是在对预测对象所掌握的历史统计资料不多，或影响因素复杂、难以分清主次，或对主要影响因素难以定量分析等情况下，定性分析方法将是适用性很强的方法。

(2) 着重对事物发展的趋势、方向和重大转折点进行预测。

2) 使用定性预测应注意的问题

定性预测的优点是注重于事物发展在性质方面的预测，具有较大的灵活性，易于充分发挥人的主观能动作用，且简单、迅速，省时省费用。由于缺乏客观标准，易受主观因素的影响，为了提高定性预测的准确程度，应注意以下几个问题。

(1) 应加强物流需求调查研究，努力掌握影响其发展的有利条件、不利因素和处于变化状态的各种情况，从而使对物流发展前景的分析判断更加接近实际。

(2) 进行经济调查研究，搜集资料时，数据和情况并重，使定性分析数量化。也就是通过质的分析进行量的估计，进行有数据有情况的分析判断，提高定性预测的说服力。

(3) 应将定性预测和定量预测相结合，提高经济预测的质量。在物流需求预测过程中，应先进行定性分析，为物流需求预测开路；然后进行定量预测，使物流需求预测具体化；最后再进行定性分析，对物流需求预测进行调整定案。这样才能深入地判断经济发展过程的阶段性和重大转折点，提高物流需求预测的质量，为物流决策和计划管理提供依据。

定性预测的方法有很多，但从物流应用的广泛性、实用性和有效性角度来看，主要有德尔菲法、头脑风暴法、情景分析法、主观概率法和历史类比法等。本节重点介绍德尔菲法、头脑风暴法和主观概率法。

2. 德尔菲法

德尔菲法又称专家调查法，起源于 20 世纪 40 年代末期，最初由美国兰德公司首先使用，之后很快就在世界上盛行起来。在初始阶段，大多数预测案例都是科技预测的内容，因而许多人误解它只不过是科技预测的一种方法。实际上并非如此，现在此法的应用已遍及经济、社会、工程技术等各个领域。特别是在缺乏详细的充分的统计资料、无法采用其他的更加精确的预测方法时，这种方法具有独特优势。一般常用德尔菲法和其他方法相互配合进行长期预测。

1) 德尔菲法的预测原理

(1) 德尔菲法的预测步骤。德尔菲法的主要过程是：由主持预测的单位选定与预测课题有关的领域和专家，人数多少视具体问题而定，并与专家建立直接的联系。联系的主要方式是函询。通过函询收集专家的意见，加以综合、整理后匿名反馈给各位专家，再征求意见。这样反复经过4～5轮，逐步使专家的意见趋向一致，作为最后预测的根据。德尔菲法包括以下步骤。

① 准备阶段。该阶段主要完成两方面的工作：拟定征询意见表和选定征询对象。

首先要根据预测的目的和要求，拟定需要调查了解的问题，列成预测意见征询表。征询表的设计应做到：主题明确、中心突出；语言简练、文字表达准确；问题简单明确，且数量不宜过多；问题之间应有一定的内在联系，以使被征询者保持一个连贯性的思路；问题要有启发性；问题的解答应便于数量化处理；表格的设计应当清楚，不要太复杂；表格中应当提供一些已掌握的背景材料，供专家预测时参考。总之，征询表的设计要有利于专家充分发表自己的意见，同时又不离题。

接着要选定征询对象。选择的专家是否合适，是德尔菲法成败的关键。具体地说，专家的选择要注意以下几点：自愿性，保证专家充分发挥积极性、创造性和聪明才智；广泛性，德尔菲法要求专家有广泛的来源，这也是定性预测本身需要多样化的知识面的要求；人数适度。选择专家的人数要适宜，人数过少，缺乏代表性，信息量不足；人数过多，组织工作困难，成本增加。一般以20～50人为宜。

② 轮番征询阶段。准备阶段的工作完成以后，就进入向专家们进行正式调查的阶段。这一阶段主要是通过反复地轮番征询专家意见来实现的。第一轮，预测主持者首先向专家寄送意见征询表，请专家在限定时间内寄回结果。接到专家的结果之后，主持者要将各种不同意见进行综合整理，汇总成表，然后再分送给各位专家，进行第二轮征询。在这次征询中，每位专家都能了解其他人的意见，以及其他人对自己意见的评价，并有助于专家们对上一轮的各种意见进行比较，据此修正自己的意见、判断。第二轮答案寄回后，主持者还要加以综合整理，并进行下一轮征询。一般情况下，专家意见经过3～4轮征询，就会基本趋于一致。

③ 作出预测结论阶段。该阶段要根据几次征询所得到的全部资料，最后作出预测结论。在作出预测结论阶段，最重要的工作是用一定的统计方法对专家的意见做出统计归纳处理。常用的统计处理方法有：中位数和上下四分位数法、算数平均统计处理法等。下面在应用举例部分具体介绍。

(2) 德尔菲法的特点。

① 匿名性。在德尔菲法的每一轮征询中，均采用背靠背的办法向专家征询意见，这样可以保证每位专家不制约、影响其他人的意见。每个专家都可以完全客观地发表自己的意见，保证了数据的可靠性。

② 反馈性。采用德尔菲法需要多次轮番征询意见，每次征询都必须把预测主持者的要求和上一轮专家意见的统计结果反馈给专家，因此，德尔菲法具有信息反馈沟通的特点。这样经过多次反馈，可以不断修正预测意见，保证了信息的充分交流和磋商。

③ 集思广益。在整个预测过程中，每一轮调查都将上一轮的许多意见与信息进行汇总和反馈，这样可以使专家们在背靠背的情况下，能充分了解各方面的客观情况和其他专家的意见，从而有助于专家们开拓思路，集思广益。

④ 趋同性。德尔菲法注意对每一轮的专家意见作出定量的统计归纳，使专家们能借助反馈意见，最后使预测意见趋于一致，即德尔菲法能使专家的预测结果“趋同”，而且这种“趋同”不带有集体讨论中盲目屈从权威的色彩。

(3) 德尔菲法的优缺点。

德尔菲法的优点是：①该方法既能充分发挥每个专家的经验和判断能力，又能将个人的意见有效地综合为集体意见；②该方法简单易行，且可靠性好。可以说，德尔菲法是一种科学性较强，适用范围广，可操作性强，较为实用的定性预测方法。

德尔菲法的缺点是：①预测需要的时间较长；②主要凭专家的主观判断，缺乏客观标准。该方法适用于没有足够信息资料的中、长期经济预测与科技预测，还可用于决策和技术咨询等方面。另外，对于难以用精确数学模型处理，需要征求意见的人数较多、成员较分散、经费有限，或某种原因不宜当面交换意见的问题，用该种方法预测效果较好。

2) 德尔菲法应用举例

下面介绍 Excel 计算中位数和上、下四分位数的函数。

(1) 中位数。中位数，是指全体数值按大小顺序排列后，位于中间的数值，亦即大于或小于中间位数的数目各一半。

Excel 计算中位数采用函数 MEDIAN，格式如下：

MEDIAN(参数 1，参数 2，…，参数 30)

例如：MEDIAN(1，2，3，4，5，6，7)=4；

MEDIAN(1，2，3，4，5，6，7，8)=4.5(为 4 与 5 的平均)。

(2) 四分位数。四分位数，是将中位数的前后两部分数值再等分为二，自数值小的一端算起，前半部的分割点称为上四分位数，后半部的分割点称为下四分位数。

例如，调查问题是：对于某种新技术大约多少年可以出现，选择 11 个专家调查。回答是：10、11、12、14、14、15、18、19、20、22、23。则中位数是 15，上四分位数的项数=$\frac{N+1}{4}$=3，数值为 12，下四分位数的项数=$\frac{3(N+1)}{4}$=9，数值为 20。即有 60%以上专家的预测值在上、下四分位数之间，因此可以认为预测基本上是一致的。

Excel 计算四分位数使用 QUARTILE 函数，格式如下：

QUARTILE(数组，分位点)

其中：数组可为数值数组或单元格范围；分位点为计算四分位数的分割点数字，详见表 3-1。

表 3-1　分位点说明

分位点	作用与意义	分位点	作用与意义
0	得到最小值	3	计算下四分位数
1	计算上四分位数	4	得到最大值
2	得到中位数		

【例 3.1】设有 9 位专家对某地 2012 年工农业总产值有以下的预测结果(见表 3-2)，用四分位数进行分析。

表 3-2　范例数据　　单位：亿元

x_1	x_2	x_3	x_4	x_5	x_6	x_7	x_8	x_9
21	22	23	24	25	26	27	28	29

解：输入上述数据，使用 Excel 计算中位数和上、下四分位数，如图 3.2 所示。那么，以中位数作为 2012 年工农业总产值的期望预测值，则 $x_{中}$=MEDIAN(B1:B9)=25(亿元)；上、下四分位数分别为：$x_{上}$=QUARTILE(B1:B9，1)=23，$x_{下}$=QUARTILE(B1:B9，3)=27。即有 50%以上专家的预测值在上、下四分位数之间，因此可以认为预测基本上是一致的。

	A	B	C	D
1	x_1	21	中位数	25
2	x_2	22	上四分位数	23
3	x_3	23	下四分位数	27
4	x_4	24		
5	x_5	25		
6	x_6	26		
7	x_7	27		
8	x_8	28		
9	x_9	29		

Sheet1 / Sheet2 / She

图 3.2 用 Excel 计算范例数据

此法是为决策者进行科学决策而进行预测的一种行之有效的方法，符合专家与群众相结合的精神。不论工业、农业部门，还是国防、科技部门，在制定远景规划、确定建设重大工程项目之前，为了预测其经济效果，找出潜在问题，均可使用此法。

值得注意的是，此法与我国传统使用的调查分析法是有区别的。德尔菲法有 3 点明显的特征，即在使用时必须坚持匿名性、反馈性和趋同性。经过数轮征询后，专家们的意见相对收敛，趋向一致。一旦有个别专家与众观点不同，则要求他详细说明理由。我国传统使用的调查分析法，既没有反馈性、匿名性的要求，更没有趋同性的要求，这是值得注意的。

【例 3.2】下面通过一个实例说明德尔菲法的应用。

某公路部门准备将原有的一段普通公路改造为高速公路，为进行该工程的经济评价，需要对该公路今后若干年的车流量作预测。预测采用德尔菲法进行，具体过程如下。

① 提出问题：用德尔菲法预测该公路今后第五年的日均车流量。

② 邀请专家：邀请了 4 位经济学家、3 位研究人员、4 位领导人员、6 位业务人员、3 位客户代表，发放意见征询表，要求每人对该公路今后第五年的日均车流量进行预测。

③ 意见汇总、整理、计算、分析，经过 3 轮的意见反馈，得到该公路车流量的预测统计情况见表 3-3。

表 3-3 公路车流量的预测统计表 单位：辆

专　　家	第一轮意见	第二轮意见	第三轮意见
经济学家 A	50 000	60 000	55 000
经济学家 B	55 000	55 000	55 000
经济学家 C	40 000	50 000	50 000
经济学家 D	45 000	50 000	55 000
研究人员 A	60 000	70 000	76 000
研究人员 B	50 000	50 000	50 000
研究人员 C	40 000	42 000	45 000
领导人员 A	30 000	40 000	41 000
领导人员 B	50 000	54 000	58 000
领导人员 C	30 000	40 000	41 000
领导人员 D	26 000	40 000	45 000
业务人员 A	35 000	45 000	48 000

续表

专　家	第一轮意见	第二轮意见	第三轮意见
业务人员 B	20 000	25 000	35 000
业务人员 C	30 000	35 000	40 000
业务人员 D	60 000	60 000	60 000
业务人员 E	10 000	20 000	32 000
业务人员 F	25 000	36 000	40 000
客户代表 A	30 000	40 000	45 000
客户代表 B	40 000	48 000	55 000
客户代表 C	15 000	20 000	35 000
合　计			961 000

④ 根据统计表，采用适当的计算方法得出预测结果。

解：方法一：用平均数计算。

公路车流量预测结果=961 000÷20=48 050 辆

方法二：用中位数计算。

首先把 20 位专家的第三轮预测意见从小到大依次排列，从而得以下数列：32 000，35 000，35 000，40 000，40 000，41 000，41 000，45 000，45 000，45 000，48 000，50 000，50 000，55 000，55 000，55 000，55 000，58 000，60 000，76 000。则中位数为第十个数和第十一个数的平均数=(45 000+48 000)÷2=46 500(辆)，即公路车流量预测结果为 46 500 辆。

阅读链接 3-3

德尔菲法的应用

如某书刊经销商采用德尔菲法对某一专著销售量进行预测。该经销商首先选择若干书店经理、书评家、读者、编审、销售代表和海外公司经理组成专家小组。将该专著和一些相应的背景材料发给各位专家，要求大家给出该专著最低销售量、最可能销售量和最高销售量 3 个数字，同时说明自己作出判断的主要理由。将专家们的意见收集起来，归纳整理后返回给各位专家，然后要求专家们参考他人的意见对自己的预测重新考虑。专家们完成第一次预测并得到第一次预测的汇总结果以后，除书店经理 B 外，其他专家在第二次预测中都做了不同程度的修正。重复进行，在第三次预测中，大多数专家又一次修改了自己的看法。第四次预测时，所有专家都不再修改自己的意见。因此，专家意见收集过程在第四次以后停止。最终预测结果为最低销售量 26 万册，最高销售量 60 万册，最可能销售量 46 万册。

德尔菲法作为一种主观、定性的方法，不仅可以用于预测领域，而且可以广泛应用于各种评价指标体系的建立和具体指标的确定过程。

(资料来源：吴仁群．经济预测与决策[M]．北京：中国人民大学出版社，2011：47)

3．头脑风暴法

头脑风暴法就是以专家的创造性思维来索取未来信息的一种直观预测方法。它是由主持人召集一个没有限制的自由讨论会，主持人首先提出一个要讨论问题的清单，然后请专家们各抒己见，提出自己的观点和看法。该方法是吸收全体专家积极参加的创造性思维过程，能使微观的智能结构形成宏观的智能结构，并通过专家的信息交流而引起共振，所以也有人将该方法称为思维共振法。

1) 头脑风暴法预测原理

(1) 组织头脑风暴法应遵循的原则。①专家的选择要与预测的对象相一致，而且要有一些知识渊博、对问题理解较深的专家参加；②被挑选的专家最好是彼此不认识的，若彼此认识，应从同一职称或级别中挑选；③在会议上不公开专家所在的单位、年龄、职称或职务，做到一视同仁；④创造一个真正自由发言的环境，鼓励参加者积极发言，意见和建议越多越好，对他人意见不反驳，不评价，可以补充和发展相同的意见。

(2) 头脑风暴法预测法邀请的专家。

①方法论学者，即预测领域的专家；②设想产生者，即所讨论问题的专家；③分析者，即所讨论问题领域的高级专家；④演绎者，即具有发达的推断思维能力的专家。

(3) 头脑风暴法包括直接头脑风暴法和反头脑风暴法两大类。

直接头脑风暴法一般按下列步骤实施。

① 确定与会专家的名单、人数和会议时间。为了提供一个创造性的思维环境，与会人员尽量互不认识：会议人员以 10 人左右为宜，会议时间以 1 小时左右为好，不宜过长。

② 召开专家讨论会。会议主持人首先要对预测问题作一简要说明，使与会专家明确要预测的问题，然后请专家们参加讨论、发表意见。在讨论中，主持人要创造一种自由、活跃、民主的讨论气氛，激发专家们参与讨论的积极性。会议主持人要严格限制讨论范围，对专家们提出的各种意见和方案不持否定和批评态度，在讨论会上提出的预测设想多多益善，因为讨论的问题越广、越深，产生有价值的设想的概率越大。

③ 对各种设想进行归类、比较和评价。会议主持人要对所有提出的设想编制名称一览表，用专业术语表述每一种设想的内容和特点，找出重复或互为补充的设想进行比较分析，以此为基础形成一种较为完整的综合设想。还要对每一种设想提出评价意见。

质疑头脑风暴法是指对直接头脑风暴法提出的已系统化的预测方案进行质疑分析的预测方法。其做法与直接头脑风暴法基本相同，只是要对一种预测方案实现的可行性进行全面质疑和评价。在对已提出的设想能否实现进行论证时，要着重分析存在的制约因素，以提出消除限制因素的建议。在质疑过程中，应鼓励提出可行性设想，从而进一步完善预测方案，形成一个更科学、更可行的预测规划。

(4) 头脑风暴法的优缺点。

头脑风暴法的优点是：①由于该方法是在充分利用专家个人丰富的知识和经验的基础上，通过交换意见、互相启发，对过去发生的事情进行分析和评价，对未来的趋势进行探索和判断，因而能较全面地考虑到事件发生的可能性，从而达到预测的目标。②这种预测方法简单易行，节省时间。

头脑风暴法的缺点是：①由于参加会议的人数有限，故不能更广泛地收集各方面的意见。②由于是面对面地讨论，所以可能会出现少数人的正确意见屈服于多数人的错误意见，或者大多数人受权威人士意见的左右，不能充分发表个人意见和看法。

2) 头脑风暴法应用举例

【例 3.3】某公司根据 2009—2010 年北京现代车辆的销售量，对北京现代 2011 年 1 月的销售量进行预测。从各相关领域选择 8 名专家，组成专家小组。发放意见征询表，要求每人对北京现代 2011 年 1 月的销售量进行预测。最后进行意见汇总、整理、计算、分析，经过 3 轮的意见反馈，得到北京现代销售量的预测统计情况见表 3-4。

表 3-4　销售量的预测统计表　　单位：万辆

次数＼专家号		1	2	3	4	5	6	7	8	平均值
第一次	最低数	6.5	7.2	6.9	5.9	7.4	7.7	7	7.5	7.012 5
	最可能数	7	7.6	7.5	6.5	7.8	8.2	7.3	7.9	7.475
	最高数	7.8	8.2	7.9	7.4	8.2	8.5	7.7	8.1	7.975
第二次	最低数	6.7	7.3	7.1	6.6	6.9	7.3	7.3	6.9	7.012 5
	最可能数	7.2	7.6	7.5	6.8	7.4	7.9	7.8	7.3	7.437 5
	最高数	7.7	8.2	8.1	7.3	7.9	8.2	8.3	7.6	7.912 5
第三次	最低数	7	7.2	7.3	6.8	6.9	7.3	7.2	7.2	7.112 5
	最可能数	7.3	7.5	7.5	7	7.3	7.6	7.4	7.3	7.362 5
	最高数	7.7	7.7	7.8	7.5	7.5	7.8	7.9	7.8	7.712 5

解：(1) 在预测时，最终一次判断是综合前几次的反馈作出的，因此在预测时一般以后一次判断为依据。将 8 位专家的第 3 次意见的平均值作为预测值，则销售数量为：(7.112 5+7.362 5+7.712 5)÷3=7.395 8(万辆)。

(2) 将最可能销售量、最低销售量和最高销售量分别按 0.50、0.20 和 0.30 的概率加权平均，则预测平均销售量为：7.362 5×0.50+7.112 5×0.20+7.712 5×0.30=7.417 5(万辆)。

(3) 用中位数计算，可将第三次判断按预测值高低排列，见表 3-5。

表 3-5　预测值的高低排序

最低销售量/万辆	6.8	6.9	7	7.2	7.3
最可能销售量/万辆	7	7.3	7.4	7.5	7.6
最高销售量/万辆	7.5	7.7	7.8	7.9	

中间项计算公式为：$(n+1)\div 2(n=$项数$)$，最低销售量的中位数为 7.2，最可能销售量的中位数为 7.35，最高销售量的中位数为 7.75。

将可最能销售量、最低销售量和最高销售量分别按 0.50、0.20 和 0.30 的概率加权平均，则预测平均销售量为：7.35×0.50+7.2×0.20+7.75×0.30=7.44(万辆)

选择使用平均数或中位数的原则是：如果数据分布的偏态较大，一般使用中位数，以免受个别偏大或偏小的判断值的影响；如果数据分布的偏态比较小，一般使用平均数，以便考虑到每个判断值的影响。

4. 主观概率法

1) 主观概率法概述

一般情况下，人们无法计算事情发生的客观概率，只能用主观概率来预测相关事件发生的概率的大小。主观概率是指人对某事件发生可能性的主观估计值。主观概率法就是利用主观概率对各种预测意见进行集中整理，得出综合型预测方法。它是一种实用性很强的统计方法，广泛应用到生活的各个领域。

主观概率法包括以下步骤。

(1) 准备相关资料。

(2) 编制主观概率调查表。

(3) 结果整理。

(4) 数据分析与预测。

在预测中常用的主观概率法有主观概率加权平均法和累计概率中位数法。

2) 主观概率加权平均法

该方法是以主观概率为权数，对各种预测值进行加权平均，求的最终预测值。其主要包括以下步骤。

(1) 确定主观概率。

(2) 计算综合预测值。

(3) 计算平均期望预测值。

主观概率加权平均的公式为：

$$P=\frac{\sum_{i} P_i X_i}{\sum_{i} X_i} \tag{3.1}$$

式中：P——事件发生概率的预测值；

p_i——选第 i 种概率分级；

X_i——选第 i 种概率分级为主观概率的专家数。

【例 3.4】某商店根据市场销售的历史和现状，对下一个月的销售情况及可能出现的自然状态进行估计。通过对 6 位市场专家进行调查，得到不同市场状态下的估计值和可能的概率见表 3-6。

表 3-6　不同市场状态下的估计值和可能的概率

专家编号	需求高		需求中		需求低		期望值/个
	估计值/个	概率	估计值/个	概率	估计值/个	概率	
1	280 000	0.45	260 000	0.35	230 000	0.2	263 000
2	260 000	0.4	275 000	0.45	258 000	0.15	266 000
3	269 000	0.29	272 000	0.47	217 000	0.24	258 000
4	228 000	0.3	270 000	0.4	200 000	0.3	236 000
5	208 000	0.37	228 000	0.42	240 000	0.21	223 000
6	225 000	0.3	222 000	0.41	248 000	0.29	230 000

解：(1) 计算各专家号的期望值。

专家 1 号的期望值为：

280 000×0.45+260 000×0.35+230 000×0.2=263 000

专家 2 号的期望值为：

260 000×0.4+275 000×0.45+258 000×0.15=266 000

以此类推，得到其他专家号的期望值见表 3-6。

(2) 计算平均预测值。分别给予 1～6 号的人员权数为 1，3，3，2，4，3，则其期望值为：

$$\frac{263\,000\times1+266\,000\times3+258\,000\times3+236\,000\times2+223\,000\times4+230\,000\times3}{1+3+3+2+4+3}=243\,000$$

因此，可以认为下一个月的销售量为 243 000 个。

3) 累计概率中位数法

该方法的原理是：根据累计概率，确定不同预测值的中位数，对预测值进行点估计和区间估计。主要包括以下步骤。

(1) 确定主观概率及其累计概率。

表 3-7 主观概率调查表　　　　单位：个

累计概率/%	1.0	12.6	25	34.5	50	65	87.5	99
对销售额上限的预测/万元								
附注								

累计概率为 1 的估计值是可能的最小数值，表示小于该数值的可能性只有 1%。

累计概率为 99 的估计值是可能的最大数值，表示大于该数值的可能性只有 1%。

累计概率为 50 的估计值是最大、最小的中间值，表示大于和小于该数值的机会都是 50%。

(2) 数据整理。

(3) 判断预测。

【例 3.5】某汽车公司预测 A 地区的 2012 年的汽车需求量，选取了 10 位人员进行主观概率法调查，调查结果见表 3-8。试对该公司 2012 年的需求量进行预测分析。

表 3-8 数据表　　　　单位：百辆

序号＼概率	1.0	12.5	25	34.5	50	65	87.5	99
1	190	192	194	198	200	202	205	208
2	178	190	192	194	198	200	205	225
3	184	190	192	193	202	204	208	220
4	194	195	196	196	193	199	201	202
5	198	199	200	202	205	208	212	216
6	168	179	180	184	190	192	196	198
7	194	198	200	206	208	212	219	224
8	180	185	186	189	192	195	200	205
9	188	189	190	191	192	193	195	196
10	200	201	202	205	207	209	213	220
平均值	187.4	191.8	193.2	195.9	199.2	201.4	205.4	221.4

解：

(1) 综合考虑每一个调查人员的预测，在累计概率上取得平均值，得到累计概率下的预测需求量。由表 3-8 可以得出汽车公司在 A 地区 2012 年的需求量预测最低可到 187.4 百辆，小于这个数的概率的可能性只有 1%。

(2) 汽车公司在 A 地区 2012 年的需求量预测最高可到 221.4 百辆，大于这个数的概率的可能性只有 1%。

(3) 可以用 199.2 百辆作为 2012 年需求量的预测值，这是介于最大值与最小值之间的中间值，其累计概率为 50%，是需求量期望值的估计数。

(4) 取其误差为 6 百辆，则预测区间为：(199.2−6)～(199.2+6)，即预测值为 193.2～205.2 百辆。

(5) 当预测需求量为 193.2～205.2 百辆时，在第 3 列到第 7 列的范围之内，其发生的概率相当于 0.875−0.125=0.75。也就是说，当需求量是 193.2～205.2 百辆时，发生的可能性为 75%。

3.2.3 时间序列法

1. 时间序列法概述

1) 时间序列的含义

时间序列也称时间数列或动态数列，把预测对象的观察值按照时间先后顺序排列起来。例如，某段时间内，某企业产品的利润、成本、销售量的历史统计数据。

数据的时间序列，展示了研究对象在一定日期内的发展变化过程。因此可以从中分析出其变化特征、趋势和发展规律的预测信息。

时间序列中每一时期的数值，都是由很多不同因素同时发生作用后的综合反映。总的说来，通常包括 4 种变化成分，即长期趋势、季节性变动、周期性波动和不规则变动。

2) 时间序列法的含义

时间序列预测法又称历史延伸法或趋势外推法，是通过时间序列分析事物过去的变化规律，并推断事物的未来发展趋势，是一种重要的定量预测方法。基于时间序列的预测方法总是假设通过过去的数值可估计它们未来的数值。

时间序列预测法基于这样的原理，一方面承认事物发展的延续性，因为任何事物的发展都和其过去有着密切的联系，因此，通过对过去时间序列的数据进行统计分析，就能够推测事物发展的趋势；另一方面，又充分考虑到事物发展会因偶然因素影响而产生随机性波动，利用历史数据，进行统计分析，并用加权平均等方法加以适当的处理，进行趋势预测。

3) 时间序列法的特点

(1) 简单易行、便于掌握、能够充分利用原时间序列的各项数据。

(2) 适于短期预测，是一种定量的预测方法。

(3) 假定事物的过去趋势会延伸到未来，预测所依据的数据具有不规则性。

时序预测法包括：①移动平均法；②指数平滑法；③灰色模型预测法；④马尔柯夫时序预测法等。本节重点介绍移动平均法、指数平滑法。

2. 移动平均法

移动平均法是一种简单平滑预测技术，它是在算术平均数的基础上发展起来的一种预测方法。它的基本思想是：根据时间序列资料，逐项推移，依次计算包含一定项数的时间序列平均值，以反映长期趋势的方法。因此，当时间序列的数值由于受周期变动和随机波动的影响起伏较大，不易显示出事件的发展趋势时，使用移动平均预测法可以消除这些因素的影响，显示出事件的发展方向与趋势(即趋势线)，然后依趋势线分析预测序列的长期趋势。

当每一个新的实际值进入平均值时，要剔除平均值中最陈旧的一个实际值，且每次参与平均的实际值个数相同。其实质是使原数列中异常大或异常小的历史数据被修匀，尽可能消除数列图形上的大峰大谷，平滑其小峰小谷。

在分析所给历史数据资料时，可利用散点图。横轴表示时间，纵轴表示数值。若资料数据单纯围绕某一水平作随机跳动，宜采用一次移动平均预测；若资料数据具有持续的线性增长(或下降)趋势时，宜采用二次移动平均预测；若资料数据具有持续的曲线增长(或下降)趋势时，宜采用三次移动平均预测。

移动平均法在短期预测中较准确，在长期预测中效果较差。

1) 一次移动平均法

一次移动平均预测是对原时间序列按一定的时间跨度逐项移动，形成一个新的时间序列，以消除短期的、偶然的因素引起的变动，显现出长期趋势。在移动平均值的计算中包括的过去观察值的实际个数，必须从一开始就明确规定。每出现一个新观察值，就要从移动平均值中减去一个最早观察值，再加上一个最新观察值，计算移动平均值，这一新的移动平均值就作为下一期的预测值。因而，移动平均法从数列中所取数据点数一直不变，只是包括最新的观察值。

(1) 一次移动平均法预测原理。

设 X_t 为时间序列中时间点 t 的观测值，则在第 t 时点的一次移动平均值为 $S_t^{(1)}$，其一次移动平均预测模型为：$Y_{t+1}S_t^{(1)}$

$$Y_{t+1}=\frac{X_t+X_{t-1}+\cdots+X_{t-n+1}}{n}=S_t^{(1)} \tag{3.2}$$

$$Y_{t+1}=\frac{\sum_{k=0}^{n-1}X_{t-k}}{n}=\frac{\sum_{k=0}^{n-1}X_{t-k}+X_{t-n}-X_{t-n}}{n}=\frac{\sum_{k=1}^{n}y_{t-k}}{n}+\frac{X_t-X_{t-n}}{n}=Y_t+\frac{X_t-X_{t-n}}{n} \tag{3.3}$$

式中：X_t——最新观察值；

X_{t-n}——最早观察值；

Y_{t+1}——下一期的预测值；

$S_t^{(1)}$——第 t 期的一次移动平均值；

n——移动平均的项数。

式(3.3)说明，第 $t+1$ 期的预测值 Y_{t+1} 是在第 t 期预测值 Y_t 的基础上加上一个修正项 $(X_t-X_{t-n})/n$，修正项的作用和 n 的大小有关。对于同样大小的变化量 X_t-X_{t-n}，n 越大，则 $|(X_t-X_{t-n})/n|$越小，修正作用越小，对数据的平滑能力强；反之，若 n 越小，则修正作用越大，但平滑能力减小。因此，对 n 的选择不同，其预测的结果是不同的。一次移动平均预测法认为各期数据对将要发生的数据的影响是同等的。每次只能预测最近一期的数值，逐期移动，逐期预测。而且 n 值的选取有很大的随意性，预测精度较差。适合数据变化不大的近期预测。

在实际应用中，移动平均时段 n 的选择带有一定的经验性，n 过长或过短，各有利弊，不妨多取几个 n 值，对取不同的 n 值得出的预测结果分别同实际值相比较，计算其预测误差，最后选用预测误差最小的 n 值。

从式(3.1)中可以看到，第 t 期的移动平均数只能作为 $t+1$ 期的预测值，如果要预测数期以后的值，这种方法就无能为力了。但是，实际中当企业或商店要逐月预测下个月的成千上百种产品的进货或销售情况时，这种方法还是很适用的。

一次移动平均法有两个优点：一是计算量少；二是移动平均能较好地反映时间序列的趋势及其变化。因此，尽管预测精度较低，目前在各种物流需求的预测中仍有较广泛的应用。

(2) 一次移动平均法应用举例。

【例 3.6】已知某种产品最近 12 天的销售量如表 3-9 所示，试选用 n=3 和 n=5 用一次移动平均法进行预测第 13 天的销售量，计算结果列入表中。

解：应用式(3.1)计算各时期的平均值，求出各预测值的绝对误差值和平均绝对误差值，见表 3-9。

表 3-9　一次移动平均法预测计算结果表

实际值(X_t)	预测值(Y_t)		绝对误差值 $\lvert X_t-Y_t \rvert$	
	n=3	n=5	n=3	n=5
203.8	—	—	—	—
214.1	—	—	—	—
229.9	—	—	—	—
223.7	215.9	—	7.8	—
220.7	222.6	—	1.9	—
198.4	224.8	218.4	26.4	20
207.8	214.6	217.4	6.8	9.6
228.5	209.0	216.1	19.5	12.4
206.5	211.6	215.8	5.1	9.3
226.8	214.3	212.4	12.5	14.4
247.8	220.6	213.6	27.2	34.2
259.5	227.0	223.5	32.5	36
	224.7	233.8		
合计			139.7	135.9
平均绝对误差			15.5	19.4

由表 3-9 的计算结果可知：n 值不同，各期的预测值也不同，预测误差也不同。当 n=3 时，预测误差较小，因此，应选 n=3 时的移动平均值作为预测值，即下一天的销售量预测值为 224.7。

为了研究移动平均法的特点，将实际数据序列和 n=3，n=5 的移动平均序列均绘于图 3.3 中。

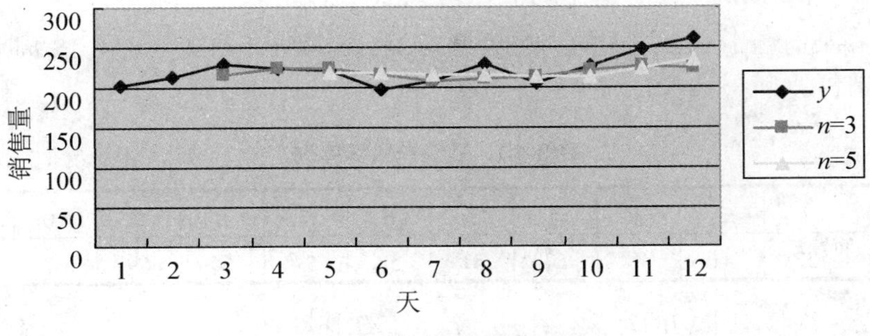

图 3.3　数据分布及其平均值

从例 3.6 计算结果和图 3.3 可以看出移动平均法具有以下特点。

(1) 移动平均法可以削弱随机变动的影响，具有平滑数据的作用。移动平均数序列比实际数据序列平滑，能在一定程度上描述时间序列的变化趋势。

(2) 合理地选择模型参数 n 值，是用好移动平均法的关键。n 越大，平滑作用越强，对新数据的反应越不灵敏；n 越小，则效果相反。

(3) 在实际序列的线性增长部分，移动平均数的变化总是落后于实际数据的变化，存在着滞后偏差。当 n 越大时，滞后偏差也越大。

一次移动平均预测的结果存在滞后偏差，当时间序列呈上升趋势时，它的预测值往往偏低，而当时间序列呈下降趋势时，它的预测值常常偏高。因此，有必要引进二次移动平均预测。

2) 二次移动平均法

二次移动平均数是对时间序列计算一次移动平均数后，再对一次移动平均数序列做一次移动平均。

二次移动平均法用于时间序列具有线性趋势的场合，是对一次移动平均数再次进行移动平均，它不是利用二次移动平均数直接进行预测，而是在二次移动平均的基础上建立线性预测模型，利用模型进行预测。用二次移动平均法进行预测，与一次移动平均法相比，其特点是大大减少了滞后偏差，使预测准确性提高。但二次移动平均法只适用于短期预测。

实际数据点呈线性变化趋势，因此，在用 t 期的实际数据点值 X_t 估计 $t+T$ 期的预测值 Y_{t+T} 时，预测模型为：

$$Y_{t+T} = a_t + b_t T \tag{3.4}$$

式中：Y_{t+T}——第 $t+T$ 期的预测值；

T——第 t 期后的期数；

a_t，b_t——平滑系数。

二次移动平均值并不直接用来预测，而是用来求平滑系数 a_t、b_t。计算公式为：

$$\begin{cases} a_t = 2S_t^{(1)} - S_t^{(2)} \\ b_t = \dfrac{2}{n-1}(S_t^{(1)} - S_t^{(2)}) \end{cases} \tag{3.5}$$

式中：$S_t^{(1)}$——第 t 期的一次移动平均值；

$S_t^{(2)}$——第 t 期的二次移动平均值。

【例 3.7】已知某商场 1～12 周期的销售额见表 3-10，取 n=5，试预测第 13 周期、第 14 周期该商场的销售额。

表 3-10　某统计指标序列

周期	1	2	3	4	5	6	7	8	9	10	11	12
销售额/万元	32	41	48	53	51	58	57	64	69	67	69	76

解：根据二次移动平均的定义，计算一次、二次移动平均值 $S_t^{(1)}$、$S_t^{(2)}$，及平滑系数 a_t、b_t 列于表 3-11。

表 3-11 计算结果 单位：万元

周期	销售额	$S_t^{(1)}$	$S_t^{(2)}$	a_t	b_t
1	32				
2	41				
3	48				
4	53				
5	51				
6	58	45.0			
7	57	50.2			
8	64	53.4			
9	69	56.6			
10	67	59.8	53.00	66.60	3.40
11	69	63.0	56.60	69.40	3.20
12	76	65.2	59.60	70.80	2.80

现在处于第 12 周期，要预测第 13 周期、第 14 周期的指标值，则可利用公式 $Y_{t+T}=a_t+b_tT$ 进行预测。取第 12 周期的 a_t、b_t，预测模型为：$Y_{12+1}=70.8+2.8\times T$，则：

第 13 周期的预测值为 $Y_{12+1}=70.8+2.8\times 1=73.6$。

第 14 周期的预测值为 $Y_{12+2}=70.8+2.8\times 2=76.4$。

一次、二次移动平均都可以利用 Excel 表的功能进行计算。在“工具”菜单中选择“数据分析”中的“移动平均”命令，弹出“移动平均”对话框，在其中的编辑框中输入信息后即可得出计算结果。

二次移动平均预测解决了一次移动平均预测只能预测下一期的局限性，它可以做近、短期的预测。但是，二次移动平均预测将近、远期的数据的重要性是同等看待的，这使预测精度受到了影响，为克服这个不足，引入加权移动平均法。

3) 加权移动平均法

该法与移动平均法相类似，不同的是在移动平均数的基础上，对统计数按重要程度，赋予不同的权数：移动平滑认为各个时期的历史数据对将要发生的数据的影响是等同的，而实际上，这种影响往往是不同的。一般可以认为最新观察值较早期观察值包含了更多的信息。加权滑动预测法就是对各个时期的历史数据以不同的权值，来反映对将要发生的数据所起的作用。一般来说，距预测期较近的数据，对预测值的影响也较大，因而其权值也较大；距预测期较远的数据，对预测值的影响也较小，因而其权值也较小。其预测模型为式(3.6)。

$$Y_{t+1}=\alpha_t X_t+\alpha_{t-1}X_{t-1}+\cdots+\alpha_{t-n+1}X_{t-n+1}=\sum_{i=t-n+1}^{t}\alpha_i X_i \tag{3.6}$$

其中，$\alpha_t,\alpha_{t-1},\cdots,\alpha_{t-n+1}$ 为权数，一般情况下，它们之间存在以下关系，即

$$\alpha_t>\alpha_{t-1}>\alpha_{t-n+1}>\alpha_t+\alpha_{t-1}+\cdots+\alpha_{t-n+1}=\sum_{i=t-n+1}^{t}X_i=1$$

【例 3.8】用加权滑动预测法预测例 3.6 的值。取 $n=3$，$\alpha_t,\alpha_{t-1},\alpha_{t-2}$ 分别取 1/2，1/3，1/6 和 5/7，1/7，1/7。

解：分别对权值为 1/2，1/3，1/6 和权值为 5/7，1/7，1/7 的两组取值，应用式(3.6)计算各时期的加权平均值，求出各预测值的绝对误差值和平均绝对误差值，见表 3-12。

表 3-12　加权滑动预测计算结果表

实际值(X_t)	预测值(Y_t)		绝对误差值$\lvert X_t-Y_t\rvert$	
	权值为 1/2；1/3；1/6	权值为 5/7；1/7；1/7	权值为 1/2；1/3；1/6	权值为 5/7；1/7；1/7
203.8	—	—	—	—
214.1	—	—	—	—
229.9	—	—	—	—
223.7	211.58	209	12.12	24.7
220.7	220.9	217.73	0.2	2.97
198.4	226.29	227.7	27.89	29.3
207.8	218.48	219.65	10.68	11.85
228.5	211.12	215.67	17.38	12.83
206.5	206.55	204.04	0.05	2.46
226.8	214.48	210.57	12.32	16.23
247.8	220.88	225.11	26.92	22.69
259.5	220.15	215.3	39.35	44.2
—	239.25	234.47	—	—
平均绝对误差			16.32	18.58

由表 3-12 的计算结果可知：当取 n=3，权系数为 1/2，1/3，1/6 时，下个月的货运量预测值是 239.25；当权系数为 5/7，1/7，1/7 时，下个月的货运量预测值是 234.47；比较两组预测值的平均绝对误差值，可认为当权系数取 1/2，1/3，1/6 时的预测模型较好。

加权滑动预测法同一次移动平均法一样，只能预测最近一期的数据；而且由于权系数的选择有较大的随机性，使得预测的精度也较差。二次移动平均预测解决了一次移动平均预测只能预测下一期的局限性，它可以做近、短期的预测。但是，当需要做中、长期的预测时，二次移动平均法仍然不够理想，因为当预测期限拉长时，a_t、b_t 值却一直没有变化，那么在此基础上求得的预测值也就没有多少说服力。为克服这个不足，引进指数平滑预测方法。

3. 指数平滑法

指数平滑法是对加权移动平均法和一次移动平均法的改进，会给过去的观测值不一样的权重，它赋予近期数据更大的权值。该方法操作简单，只需要本期的实际值和本期的预测值便可预测下一期的数据，当预测数据发生根本性变化时还可以进行自我调整。适用于数据量较少的近短期预测。指数平滑法分为一次指数平滑、二次指数平滑、三次指数平滑。其中二次指数平滑用于实际数据序列具有较明显的线性增长倾向，三次指数平滑用于实际数据有非线性增长倾向，选择原则同移动平均法。

1) 一次指数平滑

一次指数平滑法也称简单指数平滑法，它适用于无趋势、无季节变动的平稳时间序列的短期预测。

(1) 一次指数平滑法预测原理。当时间序列观察值的发展趋势单纯围绕某一水平作随机跳动，可采用一次指数平滑法，一次指数平滑的预测模型为：

$$Y_{t+T} = S_t^{(1)} \tag{3.7}$$

$$S_t^{(1)} = \alpha X_t + (1-\alpha)S_{t-1}^{(1)} \tag{3.8}$$

式中：$S_t^{(1)}$——t 期一次指数平滑预测值；

X_t——t 期实际观察值；

α——平滑常数，即权系数，$0 \leqslant \alpha \leqslant 1$。

从式(3.8)可看出，新的平滑值等于权数α乘以t期观察值加上$(1-\alpha)$乘以上一期的预测值，α取值越大，说明近期观察值的作用也越大。

式(3.8)可以化为

$$Y_{t+1} = Y_t + \alpha(X_t - Y_t) \tag{3.9}$$

式(3.9)中，(X_t-Y_t)表示t期观察值与预测值的差即预测误差，当α取值大时，误差也被放大，所以α取值要适当。

将式(3.9)递推展开后可得：

$$
\begin{aligned}
Y_{t+1} &= \alpha X_t+(1-\alpha)Y_t \\
&= \alpha X_t+(1-\alpha)[\alpha X_{t-1}+(1-\alpha)Y_{t-1}] \\
&= \alpha X_t+\alpha(1-\alpha)X_{t-1}+(1-\alpha)^2Y_{t-1} \\
&= \alpha X_t+\alpha(1-\alpha)X_{t-1}+(1-\alpha)^2X_{t-2}+(1-\alpha)^3Y_{t-2} \\
&= \cdots \\
&= \alpha X_t+\alpha(1-\alpha)X_{t-1}+(1-\alpha)^2X_{t-2}+\cdots+(1-\alpha)^{t-1}X_1+\alpha(1-\alpha)Y_1
\end{aligned}
$$

以上递推公式中的系数离t越近，权数越大，系数成等比，因此称此法为指数平滑法。权和为 1，完全符合加权数特点。而且从递推式可以看出所预测值与全部观察值X_i有关，即充分利用了全部观察值，不像平均法和加权法中要少掉一些数据。

指数平滑预测时，确定合适的α值非常关键，既能实现不同时期数据的非等权处理，又直接影响到预测的准确度。α取值的大小体现了t期的观察值与预测值之间的比例关系。α值越大，t期的实际值对新预测值的贡献就越大，如当$\alpha=1$时，t期的实际值就是$t+1$期的预测值；而α值越小时，t期的实际值对新预测值的影响就越小，如当$\alpha=0$时，$t+1$期的预测值就是t期的预测值，此时并没有考虑t期的最新信息，而只考虑以往的影响。因此，如果时间序列的长期趋势比较稳定，应取较小的α值，如(0.05～0.2)；如果时间序列具有迅速明显的变动倾向，则应取较大的α值，如(0.2～0.7)，使时间序列中最近数据的作用更多地反映在预测中。

采用指数平滑预测模型时，要用到初始平滑值$S_0^{(1)}$，$S_0^{(1)}$的确定有 3 种方法，分别为：①用第一期观察值$S_0^{(1)}=X_1$；②取 1，2，3 期观察值加权平均；③专家评。如果资料数据点较多(在 50 个以上)，可以用实际值X来代替；如果数据点较少，则初始值的影响不能忽略，此时可以采用前几个数据的平均值作为初始值。

(2) 一次指数平滑法应用举例。

【例 3.9】已知某种产品最近 12 个月的销售量如表 3-13 所示，运用一次指数平滑预测值对第 13 个月的销售量进行预测。分别取$\alpha=0.3$和$\alpha=0.5$进行计算。

解：取初值为前 3 期的平均值，应用式(3.7)，对$\alpha=0.3$和$\alpha=0.5$计算各时期的一次指数平滑预测值，求出各预测值的绝对误差值和平均绝对误差值。

以 α=0.3 一次指数平滑值计算为例，即有

$$S_0^{(1)}=\frac{X_1+X_2+X_3}{3}=11.0$$

$$S_1^{(1)}=\alpha X_1+(1-\alpha)\ S_0^{(1)}=0.3\times10+0.7\times11.0=10.7$$

$$S_2^{(1)}=\alpha X_2+(1-\alpha)S_1^{(1)}=0.3\times15+0.7\times10.7=12.0$$

……

以此类推，求得 α=0.5 和 α=0.3 时的一次指数平滑值数列，计算结果见表 3-13。

表 3-13　一次指数平滑预测计算结果表

时期 t	实际值(X_t)	预测值(Y_t)		绝对误差值｜X_t-Y_t｜	
		α=0.3	α=0.5	α=0.3	α=0.5
1	10	10.7	10.5	0.7	0.5
2	15	12.0	12.8	3.0	2.2
3	8	10.8	10.4	2.8	2.4
4	20	13.6	15.2	6.4	4.8
5	10	12.5	12.6	2.5	2.6
6	16	13.6	14.3	2.4	1.7
7	18	14.3	16.2	3.7	1.8
8	20	16.0	18.1	4.0	1.9
9	22	17.8	20.1	4.2	1.9
10	24	19.7	22.0	4.3	2.0
11	20	21.7	21.0	0.3	1.0
12	26	23.3	23.5	2.7	2.5
平均绝对误差				3.08	2.1

即 α= 0.3 时，$S_{13}^{(1)}=\alpha X_{12}+(1-\alpha)S_{12}^{(1)}=0.3\times26+0.7\times23.3=24.11$

α= 0.5 时，$S_{13}^{(1)}=\alpha X_{12}+(1-\alpha)S_{12}^{(1)}=0.5\times26+0.5\times23.5=24.75$

比较两组预测值的平均绝对误差值，可认为当 α =0.5 时的预测效果较好。

从上面两组计算结果的平均绝对误差值可见，平滑系数 α 的取值对一次指数平滑法的预测误差起着重要的作用。一次指数平滑法力图找到最佳的 α 值，以使平均绝对误差(或均方差)最小。通常 α 的值可通过反复试验来确定，也可根据时间序列的数值变化来确定，即若时间序列较平稳时，则 α 的取值较小；若时间序列波动较大时，则 α 的取值也就越大，以使预测值能够敏感地跟踪实际值的变化(见图 3.4)。

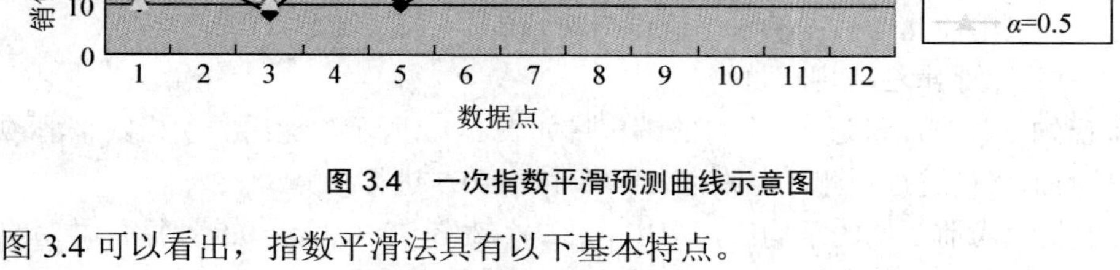

图 3.4　一次指数平滑预测曲线示意图

由图 3.4 可以看出，指数平滑法具有以下基本特点。

(1) 指数平滑法对实际序列具有平滑作用，权系数(平滑系数) α 越小，平滑作用越强，

但对实际数据的变动反应较迟缓。

(2) 在实际序列的线性变动部分，指数平滑预测的结果存在滞后偏差，即当时间序列呈下降趋势时，预测值往往偏高；反之，偏低。并且随着权系数(平滑系数) α 的增大而减少。

(3) 用当前阶段的实际值与当前阶段的预测值来对下阶段进行预测，要比移动平均法科学，主要体现为预测的偏差值比较小。

一次指数平滑预测只能做下一期的预测。当时间序列的变动出现直线趋势时，用一次指数平滑法来进行预测仍将存在着明显的滞后偏差。因此，也需要进行修正。修正的方法是应用二次指数平滑法。

2) 二次指数平滑法

(1) 二次指数平滑法的预测原理。当时间序列观察值的发展趋势包含某种线性持续增长或下降趋势时，则应采用二次指数平滑预测模型。二次指数平滑是以相同的平滑系数 α，对一次指数平滑数列 $S_t^{(1)}$ 再进行一次指数平滑，构成时间序列的二次指数数列 $S_t^{(2)}$：

$$S_t^{(1)} = \alpha X_t + (1-\alpha)S_{t-1}^{(1)} \tag{3.10}$$

二次指数平滑法是对一次指数平滑值再进行一次指数平滑，计算公式为：

$$S_t^{(2)} = \alpha S_t^{(1)} + (1-\alpha)S_{t-1}^{(2)} \tag{3.11}$$

二次指数平滑的预测模型

$$Y_{t+T} = a_t + b_t T \tag{3.12}$$

式中：Y_{t+T}——第 $t+T$ 期的预测值；

a_t，b_t——平滑系数。

模型中参数 a_t，b_t，可按下述关系得到：

a_t，b_t 可按 a_t=2 $S_t^{(1)}$ − $S_t^{(2)}$，$b_t = \dfrac{\alpha}{1-\alpha}(S_t^{(1)} - S_t^{(2)})$ 进行计算。

(2) 二次指数平滑法应用举例。

【例 3.10】用二次指数平滑法(取 α =0.3)预测例 3.7 中第 13 个月的销售量。取初值为前 3 期的平均值，即 $S_0^{(2)} = \dfrac{X_1 + X_2 + X_3}{3}$=11.0。将计算结果填入表 3-14。

表 3-14　二次指数平滑预测计算结果表

时期 t	实际值(X_t)	$S_t^{(1)}$ ($\alpha = 0.3$)	$S_t^{(2)}$ ($\alpha = 0.3$)
1	10	10.7	10.9
2	15	12.0	11.2
3	8	10.8	11.1
4	20	13.6	11.9
5	10	12.5	12.1
6	16	13.6	12.6
7	18	14.3	13.1
8	20	16.0	14.0
9	22	17.8	15.1
10	24	19.7	16.5
11	20	21.7	18.1
12	26	23.3	19.7

依据表中的数据可得：

$$\alpha_{12} = 2S_{12}^{(1)} - S_{12}^{(2)} = 26.9$$

$$b_t = \frac{\alpha}{1-\alpha}(S_t^{(1)} - S_t^{(2)}) = b_{12} = 1.54$$

$$Y_{12+1} = a_{12} + b_{12} \times 1 = 26.9 + 1.54 \times 1 = 28.44$$

即第 13 个月的销售量为 28.44。

3) 三次指数平滑法

(1) 三次指数平滑法的预测原理。当时间序列观察值的发展趋势出现较大曲率时，宜采用三次指数平滑法。它是在二次指数平滑法的基础上进行的。在二次指数平滑基础上对时间序列进行三次指数平滑，得到 $S_t^{(3)}$ 的计算公式：

$$S_t^{(3)} = \alpha S_t^{(2)} + (1-\alpha) S_{t-1}^{(3)} \tag{3.13}$$

三次指数平滑的预测模型：

$$Y_{t+T} = a_t + b_t T + c_t T^2 \tag{3.14}$$

式中：Y_{t+T}——第 $t+T$ 期的预测值；

a_t、b_t、c_t——平滑系数。

模型中参数 a_t，b_t，c_t 可按下述关系得到：

$$\text{三次指数平滑中，}\begin{cases} a_t = 3S_t^{(1)} - 3S_t^{(2)} + S_t^{(3)} \\ b_t = \dfrac{\alpha}{1-\alpha}[(6-5\alpha)S_t^{(1)} - 2(5-4\alpha)S_t^{(2)} + (4-3\alpha)S_t^{(3)}] \\ c_t = \dfrac{\alpha^2}{2(1-\alpha)^2}[S_t^{(1)} - 2S_t^{(2)} + S_t^{(3)}] \end{cases} \tag{3.15}$$

式(3.10)、(3.11)、(3.13)中：

α——权系数；

$S_{t-1}^{(1)}$——第 $t-1$ 期的一次指数平滑值；

$S_t^{(1)}$——第 t 期的一次指数平滑值；

$S_t^{(2)}$——第 t 期的二次指数平滑值；

$S_t^{(3)}$——第 t 期的三次指数平滑值。

二次和三次指数平滑预测是一种十分有效的预测模型，所需的数据量小，精度高。适合近短期预测。值得注意的是，在用指数平滑进行预测计算时，各次指数平滑值中的平滑系数 α 的取值须保持一致。

【例 3.11】某厂产品的销售量见表 3-15，试计算该厂销售量的一次、二次、三次指数平滑法值，取 α=0.3。

解：利用式(3.7)、(3.11)、(3.13)计算一次、二次、三次指数平滑值，取初始值 $S_0^{(1)}$ 为第一期的销售量 2.3，计算结果列入表 3-15。

表 3-15 指数平滑法预测实例表

年 份	t	销售量/千台	$S_t^{(1)}$	$S_t^{(2)}$	$S_t^{(3)}$
	0		2.3	2.3	2.3
2003	1	2.3	2.3	2.3	2.3
2004	2	3.4	3.07	2.53	2.37
2005	3	5.1	3.68	2.88	2.52
2006	4	7.2	4.74	3.44	2.80
2007	5	9.0	6.02	4.21	3.22
2008	6	10.6	7.39	5.17	3.80
2009	7	12.0	8.77	6.25	4.54
2010	8	14.3	10.43	7.50	5.43

由表 3-15 的计算结果可知，一次、二次和三次平滑值都会滞后于实际值，在物流需求预测中，一般不直接将指数平滑值作为需求预测值，而是对其进行修正。观察实际数值的分布，若呈线性趋势，则可用二次指数平滑线性预测模型进行预测；若实际观察值的分布呈非线性趋势，一般情况下二次指数平滑法不适用，要用三次指数平滑法，即非线性预测模型。

【例 3.12】试计算例 3.11 中 2011 年和 2012 年的销售量，计算线性预测值和非线性预测值。

解：(1) 由表 3-15 求出二次平滑系数：

$a_{2010}=2S_t^{(1)}-S_t^{(2)}=2\times10.43-7.5=13.36$

$b_{2010}=\alpha/(1-\alpha)(S_t^{(1)}-S_t^{(2)})=0.3\div(1-0.3)\times(10.43-7.5)=1.26$

所以 $Y_{2010+T}=13.36+1.26T$

(2) 由表 3-15 求出三次平滑系数：

$a_{2010}=3S_t^{(1)}-3S_t^{(2)}+S_t^{(3)}=3\times10.43-3\times7.5+5.43=14.22$

$b_{2010}=\alpha/(1-\alpha)$ $[(6-5\alpha)]$ $S_t^{(1)}-2(5-4\alpha)S_t^{(2)}+(4-3\alpha)S_t^{(3)}=2.90$

$c_{2010}=\alpha^2/2(1-\alpha)^2(S_t^{(1)}-2S_t^{(2)}+S_t^{(3)})=0.08$

所以 $Y_{2010+T}=14.22+2.90T+0.08T^2$

(3) 利用模型求解预测值：

2011 年线性预测值：$Y_{2010+1}=13.36+1.26\times1=14.62$(千台)

2012 年线性预测值：$Y_{2010+2}=13.36+1.26\times2=15.88$(千台)

2011 年非线性预测值：$Y_{2010+1}=14.22+2.90\times1+0.08\times1^2=17.2$(千台)

2012 年非线性预测值：$Y_{2010+2}=14.22+2.90\times2+0.08\times2^2=20.34$(千台)

4) Excel 在指数平滑中的应用

指数平滑可以利用 Excel 进行计算。在“工具”菜单中选择“数据分析”命令，弹出“数据分析”菜单，选择“指数平滑”分析工具，即可出现“指数平滑”菜单。

注意：“指数平滑”分析工具中的“阻尼系数”的值等于 $1-\alpha$，而不是α。

3.2.4 因果分析法

1. 因果分析法概述

在市场预测的定量方法中，因果法是与时序列法不同的另一类预测方法，后者侧重从时间轴来考虑预测对象的变化和发展，其数学模型一般都是时间的函数。而因果法则从预测对象与其他市场因素的关系上来研究对象的变化和发展，建立“因”、“果”之间的数学模型。

在因果法中，时间成了隐含的因素，而与市场变化相关的因素，如国内生产总值、货物周转量、社会物流总值等，成了应当直接考虑的因素。

因果分析预测法的基本原理是：通过调查得到若干组关于自变量和因变量的实际发生值，根据实际发生值数组，分析建立起带有若干待定常数的因果函数关系模型，然后解这个模型。求出待定常数，从而求出因果函数关系。再根据这个因果函数关系，可以求出任意自变量取值情况下的因变量的预测值。然后进行误差分析，统计检验，求出最后预测结果。

物流需求预测中常用的因果预测法有：①回归分析预测法(包括一元线性回归预测、多元线性回归预测和非线性回归预测等)；②系统动力学预测法；③产销平衡法等。本节重点介绍回归分析预测法。

2. 回归分析预测法

回归分析预测法是因果分析法中很重要的一种方法，它从一个指标与其他指标的历史和现实变化的相互关系中，探索它们之间的规律性联系，作为预测未来的依据。

1) 回归分析的预测原理

回归分析是研究变量之间相互依赖关系的一种数学方法。变量之间的关系可大致分为两类：第一类是变量之间的关系完全确定，一个变量能够被一个或若干个其他变量按某一规律唯一确定，这种关系称为函数关系；第二类是变量之间具有非确定性的依赖关系，即变量之间既存在密切的数量关系，又不能由一个或几个变量精确求出另一个变量值，但在大量观察数据的基础上，可以判别这类变量之间的数量变化具有的规律性，这种关系通常称为相关关系。回归分析所要研究的就是这类相关关系。相关关系虽不是确定性的，但通过大量的数据观察，往往呈现出一定的规律性。若将有相关关系的两个变量的对应观察值作为直角坐标平面上点的坐标，并把这些点标在平面上，就得出点的散点图。这样的图称为观察值的散点图。从散点图上一般就可看出变量关系的统计规律性。

尽管变量之间的相关关系不是函数关系，但在掌握大量观察数据的基础上，仍然可以利用数理统计方法建立因变量与自变量之间的回归关系函数表达式，这样的函数称为回归函数或回归方程式。研究变量间的相关关系，确定回归函数，以及由此预测和控制变量的变化范围等就是回归分析的内容。因此，回归分析预测法是一种重要的市场预测方法，当在对市场现象未来发展状况和水平进行预测时，如果能将影响市场预测对象的主要因素找到，并且能够取得其数量资料，就可以采用回归分析预测法进行预测。它是一种具体的、行之有效的、实用价值很高的常用市场预测方法。

回归分析时，在众多变量中首先要确定一个变量为因变量，其余变量为自变量。进行预测时，当研究的因果关系只涉及因变量和一个自变量时，称为一元回归分析；当研究的因果关系涉及因变量和两个或两个以上自变量时，称为多元回归分析。此外，回归分析中，又依据描述自变量与因变量之间因果关系的函数表达式是线性的还是非线性的，分为线性回归分析和非线性回归分析。通常线性回归分析法是最基本的分析方法，遇到非线性回归问题可以借助数学手段化为线性回归问题处理。

2) 回归分析的预测步骤

回归预测法是在掌握大量实验和观察数据的基础上，利用数理统计方法建立因变量和自变量之间的回归模型的一种预测方法。其包括以下预测步骤。

(1) 根据预测目标，确定目标变化的主要因素。全面分析影响预测目标变化的因素，尽可能地找出影响目标预测变化的所有因素，分别对每一个影响因素与预测目标的相关程度进行分析，选择相关程度较高的影响因素作为自变量。

(2) 建立回归预测模型。依据自变量和因变量的历史统计资料进行计算，在此基础上建立回归分析方程，即回归分析预测模型。利用最小二乘数法可以确定线性回归模型的参数，对于非线性回归预测模型可转化为线性回归模型后再进行参数的估算。

(3) 统计假设检验。与时间序列法不同，并非任何回归模型都能直接用于预测，只有当变量与因变量确实存在某种关系时，建立的回归方程才有意义。因此，作为自变量的因素与作为因变量的预测对象是否相关，相关程度如何，以及判断这种相关程度的把握性多大，就成为进行回归分析必须要解决的问题。统计假设检验主要采用相关分析、t检验、F检验等来判断自变量和因变量之间的相关性以及自变量的变化对因变量的变化的解释程度，来判断回归模型的有效性。

(4) 应用模型进行实际预测。当回归模型通过假设检验后，就可以利用它进行实际预测。首先通过一定的方法确定自变量的先期预测值，然后把自变量的先期预测值带入预测模型，并对预测值进行综合分析，确定最后的预测值。

(5) 检验预测结果的可靠性。借助有关专家的经验，将回归分析预测得到的结果与运用其他预测方法所得到的结果进行分析，结合实际情况，对预测结果是否切合实际作出评价。

3) 应用回归预测法时应注意的问题

应用回归预测法时应首先确定变量之间是否存在相关关系。如果变量之间不存在相关关系，对这些变量应用回归预测法就会得出错误的结果。正确应用回归分析预测应注意：①用定性分析判断现象之间的依存关系；②避免回归预测的任意外推；③应用合适的数据资料。

3. 一元线性回归预测

一元线性回归分析，是研究具有线性关系的两个变量相关关系的方法。一元线性回归预测是回归预测的基础。若预测对象只受一个主要因素影响，并且它们之间存在着明显的线性相关关系时，通常采用一元线性回归预测法。

1) 建立回归方程

一元回归预测法是处理x、y两个变量之间线性相关关系的方法。计算公式为：

$$y_i = b_0 + b_1 x_i + u_i \tag{3.16}$$

式中：x_i, y_i——自变量和因变量的观察值(i=1，2，…，n)；

b_0, b_1——未知参数；

u_i——随机误差(残差)，指除x对y的线性影响外的其他各因素对y的影响。

随机误差u_i的存在，使得预测对象y与相关变量x之间的计算关系不能确定，在运用回归方法预测时，要求满足一定的假设条件，即随机误差u_i必须满足以下3个条件：①u_i是服从均值为0、方差为σ^2的正态分布的随机变量，即$u_i \sim N(0, \sigma^2)$；②各个u_i间相互独立；③u_i与自变量无关。

这样，可在x与y的观测样本下以最小二乘法拟合回归曲线。即采用以下的一元回归模型来反映y与x之间的确定关系：

$$\hat{y}_i = \hat{b}_0 + \hat{b}_1 x_i \tag{3.17}$$

2) 参数估计

用最小二乘法进行参数估计，使残差平方和$\sum_{i=1}^{n} u_i^2$达到最小，其计算式为：

误差平方和 $Q_e=\sum_{i=1}^{n} u_i^2=\sum(y_i-\hat{y}_i)^2=\sum(y_i-\hat{b}_0-\hat{b}_1 x_i)^2$ (3.18)

式中：y_i——实际值；

$\hat{y}_i$——y_i的估计值。

根据误差理论可以推证，要满足误差最小，必须使误差平方和最小，即根据极值原理，分别对(3.18)中的$\hat{b}_0$、$\hat{b}_1$求偏导数，并令其等于零。

$$\frac{\partial Q_e}{\partial \hat{b}_0}=-2\sum_{i-1}^{n}(y_i-\hat{b}_0-\hat{b}_1 x_i)=0$$

$$\frac{\partial Q_e}{\partial \hat{b}_1}=-2\sum_{i-1}^{n}(y_i-\hat{b}_0-\hat{b}_1 x_i)x_i=0$$

即可求得的b_0和b_1的估计量计算公式：

$$\begin{cases}\hat{b}_1=\dfrac{\sum\limits_{i=1}^{n}(x_i-\overline{x})(y_i-\overline{y})}{\sum\limits_{i=1}^{n}(x_i-\overline{x})^2}=\dfrac{\sum\limits_{i=1}^{n}(x_i y_i)-n\overline{xy}}{\sum\limits_{i=1}^{n}x_i^2-n\overline{x}^2}\\ \hat{b}_0=\overline{y}-\hat{b}_1\overline{x}\end{cases} \tag{3.19}$$

其中$\overline{x}=\frac{1}{n}\sum_{i=1}^{n}x_i$，$\overline{y}=\frac{1}{n}\sum_{i=1}^{n}y_i$，即$\overline{x}$与$\overline{y}$分别为$x$与$y$的样本均值。

为了计算方便，引入下述记号：

$$\begin{cases}S_{xx}=\sum\limits_{i=1}^{n}(x_i-\overline{x})^2=\sum\limits_{i=1}^{n}x_i^2-\dfrac{1}{n}\left(\sum\limits_{i=1}^{n}x_i\right)^2\\ S_{yy}=\sum\limits_{i=1}^{n}(y_i-\overline{y})^2=\sum\limits_{i=1}^{n}y_i^2-\dfrac{1}{n}\left(\sum\limits_{i=1}^{n}y_i\right)^2\\ S_{xy}=\sum\limits_{i=1}^{n}(x_i-\overline{x})(y_i-\overline{y})=\sum\limits_{i=1}^{n}x_i y_i-\dfrac{1}{n}\left(\sum\limits_{i=1}^{n}x_i\right)\left(\sum\limits_{i=1}^{n}y_i\right)\end{cases}$$

这样b_0和b_1的估计值可写成：

$$\begin{cases}\hat{b}_1=\dfrac{S_{xy}}{S_{xx}}\\ \hat{b}_0=\overline{y}-\hat{b}_1\overline{x}\end{cases} \tag{3.20}$$

3) 统计检验

由最小二乘法拟合建立了回归模型后，$\hat{y}$就可以代表预测对象y，但并不意味着可以进行预测，因为这种代表有一个程度问题，即回归效果是否显著的问题，还要进行必要的统计检验：相关系数r检验，决定系数r^2检验，参数估计值的标准差和t检验，自相关检验，下面分别介绍。

(1) 标准误差 S：估计值与因变量值间的平均平方误差。其计算公式为：

$$S=\sqrt{\frac{Q_e}{n-2}}=\sqrt{\frac{\sum_{i=1}^{n}y_i^2-\hat{b}_0\sum_{i=1}^{n}y_i-\hat{b}_1\sum_{i=1}^{n}x_iy_i}{n-2}} \tag{3.21}$$

根据样本观测值计算参数估计值的标准误差为：$S_{\hat{b}_1}=\sqrt{\dfrac{\sum(y_i-\hat{y}_i)^2}{(n-2)\sum(x_i-\overline{x})^2}}$，$S_{\hat{b}_0}=\sqrt{\dfrac{\sum(y_i-\hat{y}_i)^2\sum x_i^2}{n(n-2)\sum(x_i-\overline{x})^2}}$。如果标准差小于参数估计值的一半，即 $S_{\hat{b}_i}<\dfrac{|\hat{b}_i|}{2}$，则拒绝 H_0，断定估计值 $\hat{b}_i$ 在统计上是显著的；如果标准差大于参数估计值的一半，即 $S_{\hat{b}_i}\geqslant\dfrac{|\hat{b}_i|}{2}$，则接受 H_0，判断这个估计值不显著。

(2) 相关系数 r 检验：

$$r=\frac{\sum(x_i-\overline{x})(y_i-\overline{y})}{\sqrt{\sum(x_i-\overline{x})^2}\sqrt{\sum(y_i-\overline{y})^2}}=\frac{n\sum x_iy_i-\sum x_i\sum y_i}{\sqrt{n\sum x_i^2-(\sum x_i)^2}\sqrt{n\sum y_i^2-(\sum y_i)^2}} \tag{3.22}$$

r 是衡量 x_i 与 y_i 的相关程度的指标。$r\in[-1,1]$，$r=0$ 时，x 与 y 不相关，$|r|\to1$ 时，相关程度高。实际检验时的判断标准：$0<|r|\leqslant0.3$ 为微弱，$0.3<|r|\leqslant0.5$ 为低度，$0.5<|r|\leqslant0.8$ 为显著，>0.8 为高度，一般认为，r 的绝对值若大于 0.7，x 与 y 有较高的相关程度。

根据回归模型的自由度$(n-2)$和给定的显著水平 α 的值，从相关系数表中查出临界值 $R_\alpha(n-2)$，然后进行判别，若$|r|\geqslant R_\alpha(n-2)$，表明两变量之间线性相关显著，检验通过，回归模型可以进行预测；若$|r|<R_\alpha(n-2)$，表明两变量之间线性相关不显著，检验不通过，回归模型不可以进行预测，应分析其原因，对回归模型加以处理。

(3) 决定系数 r^2 检验拟合优度。

拟合优度是指样本回归直线对观测数据拟合的优劣程度。决定系数 r^2(也称为判定系数)就是说明样本回归直线对数据拟合程度的综合度量，它测度了由回归模型作出解释的离差在 y 的总离差中所占的比例，其计算公式如下：

$$r^2=\frac{\sum(\hat{y}_i-\overline{y})^2}{\sum(y_i-\overline{y})^2}=1-\frac{\sum(y_i-\hat{y}_i)^2}{\sum(y_i-\overline{y})^2} \tag{3.23}$$

每个样本观察值 y_i 与样本平均数 $\overline{y}$ 的差$(y_i-\overline{y})$可分解成$(\hat{y}_i-\overline{y})$和$(y_i-\hat{y}_i)$两项之和，即 $y_i-\overline{y}=(y_i-\hat{y}_i)+(\hat{y}_i-\overline{y})$。其中，$(\hat{y}_i-\overline{y})$为回归直线确定的估计值与平均值的离差，称为回归离差，是回归直线能作出解释的；$(y_i-\hat{y}_i)$为观察值与估计值的离差，回归直线无法解释，称为剩余离差。

当 $r^2=1$ 时，$(y_i-\hat{y}_i)=0$ 说明剩余离差为零，y_i 完全在回归直线上，即每个样本观察值 y_i 都在回归直线上。当 $r^2=0$ 时，即每个样本观察值 y_i 都不在回归直线上，回归直线与 $y=\overline{y}$ 重合，没有对离差作任何解释。

实际应用中，若 $r^2>0.8$，说明回归直线可以解释总离散的 80%，结果是满意的。

相关系数 r 检验与决定系数 r^2 检验的本质是相同的，一般只需选择一个。

(4) 回归系数显著性检验。

① 检验假设：原假设 H_0：$b_1=0$，备择假设 H_1：$b_1\neq0$。

《数理统计》中，用样本系数作为总体系数估计值的可靠度要用 Z 检验，但总体方差未知且样本数 n 又不够大时($n<30$)，则应进行 t 检验。

参数估计值的 t 检验也可以说是检验自变量对因变量是否有显著影响。就一元回归 $\hat{y}_i=\hat{b}_0+\hat{b}_1x_i$ 而言，t 检验就是检验回归系数 b_1 的估计量 $\hat{b}_1$ 是否在某一显著水平 α 上为零，若 $b_1\neq0$，则 $\hat{y}_i$ 跟随 x_i 变动，回归方程是有意义的；若 $b_1=0$，回归方程变为 $\hat{y}_i=b_0$，$\hat{y}_i$ 与 x_i 无关，方程就无意义。

② 检验统计量：

$$t=\frac{(\hat{b}_1-b_1)\bigg/\sqrt{\dfrac{\sigma^2}{S_{xx}}}}{\sqrt{\dfrac{Q_e}{\sigma^2}\bigg/n-2}}=\frac{\hat{b}_1-b_1}{S}\sqrt{\sum S_{xx}}\sim t(n-2) \tag{3.24}$$

③ 检验规则：给定显著性水平 α，若$|t|>t_{\alpha/2}(n-2)$，则回归系数显著。

假设 H_0 为真，即 $b_1=0$ 时，$t=\dfrac{\hat{b}_1}{S}\sqrt{\sum(x_i-\overline{x})^2}$，计算出统计量 t 的值，查 $t_{\alpha/2}(n-2)$，若 $|t|\geqslant t_{\alpha/2}(n-2)$，即 t 的值落入拒绝域，则拒绝 H_0，认为 $b_1\neq0$，即回归效果是显著的；若 $|t|<t_{\alpha/2}(n-2)$，t 的值落入接受域，则接受 H_0，认为 $b_1=0$，回归效果不显著。

参数估计值的 t 检验和标准差检验本质是相同的，一般只需选择一个。

(5) 回归模型的显著性检验。

① 检验假设。H_0：回归方程不显著，H_1：回归方程显著。

② 检验统计量：

$$F=\frac{\sum(\hat{y}-\overline{y})^2}{\sum(y-\hat{y})^2/(n-2)}\sim F(1,n-2) \tag{3.25}$$

③ 检验规则：给定显著性水平 α，若 $F>F_\alpha(1,n-2)$，则表明回归方程显著；若 $F<F_\alpha(1,n-2)$，则表明回归方程不显著，回归模型不能用于预测。

(6) 德宾-沃森统计量(DW)。

检验 $u_i(u_i=y_i-\hat{y}_i)$之间是否存在自相关关系。若 u_i 之间存在自相关性，则回归模型的预测值可能出现较大偏差。

$$DW=\sum_{i=2}^{n}(u_i-u_{i-1})^2\bigg/\sum_{i=1}^{n}u_i^2 \tag{3.26}$$

DW 值等于 2 时为最好，一般为 1.5～2.5 就可认为没有显著自相关问题。

4) 参数估计值的置信区间

上面讨论的对于 b_1 的检验只是点值检验，并不意味着所求得的参数估计值是参数真实值最正确的估计值。为了确定参数估计值 $\hat{b}_i$ 与其真实值 b_i 的接近程度如何，应预先选择一个置信水平(在经济计量学上通常选择 95%的置信水平)，推断在此概率下参数真实值 b_i 有多大可能性在此区间，该区间称为置信区间。

参数 b_1 的 $1-\alpha$ 置信水平的置信区间为$(\hat{b}_1-St_{\alpha/2}(n-2),\ \hat{b}_1+St_{\alpha/2}(n-2))$，即若在显著水平 $\alpha=0.05$ 下，b_1 在区间$(\hat{b}_1-St_{\alpha/2}(n-2),\ \hat{b}_1+St_{\alpha/2}(n-2))$之内，包含总体参数真实值的概率为 95%。

5) 一元线性回归应用举例

【例 3.13】在一定的温度下，某生物的存活量见表 3-16，试预测在下一温度 3℃下，生物的存活量。($\alpha=0.05$)

表 3-16　存活量统计表

温度/℃	−2	−1	0	1	2
存活量/万只	1	1	1.1	1.1	1.2

解：(1) 将温度作为自变量 x，存活量作为因变量 y，根据已知数据作散点图，如图 3.5 所示。从散点图看出，温度与存活量的关系是一种正相关关系，而且近于线性。

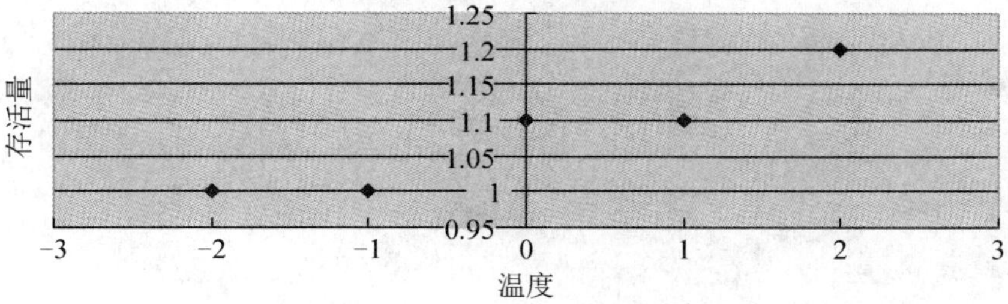

图 3.5　温度与存活量的关系图

(2) 确定预测模型的形式。根据第一步的分析，选择线性回归模型：$\hat{y}_i=\hat{b}_0+\hat{b}_1x_i$。

(3) 计算模型参数 $\hat{b}_0$，$\hat{b}_1$。由公式(3.20)得 $\hat{b}_0$=1.08，$\hat{b}_1$=0.05，即回归模型为：$\hat{y}_i$=1.08+0.05x_i。

(4) 统计检验。对模型的统计检验包括对以下几项指标的计算。

① 相关性检验：由公式(3.22)计算相关系数 $r=\dfrac{\sum(x_i-\overline{x})(y_i-\overline{y})}{\sqrt{\sum(x_i-\overline{x})^2}\sqrt{\sum(y_i-\overline{y})^2}}$=0.95，查 n−2=3，α=0.05，得到 $R_\alpha(n-2)$=0.878＜0.95，说明两变量高度相关，有显著相关关系。

② 决定系数检验：r^2=0.947，说明因变量各实际值与估计值离差的 94%以上已被回归方程解释，未被解释的只占不到 6%，这方面也比较满意。

③ t 检验：当 H_0 为真，即 b_1=0 时，$t=\dfrac{\hat{b}_1}{S}\sqrt{\sum(x_i-\overline{x})^2}=0.005\div\sqrt{0.003\div30}=5$，$\alpha$=0.05 查表知：$|t|=5>t_{\alpha/2}(n-2)=t_{0.025}(3)=3.182$，因此不接受 H_0，即认为 $b_1\neq0$，回归方程有意义。

④ F 检验：由公式(3.25)知，$F=\dfrac{\sum(\hat{y}-\overline{y})^2}{\sum(y-\hat{y})^2\div(n-2)}=\dfrac{0.025}{0.003\div3}$=25＞$F_{0.05}(1，3)$=10.13，方程显著。

(5) 预测计算。当 x=3 时，由回归方程计算存活量为 $\hat{y}_i$=1.08+0.05×3=1.23(万只)。

一元线性回归可以按照例 3.10 计算求解，也可借助 Excel 的功能进行求解。

6) Excel 在一元线性回归中的应用

以例 3.13 来说明如何使用 Excel 作一元线性回归预测。

【例 3.14】某销售公司统计了 12 年销售量与销售额关系如图 3.6～图 3.8 所示。试预测销售量总值达到 550 件时，该公司的销售额为多少万元？

解：(1) 执行“工具”菜单中的“数据分析”命令，在打开的下拉列表中选择“回归”选项，单击“*Y* 值输入区域”进行数据 *Y* 的输入。同样方法，可完成 *X* 值的输入。根据需要，打开“残差”、“残差图”、“标准残差”、“线性拟合图”、“正态概率图”复选框。

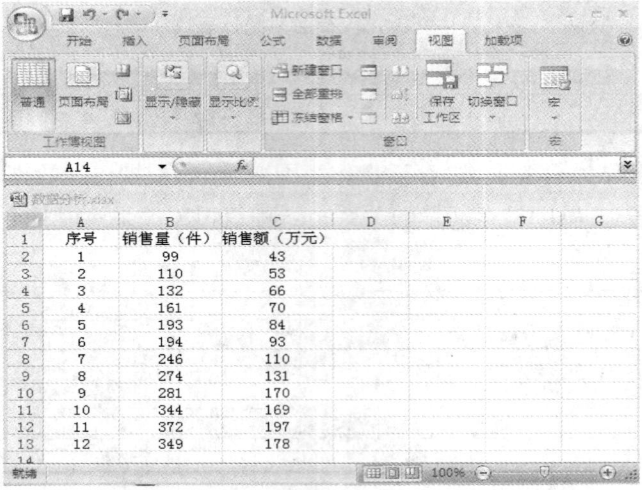

	A	B	C
1	序号	销售量（件）	销售额（万元）
2	1	99	43
3	2	110	53
4	3	132	66
5	4	161	70
6	5	193	84
7	6	194	93
8	7	246	110
9	8	274	131
10	9	281	170
11	10	344	169
12	11	372	197
13	12	349	178

图 3.6　范例数据

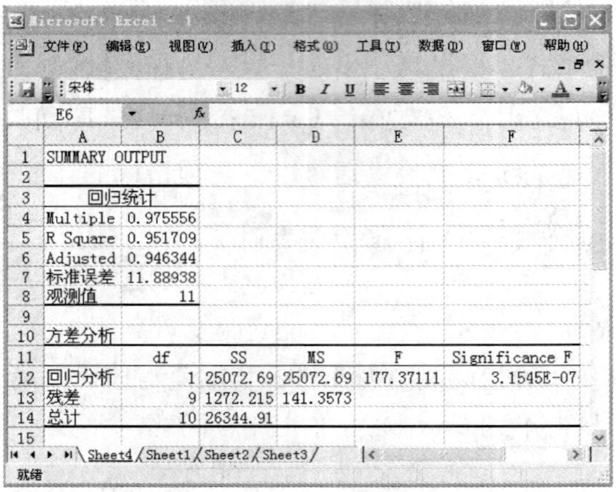

	A	B	C	D	E	F
1	SUMMARY OUTPUT					
2						
3	回归统计					
4	Multiple	0.975556				
5	R Square	0.951709				
6	Adjusted	0.946344				
7	标准误差	11.88938				
8	观测值	11				
9						
10	方差分析					
11		df	SS	MS	F	Significance F
12	回归分析	1	25072.69	25072.69	177.37111	3.1545E-07
13	残差	9	1272.215	141.3573		
14	总计	10	26344.91			

图 3.7　回归结果(1)

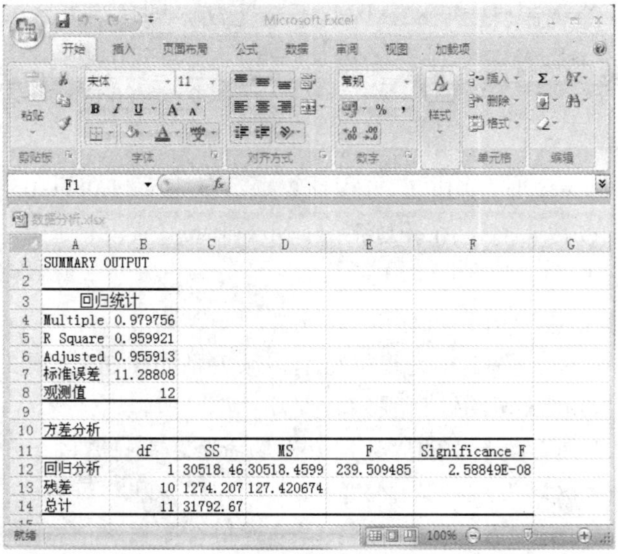

	A	B	C	D	E	F
1	SUMMARY OUTPUT					
2						
3	回归统计					
4	Multiple	0.979756				
5	R Square	0.959921				
6	Adjusted	0.955913				
7	标准误差	11.28808				
8	观测值	12				
9						
10	方差分析					
11		df	SS	MS	F	Significance F
12	回归分析	1	30518.46	30518.4599	239.509485	2.58849E-08
13	残差	10	1274.207	127.420674		
14	总计	11	31792.67			

图 3.8　回归结果(2)

(2) 输入完成后，得到本例的回归结果，如图 3.7 和图 3.8 所示。

(3) 根据图 3.7 和图 3.8 的回归结果，得回归方程：

$\hat{y}_i$=−13.34+0.552 6x_i，其中，$\hat{b}_0$=−13.34，$\hat{b}_1$=0.552 6。

(4) 参数检验。

① 相关系数 r=0.975，说明 x 与 y 有高度相关；r^2=0.951，表示在平均拥有量的总误差中，大约有 96.3%的误差是由销售量作出解释的，因此该回归直线拟合程度非常好。

② b_0、b_1 的区间估计：其置信区间分别为−37.413＜b_0＜10.72，0.458 7＜b_1＜0.646 4。

(5) 预测计算。

将 x=550 代入回归方程得：$\hat{y}_i$=−13.34+0.552 6x_i=290.59，即销售额为 290.59 万元。

4. 多元线性回归预测

在物流系统中，不仅存在一个因素作用于一个变量的情况，多个因素同时作用于某一个变量的情况更为常见。如果对前一种情况可以用一元线性回归法进行预测，那么对后一种情况就可以在一元的基础上加以推广，用多元线性回归法进行预测。多元回归中一般只讨论多元线性回归问题，因为许多非线性回归都可以转化为线性回归。多元线性回归分析的原理与一元线性回归分析完全相同，但在计算上要复杂得多。

1) 建立模型，估计参数

若散点图(y，x_i)呈线性，则可作多元线性回归函数。设影响因素有 m 个 x_1，x_2，…，x_m，多元线性回归模型可表示成：

$$y=b_0+b_1x_1+b_2x_2+ b_jx_j+\cdots+b_mx_m+u \tag{3.27}$$

式中：y——因变量；

x_i——自变量；

b_j——回归系数；

u——随机误差，i=2，3，…，m，j=0，1，2，…，m。

其中对 u 的假定与一元线性回归预测中的相同。

假设有 n 组观测值(y_k，x_{k1}，x_{k2}，…，x_{km})，k=1，2，…，n，则式(3.27)可表示成：

$$y_k=b_0+b_1x_{k1}+b_2x_{k2}+\cdots+b_kx_{km}+u_k \tag{3.28}$$

式(3.28)可用矩阵形式缩写成：

$$\boldsymbol{Y}=\boldsymbol{XB}+\boldsymbol{U} \tag{3.29}$$

与一元线性回归相同，多元线性回归模型中参数的估计仍适用最小二乘法。

用样本线性回归方程 $\hat{y}=\hat{b}_0+\hat{b}_1x_1+\hat{b}_2x_2+\cdots+\hat{b}_mx_m$ 拟合总体线性回归方程，可用最小二乘法确定回归系数 $\hat{b}_0$，$\hat{b}_1$，$\hat{b}_2$，…，$\hat{b}_m$。即求残差平方和 $Q=\sum_{i=1}^{n}(y_i-\hat{y}_i)^2$ 的最小值。

$$Q=\sum_{i=1}^{n}(y_i-\hat{y}_i)^2=\sum_{i=1}^{n}(y_i-b_0-b_1x_{i1}-b_2x_{i2}-\cdots-b_mx_{im})^2 \tag{3.30}$$

求 Q 的极小值，令 $\dfrac{\partial Q}{\partial b_j}=0$ (j=1，2，…，m)得：

$$\begin{cases}\dfrac{\partial Q}{\partial \hat{b}_0}=-2\sum_{i=1}^{n}(y_i-\hat{b}_0-\hat{b}_1x_{i1}-\cdots-\hat{b}_mx_{im})=0\\ \dfrac{\partial Q}{\partial \hat{b}_j}=-2\sum_{i=1}^{n}(y_i-\hat{b}_1x_{i1}-\cdots-\hat{b}_mx_{im})x_{ij}=0\end{cases} \tag{3.31}$$

于是式(3.31)可写成：

$$X^{\mathrm{T}}X\hat{B}=X^{\mathrm{T}}Y \tag{3.32}$$

这是正规方程组的矩阵形式。

所以：

$$\hat{B}=\begin{pmatrix}\hat{b}_0 & \hat{b}_1 & \cdots & \hat{b}_m\end{pmatrix}^{\mathrm{T}}=(X^{\mathrm{T}}X)^{-1}X^{\mathrm{T}}Y \tag{3.33}$$

式(3.33)即为我们所求的回归参数。$\hat{B}$ 是样本观测值的线性函数，$\hat{B}$ 是 B 的无偏估计量，$\hat{B}$ 的方差小于或等于任何其他线性无偏估计量的方差。

则 $\hat{y}=\hat{b}_0+\hat{b}_1x_1+\hat{b}_2x_2+\cdots+\hat{b}_mx_m$ 称为 m 元经验线性回归方程，简称回归方程。

2) 参数检验

与一元线性回归分析一样，对已经确定的多元线性回归分析模型能否较好地反映事物之间的内在规律，仍然要进行相关性检验和置信区间估计。

5. 非线性回归问题

实际问题中，变量之间的关系表现为线性关系的极少，绝大多数都表现为非线性关系。这时，求出的拟合模型就不再是一条直线，而是一条曲线，在统计上称之为非线性回归或曲线回归。非线性回归按照自变量的个数，可以分为一元非线性回归和多元非线性回归。

在求解非线性回归方程时，通常的做法是采用变量代换法，求解包括以下基本思路。

(1) 采用变量代换法，将非线性回归模型转化为线性回归模型。

(2) 利用线性回归分析方法求解。

(3) 逆向代换得到非线性回归模型的系数。

(4) 进行预测。

下面是常见的非线性回归模型的转换规则。

1) 一元非线性回归

(1) 变量 x 与 y 为双曲线关系：

$\frac{1}{y}=a+\frac{1}{x}$，若令 $Z=\frac{1}{y}$，$t=\frac{1}{x}$，则有 $Z=a+bt$

(2) 变量 x 与 y 为幂函数关系：

$Y=dx^b$，若令 $Z=\ln Y$，$t=\ln X$，则有 $Z=\ln d+bt$

$Y=a+bx^n$(n 为已知)，若令 $t=x^n$，则有 $Y=a+bt$

(3) 变量 x 与 y 为指数函数关系：

$Y=ce^{bx}$，若令 $Z=\ln Y$，$a=\ln C$，则有 $Z=a+bx$

(4) 变量 x 与 y 为 s 型曲线关系：

$Y=\frac{1}{a}+be^x$，若令 $Z=\frac{1}{y}$，$t=e^x$，则有 $Z=a+bt$

经过变量代换，已将一元非线性问题转化为一元线性问题，可利用一元线性回归分析法进行求解。

2) 多元非线性回归

若自变量与因变量是 m 次曲线关系，其回归方程为 $y=b_0+b_1x+b_2x^2+\cdots+b_mx^m$，令 $x=x_1$，$x^2=x_2$，…，$x^m=x_m$，则上式变为：$y=b_0+b_1x_1+b_2x_2+\cdots+b_mx_m$，已化为多元线性回归方程。

3.2.5 计算机仿真预测法

1. 计算机仿真预测法概述

1) 计算机仿真的概念

计算机仿真是应用电子计算机对系统的结构、功能和行为，以及参与系统控制的人的思维过程和行为进行动态性比较逼真的模仿。它是一种描述性技术，是一种定量分析方法。通过建立某一过程和某一系统的模式，来描述该过程或该系统，然后用一系列有目的、有条件的计算机仿真实验来刻画系统的特征，从而得出数量指标，为决策者提供有关这一过程或系统的定量分析结果，作为决策的理论依据。

计算机仿真包括3个要素：系统、模型、计算机，包括3个基本活动：模型建立、仿真模型建立、仿真实验进行。

2) 计算机仿真的实质及特点

(1) 仿真是一种数值计算技术。

(2) 仿真是一种“人工”的试验手段。

(3) 对于构成要素的记录自动进行记忆场所的分配。

(4) 对系统状态在时间序列中的动态写照。

(5) 大多是随机性系统仿真。

3) 计算机仿真的局限性

(1) 计算机仿真技术不是最优化技术，只是一种数值方法，只能给出系统特定条件、特定参数下的特解而不是通解。

(2) 计算机仿真方法解决较大系统的问题成本较高、时间长。

(3) 计算机仿真是一种评价技术，是评价决策的工具，自身并不能产生决策和方案。

2. 聚焦预测法

聚焦预测由伯尼·史密斯首创。他主要将此方法应用于如成品库存管理等数据波动较大的短期预测中。史密斯科学地证明了预测中应用的统计方法不能给出最佳的预测结果，并提到那些适合于历史数据的简单技术经证明同样是预测未来的最佳技术。

聚焦预测就是根据某些规则进行简单试算，这些规则较符合逻辑，并且将其历史数据外推至未来的过程。在计算机模拟程序中，分别应用所有这些规则进行实际外推需求计算，然后通过将结果与实际需求对比，衡量出运用这些规则来预测的效果。由此可见，聚焦预测系统的两要素是：有一些简单的预测规则；利用历史数据对预测规则进行计算机模拟。

下面是一些简单、符合一般常识的规则，可验证这些规则并确定取舍。例如，对于以月为时间跨度的时间序列，可以用以下规则进行试算。

(1) 过去3个月内的销量为未来3个月内的可能销量。

$$\sum_{i=k+3}^{k+5}\hat{y}_i=\sum_{i=k}^{k+2}y_i \quad k=1，2，\cdots \tag{3.34}$$

(2) 去年某3个月内的销量为今年同期的可能销量(这也可以解释季节效应)。

$$\sum_{i=k+12}^{k+14}\hat{y}_i=\sum_{i=k}^{k+2}y_i \quad k=1，2，\cdots \tag{3.35}$$

(3) 未来 3 个月内的销量可能比过去 3 个月增加 10%。

$$\sum_{i=k+3}^{k+5} \hat{y}_i = 1.1\times\sum_{i=k}^{k+2} y_i \quad k=1，2，\cdots \tag{3.36}$$

(4) 未来 3 个月内的销量可能比去年同期增加 50%。

$$\sum_{i=k+12}^{k+14} \hat{y}_i = 1.5\times\sum_{i=k}^{k+2} y_i \quad k=1，2，\cdots \tag{3.37}$$

(5) 今年某前 3 个月销量变化率(与去年同期相比)等于其后 3 个月销量的变化率。

$$\sum_{i=k+15}^{k+17} \hat{y}_i = \frac{\sum_{i=k+12}^{k+14} y_i}{\sum_{i=k}^{k+2} y_i}\sum_{i=k+3}^{k+5} y_i \quad k=1，2，\cdots \tag{3.38}$$

在实际预测时，上述规则并非固定不变，如果又出现适用的新规则，则将它补充进去。如果某一规则不再适用，则将它剔除。

聚焦预测的第二部分是计算机模拟。由于计算量大，聚焦预测需通过计算机模拟计算，而且历史数据必须已知，如已知 18～24 个月的数据。然后分别按照上述规则进行模拟预测，并与实际的历史数据进行比较，将预测结果最好的那条规则便可用于预测未来。

3. 神经网络预测法

人工神经网络(简称神经网络)是人工智能学科中的一个分支。对人工智能的研究主要分为两大方向：一个是基于人类思维活动的符号(逻辑)主义，专家系统的成功开发与应用，为人工智能走向工程实际和理论联系实际作出了重要贡献；另一个是模拟大脑微观结构、神经网络的连接机制和学习算法的连接主义。前者一度称为 AI 研究的主流，而后者由于技术条件的限制曾经一度徘徊不前，直到 20 世纪 80 年代中期，Hopfield 网络和 BP 算法的成功，才为其注入了新的活力。目前对人工神经网络的研究和应用正方兴未艾。

BP 网络是一种多层前馈神经网络，名字源于网络权值的调整规则，采用的是后向传播学习算法，即 BP 学习算法，反向传播的本质是有导师的学习，即通过学习不断修正网络的权值和阈值，直到网络输出误差平方和达到最小。BP 学习算法是 Rumelhart 等在 1986 年提出的。BP 算法理论依据坚实，推导过程严谨、物理概念清晰并且通用性好，使它至今仍是前馈网络的主要算法。其不足是学习过程收敛速度慢，并且容易出现局部极值，因而是非完备的。

在神经网络的实际应用中，BP 网络广泛应用于函数逼近、模式识别/分类、数据压缩等，80%～90%的神经网络模型采用了 BP 网络或者它的变化形式，它也是前馈网络的核心部分，体现了神经网络最精华的部分。

BP 网络是一种单向传播的多层前向网络，其结构如图 3.9 所示。由图可见，BP 网络是一种具有 3 层或 3 层以上的神经网络，包括输入层、中间层(隐层)和输出层。上下层之间实现全连接，而每层神经元之间无连接。

一般来说，神经网络预测的步骤如下：①样本的预处理，由于各种神经网络的激活函数、学习规则等不同，所以在输入之前需对输入样本作归一化处理；②输入预处理后的样本 y；③使用选定的神经网络训练算法，训练网络的连接强度；④还原处理。

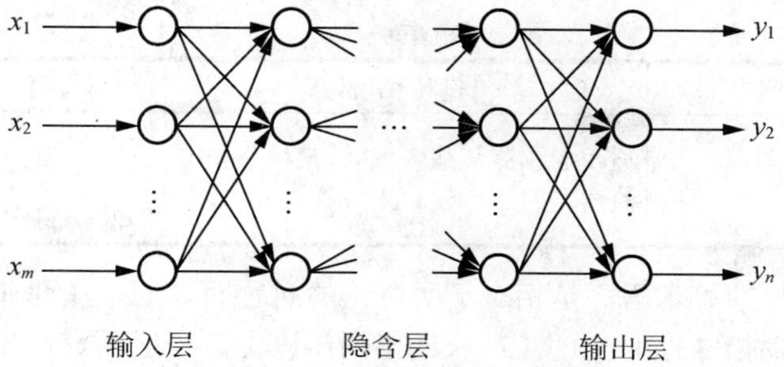

图 3.9　BP 网络结构

3.3　预测方法选择及预测结果处理

3.3.1　预测方法的选择

任何一种预测方法都是建立在一定的假设条件之上的，而任何一种假设条件都无法囊括现实世界中错综复杂的关系。因此，在选择预测方法时，必须考虑预测方法的适用条件，各种预测方法的特点见表 3-17。

1. 预测方法的选择

一个合适的方法不仅要适合被预测对象的影响因素，同时也要适合预测的环境和条件。

(1) 预测有效时间范围和影响因素。不同的预测方法有不同的预测有效期限，根据预测期限要求，是长期预测、中期预测还是短期预测对预测方法进行选择。不同的预测方法有不同的影响因素，根据各预测方法的影响因素，结合适用情况进行预测方法的选择。

(2) 预测项目的性质。根据项目的性质、工作量等，还有决策者对预测的要求，选择定性预测还是定量预测。

(3) 预测条件和预测精度。如收集资料的难易程度，获得资料的丰富程度和真实程度，预测的精度要求等。

表 3-17　各种预测方法的特点

方法名称	时间范围	适用情况	需做工作
定性预测法	短、中、长期	对缺乏历史统计资料或趋势面临转折的事件预测	需做大量的调查研究工作
一元线性回归预测法	短、中期	自变量与因变量之间存在线性关系	需费大量时间为两个变量收集历史数据
多元线性回归预测法	短、中期	因变量与两个或两个以上的自变量之间存在线性关系	需费大量时间为所有变量收集历史数据，通常需借助于计算机计算
非线性回归预测法	短、中期	因变量与一个或多个自变量之间存在着某种非线性关系	需收集历史数据，并用几个非线性模型试验，需借助于计算机计算
趋势外推法	中、长期	当被预测项目的有关变量用时间表示时	只需要因变量的历史资料，但用趋势图作试探时很费时间
时间序列平滑预测法	短期	只适用于进行短期预测	只需时间序列历史数据

续表

方法名称	时间范围	适用情况	需做工作
产销平衡预测法	短、中、长期	适用于预测某些区域间、某种货物的流通量	需先对各区域货物总发送量和到达量作预测，还需要各基年的区域间的物流分布表

短期、中期、长期等术语，是相对于所讨论的问题而言的。在商业预测中，短期通常指 3 个月以内，中期指 3 个月到两年，长期指两年以上。一般而言，短期模型补偿了随机波动并对短期变化(如顾客对新产品的响应)进行了调整；中期预测模型适用于受季节波动性影响的情况；长期预测模型用于探测总体趋势走向，在识别主要拐点时特别有意义。

2. 预测模型选择的原则

1) 精度优先原则

用预测模型进行需求预测时，在预测期间所预测的结果与实际值相比较误差较小就是精度较高。预测误差可以用绝对误差或平均绝对误差来表示。精度优先，是指在选择预测模型时，首先要考虑的就是预测的精度要求。

2) 简洁性原则

在具有同样精度情况下，结构越简单的模型，其简洁性越好。

3) 适应性原则

当实际环境发生变化时，模型的精度变化越小，就说明模型的适应性越强。

4) 实用性原则

模型易于得到使用者的理解和接受，模型使用条件不那么苛刻，表明实用性较好。

5) 合理性原则

要求利用模型预测得到的结果应与利用经验和逻辑判断得出的事物发展趋势相一致。

企业选用预测模型一般取决于：①预测的时间范围；②能否获得相关数据；③所需的预测精度；④预测预算的规模；⑤合格的预测人员。

选择预测模型时，需考虑其他一些问题，如预测的准确度、精度、成本、时间范围、更新频率、稳定性、响应性、环境的多变性等问题。

3.3.2 预测结果的处理

预测误差是指在给定时间间隔内实际值与预测值的差异。预测误差为决策者提供了一个判断预测准确与否的标准，同时决策者可根据误差寻找产生的原因并及时调整决策。

1. 预测效果评价指标体系

预测的精确性也就是预测的准确度，它与预测的误差密切相关。为了反映预测效果的好坏，一般采用以下几种常用形式的误差指标来度量预测的准确度。其中 y_t 为实际值，$\hat{y}_t$ 为预测值，n 表示数据的个数。

(1) 预测误差平方和 $SSE=\sum_{t=1}^{n}(y_t-\hat{y}_t)^2$；

(2) 均方误差 $MSE=\frac{1}{n}\sqrt{\sum_{t=1}^{n}(y_t-\hat{y}_t)^2}$；

(3) 平均绝对误差 $MAE = \frac{1}{n}\sum_{t=1}^{n}|y_t - \hat{y}_t|$；

(4) 平均绝对百分比误差 $MAPE = \frac{1}{n}\sum_{t=1}^{n}\left|\frac{y_t - \hat{y}_t}{y_t}\right|$；

(5) 均方百分比误差 $MSPE = \frac{1}{n}\sqrt{\sum_{t=1}^{n}\left(\frac{y_t - \hat{y}_t}{y_t}\right)^2}$。

2. 预测结果的组合处理

1) 预测结果的处理方法

对同一预测对象的预测，既可以采用多种预测方法，也可以对同一预测模型应用不同的自变量。对同一预测对象采用多种途径预测的方法，称为组合预测方法。它是现代预测科学理论的重要组成部分，其思想就是认为任何一种预测方法都只能部分地反映预测对象未来发展的变化规律，只有采用多种预测途径进行预测，才能更全面地反映事物未来的发展变化。实践证明，组合预测方法比采用单一预测方法对于改善预测结果的准确度或可信度，具有显著效果。因此，现代预测实践大多采用组合预测方法。

组合预测方法的核心问题就是如何处理多个预测结果。对多个预测结果，该选用哪个结果作为预测的最终结论？不同结果在组合预测中所占的比例又是多少？组合预测在理论上针对这一实际问题提出了解决方法，即预测结果的组合处理。

2) 组合预测的表达式

$$\hat{y} = \sum_{i=1}^{n}\omega_i\hat{y}_i \tag{3.39}$$

式中：$\hat{y}$——组合预测值，即经组合处理后的最终预测结果；

$\hat{y}_i$——第 i 种预测途径获得的中间预测值；

ω_i——第 i 个中间预测值被赋予的权重系数，$\sum_{i=1}^{n}\omega_i = 1$，$i$=1，2，…，$n$；

n——中间预测值的数目。

3.3.3 预测实践中的注意事项

除了经济系统运动的偶然性，人们对规律认识的相对性和所能使用数学工具的限制，使得经济系统的运动规律只能在摸索中逐步实现，而且经济学科又不可能像自然学科那样进行实验，逐一找出每一个因素的单独影响，所以经济规律比自然规律更难把握、更难预测。目前所使用的数学工具，还难以将所有的影响因素之间错综复杂的非线性关系，都用恰当的数学公式表示出来，只能舍弃次要因素，用线性规划或其他方法简化关系，这自然也就出现了误差。未来物流的发展是更加错综复杂的，不可能准确地对全部复杂关系作出定量描述，因此预测带有不确定性。

通过应用现有的预测方法，积极运用可靠资料，加以科学整理，在考虑尽可能多的影响因素、分析物流活动的原因、特性和构成的过程中，可以得到一幅显示未来发展的较为清晰的图景，这比单纯依靠直观估计的结果要明确得多。所以，预测人员在实际进行预测活动时，应注意以下几个问题。

1) 预测结果的可信度

上述各种模型中，只有回归模型提供了可信度结论，而其他模型都没有给出结果的可信度。当对预测结果作组合处理后，最终预测值也没有也不可能给出可信度。该困难尚有待预测科学本身的发展去解决，但在实践中却不可因此裹足不前。

2) 预测方案

实际预测活动中尽量给出多个预测方案，以增加决策的适应性和调整性，避免因单一方案造成决策的刚性。

3) 拟合度与精度

拟合度是指预测模型对历史观察值的模拟程度。一般地讲，对既定的历史数据总可以找到拟合程度很高的模型。但预测人员也不应过分相信拟合度越高，预测结果就越准确的结论。预测准确性的高低属于精度问题。拟合度好，不一定精度也高。当然模型的拟合度太差也是不妥当的。

4) 预测的期限

预测按预测时间可分为长期预测和中短期预测。一般地说，对短期预测较好的模型，不一定对长期预测也好；反之亦然。对这两类预测从精度上讲，对短期预测的精度要求应高于长期预测。

5) 预测模型

现在有将预测模型复杂化、多因素化的趋势，虽然这种发展趋势一般有利于提高预测精度，因为这包括了更多因素的影响。但有时复杂模型不一定比简单模型好，而且因素过多，对这些因素的未来值也不易判断。

6) 数据处理与模型调整

如果某个模型的预测误差较大，人们通常采取对原始数据进行平滑处理和修改模型的方法去解决。这种对原始数据进行平滑处理的方法实际上是在回避矛盾。数据异常总有原因，预测人员首先对此加以研究，以便在预测活动中考虑这些原因的影响。

7) 预测的精度与成本

在选择预测方法时，要在精度和成本之间进行权衡。精度高的预测方法，较容易取得与实际偏离较小的预测值，但在实施过程中成本一般也比较高，但能取得的较好的效果。可以使生产经营的成本降低。

很多预测人员在预测活动开始时就对预测对象的未来发展作了想象，并以此想象来不断地修正预测结果。其实这是一种本末倒置的做法，尤其是中间预测值的取舍及组合处理时，应力求避免这一易犯的错误。

除以上问题外，对预测的复杂性还应有更为深入的认识，即预测总是在假定未来的发展和现在已知或过去发生的事物有关的基础上进行的，但又不是简单的数学方程式推断。预测无法回避社会经济发展中同时带有规律性和偶然性的矛盾。由于社会经济运动具有一定规律性，从过去的变化和估计将会发生的影响去推断未来，这正是事物可以预测的理由；当然社会经济的发展也有偶然性，特别是人为因素在其中所起的作用，又使得物流运动具有很大的不确定性，造成物流预测不可能十分准确，我们只能根据经济发展的规律，在某一可能的范围内大体预测某一时期某些物流变量的数值。

有人认为物流预测既是一门科学，又是一门艺术。作为一门科学，是因为经济运动是有规律的，并且人们已经初步掌握了一些规律，做出过许多成功的预测；作为一门艺术，是因为人们对经济规律的认识还很不充分，预测的方法也很不完善，这使得物流预测没有严格的章法可循，预测的准确与否在很大程度上取决于预测者对经济发展和未来影响因素微妙变化的敏悟能力。总之，预测是必要的，预测又是有局限性的，同时，对预测者自身的知识、经验和掌握现有预测方法的能力，也有着很高的要求。

本章小结

物流需求预测是物流系统中最重要的组成部分之一，是物流企业规划和经营的前提和基础。需求预测的准确性将直接影响到企业未来发展战略，也影响着企业对未来市场的决策。因此需求预测在整个物流系统运作中扮演很重要的角色。物流需求预测技术有不同的分类方法，从预测方法本身的性质出发，可将预测方法分成两大类，即定性预测法和定量预测法。

每种预测方法有不同的预测有效时间范围、不同的预测精度和不同的工作量，选择预测方法时应综合考虑这些因素。预测误差是指在给定时间间隔内实际值与预测值的差异。预测误差为决策者提供了一个判断预测准确与否的标准，同时决策者可根据误差寻找产生的原因并及时调整决策。

关键术语

(1) 预测　(2) 需求预测　(3) 定性预测　(4) 预测模型
(5) 定量预测　(6) 神经网络　(7) 组合预测　(8) 预测精度

习　题

1. 选择题

(1) 按照预测方法特征分类，不包括________。

A. 定性预测　B. 定量预测　C. 综合预测　D. 单项预测

(2) ________特别是在缺乏详细的充分的统计资料、无法采用其他的更加精确的预测方法时，这种方法具有独特优势。

A. 德尔菲法　B. 头脑风暴法　C. 时间序列法　D. 回归分析法

(3) 指数平滑预测时，确定合适的α值非常关键，既能实现不同时期数据的________又直接影响到预测的准确度。

A. 近期处理　B. 等权处理　C. 远期处理　D. 非等权处理

(4) 指数平滑中如果数据点较少，初始值的影响不能忽略，此时可以采用前几个数据的________作为初始值。

A. 平均值　B. 中间值　C. 绝对平均值　D. 中位数

(5) 组合预测中权系数$\alpha_t,\alpha_{t-1},\cdots,\alpha_{t-n+1}$的大小关系是________。

A. $\alpha_t>\alpha_{t-1}>\cdots>\alpha_{t-n+1}$　B. $\alpha_t<\alpha_{t-1}<\cdots<\alpha_{t-n+1}$

C. $\alpha_t=\alpha_{t-1}=\cdots=\alpha_{t-n+1}$　D. 无法确定

(6) 在因果法中，时间成了________而与市场变化相关的因素，如国内生产总值、货物周转量、社会物流总值等，成了应当直接考虑的因素。

A．直接的因素　　B．隐含的因素　　C．未来的因素　　D．间接的因素

(7) 在求解非线性回归方程时，通常的做法是采用变量代换法，把非线性回归问题转成________问题来处理，使线性回归分析的方法也能适用于非线性回归问题的研究。

A．时间序列　　B．指数平滑　　C．线性回归　　D．移动平均

(8) 聚焦预测由伯尼·史密斯首创。他主要将此方法应用于如成品库存管理等数据波动较大的________中。

A．短期预测　　B．长期预测　　C．近期预测　　D．中期预测

(9) 二次移动平均预测中，随着预测期限的拉长，平滑系数，a_t、b_t________。

A．随之发生变化　　B．一直没有变化

C．a_t变化　　D．b_t变化

(10) 如果时间序列的长期趋势比较稳定，应取的α值________。

A．较大　　B．较小　　C．相等　　D．无法确定

(11) 某企业2010年1月至12月的利润额时间序列见表3-18。应用指数平滑法预测2011年1月的利润额为________万元。

A．50　　B．49　　C．46.7　　D．45

表3-18　利润额

月份	1	2	3	4	5	6	7	8	9	10	11	12
利润/万元	51.3	35.7	27.9	32.2	48.2	54.6	52.0	47.5	42.3	45.8	43.9	47.2

2. 简答题

(1) 什么是物流需求预测？物流需求预测的作用是什么？

(2) 物流需求预测的原理和步骤是什么？

(3) 为什么综合预测的结果较为可靠和精确？

(4) 简述德尔菲法的特点。

(5) 头脑风暴法的优缺点是什么？

(6) 简述回归分析预测的步骤。

(7) 简述选择预测模型的原则。

(8) 指数平滑法和移动平均法的特点各是什么？

3. 判断题

(1) 独立需求是指一种物资的需求量与其他物资有直接的配套关系，当一种物资的需求量确定后，其他物资的需求量可直接推算出来。　　(　　)

(2) 中期经济预测指以日、周、旬、月为单位，对 3 个月以下经济发展前景的预测。它是制订月、旬计划和明确规定短期经济活动具体任务的依据。　　(　　)

(3) 在市场预测的定量方法中，时间序列法侧重从时间轴来考虑预测对象的变化和发展，其数学模型一般都是时间的函数。　　(　　)

(4) 二次移动平均预测解决了一次移动平均预测只能预测下一期的局限性，它可以做近、短期的预测。　　(　　)

(5) 用当前阶段的实际值与当前阶段的预测值来对下阶段进行预测，移动平均法要比指数平滑法科学，主要体现为预测的偏差值比较小。 (　　)

(6) 指数平滑法中，α取值的大小体现了t期的观察值与预测值之间的比例关系。α值越小，t期的实际值对新预测值的贡献就越大，如当$\alpha=0$时，t期的实际值就是$t+1$期的预测值。 (　　)

(7) 计算机仿真方法解决较大系统的问题成本较高，但时间短。 (　　)

(8) 一元线性回归预测法$y_i=b_0+b_1x_i+u_i$中，u_i是服从均值为0、方差为1的标准正态分布的随机变量。 (　　)

4. 计算题

(1) 某物资企业统计了某年度1月～11月的钢材实际销售量，统计结果见表3-19，分别用一次移动平均法和二次移动平均法预测其12月的钢材销售量。取n=3和n=4。

表3-19　销售量统计数据

月　份	实际销售量/t	月　份	实际销售量/t
1	22 400	7	25 700
2	21 900	8	23 400
3	22 600	9	23 800
4	21 400	10	25 200
5	23 100	11	25 400
6	23 100		

(2) 为了预测我国薄钢板的年需求量，有关物资企业研究并收集了国外制造企业发达国家几年间的汽车产量与薄钢板消耗量的数据，见表3-20。

表3-20　产量及消耗量统计

年　份	汽车产量 x/万辆	薄钢板消耗量 y/万吨
2003	13.98	19 180
2004	13.52	19 937
2005	12.54	21 719
2006	14.91	30 262
2007	18.60	30 399

在可预见2008年汽车产量将达到20.06万辆的情况下，试用一次线性回归预测2008年薄钢板消耗量。

5. 思考题

(1) 当变量间关系呈现什么特征时，选用回归分析法作为预测工具？

(2) 在供应链管理过程中，经理们应从哪些方面进行预测？

(3) 如何处理预测结果才会对决策者更有帮助？

案例分析

采购预测到采购计划①

快速消费品行业的市场变化非常快，竞争也非常强烈，特别是食品行业，这存在一个货物保质期短的问题，如果没有良好的预测体系，则整个采购和生产将很被动，企业为此付出的额外成本将很高，给已经激烈的竞争带来成本和时间等多方面的压力。为此著名的饮料企业太古饮料在预测和计划体系上建立了严格的管理。从销售预测计划、生产计划、产品往各DC仓库的调拨计划、采购计划都制定了严格流程；清楚规定各项沟通的细节；明确各个相关人员的主要责任及相关业务指标；改善跨部门沟通、合作，从而改善各项计划的精确度，减少因计划问题导致的断货、产品或原材料过期等现象，最终提升企业利润。

在实际的运作管理中，太古饮料(生产和销售可口可乐系列饮料)建立了严密的预测体系，从周一到周五，每天如何预测，采用什么方式，系统如何操作，都进行了详细严格的规定。为此，企业开发了功能强大的预测系统。将采集来的基础资料进行初步分析，然后进行人工修订，另外对促销产品有独立的预测体系。由于企业在实际运作中需涉及大量包装变更以及消费者促销期间的特殊包装制作等问题，因此在包装变更及特殊包装生产时，容易产生由于计划不当而导致所需包装无法及时供应，或特殊包装在要求时段截止后仍大量积压，所以独立预测该部分的产品是有必要的。根据此预测体系，采购和生产部门会制订符合预测的采购和生产计划。一旦确定了计划，一般是无法更改的。有了这些系统，通过专业的独立部门来完成整个预测过程，预测部门成为企业运作的开始。

有预测才有计划，这个顺序是不能颠倒的。要制订计划，必须有良好的预测，这正是很多企业追求的目标。采购预测是影响整个供应链的关键环节，预测的准确性直接影响到其他各个环节的效率，对成本的高低、产成品周转速度产生直接影响。管理者根据顾客的需求信息，进行采购与产品预测，根据其他因素的影响，根据经验最终作出决定。

预测系统是太古饮料整个供应链转型的关键部分，自从供应链转型之后，太古饮料在库存、中央配送、仓储和运输资源管理、生产计划等领域获得极大的改善，从而大幅度降低供应链的运作成本，提高了资金利用率。

讨论题

(1) 简述在此案例中你得到哪些启示。

(2) 分析预测在太古饮料供应链管理中的作用。

① 资料来源：张庆英．物流系统工程——理论、方法与案例分析[M]．北京：电子工业出版社，2011：153-156。

第4章 物流节点与设施布局

【教学要点】

知识要点	掌握程度	相关知识	应用方向
物流节点的概念	掌握	物流节点的功能、分类	物流节点与布局
物流节点规模	了解	预测与节点规模的关系、物流节点需求分析	
物流节点的规划布局	重点掌握	规划布局的原则、步骤、计算方法	
设施选址的意义	掌握	设施、设施选址意义	物流设施选址问题
设施选址的原则	掌握	设施选择原则	
设施选址考虑的因素	熟悉	经济因素和非经济因素	
设施选址的一般步骤	熟悉		
设施选址的方法	重点掌握	优缺点比较法、加权因素分析法、离散点覆盖模型法、重心法、线性规划法、德尔菲分析模型	
物流设施布置	掌握	设施布置的含义、内容、原则、基本形式与基本流动模式	物流设施布置设计
物流设施规模决策	熟悉	设施规模与单位成本的关系、设施规模决策步骤	物流设施规模大小

导入案例

北京市“三环、五带、多中心”的物流节点空间布局[①]

北京市规划建设物流基地、物流中心(综合物流区)和配送中心(专业物流区)3 个层次的物流节点，并形成不同功能的物流节点在空间上的相对集聚，到“十一五”期末，基本形成北京市基于点、线、面相互协调的“三环、五带、多中心”的物流节点布局，为北京市国际物流、区域物流和城市物流的发展提供基础设施支持。

三环：在六环路附近重点规划建设物流基地，在五环路附近重点规划建设物流中心，在四环路附近重点规划建设配送中心，形成物流基地、物流中心和配送中心由远及近、相互依托、协调发展的空间格局。

五带：为加强货物运输的合理化，提高物流效率，积极引导各类物流资源向西南、正南、东南、东北、西北 5 个方向的物流通道聚集，规划建设大型物流基地、若干个物流中心，形成五条集聚发展、连通快捷，服务产业的物流产业带。

多中心：根据我市各产业集聚和新城建设多中心分散布局的特点，相应配置物流中心、配送中心，实现物流节点服务于产业发展和居民生活的功能。

1. 物流基地

物流基地是大型、公共性的物流节点，是城市功能性基础设施，是辐射全国乃至国际的重要物流枢纽，主要为本市进出货物的集散与大型厂商在全国及亚太地区采购和分销货物提供物流平台。其功能主要包括：内陆口岸功能交通换载和货物集散功能、流通加工功能以及信息服务和货物配送功能等。

“十一五”期间，在优先发展顺义空港、通州马驹桥和房山良乡 3 个物流基地的基础上，加快培育平谷马坊物流基地。此外要积极培育已具有一定物流规模的大兴京南和延庆京西北等大型综合物流区，使其加快向物流基地方向发展。

2. 物流中心(综合物流区)

物流中心是衔接干线、支线运输，方便市内配送和集散运输，连接物流基地和配送中心的重要物流节点。为本市进出货物的集散以及为制造商、分销商在北京及周边地区采购和分销提供物流平台。其主要功能是货物集散、公铁联运与换装、中转、仓储、流通加工、信息服务、配送等。

“十一五”期间，结合二级货运枢纽布局，在五环路及五大物流方向的交汇处附近重点规划建设 10 个左右的物流中心。西南方向规划建设王佐、五里店、首钢建材物流等 3 个物流中心；东南方向规划建设十八里店物流中心；正东方向规划建设宋庄物流中心；东北方向规划建设怀柔新城物流中心、顺义李桥物流中心；西北方向规划建设清河物流中心和马池口物流中心。物流中心的占地规模控制在 0.5～1 平方千米。

3. 物流配送中心(专业物流区)

物流配送中心是为城市生活和工业生产提供专业化物流配送服务的城市基础设施，是城市末端物流活动集结的公共场所。主要功能包括储存、分拣、流通加工、配送等。

“十一五”时期，重点在四环路周边和顺义、通州、亦庄等新城，以及远郊区县人口密集区附近规划建设 20 个左右的物流配送中心，每个占地规模控制在 0.1～0.2 平方千米。西南方向：房山石楼、丰台榆树庄、白盆窑；正南方向：丰台南苑、大红门、玉泉营；东南方向：朝阳双桥、百子湾、三台山；东北方向：朝阳楼梓庄、豆各庄，顺义仁和镇；西北方向：海淀的田村、四道口、昌平的福田汽车配送中心。

讨论题

(1) 评价北京市“十一五”时期物流业发展规划中物流节点空间布局的特点。

(2) 针对北京市“十一五”时期物流节点空间布局规划，评价物流节点对城市发展所起的作用。

---

① 资料来源：节选自《北京市“十一五”时期物流业发展规划》。

物流节点与设施布局是涉及企业经营战略的重要决策，尤其是大型物流设施的选址、物流节点数和设施规模的大小等问题，对一个国家的国民经济全局有重大的影响，它们经常是政治、经济、文化、科技相互交叉的一个问题。一项大型物流设施的决策会影响到全国生产能力的布局、城市建设规划、基建投资、环境保护等问题。正确的物流节点与设施布局，有利于物流业功能的发挥，将促进现代物流与区域物流产业的培育和发展，必将产生新的经济增长点，为国民经济的可持续发展提供新的产业成长支持。本章主要介绍的内容包括物流节点、物流设施选址、区域内物流节点数等问题及其常用的解决方法，重点是物流节点布局、物流设施选址决策、物流设施规模等问题的分析与解决方法。

4.1 物流节点

4.1.1 物流节点的定义

物流节点是随着社会生产的发展和社会分工的细分而产生的，主要面向为社会提供服务的物流活动场所或组织。物流节点作为物流活动的据点，在物流的综合管理中发挥着至关重要的作用。

广义的物流节点是指所有进行物资中转、集散和储运的节点，包括港口、空港、火车货运站、公路枢纽、大型公共仓库及现代物流(配送)中心、物流园区等。

狭义的物流节点仅指现代物流意义的物流中心、物流园区和配送中心。其中，配送中心一般是按照市场的需求进行布局和设计。而关于物流园区的概念，国内尚无确切定义，根据物流园区的特征，可表述为：物流园区是在几种运输方式衔接地形成的物流节点活动的空间集散体，是在政府规划指导下多种现代物流设施和多家物流组织机构在空间上集中布局的大型场所，是具有一定规模和多种服务的新型物流业务载体。物流中心则是综合性、地域性、大批量的货物物理位移转换集散的新型设施设备的集合，它把物流、信息流融为一体成为产销企业之间的中介组织和现代物流活动的主要载体。

1. 物流节点概述

物流的过程，如果按其运动的程度即相对位移大小观察，是由许多运动过程和许多相对停顿过程组成的。一般情况下，两种不同形式的运动过程或相同形式的两次运动过程中都要有暂时的停顿，而一次暂时停顿也往往连接两次不同的运动。物流过程便是由这种多次的“运动—停顿—运动—停顿”组成的。

与这种运动形式相呼应，物流网络结构也是由执行运动使命的线路和执行停顿使命的节点两种基本元素所组成。线路与节点的相互关系、相对配置以及其结构、组成、联系方式不同，形成了不同的物流网络，物流网络的水平高低、功能强弱则取决于网络中两个基本元素的配置和两个基本元素本身。

全部物流活动是在线路和节点上进行的。其中，在线路上进行的活动主要是运输，包括集货运输、干线运输、配送运输等。物流功能要素中的其他所有功能要素，如包装、装卸、保管、分货、配货、流通加工等，都是在节点上完成的。所以，从这个意义上来讲，物流节点是物流系统中非常重要的部分。实际上，物流线路上的活动也是靠节点进行组织和联系的，如果离开了节点，物流线路上的运动必然陷入瘫痪。

现代物流网络中的物流节点对优化整个物流网络起着重要作用，从发展来看，它不仅执行一般的物流职能，而且越来越多地执行指挥调度、传播信息等神经中枢的职能，是整个物流网络的灵魂所在，因而更加受到人们的重视。所以，在有的场合也称为物流据点，对于特别执行中枢功能的又称物流中枢或物流枢纽。

物流节点是现代物流中具有较重要地位的组成部分，这是因为物流学形成初期，学者和实业家都比较偏重于研究物流的若干基本功能，如运输、储存、包装等，而对节点的作用认识不足。物流系统化的观念越是增强，就越是强调总体的协调、顺畅，强调总体的最优，而节点正是处在能连接系统的位置上，总体的水平往往通过节点体现，所以物流节点的研究是随现代物流的发展而发展的，也是现代物流学研究不同于以往之处。

2. 物流节点的功能

物流节点定位不同，其类型也存在差异，但都以使整个物流网络的功能最优化为出发点，合理确定所需实现的功能。物流节点一般具备以下功能或功能组合。

1) 基本功能

(1) 停车：由传统停车场逐步向信息化管理、安全可靠、高效低成本的现代化停车场转变。

(2) 配载：从原有人工无序、不安全、高费用、低效率的现状，逐步实现计算机优化配载。

(3) 仓储保管：从简单堆场向高效率、自动化、立体化仓库发展。

(4) 市内配送：包括生产商与销售商的配送，生产商、销售商与超市、门店的配送，供应商与生产企业的配送，电子商务环境下的物流配送服务。

(5) 区域城际运输：多式联运，达到最佳运输模式、最高效率、最短路径、最少时间、最低费用等要求。

(6) 拆箱拼箱：集装箱化整为零，进行分拣操作；集装箱集零化整，提高集装箱实载率。

(7) 信息服务：构建物流信息平台，成为本地区公共物流信息系统的组成部分，同时实现与全国物流信息系统联网，提供诸如信息发布、信息交换、配载交易、配送、车辆实时监控等方面的服务。

(8) 生产加工：包括企业的流通加工业务，现代生产企业“哑铃型”生产模式的生产加工，分销商的产品组装等。

(9) 分拣包装：以大包装、粗包装进库，在物流节点内进行分拣小包装加工，优化外包装，提高产品附加值。

(10) 供应链物流管理：深入上游供应商与下游分销商，即深入从采购供应到生产流程中的零配件、半成品、产成品的销售配送。

2) 延伸服务功能

(1) 货物调剂中心：充分利用物流节点的资源优势，有效地处理库存物资。

(2) 物流技术开发与系统设计咨询：吸引相关物流高科技企业，利用物流园区物流企业密集的优势，进行物流软件开发和物流设施设备的技术开发，形成新的利润增长点。

(3) 物流咨询培训服务：吸引物流咨询企业，利用高效科研、企业、政府等多方优势，积极开展物流人才培训业务。

3) 配套服务功能

(1) 车辆辅助服务：加油、检修、培训、配件供应等。

(2) 金融配套服务：银行、保险、证券等。

(3) 生活配套服务：住宿、餐饮、娱乐、购物、旅游等。

(4) 工商税务海关等服务。

3. 物流节点的分类

现代物流发展了若干类型的节点，在不同领域起着不同的作用，但学者们尚无一个明确的分类见解，有以下两个原因：其一是许多节点有同有异，难以明确区别；其二是各种节点尚在发展过程中，其功能、作用、结构等尚在探索，使分类难以明朗化。按不同的标准具有以下分类。

1) 按节点的主要功能分类

在各个物流系统中，节点都起着若干作用，但随整个系统的目标不同以及节点在网络中的地位不同，节点的主要作用往往不同，根据主要功能可分成以下几类。

(1) 转运型节点。转运型节点指以连接不同运输方式为主要职能的节点。铁道运输线上的货站、编组站、车站，不同运输方式之间的转运站、终点站，水运线上的港口、码头，空运中的空港等都属于此类节点。一般而言，由于这种节点处于运输线上，又以转运为主，所以货物在这种节点上停滞的时间较短。

(2) 储存型节点。储存型节点指以存放货物为主要职能的节点，货物在这种节点上停滞时间较长。在物流系统中，储备仓库、营业仓库、中转仓库、货栈等都是属于此种类型的节点。

尽管不少发达国家的仓库职能在近代发生了大幅度的变化，一大部分仓库转化成不以储备为主要职能的流通仓库甚至流通中心。但是，在现代世界上任何一个有一定经济规模的国家，为了保证国民经济的正常运行，保证企业经营的正常开展，保证市场的流转，以仓库为储备的形式仍是不可缺乏的，总还是有一大批仓库仍会以储备为主要职能。在我国，这种类型的仓库还占主要成分。

(3) 流通型节点。流通型节点指以组织物资在系统中运动为主要职能的节点，在社会系统中则是组织物资流通为主要职能的节点。现代物流中常提到的流通仓库、流通中心、配送中心就属于这类节点。

需要说明的是，在各种以主要功能分类的节点中，都可以承担着其他职能，而不完全排除其他职能。例如，在转运型节点中，往往设置有储存货物的货场或站库，从而具有一定的储存功能，但是，由于其所处的位置，其主要职能是转运，所以按主要功能归入到转运型节点之中。

(4) 综合性节点。在物流系统中集中于一个节点全面实现两种以上主要功能，并且在节点中并非独立完成各自功能，而是将若干功能有机地结合于一体，是完善设施、有效衔接和协调工艺的集约型节点。这种节点是为适应物流大量化和复杂化，适应物流更为精密准确，在一个节点中要求实现多种转化而使物流系统简化、高效的要求而出现的，是现代物流系统中节点发展的方向之一。

2) 按节点功能的齐全程度分类

根据功能齐全程度，物流节点可以分成 3 类。

(1) 一类物流节点：物流园区，具备集货、分拨中转、储存、流通加工、配送、信息服务等功能。

(2) 二类物流节点：物流中心，具备集货、分拨中转、储存、流通加工、配送、信息服务等其中 4 项以上的主要功能。

(3) 三类物流节点：配送中心、货运站等，具备配送、中转、信息服务等一项或多项功能。

阅读链接 4-1

区域物流节点的5种模式

区域物流最重要的功能就是为区域经济发展服务。作为区域物流系统最主要内容的区域物流节点的功能，应该立足于促进区域经济的快速可持续发展，致力于加强区域经济发展的竞争力和驱动力。

区域物流节点的规划可以主要从以下 5 种模式来考虑。

1. 产业集群物流服务模式

不同区域的产业结构有所差异，尤其是主导产业，从生产的原材料到加工制造直至终端销售，整个产业链构成了物流需求的主要部分，对物流活动也提出了相应的要求。对于区域经济主导产业集群，区域物流网点规划的主要目的是，优化物流服务来支持主导产业，实现各环节的无缝链接，提高产业集群供应链范围内的产业竞争力，以带动整个区域经济的发展。

在特定的产业链中，流量、品种、流程、流向都是相对确定的，物流活动主要强调流速，即根据订单信息流，在信息平台的支持下实现采购、配送、储运各活动的准时化。产业集群物流服务模式规划的物流中心，主要目的是实现上述功能。因此，专业化特点比较明显。

2. 交通枢纽模式

交通枢纽模式的物流园区，拥有重要的交通枢纽，如港口、重要的铁路和公路枢纽，主要提供货物中转服务。物流活动主要侧重于以下功能：①仓储管理，包括进货检验、拣货、分货、理货、退货处理、库存管理、拆装箱处理等；②流通加工，包括贴标、改包装、促销商品加工等；③货运服务，包括配送、运输、船期安排、货物转运等。

3. 交易市场物流服务模式

以交易市场作为物流服务模式的物流中心，主要服务于区域内较大的交易市场，特点是商品品种多样化，批量小，批次多，由于商品的特性导致了需求的不确定性，因而主要强调仓储和配送功能，建立虚拟的电子化交易平台，注重物流系统的柔性。

4. 商贸配送模式

商贸配送模式的物流中心/配送中心，主要服务于城市商贸零售业，其特点是需求比较稳定，配送量小，交通条件复杂。这种配送中心一般主要从优化城市物流体系的角度来考虑规划，控制其布局和用地，而具体的建设由商贸或者物流企业进行。

5. 综合物流服务模式

综合物流服务模式的物流网络节点，具有综合物流服务的功能，是物流企业的聚集地，并提供仓储、运输、流通加工、保税等完整的物流服务功能和口岸功能等，其物流服务领域广泛，不限于某一行业，物流辐射的范围涵盖城市范围、区域范围、国际范围，同时是与其他经济区域连接的主要物流节点。该模式往往是以区域的资源为主要条件。

总地来说，区域物流体系的建立与有效运转，将促进区域经济的健康、持续发展。然而，由于不同区域经济发展的驱动力的差异，区域物流的发展也会有所不同。基于区域竞争力发展的区域物流节点模式，是针对区域经济发展的驱动力的特点构建的，在某一具体的经济区域内，可能同时存在几种不同的物流节点模式。

(资料来源：中国中小企业服务平台，http://www.eme2000.com/knowledge/)

4.1.2 物流节点规模

要确定物流节点规模，首先必须进行需求预测，考虑客户需求特征及需求变化，运用定性和定量预测的方法，对未来需求提出预测。然后根据需求预测对设施作业所需要的商品、设备、人员数量等的需求值，将商品、设备、人员数量转化成实际面积大小，再加入辅助服务设施的面积需求，通过建立合理的设施布置模型及求解算法，将各设施布置于适当位置，形成最合理的布置方案，完成设施布置任务。

1. 预测与物流节点规模的关系

预测是对未来某一段时间内，企业活动表现的一种估算，是企业制订计划的重要依据，可用来调整计划和战略决策。预测的准确性与预测期长短有密切联系。就短期预测而言，对原材料、产品、服务，以及其他各种资源的需求量都要进行预测，可以迅速响应需求的变化。由于计划人员经常修正短期预测的结果以改善中长期预测的表现，因而短期预测尤为重要。就长期预测而言，可以用来调整战略性决策，如开发新市场、开发新产品或提供新服务、扩大企业规模或新增设备等。由于长期预测涉及企业的战略方向，因而要尽量保证其预测精度，如充分考虑经济因素、产品趋势、企业成长状况、竞争环境等各种可能的变量的影响。

物流节点规模一般是对某区域物流需求预测的结果，需求预测是物流节点规模确定的基础。因此在物流节点规模确定之前，首先要对商品、设备、人员等需求进行预测，确定需求数量。

物流需求预测与物流节点规模的关系主要表现在以下两个方面。

1) 短期影响方面

当商品销售预测呈上升趋势时，为更好地满足市场需求，物流节点势必会有扩大仓库或提高空间使用效率等计划。随着商品作业量的增大，有必要增加作业人员的数量以及作业空间。当然，设备的数量不一定会增加，但设备利用率一定会提高。

2) 长期影响方面

对需求预测的精确程度直接影响到物流节点的发展战略。预测过大，会产生存货过多的现象，除了耗用储存空间和储存费用外，也会积压大量资金，影响资金周转；预测过小，便会产生存货短缺现象，使得储存空间无法达到需求空间，导致物流节点仓库等的改建或扩建，同样会增加设备和人员的数量。

2. 物流节点需求分析

1) 商品需求

在物流节点布置设计前，首先要确定作业对象的需求，即“以何种商品、多大的作业量为对象”是实施布置设计的前提条件。对不同品种的商品数量进行 ABC 分析法的分析，顺序如下。

(1) 确定物流节点流通商品的种类。对商品的类别，按照商品出入库的顺序进行整理，并按类似的货物流分组。

(2) 确定不同种类商品的数量。一般情况下采用经济订货批量方法来决定订购数量和订购时间，使其总成本(包括订购成本、物品成本、储存成本和缺货成本等)达到最低。随着库存控制模型的深入研究，许多更符合实际的、行之有效的模型被应用，如在确定型模型中引入允许缺货或价格折扣等条件的随机型存储模型等。

(3) 以作业量大小为顺序作坐标图。横轴为种类，纵轴为数量，根据曲线图分析，曲线斜率大的区间商品品种少、数量大，是流通快的商品，反之为流通慢的商品。

2) 容器需求

在物流系统中，物流容器发挥着保护物料品质和方便搬运的重要作用，是提高物流机械化作业、增强供应能力、缩短供应时间、改善物流服务质量的基础，因此在计算物流节点商品需求数量时，同时考虑容器需求数量。

物流容器可分为标准容器和专用容器两种。物流容器的标准化是社会大物流整合的前提，世界上各地区标准不一。以托盘为例，如美国与欧洲托盘的标准尺寸为 1 200mm×800mm，它是以通用卡车运输尺寸为前提，工业应用中还常采用 1 200mm×1 000mm 的工业托盘。而日本的托盘尺寸则是基于集装箱的尺寸优化，标准尺寸 1 100mm×1 100mm。在我国，GB/T 2934—2007 标准系列文号批准并发布的标准，包括 1 200mm×1 000mm 和 1 100mm×1 100mm 两个标准。但根据 2002 年中国物流与采购联合会托盘委员会在北京、天津、上海、广州四大城市对 30 多家企业的调查，在流通中使用的托盘规格主要有几十种，规格太多，严重阻碍了我国托盘的标准化进程。2005 年以后，我国正在组织各方面专家修订托盘标准。在标准托盘尺寸确定后，便可相应地制定与标准尺寸相匹配的各种标准容器的尺寸。专用容器一般仅限于企业或同一供应链上使用，是用于储存特殊物料的容器。为了便于运输和储存，这类容器的外形尺寸一般也与标准尺寸相匹配。在物流设施中，最常见的容器是托盘、集装箱、周转箱。根据预测得到的商品需求数量，即可依照容器使用率、效率因子、等待时间等来计算容器需求量，计算公式为：

$$N = \frac{D \times T \times (1+X)}{C} \tag{4.1}$$

式中：N——容器数目；

D——商品使用率(个/单位时间)；

T——容器的平均生产周期的时间(单位与 D 中时间单位一致)；

X——容器使用效率因子；

C——标准容器容量。

3) 设备需求

为维护物流作业系统，物流节点需要购置相关设备，提供相应服务，以适应作业流程中每一个作业单元，而决定设备数量的因素包含商品资料、订单资料、作业流程、布局类型、技术复杂度等，但在确定所需的设备前，应考虑以下 3 个要素。

(1) 购买或租赁设备。在没有新的或较好的机器设备时，物流企业一般使用现有的机器设备从事物流生产活动。当企业希望增添新设备时，常有以下的可能情况：采购全新或半新设备；租赁设备；企业自行制造。第三种情况可能性比较小，企业是否需要添购新设备或采用租赁方式，必须通过经济分析才能决定。

(2) 设备标准化。采用标准化设备，可节省购置成本与安置时间，减少维护费用，维护人员也更能熟悉设备性能，发挥最大效益。标准化设备，若能有效地加以利用，则可适应不同产品的生产流程，减少重复购置的费用，避免因产品经营环境的改变使得原有机械设备过时或失去效用。若产品具有较高的独特性，不易采用标准化流程设备，要采用专用的特殊设备。

(3) 设备操作。物流企业选择新的机器设备时，需要考虑：现有系统内能否提供足够的操作人员，其技术水平如何；操作人员能否有效、安全地操作新设备；设备操作界面是否明确，是否容易引起混淆或出错等。

物流节点的常见设备有：运输设备包括运输、配送车辆及集装箱专用车辆等；存储设备包括货架、储罐、立体化仓库等；分拣设备包括一般型分拣设备和自动型分拣设备；装卸搬运设备包括装卸叉车、拖车、自动导引小车、垂直运输机及吊车等；流通加工设备、拆箱设备、称重设备、包装设备、自动印刷机及打标签设备等。根据需求量、工作效率、工作天数等相关影响因素可计算设备的数量，计算公式为：

$$N=\frac{G\times K}{T\times P\times t} \tag{4.2}$$

式中：N——设备数量，辆(台)；

G——总需求量，吨(个、件)；

K——不平衡系数；

T——年有效工作天数，d；

P——设备工作效率，吨(个、件)/辆(台)·h；

t——日工作小时数，h/d。

4) 人力需求

在物流节点布置设计之前，人员需求也是主要考虑的内容，其主要是基于商品需求数量与设备需求数量的预测而定的。一般情况下，对于特定设备和商品处理所需员工数量常为定数的，可根据实际情况或参照产业资料，作出较为准确的预测。影响人力需求的因素通常包括管理方法、作业性质、业务扩展状况、人员流动率等。作业人员要比机器设备等更具有弹性，人员可以轻易地移动，分割作业程序，实施再训练以适应布局的变化。

物流节点作业可分为保管作业、行车理货、后勤支持和信息管理四大类，相关作业与人力需求的分析见表4-1。

表4-1 物流节点作业与人力需求的分析

作业名称	作业内容	作业人员
订单处理	接受客户订单、统计商品数据	订单处理人员
进货验收	厂商进货验收、单据录入	进货人员
入库上架	安排入库上架	仓储管理人员
理货	拣货、分货、集货、出货、储位补货等	仓储管理人员
流通加工	更换包装、贴标签、外包加工、包装验收等	流通加工人员
仓库管理	储位管理、库存盘查、托盘管理等	储仓管理人员
出货	商品盘点、装车、单据验收、出厂检验等	出货人员、驾驶人员
派车	商品配送车辆、路线、人员安排	车辆调度

续表

作业名称	作业内容	作业人员
配送	商品运输、配送、配送反馈等	配送人员、验收员
回库处理	商品的退货处理、退货载回、单据验收	出货人员
退货处理	退货处理、单据验收、损坏等级判断、退回原厂家	退货人员
信息处理	进货、库存、出货、退货信息的传递	信息管理人员

(1) 保管作业人员：包括进货人员、出货人员、退货人员、拣货作业人员、流通加工人员、卸货搬运人员、货物验收人员等。

(2) 行车理货人员：包括各类配送货车、拖车、叉车、吊车等驾驶人员及随车作业人员。该类人员从事物流的核心业务，一般具有劳动密集、专业性强、人员流动率高、强调服务意识等特性。

(3) 后勤支持人员：包括从事物流管理与物流策略的制定人员，一般具有足够的专业知识和经验，具备解决物流实际问题的能力。

(4) 信息管理人员：包括系统分析师、程序设计师、操作管理师等。

5) 物流节点作业空间的需求分析

(1) 物流节点作业空间(面积)的规划程序与方法。物流节点作业空间(面积)的规划程序如图 4.1 所示。

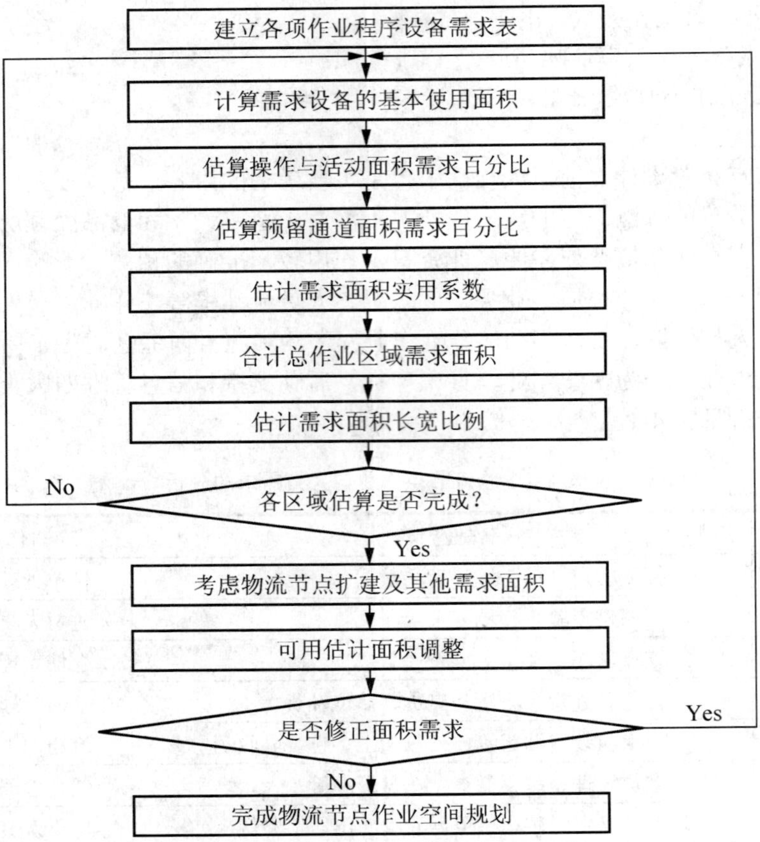

图 4.1　物流节点作业空间(面积)规划程序分析

计算作业空间需求的方法有5种：计算法、换算法、空间标准法、概略布局法和比率趋势法。每种方法都有各自的适用特点，在同种布置方案中也可能用到多种方法，通过不同方法对作业空间需求进行预测，相互核查其数量的可信度。

① 计算法(calculation method)将每个活动区域所需要的个别空间或小区域予以汇总，从而获得总作业空间需求的方法。步骤为决定各活动所需空间要素和各要素数量；确定每一空间要素所需面积的大小；对每一空间要素面积汇总确定总作业空间要素所需面积；加上其他额外面积即为该活动区域的总需求面积。

② 换算法(converting method)又称为因素法，是以既有布局所占用的面积为基础，针对未来布局计划中可能改变的因素(如人员、设备增减、扩建需要等)，作出合理的推论和预测，得出面积需求的方法。

③ 空间标准法(space standards method)运用原先已建立的空间标准来决定布置方案所需空间。对于决定了特定设备与特定空间元素的所需空间标准后，就可以重复多次使用这些数据，即空间标准样本。依据这些数据所求得的最低需求面积，再乘以按照区域放置场所、通道和搬运等情况所确定的密度或疏散系数(一般取1.3～1.8)，即可求得所需的空间需求。

④ 概略布局法(roughed-out layout method)运用于已有可用面积大小的计划，尤其是有相关设备的模型计划时，作为推论需求面积的根据。这种方法不必分析太详细，只需将设备布置成可以工作的情形即可。

⑤ 比率趋势法(ratio trend method)以面积对某些因素的比率(如平方米对产品数量等)，从历史资料中获得过去各个时期的比率和趋势，来预测未来的比率，进而求出适合未来状况的面积。这种方法精确度不高，但对于长期计划中固定设备和投资较少且设备利用率较高的办公室和存储区域都可以适用。

(2) 物流节点基础设施的面积。

① 商品空间需求。要确定商品需求面积，先要确定各种存放商品，了解其特征、面积、体积、重量等参数，决定存放方式和空间需求。此外还包括如流通加工作业空间、运送空间，以及废品和不合格品的存储和运送空间等作业空间。物流节点商品空间需求的预测流程如图4.2所示。

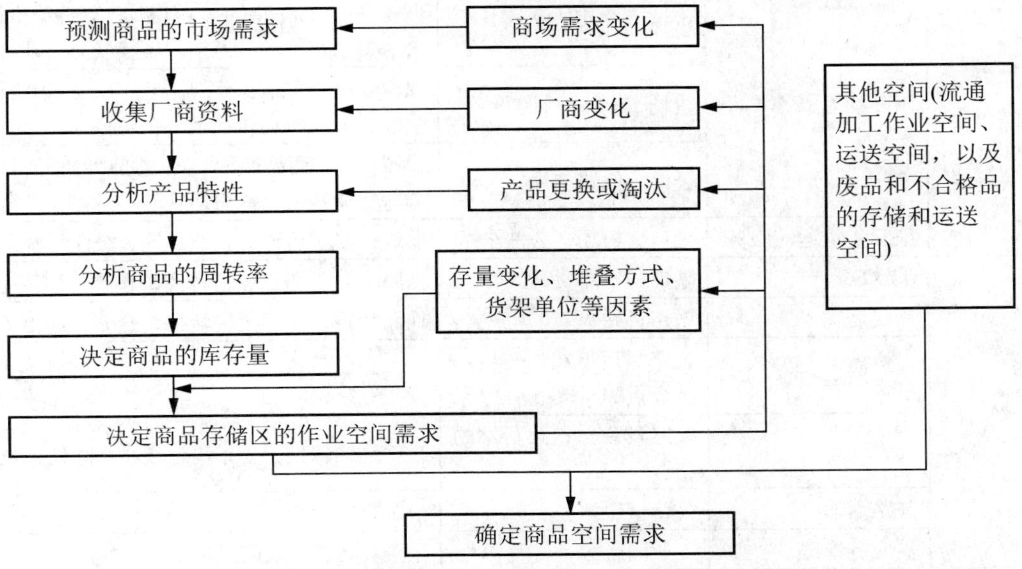

图4.2　物流节点商品空间需求的预测流程

② 设备空间需求。机器设备运转所需面积，可用总宽度(静态宽度+最大运转范围)乘以总深度(静态深度+最大运转范围)计算得到。根据设备需求数量，可得总设备空间(面积)需求。

③ 人员空间需求。物流节点设施的布置设计时应根据人体动作研究和人机工程研究确定合理的人员空间需求，并尽量考虑以下内容：作业人员能有效地利用工具和设备；作业人员在拣选和拆卸货物时，行走距离不易过远，并要保证其安全、舒适的效果；作业人员在搬运操作时搬运时间最小。

④ 其他空间需求。设施布置设计中，通道布局也是考虑的重要内容之一。设施间的通道既能容纳作业人员通行，又需便于商品等搬运操作及设备转移等。在场地使用的经济性条件下，首先应考虑设施区域分布(不同区域的通道需求大不相同)，再根据通道经过区域、人员或车辆行走速率、通行人数或车辆数、搬运货物品种等不同需求综合确定通道的总需求面积。

(3) 物流节点辅助服务设施的面积。除获得基础设施需求外，物流节点必须提供若干辅助性服务设施，主要包括物流节点出入口、停车场、办公室、餐厅、休息室、医疗室、维修清洗室、水电暖气及空调室等。

6) 物流节点的服务内容

相对于整个物流系统而言，节点是系统的终端，是直接面对服务对象的部分，直观而具体地体现了物流系统对需求的满足程度，实现了物流整体效益的提高。其具体表现在：①准确、可靠的物流活动，提高了供应保证程度，减少了生产和流通领域对于库存的需求，降低了社会的总库存；②集中高效的物流活动，简化了物流的流程，提高了物流系统的效率和服务水平；③合理、顺畅的物流活动，提高了车辆利用率，降低了物流成本，节约了能源，减少了污染，缓解了大中城市交通运输的紧张状况。

物流节点的服务内容应根据物流节点的功能、任务及相关影响因素综合分析，按照服务目标市场的类型进行规划设计。一般来说，一个城市或一个区域甚至一个国家的物流节点具有部分或全部物流服务内容，见表 4-2。

表 4-2　物流节点服务内容一览表

市场细分		选　址	服务内容
国际物流	国际物流服务	港口	保税仓库、商品展示、临港加工、拆箱拼箱、公海货物转换、铁海运输转换及办公业务
		机场	保税仓库、商品展示、临港加工、拆箱拼箱、快递、公航货物转换及办公业务
		公路、铁路车站	保税仓库、商品展示、临港加工、拆箱拼箱、公海货物转换、铁海运输转换及办公业务
	国际货物运输服务	港口、机场、公铁车站	海运、航空运输、铁路运输、公路运输
区域物流	港铁联运	港口与铁路货站结合点	铁路运输、海铁运输转换、仓储、加工
	铁路运输	铁路货站	铁路运输、卡车集输转换、仓储、加工
	公空联运	公路货运枢纽站与机场结合点	航空货物的集中、分散
	公铁联运	公路货站与铁路货站的结合点	公铁运输转换、卡车集运货物、仓储、加工
	公路运输	公路枢纽站	卡车集输货物、仓储、加工
	供应链管理	工业园区旁	采购、运输、仓储、配送
配送物流	商业配送	城市中心边缘区	仓储、加工、配送

3. 物流节点的布局规划

1) 物流节点布局规划的内容

物流节点的布局规划主要包括节点选址和节点布局。前者考虑的是根据费用或其他选择标准建立节点的最佳地址，节点选址对土地使用和建筑费用、地方税收和保险、劳动力成本及可得性或到其他节点的运输费用都有很大影响；后者则对物流费用的影响较大。节点布局的主要目标是使总费用最小，同时还可考虑其他因素，如特定节点间能否相互连接和禁止建立节点的特定区域。

2) 布局规划设计

物流节点的布局规划设计是指在一定层次和地区范围内，确定物流节点合理的空间布局方案。物流布局设计的目的是要构筑公共物流网络。物流布局设计根据不同的规划区域范围可以划分出全国、区域、城市等多个不同的层次。范围越大，层次越高，对物流设计要求的侧重点也就有所差异。大范围、高层次的物流网络的设计将更加关注干线通道和主要物流枢纽城市、港口、机场、物流园区、物流中心等物流节点的相互配合。

企业物流系统节点的布局规划设计是在共享社会物流系统网络的基础上，对物流系统仓库、车站等的空间布局设计方案的确定的过程。设置与构筑企业物流系统节点往往需要充分考虑和利用社会物流系统的物流通道资源和已有的物流枢纽和节点。

3) 内部布局规划设计

除了在物流系统节点布局设计中要考虑节点的空间布局(包括物流节点的选址、数量、种类、规模的配置)，还要设计物流系统节点的内部布局。这种物流节点内部布局的设计主要是根据物流节点的功能、作业流程和服务质量的要求，确定物流节点内部各种节点的平面布局方案，如物流中心的仓储区、分拣区、加工区、内部通道等的布局。

根据物流系统的作业要求、作业特点，选择先进适用的物流设备和器具，以提高物流作业的效率。设计包括以下内容：仓库货架系统的选型和平面布局设计，装卸搬运设备的选型和布局设计，包装与流通加工装备以及器具的选型和布局设计，运输工具的选型设计，分拣设备的选型和布局设计等。

4) 物流节点布局规划的原则

物流系统节点的规划，是指在具有若干供应点和需求点的经济区域内，选一个地址设置物流节点的规划过程。

(1) 科学选址原则。物流系统节点如何选址，一般来说，取决于出于哪种考虑建立物流系统节点。如果以解决市内交通拥挤、缓解城市压力为重点考虑建立物流系统节点，可将其建在城乡连接处。如果以经济效益为重点考虑建设物流系统节点，则可以将其建在交通枢纽地区或产品生产与销售的集散地区。根据物流系统节点在城市物流产业发展及物流体系中的地位和作用，可将其分为综合物流系统节点和专业物流系统节点，前者以现代化、多功能、社会化、大规模为主要特征，后者则以专业化、现代化为主要特征，如港口集装箱、保税区、空港、钢铁基地、汽车生产基地等专业物流系统节点。专业物流系统节点的选址只要符合它自身的专业要求即可。

综合物流系统节点的选址主要按照以下原则来确定。

① 位于城市中心区的边缘地区，一般在城市道路网的外环线附近。

② 位于交通枢纽中心地带，至少有两种以上运输方式连接，特别是铁路和公路。

③ 位于土地开发资源较好的地区，用地充足，成本较低。

④ 位于城市物流的节点附近，现有物流资源基础较好，一般有较大物流量产生，如工业中心、大型卖场等，可利用和整合现有的物流资源。

⑤ 有利于整个地区物流网络的优化和信息资源的利用。

(2) 统一规划原则。物流系统节点功能的发挥，需要很多政策、社会等宏观因素和条件的指导和支持，这些都必须由政府出面积极推动甚至实施。政府在物流系统节点的规划建设中应当扮演好基础条件的创造者和运作秩序的维护者的角色，根据长远和近期的货物流通量，确定物流系统节点长远和近期的建设规模，在充分掌握第一手资料的基础上，搞好物流系统节点的规划。这要求政府具体问题具体分析，按照区域经济的功能、布局和发展趋势，依据物流需求量和不同特点进行统一规划，尤其要打破地区、行业的界限，按照科学布局、资源整合、优势互补、良性循环的思路进行规划，防止各自为政、盲目布点、恶性竞争、贪大求洋，避免走弯路、误时间、费钱财。

(3) 市场化运作原则。规划建设物流系统节点，既要由政府牵头统一规划和指导协调，又要坚持市场化运作的原则，物流系统节点的运作以市场为导向，以企业为主体。在物流系统中从功能开发建设、企业的进驻和资源整合等方面，都要有优良的基础节点、先进的物流功能和周到有效的企业服务来吸引物流企业和投资者共同参与，真正使物流系统节点成为物流企业公平、公开和公正地竞争经营的舞台。

(4) 高起点现代化原则。现代物流系统节点是一个具有关联性、整合性、集聚性和规模性的总体，其规划应该是一个高起点的中长期规划，并具有先进性和综合性。在设计物流系统节点时，应该主要考虑以下因素。

① 城市与区域的主要物流方向。

② 各种运输方式、运输节点的分布。

③ 产业布局及物流市场、资源的布局。

④ 物流用地的区位优势。

⑤ 对现有物流节点的充分利用。

⑥ 有利于整个物流网络的优化。

⑦ 有利于各类节点的合理分工、协调配合。

(5) 柔性化原则。由于现代物流系统节点的建设投资大、周期长、效应长、建设风险大，因此现代物流系统节点的规划应采取柔性规划，建立科学的投资决策机制和项目风险评估机制，突出规划中持续改进机制的确定，确立规划的阶段性目标，建立规划实施过程中的阶段性评估检查制度，以保证规划的最终实现。

(6) 人才优先原则。物流系统节点的建设规划是非常复杂、非常庞大的工程。涉及的专业领域也很广泛，必须有各种类型的专家型人才参与才能妥善地完成。专家型人才，是在某个领域积聚了多年经验，在理论上有一定造诣、有一定技术专长的人员。他们各有专长，但都不是万能的，如按专业分，有土建专家、机械专家、计算机专家等。在项目进行的不同阶段，应该让不同类型的专家发挥作用。

5) 物流节点布局规划的步骤

物流节点的合理布局是以物流系统和社会的经济效益为目标的，用系统学的理论和系统工程的方法，综合考虑货物流通的供需状况、运输条件、自然环境等因素，对物流配送中心的节点设置、规模、供货范围等进行研究和设计，以达到成本最小、流量最大、服务最优的目标。

(1) 分析约束条件。物流节点布局规划的目的就是使系统总成本达到最小，但是在规划设计时又面临着不同的约束条件，主要包括：①资金约束，因为不同的区域价格差异较大；②交通运输条件，由于只能选择能够到达客户的运输方式，如对大多数客户来说，公路运输是唯一可选择的模式，在选择时就应侧重于公路交通枢纽附近或交通干线附近；③能源条件，供热、供电等能源系统是物流节点赖以生产的基础；④周边软环境约束，税收、关税等与物流节点的布局决策直接相关。此外，一些特殊的商品的物流节点还受到温度、湿度、雨量等自然因素的约束。

(2) 初步确定选址。在明确上述约束条件后，就可以聘请专家和高层管理人员初步确定选址范围，即确定初始选址地点。

(3) 收集整理资料。确定物流节点布局方案需要对相关因素进行定量和定性分析，这就需要收集整理大量的数据资料以作为依据。收集整理的资料包括：客户分布，客户生产经营状况，产品特征，物流量，交通状况，运输批量、频率，物流节点建设成本，客户对时效性的要求等。

(4) 定量分析模型。随着数学和计算机的普及，数学方法广泛应用于解决节点选址的问题，在具体的物流节点布局方案时，需要根据对现有已知条件的掌握、选址要求等，针对不同情况选用一个或多个具体模型进行定量分析。

(5) 确定布局方案。以定量分析的结果为基础。通过专家判断法、模拟法等方法求出所得解，但不一定为最优解，只有符合条件的解才是最终确定的布局方案。

4.1.3 物流节点布局规划方法

确定物流节点最优位置的主要目标是使总运营成本最小，节点选址的固定费用一般是最初投资的总费用，包括土地使用、设备和建筑费用。重新选址费用包括将设备移到新节点地址的费用、新节点初建费用和关闭旧节点的费用。新节点选址还包括其他限制因素，如所选位置的数量及可得性、供应源能力、消费点的需求、建新节点的总资金等。

1. 单一节点布局规划

单一节点布局规划可采用最简单的模型。这里所提出的模型考虑的是开放连续的解空间和基于运输费用的目标函数，定义如下：给出现有节点位置、新节点和现有节点之间的运输量，确定使总运输费用最小的最优选址方案。这里的运输费用是以运输距离乘以运输量来确定的。

1) 直角选址模型

当解空间是一个工厂、仓库或城市时，根据线路结构，物流移动以直角形式进行时最适合此模型。现有节点 A 坐标$(x，y)$和新节点 P 坐标$(a，b)$，它们之间的直角距离为 $d(A，P)$，定义如下：

$$d(A, P)=|x-a|+|y-b| \tag{4.3}$$

当有 m 个现有节点 A_1，A_2，…，A_m 时，每个旧节点和新节点有一流量 w_j，使总位移最小的新节点选址问题可以表示如下：

$$\min\sum_{i=1}^{m} w_j\left(\left|x_j-a\right|+\left|y_j-b\right|\right)=\min\sum_{i=1}^{m} w_j\left|x_j-a\right|+\min\sum_{i=1}^{m} w_j\left|y_j-b\right| \tag{4.4}$$

式(4.4)可分解为两个单独最小化问题，得到以下两式：

$$\begin{cases} \min f(x) = \min \sum_{i=1}^{m} w_j \left| x_j - a \right| \\ \min f(y) = \min \sum_{i=1}^{m} w_j \left| y_j - b \right| \end{cases} \tag{4.5}$$

为了能够简易地确定新节点的坐标，可假设式(4.5)的最优解满足以下两个特性。

(1) 新节点的 x 坐标将和某一现有节点的 x 坐标相同；新节点的 y 坐标也和某一现有节点的 y 坐标相同；但新节点的(x，y)坐标与现有节点的(x，y)坐标不同时一致。

(2) 新节点的 x 坐标(y 坐标)的最优位置是一个空间位置，不超过一半的运输量在新节点位置的左边(y 坐标的下边)，同时不超过一半的流量在新节点的右边(y 坐标的上边)。

一般情况下，这两个假设可以得到满足。对于特殊情况，如二点一线问题、处于圆周上的点等不一定按上述方法来确定，可以具体问题具体分析。

2) 欧几里得选址模型

该模型更适合于解空间是一个国家、地区或一个城市，且物体沿可修改的欧几里得距离表行走的直线运动。

现有节点 $A(x,y)$与新节点 $P(a,b)$之间的距离 d 被定义为：

$$d(A,P) = k\left[(x-a)^2 + (y-b)^2\right]^{\frac{1}{2}} \tag{4.6}$$

其中，k 是将欧几里得距离变为实际距离的转换因子，它依赖于区域的实际调查情况。有 m 个现有节点 A_1，A_2，…，A_m 时，每个现有节点同新节点间有一个流量 w_j，使总移动费用最小的新节点选址模型可表示为：

$$\min \sum_{j=1}^{m} k r_j w_j \left[\left(x_j - a\right)^2 + \left(y_j - b\right)^2\right]^{\frac{1}{2}} \tag{4.7}$$

式(4.7)中，r_j 为到位置 j 的单位运输费用。该最小化问题可以用简单的求导来解决，对 a 和 b 各求偏导，令它们为 0，得以下两式：

$$\begin{aligned} a &= \left(\sum \frac{x_j r_j w_j}{d_j}\right)\left(\sum \frac{r_j w_j}{d_j}\right)^{-1} \\ b &= \left(\sum \frac{y_j r_j w_j}{d_j}\right)\left(\sum \frac{r_j w_j}{d_j}\right)^{-1} \end{aligned} \tag{4.8}$$

注意，d_j 代表新节点和现有节点 j 之间的距离。因为新节点位置未知，解决此问题可用迭代方法，迭代方法能保证收敛到最优值，这种方法也被称为重心法。其迭代步骤如下。

(1) 用 $a = \left(\sum x_j r_j w_j\right)\left(\sum r_j w_j\right)^{-1}$ 和 $b = \left(\sum y_j r_j w_j\right)\left(\sum r_j w_j\right)^{-1}$ 确定初始 a，b 值。

(2) 用 a，b 作为新节点坐标，用公式 $d(A,P) = k\left[(x-a)^2 + (y-b)^2\right]^{\frac{1}{2}}$ 计算 d_j。

(3) 用公式 $a = \left(\sum \frac{x_j r_j w_j}{d_j}\right)\left(\sum \frac{r_j w_j}{d_j}\right)^{-1}$ 和 $b = \left(\sum \frac{y_j r_j w_j}{d_j}\right)\left(\sum \frac{r_j w_j}{d_j}\right)^{-1}$ 解出 a，b。

(4) 检查坐标(a，b)相邻两次迭代的变化是否大于某指定的一较小值，如果是，返回步骤(2)；否则停止，得到最优解。

3) 加权因素分析

该种方法既可以考虑影响节点地址的定量因素，也可考虑定性因素，但在分析之前需要确定一系列候选地点。具体包括以下步骤。

(1) 确定选择地点需要考虑的因素及标准、各评价标准的权重或相对重要性。表 4-3 提供了一系列影响地点选择较重要的一些因素。

表 4-3 影响地点选择的主要因素

分 类	因 素
费用结构	土地费用、建筑费用、税收、保险及其他
法律规定	分区规划、租借条款、地方商业规章
人口统计	人口基数、收入情况、劳动力供给
交通运输	运输类型及流量、运输方式、到达车站或港口的方便程度
竞争结构	竞争对手的类型
被选地点特征	停车的方便性、建筑物的状况、从其他主要街道看此地的能见度

(2) 给每个地点的所有因素从 1～10 打分。

(3) 计算每个地点的加权分数，并选择加权评分最高的地点作为选址地点。

$$v(j)=\sum w(j)\times s(i,\ j) \tag{4.9}$$

式中：$v(j)$——加权评分；

$w(j)$——因素 i 的权重；

$s(i,\ j)$——地点 j 在因素 i 上的打分。

2. 多节点布局规划

多节点选址指的是在存在 m 个现有节点的情况下，为多于一个的新节点进行选址，同时新节点(如 n 个新节点)需服务于现有节点的问题。当 $m=n$ 时，只需在每个现有节点旁建一个新节点即可；当 $m>n$ 时，需要考虑开放连续的解空间和运输费用。为现有工厂和市场服务的新仓库选址、为拼车装货网络建立拆装站、在一生产节点上建保管节点、在一个城市里建物流分拨中心都是多节点选址的例子。这些多节点选址问题多采用以中线、重心法为基础解决最近距离和欧几里得距离的选址方法。

1) 基于聚类的方法

m 代表客户区域的数量，n 代表新配送中心的数量。聚类模型有两步：第一步，将 m 个客户区域按他们距离接近的程度分成 n 组。第二步，将每一组中新节点的最佳位置通过使用中线或重心法确定。当新节点数量没有预先制定时，可用合适的聚类方法确定分组的数量，这个数量等于所需的新节点的数量。

【例 4.1】某公司要建两个配送中心以满足市场需求，客户位置分为 4 个地区。表 4-4 所示给出了地区位置及需求量。

表 4-4 地区位置及需求量

客户区域	位置坐标	需求量/吨	运输费率/万元
1	(3，8)	5 000	0.04
2	(8，2)	7 000	0.04

续表

客户区域	位置坐标	需求量/吨	运输费率/万元
3	(2，5)	3 500	0.095
4	(6，4)	3 000	0.095

解：在该例中，m=4，n=2。第一步，把现有节点通过最近距离聚类的方法聚类成两组，用距离作为相似系数。这里用直角矩阵来形成如表 4-5 所示的距离相似矩阵。

表 4-5　距离相似矩阵

	1	2	3	4
1	0	11	4	7
2	11	0	9	4
3	4	9	0	5
4	7	4	5	0

应用最近距离聚类的方法产生以下两组。

第 1 组：客户区域 1 和 3；

第 2 组：客户区域 2 和 4。

至此，本例就有两个单一节点的选址问题，第一个在客户区域 1 和 3 中选址，第二个在客户区域 2 和 4 中选址。服务于第一组的新节点最佳位置是在区域 3，因为这样可最大限度地节省运输费用，同样，服务于第二组的新节点的最佳位置在区域 4。因此，两个配送中心分别位于客户区域 3 和 4。

2) 穷举法

例 4.1 中，一个可能的分配是将客户区域 1 给新节点 1，客户区域 2、3 和 4 给新节点 2，在这种情况下，新节点 1 的位置和客户区域 1 的位置相同，新节点 2 的位置可用中线和重心法确定。另一种可能是把客户区域 2 分给新节点 1，现有节点 1、3 和 4 分给新节点 2，在这种情况下，新节点 1 的位置和客户区域 2 的位置相同，新节点 2 的位置用中线和重心法确定。不同分配方案见表 4-6。

表 4-6　新节点分配方案

分　配	新节点 1	新节点 2	分　配	新节点 1	新节点 2
1	区域 1	区域 2，3，4	3	区域 3	区域 1，2，4
2	区域 2	区域 1，3，4	4	区域 4	区域 1，2，3

因为配送中心 1 和 2 是相同的，所以只有 4 种可能的情况，第二个配送中心根据中线和重心法确定。表 4-7 列出了节点的最优位置及其运输费用。

表 4-7　节点的最优位置及其运输费用

分　配	第二个节点位置	总运输费用	分　配	第二个节点位置	总运输费用
1	(6，2)	3 457.50	3	(6，4)	2 550.00
2	(3，5)	2 072.50(最优位置)	4	(3，2)	3 930.00

最优位置是运输费用最小的位置，两个配送中心的位置分别是(8，2)和(3，5)，区域 2 由第一个配送中心(8，2)服务，区域 1、3 和 4 由第二个配送中心(3，5)服务。

3. 计算机辅助节点设计技术

计算机辅助节点设计技术是确定节点布局的一种改进方法，它是一个以各部门间物料搬运费用逐步减少为优化原则的程序。主要的输入数据是初始布局、以制表形式表示的流量数据、费用数据和固定节点的数量及位置，初始布局提供了节点数目及各自的面积。计算机辅助节点设计技术要求所有的部门都是方形或矩形的。如果有内部空的地方，应以虚部门代替。同样固定部分如休息室、楼梯、走廊也以虚部门代替。在计算机辅助节点设计技术中距离以各部门中心点的直线距离计算，算法如下。

(1) 给定初始布局，计算距离矩阵(使用各部门的重心)。根据流量、距离和费用，计算总搬运费用。

(2) 考虑某两个部门(有相同面积或共同的边界)两两交换为止，若通过互换产生一个更好的布局，那么停止，否则继续第一步。

(3) 选择得到最大费用节省的交换，转第二步。

计算机辅助节点设计技术允许指定一个初始位置进行位置交换，如果最大节约少于 x 美元，程序将不进行位置交换，因为这种方法不能考虑所有位置交换的可能性，所以它不能保证最后得到最优值。

4.1.4 物流中心

1. 物流中心的一般解释

物流中心是物流网络的节点，具有物流网络节点的系列功能。把握物流中心的含义、类型、功能与地位，是依托不同层次物流设施展开物流活动，指导物流运营与管理的基础。根据国家标准《物流术语》(GB/T 18354—2006)，将物流中心定义为：“从事物流活动且具有完善信息网络的场所或组织，应基本符合以下要求：主要面向社会提供公共物流服务；物流功能健全；集聚辐射范围大；存储、吞吐能力强。”

许多新型企业，特别是高科技制造企业、全球分销企业从全球第三方物流企业建设了许多物流中心，不少跨国公司在全球的产品分销仅靠一个物流中心。物流中心具有集聚性、关联性、整合性和规模性的特点。

1) 集聚性

物流中心是营造物流产业优良环境的一个区域，具有系统性和综合性，也是现代物流技术、信息、设备、人才、管理、资源、客户的集中地，使物流技术的研究、开发、运用有了丰富的源头和实施的载体，各种经济成分和不同运作模式的物流企业聚集在一起，互为补充、相得益彰：物流中心将众多物流企业聚集在一起。实行专业化和规模化经营对物流企业发挥整体优势，促进物流技术和服务水平的提高，共享相关节点，降低运营成本，提高规模效益，将起到重要作用。

2) 关联性

物流中心作为物流产业的空间集聚区域，以物流产业为主导，但是由于物流产业本身只是作为生产和零售部门内部以及相互间物质实体流动的连接与中介，其发展离不开工商业实体经济活动对它的需求. 因此物流中心具有很强的关联性。这种关联性表现在两方面：

一方面，从内部来看，物流中心的构成既包括作为产业群主要构成的物流企业，也包括与之有密切关系的生产企业和商业企业，甚至一些中介服务企业；另一方面，从外部来看，物流中心的发展壮大除了要具备良好的地理位置外，更重要的是需要与周边的其他制造业集群、产业带有密切的经济往来和合作。

3) 整合性

物流中心是物流系统中的重要节点，是提供物流服务的重要场所，从空间位置上来讲，物流中心是多个企业物流中心集中的区域；从物流服务的环节来讲，它能够在仓储、装卸搬运、配载、流通加工、物流信息等几个方面提供综合服务。建设物流中心的核心目标是实现集约化和规模效应，单独企业的物流中心不能满足这个要求。从每个企业自身的角度来看，对物流中心的选址及功能定位都各有不同的需求，但是如果不能把众多企业的需求统一起来，就无法实现物流业的集约化和规模效应。统一物流企业的需求和集中建设资金的方法有多种多样。在日本，由多个企业共同组成的社团进行物流中心的建设和管理；在深圳，市政府则担任起了公用的物流基础节点建设的组织管理职责，可以实现对货物、货场、物流技术和物流管理甚至物流企业的集约化管理，可以打破传统体制条块分割所造成的障碍，最大化地发挥现行物流资源的效益。

4) 规模性

物流中心便于物流基础节点的集中布局和建设，促使集约化运输和产生规模效应，实现物流专业化，从某种意义上来说，是“第三方物流”的集中地，从而促使“第三方物流”尽快发展。物流中心作为物流活动集聚的经济区域，正是以其第三方物流的成熟完善的服务，发挥对整个区域甚至整个社会的经济资源的有效合理配置，将过去分散的由企业内部作业完成的物流活动转变为集中化、专业化管理，由此取得物流活动的规模经济性。

2. 物流中心的系统构成

现代物流中心的功能要通过集中在几个在某些局部空间来实现，这些局部空间就是物流中心的经济实体。现代物流中心系统是一个多元复合的复杂系统，包括功能系统、节点系统、环境系统和支撑系统等。

1) 物流中心的功能系统

物流中心的功能系统是在传统物流业务的基础上，经过整合和提升而产生的。它将传统的仓储、运输等业务活动，通过信息化的手段以及网络化、系统化的运作，强化其信息功能和服务功能，使其有机地联系在一起，成为包括仓储、运输、配送、流通加工和物流信息等功能于一体的系统功能群体。

2) 物流中心的节点系统

物流中心的节点系统包括铁路、公路、港口、机场等基础节点以及配送中心、信息网络、商检通关单功能节点。这是现代物流系统的物质基础，也是反映物流中心系统整体水平的标志之一。

3) 物流中心的环境系统

物流中心的环境系统包括法律、政策、规划、人才培育等要素。这些环境要素的状况，对于物流中心系统的构建与完善至关重要，也是物流中心系统顺利运作的前提。

4) 物流中心的支撑系统

物流中心的支撑系统是由城市整体的发展水平决定的，它取决于城市的产业结构、制造业、流通业、金融服务业、信息业的总体发展状况，对城市物流中心系统的运作方式、运作水平会产生重大影响。

4.2 物流设施选址

4.2.1 设施选址的意义及其考虑的因素

1. 设施选址概述

设施是生产系统或服务系统运行所需的固定资产的统称。

设施选址是确定在何处建厂或建立服务设施，是指运用科学的方法决定设施的地理位置，使之与企业或组织的整体经营运作系统有机结合，以便有效、经济地达到企业或组织的经营目的。

设施选址包括以下两个层次的问题。

1) 选位

选位即选择在什么地区(区域)设置设施，在当前经济全球化的大趋势之下，或许还要考虑是在国内选址还是在国外选址。

2) 定址

在已选定的区域内选定一片土地作为设施的具体位置，对于选址的理论研究已有一个多世纪的历史，涉及仓库、生产中心、厂房、通信网络设计、运输中心等经营性设施的选址，以及紧急服务设施、健康中心、血库、废物处理厂等公共服务性设施的选址。从总体上看，设施选址包括以下两大类问题。

(1) 单一设施的场址选择。根据确定的产品(或服务)、规模等目标为一个独立的设施选择最佳位置。单一设施选址无须考虑竞争力、设施之间需求的分配、设施成本与数量之间的关系，主要考虑运输成本。

(2) 复合设施的场址选择。为一个企业(或服务业)的若干个下属工厂、仓库、销售点、服务中心等选择各自的位置，并使设施的数目、规模和位置达到最佳化。

设施选址常常需要其他有关组织人员(如环保部门)的参与，而不能仅仅由设计人员单独完成。

2. 设施选址的意义

设施选址恰当与否，对生产力布局、城镇建设、企业投资、建设速度及建成后的生产经营状况都具有重大影响。设施选址对设施建成后的设施布置以及投产后的生产经营费用、产品和服务质量以及成本都具有重要的意义，一旦确定，设施建设完工，一般不能轻易改动。因此，在进行设施选址时，必须充分考虑多方面因素的影响，慎重决策。而且，除新建企业或组织的设施选址问题以外，随着经济的发展，城市规模的扩大以及地区之间的发展差异，很多企业面临着迁址的问题。

综上所述，设施选址需要进行充分的调查研究与勘察，应科学分析，不能凭主观意愿决定，不能过于仓促，要考虑自身设施和产品的特点，注意自然条件、市场条件、运输条件，应有长远的观点。如果选址不当，会给企业或组织带来意想不到的损失。

3. 设施选址的基本原则

物流设施布局的最优方案，是在选定备选地址的基础上建立起数学模型，然后进行优化计算完成的。因此，备选地址的选择是否恰当，对最优方案和计算求解的过程，以及运算成本有直接的影响。备选地址选得过多，会使模型变得十分复杂，计算的工作量也很大，成本高；相反，如果备选地址选得太少，则可能使所得的方案偏离最优解太远，达不到合理布局的目的。由此可见，选择备选地址对于物流设施布局的合理与否是一个关键性的步骤。为使备选点选得恰当，进行备选地址选择时应遵循以下几项原则。

1) 有利于商品运输合理化

物流设施的选址是商品运输的起点和终点。物流设施的布局是否合理将直接影响运输效益，因此从运输系统的角度考虑，物流选址应设置在交通方便的地方，一般应在交通干线上。

2) 方便用户

物流设施的服务对象是商品的供需双方，而且主要是商品的需求用户。因此，应使物流中心网点尽量靠近用户，特别应在用户比较集中的地方设置物流网点。尤其对于服务业，几乎无一例外都需要遵循这一原则，如银行储蓄所、邮局、电影院、医院、学校、零售业的所有商店等。许多制造企业也把工厂建到消费市场附近，以降低运费和损耗。

3) 能集聚人才

人才是企业最宝贵的资源，合适的设施选址将有利于吸引人才。因企业搬迁造成员工生活不便，导致员工流失的事件常有发生。

4) 有利于节省基建投资

物流设施的基建费用是物流设施布局需要考虑的主要费用之一，为降低基本建设费用，应在地形环境比较有利的位置对物流设施进行选址。

5) 能适应国民经济一定时期内发展需要

国民经济的不断发展，必然产生生产力布局的变更，生产结构和运输条件也会随之发生变化，这些变化无疑对物流系统的效益产生新的要求和影响。在选择物流网点时，除了考虑当前的情况外，还应对计划区域内的生产发展水平和建设规划进行预测，以使物流设施网点的布局方案对今后一定时期内国民经济的发展有较好的适应能力。

4. 设施选址考虑的因素

设施选址对企业或组织的成功起着至关重要的作用，它需要考虑众多复杂的因素，涉及许多方面。影响设施选址的因素可分为两大类：经济因素与非经济因素。

1) 经济因素

(1) 运输条件与费用。对企业来说，运输成本占有较大比重。因此在选址时，如存在铁路、公路、河海及航空运输等多种运输条件时，应分析比较它们的运价、载重能力、运输均衡性等条件，注意缩短运输距离、减少运输环节中的装卸次数，并尽量靠近码头、公路、铁路等交通设施，且尽可能选择和利用现有的或拟建的交通设施。

(2) 原料供应条件。某些行业对原料的量和质都有严格要求，这类部门长期以来主要分布在原料产地附近，以降低运费，减少时间延迟，从而得到较低的采购价格。下述企业应该接近原材料或材料产地。

① 原料笨重而价格低廉的企业，如砖瓦厂、水泥厂、玻璃厂、钢铁冶炼厂和木材厂等。

② 原料易变质的企业，如水果、蔬菜、罐头厂。

③ 原料笨重，产品由原料中的一小部分提炼而成，如金属选矿和制糖厂。

④ 原料运输不便，如屠宰厂。

但由于技术进步引起单位产品原料消耗的下降，原料精选导致单位产品原料用量、运费的减少，以及工业专业化的发展，使得加工工业向成品消费地转移，运输条件的改善引起单位产品运费的降低，目前工业企业对原料产地的依赖性逐渐呈缩小趋势。

(3) 动力、能源的供应条件。对于火力发电厂、有色金属冶炼、石油化工等行业，动力、能源的消耗在生产成本中的比例达到 35%～60%。对于重型机器、水泥、玻璃造纸等行业，动力、能源的供应量和成本的影响也举足轻重。酿酒工业、矿泉水业、钢铁工业、水力发电厂等必须靠近江河水库。

(4) 市场条件。工厂位于接近消费市场的主要目的是节约运费并及时提供服务。因此设施选址时，下列企业应接近消费市场。

① 产品运输不便，如家具厂、预制板厂。

② 产品易变化或变质，如制冰厂、食品厂。

③ 大多数服务业，如商店、消防队、医院等。

(5) 劳动力条件。劳动力素质对技术密集型和劳动密集型企业产生不同的影响，构成不同的劳动力成本。应考虑地区的人口状况，重点考虑专业技术人员、熟练工人和其他劳动力的来源及其数量、质量是否能满足本企业或组织的需要。要考虑当地条件是否能就近解决这些人员的生活供应和居住问题。同时，还要考虑当地的人事劳动工资政策是否能吸引满足数量和质量要求的劳动力。

(6) 建筑成本。它指土地征用、赔偿拆迁、平整的费用，并注意应尽量少占用农业用地。

2) 非经济因素

(1) 政治因素。政治因素是指一个国家的政权是否稳定、法制是否健全、是否存在贸易禁运政策等。这一点的重要性是显而易见的，大多数的企业都不愿意在动乱的国家或地区投资。政治因素是无法量化的指标，主要依靠企业的主观评价。

要了解当地政府的政策、法规。有些地区为了鼓励在当地投资建厂，专门划出工业区及各种经济开发区，低价出租或出售土地、厂房、仓库，并在税收、资金等方面提供优惠政策，同时拥有良好的基础设施，营造一个有利的投资环境。另外要了解当地的有关法律法规，如环境保护方面的法规，不能将污染环境的工厂建在法规不允许的地方。

(2) 社会因素。投资建厂要考虑的社会因素包括居民的生活习惯、文化教育水平、宗教信仰和生活水平。

① 居民的生活习惯情况。不同国家和地区、不同民族的生活习惯不同，企业的产品一定要适合当地的需要，注意产品的本地化。

② 科技、教育发展情况。在文化教育水平高的地区设厂，不仅有利于招收受过良好教育和训练的员工，而且文化教育水平高的地区的氛围也有利于吸引更多的优秀人才；到贫困地区设厂，人工费用低，如果产品的科技含量不高，对劳动力素质要求不高，这是可行的。

③ 生产技术协作条件。厂址应便于将来同相邻企业和依托城市在科技、信息、生产、修理、公共设施、交通运输、综合利用和生活福利等方面建立广泛的协作关系。

④ 宗教信仰。到经济不发达的地区建厂，要注意当地居民的开化程度和宗教信仰，如

果生产企业的性质与当地的宗教信仰相矛盾，则不仅原料来源和产品销路有问题，招收职工有困难，而且会遭到无端的干涉和破坏。

⑤ 生活水平。建厂地方的生活条件和水平决定了对职工的吸引力，人们的住房、交通工具、饮食、衣着以及能耗反映了当地的生活水平。生活水平高的地区，企业付给员工的工资也高，从而产品的成本也高。

⑥ 社区情况。了解当地服务行业、商店、加油站和娱乐设施等的状况。

(3) 自然因素。

① 地形地貌条件。地形和面积应能满足工艺过程露天作业的需要和容纳全部建筑物。各类设施对场地外形和面积大小的要求，不仅因设施的性质和类别而不同，而且与工艺流程、机械化程度、运输方式、建筑形式、建筑密度等有关。因此，厂区内的地形应有利于车间布置、运输联系及场地排水。场地应预留必要的发展余地，扩建用地应尽可能预留在场外，避免早征迟用。

② 气候条件。厂址应具备与企业性质相适应的气候条件，如温度、湿度、降雨量、降雪量、风力风向变化等。特别要考虑高温、高湿、云雾、风沙和雷击地区对生产的不良影响。对于严寒地带，还应考虑冰冻对建筑物基础和地下管线敷设的影响。

③ 水文地质、工程地质条件。厂址所在地地下水位最好低于地下室和地下构筑物的深度，地下水对建筑物基础最好无侵蚀性。

④ 给水排水条件。厂址最好靠近水源，保证供水的可靠性，水质、水温、水量应符合生产要求。同时，生产污水应便于经处理后排入附近的江河或城市排污系统。

从以上各项因素看，有的属于经济因素，有的属于非经济因素，在进行比较时要根据项目的具体情况而采取不同的方法。

5. 设施选址影响因素的权衡

在作选址比较时，由于影响方案的因素很多，就要根据设施的要求，针对几个主要因素进行分析。有时经济因素是决定方案的关键，但也可能非经济因素起决定性作用，成为方案取舍的关键。在考虑这些因素时，需要注意以下几个方面。

首先，必须仔细权衡所列出的影响因素，决定哪些是与设施选址紧密相关的，哪些虽然与企业经营或经营结果有关，但是与设施位置的关系并不大，以便在决策时分清主次，抓住关键。否则，有时候所列出的影响因素太多，在具体决策时容易分不清主次，难以作出最佳的决策。

其次，在不同情况下，同一影响因素会有不同的影响作用，因此，决不可生搬硬套任何原则条文，也不可完全模仿照搬已有的经验。

最后，还应该注意的一点是，对于制造业和非制造业的企业来说，要考虑的影响因素以及同一因素的重要程度可能有很大的不同。

4.2.2 设施选址的步骤与内容

1. 设施选址的步骤

设施选址一般分 4 个阶段：准备阶段、地区选择阶段、地点选择阶段和编制报告阶段。设施选址流程如图 4.3 所示。

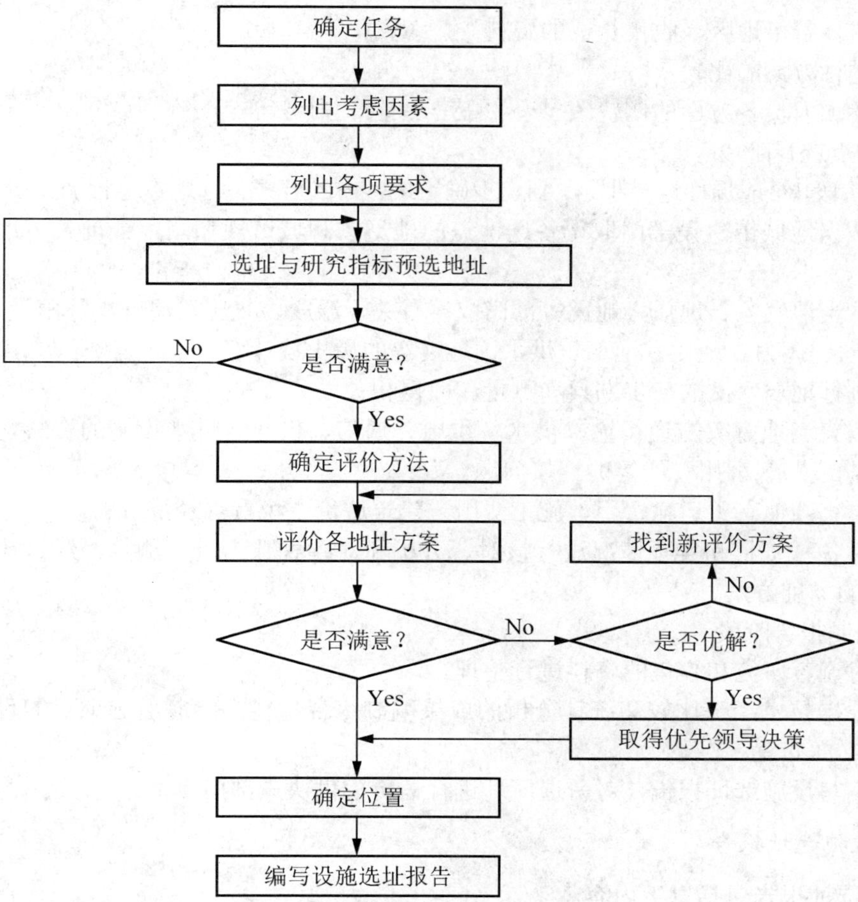

图 4.3　设施选址流程

1) 准备阶段

准备阶段的主要工作内容是明确前期工作中对选址目标提出的以下要求。

(1) 企业生产的产品种类及数量(生产纲领或设施规模)。

(2) 需要进行的生产、储存、维修、管理等方面的作业。

(3) 设施的组成，主要作业单位的概略面积及总平面草图。

(4) 计划供应的市场及流通渠道。

(5) 所需资源(包括原料、材料、能源、水等)的估算数量、质量要求与供应渠道。

(6) 产生的废物及其估算数量。

(7) 概略运输量及运输方式的要求。

(8) 所需职工的概略人数及等级要求。

(9) 外部协作条件。

(10) 信息获取方便与否等。

规划人员可以根据上述要求，列出一些在设施选址时应满足的具体要求，以确保这些有关的因素都考虑到，同时对某些选址需要的技术经济指标，应列出具体的数值要求。

2) 地区选择阶段

(1) 走访行业主管部门和地区规划部门，收集了解有关行业规划、地区规划对设施布置的要求和政策。

(2) 选择若干地区，收集相关的资料。

(3) 进行方案的比较。

(4) 参加人员各方面的比较(生产、供应、销售、财务等)。

3) 地点选择阶段

在该阶段，组成场址选择小组，到初步确定地区内的若干备选地点进行调查研究和勘测。

(1) 从当地城市建设部门取得备选地点的地形图和城市规划图，征询关于地点选择的意见。

(2) 从当地气象、地质、地震等部门取得有关于温度、气压、湿度、降雨量及降雪量、日照、风向、风力、地质、地形、洪水、地震等的历史统计资料。

(3) 进行地质水文的初步勘察和测量，取得相关勘测资料。

(4) 收集当地有关交通运输、供水、供电、通信、供热、排水设施的资料，并交涉有关交通运输线路、公用管线等的连接问题。

(5) 收集当地有关运输费用、施工费用、建筑造价、税费等经济资料。

(6) 对各种资料和实际情况进行核对、分析和对各种数据进行测算，经过比较，选定一个合适的场址方案。

4) 编制报告阶段

(1) 对调查研究和收集的资料进行整理。

(2) 根据技术经济比较和统计分析的成果编制综合材料，绘制所选地点的设施位置图和初步总平面布置。

(3) 编写设施选址报告，对所选厂址进行评价，供决策部门审批。

2. 设施选址报告

设施选址报告包括以下内容。

(1) 厂址选择的依据(如批准文件等)。

(2) 建设地区的概况及自然条件。

(3) 设施规模及概略技术经济指标，包括占地估算面积、区域位置、备用地、交通线路、各类管线走向、设施初步总平面布置图等。

(4) 各厂址方案的比较，包括自然条件比较、建设费用及经营费用比较、环境影响比较、经济效益比较等。

(5) 对各厂址方案的综合分析和结论。

(6) 当地有关部门的意见。

(7) 附件。具体包括：各项协议文件的抄件；区域位置图，包括设施所选位置、备用地、交通路线、各类管线走向等；设施初步总平面布置图。

3. 设施选址的环境影响评价

建设工厂或其他设施项目必然会对周围的环境产生影响，既有自然方面的影响，又有社会方面的影响。因此，在进行工程项目的可行性研究和在设施选址中，除了要做市场研究、原料和工艺技术路线选择以及经济评价等工作外，还要做环境影响评价研究工作。

1) 环境影响评价的重要性

进行环境影响评价，是设施选址工作中重视环境保护的基本原则。工厂建成投产而发生环境污染问题后，再去检查原规划与设计的不足之处，再去采取补救措施，将会严重影响工厂的经济效益与社会效益。因此，在进行工厂设施规划与设计时，特别是设施选址时，就应预见它对环境可能产生的危害，采取必要的措施，防患于未然。

首先，选择厂址时，从环境保护出发，通过对气象、水文等资料的深入了解，结合拟建项目的三废排放情况，从根本上考虑场址的可行性。其次，在规划与设计过程中，对拟建项目可能产生的环境污染作出充分的估计，制定出治理方案，做到化害为利、变废为宝。进行环境影响评价时，要扩大资料收集范围，只有掌握了大量的基础资料，才可能做出正确的评价。通过环境影响评价，使污染量控制在环境容量的范围以内，环境容量包括能自然净化的量和不构成危害的数量。

2) 环境影响报告的内容

环境影响报告应包括以下基本内容。

(1) 建设项目的一般情况。产品、主要工艺、三废种类、排放量和排放方式、三废回收、综合利用、污染物处理设施与主要工艺。

(2) 建设项目所在地周围的环境条件。待选场址的具体地理位置、现有的土地利用情况、当地物理的、化学的、生物的、文化的和社会经济的环境状况。同时应附有场址区域位置图。

(3) 建设项目对周围地区环境的影响。对地质、气象、水文、自然资源、自然保护区、工矿企业、居民区等的影响。

(4) 建设项目的环境保护可行性技术经济论证的结论意见。所选场址对环境的影响，能否建厂与允许建厂规模，项目建成后对环境影响所存在的主要问题与解决措施，及当地环保部门对建厂的意见与书面协议。

此外，环境影响评价报告还应包括推荐的环境监测大纲等内容。

4.2.3　设施选址方法

影响设施选址的因素很多，有些因素可以定量转为经济因素，有些因素只能是定性的非经济因素。在进行设施选址的综合分析比较时，可根据条件采用定性的、定量的或定性定量相结合的方法。常用的设施选址方法有优缺点比较法、加权因素分析法、重心法、微分法、覆盖模型法、线性规划——运输法、德尔菲分析模型等。

1. 优缺点比较法

优缺点比较是一种最简单的设施选址方法，尤其适应于非经济因素的比较。

当几个厂址方案在费用和效益方面近似时，非经济因素即可能成为考虑的关键因素。此时，可采用优缺点比较法对若干方案进行分析比较，见表 4-8。

表 4-8　优缺点评价

方案优缺点评价	
项目名称：	
方案号：	
方案简要说明：	
评价人：	日期：
优点：	缺点：

常见的非经济因素有：①区域位置；②面积及地形；③地势与坡度；④风向、日照；⑤地质条件：土壤、地下水、耐压力；⑥土石方工程量；⑦厂址现在所有者、拆迁、赔偿情况；⑧铁路、公路交通情况；⑨与城市的距离；⑩供电、供水、排水；⑪地震；⑫防洪措施；⑬经营条件；⑭协作条件；⑮建设速度等。

2. 加权因素分析法

加权因素分析法是选址方法中使用最广泛的一种，因为它以简单易懂的模式将各种不同的因素综合起来。加权因素分析法具体包括以下步骤。

(1) 决定一组相关的选址决策因素。

(2) 对每一因素赋予一个权重以反映这个因素在所有因素中的重要性。每一个因素的分值根据权重来确定，权重则要根据成本的标准差来确定，而不是根据成本值来确定。

(3) 对所有因素的打分设定一个共同的取值范围，一般是1～10或1～100。

(4) 对每一个备选地址的所有因素按设定范围打分。

(5) 用各个因素的得分与相应的权重相乘，并把所有因素的加权值相加，得到每一个备选地址的最终得分。

(6) 选择具有最高总得分的地址作为最佳的选址。

【例4.2】某厂有4个候选地址(A、B、C、D)，影响因素有10个，其重要度见表4-8，求最优选址方案。

解：在表4-9中方案C的得分最高，选为最优方案。

表4-9　加权因素评价

影响因素	权重	候选方案A		候选方案B		候选方案C		候选方案D	
		评分	得分	评分	得分	评分	得分	评分	得分
劳动条件	7	2	14	3	21	4	28	1	7
地理条件	5	4	20	2	10	2	10	2	14
气候条件	6	4	24	4	24	3	18	2	12
资源供应	4	4	16	4	16	2	8	3	12
基础设施	3	1	3	1	3	3	9	5	15
产品销售	2	4	8	2	4	3	6	4	8
生活条件	6	1	6	1	6	2	12	2	12
环境保护	5	2	10	3	15	4	20	1	5
政治文化	3	3	9	3	9	3	9	3	9
扩展条件	1	4	4	4	4	2	2	2	2
总　计		114		112		122		96	

3. 重心法

设施选址时，如果生产费用是相当重要的因素，而且多种原材料由多个现有设施供应，则可根据重心法确定厂址位置。

重心法是一种布置单个设施的方法，这种方法考虑现有设施之间的距离和运输的货物量。它经常用于中间仓库或分销仓库的选择。在最简单的情况下，这种方法假设运入和运出成本是相等的，它并未考虑在不满载的情况下增加的特殊运输费用。

重心法的思想是在确定的坐标中，各个原材料供应点的坐标位置与其相应供应量运输费率之积的总和等于场所位置坐标与各供应点供应量、运输费率之积的总和。重心法中的坐标系可以随便建立，国际上经常采用经度和纬度建立坐标。

假设 $P_0(x_0, y_0)$ 表示所求设施的位置，$P_i(x_i, y_i)$ 表示现有设施(或各供应点)的位置(i=1，2，…，n)，重心法坐标如图 4.4 所示。

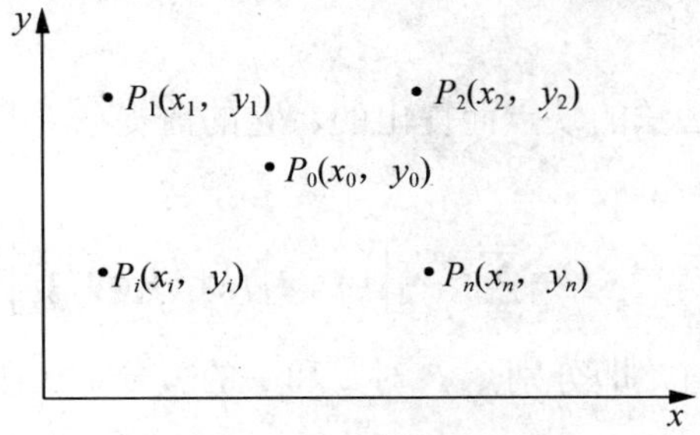

图 4.4　重心法坐标

图 4.4 中，w_i 表示第 i 个供应点的运量。若用 C_i 表示各供应点的运输费率，C_0 表示厂址的运输费率，根据重心法有：

$$\sum_{i=1}^{n} x_i w_i C_i = x_0 \sum_{i=1}^{n} w_i C_0 , \quad \sum_{i=1}^{n} y_i w_i C_i = y_0 \sum_{i=1}^{n} w_i C_0 \tag{4.10}$$

其重心坐标为：

$$x_0 = \frac{\sum_{i=1}^{n} x_i w_i C_i}{\sum_{i=1}^{n} w_i C_0}, \quad y_0 = \frac{\sum_{i=1}^{n} y_i w_i C_i}{\sum_{i=1}^{n} w_i C_0} \tag{4.11}$$

若各供应点和厂址的运输费率相等，即 $C_i = C_0$，则有：

$$x_0 = \frac{\sum_{i=1}^{n} x_i w_i}{\sum_{i=1}^{n} w_i}, \quad y_0 = \frac{\sum_{i=1}^{n} y_i w_i}{\sum_{i=1}^{n} w_i} \tag{4.12}$$

式(4.12)为运费费率相等时，设施位置的重心法计算公式。

【例 4.3】设在某区域内，有 5 个物资供应点和需求点，各点的物资数量见表 4-10。

表 4-10　某区域内物资的供需情况

供应点或需求点	物资的数量 w_i	运输费率 C_i	坐　标	
			x_i	y_i
1	3	3	10	2
2	4	3	10	4
3	5	3	9	9
4	4	3	5	8
5	2	3	7	12

解：根据重心公式计算得到：

$$x_0 = \frac{\sum_{i=1}^{n} x_i w_i C_i}{\sum_{i=1}^{n} w_i C_0} = 8.83 , \quad y_0 = \frac{\sum_{i=1}^{n} y_i w_i C_i}{\sum_{i=1}^{n} w_i C_0} = 6.83$$

该厂址应选在坐标为(8.83，6.83)的位置。

按重心法求得的设施位置是否建厂，还应该考虑其他因素，综合分析而定。

4. 单设施选址的微分法

微分法是为了克服重心法的缺点而提出的，它的前提条件与重心法相同，但系统的总费用为：

$$F=\sum_{i=1}^{n}C_i w_i\left[\left(x-x_i\right)^2+\left(y-y_i\right)^2\right]^{\frac{1}{2}} \tag{4.13}$$

通过对总费用求最小值，即分别令 F 对 x 和 y 的偏导数为零，得到新的极值点。求解公式为：

$$\begin{cases} x_0=\dfrac{\sum_{i=1}^{n}C_i w_i x_i\left[\left(x-x_i\right)^2+\left(y-y_i\right)^2\right]^{-\frac{1}{2}}}{\sum_{i=1}^{n}C_i w_i\left[\left(x-x_i\right)^2+\left(y-y_i\right)^2\right]^{-\frac{1}{2}}} \\ y_0=\dfrac{\sum_{i=1}^{n}C_i w_i y_i\left[\left(x-x_i\right)^2+\left(y-y_i\right)^2\right]^{-\frac{1}{2}}}{\sum_{i=1}^{n}C_i w_i\left[\left(x-x_i\right)^2+\left(y-y_i\right)^2\right]^{-\frac{1}{2}}} \end{cases} \tag{4.14}$$

微分法需要以重心法的结果为初始解，不断迭代，直到前后两次迭代的解的误差不超过设定范围，从而得到最佳结果。虽然它从数学上可以给出单设施的具体位置，但这个结果仅仅是数学解，还需要放到实际的物流系统中去进行进一步的调整。

5. 离散点覆盖模型法

覆盖模型，就是对于需求已知的一些需求点，如何确定一组服务设施来满足这些需求点的需求。在这个模型中，需要确定服务设施的最小数量和合适的位置。该方法适用于商业物流系统，如零售点的选址、加油站的选址、配送中心的选址等，公用事业系统，如急救中心、消防中心等，以及计算机与通信系统，如有线电视网络基站、无线通信网络基站、计算机网络的集线器设置等。

根据解决问题的方法的不同，可以分为以下两种不同的主要类型。

(1) 集合覆盖模型，用最小数量的设施去覆盖所有的需求点，如图 4.5 所示。

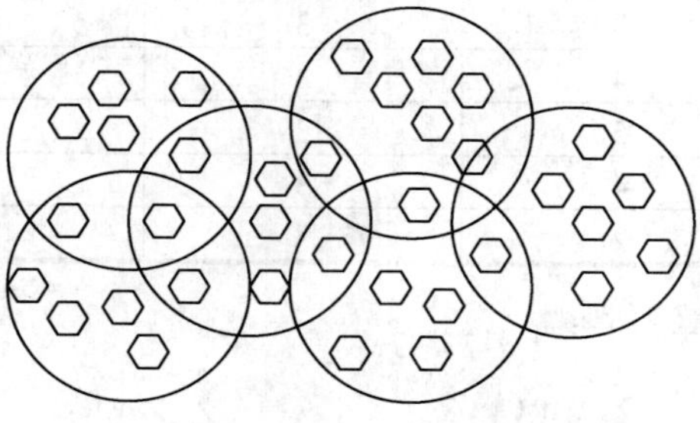

图 4.5　集合覆盖模型

(2) 最大覆盖模型，在给定数量的设施下，覆盖尽可能多的需求点，如图 4.6 所示。

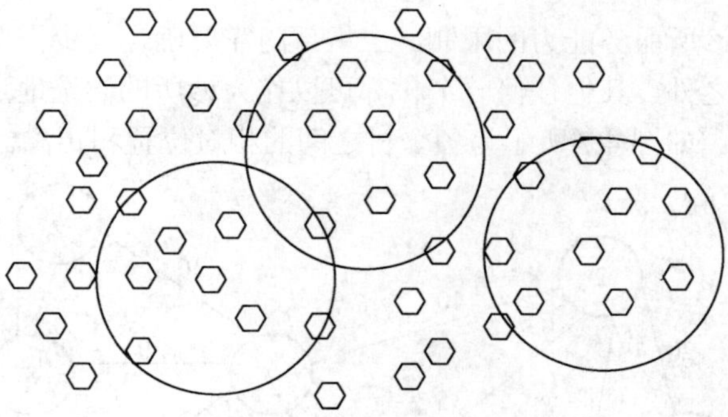

图 4.6　最大覆盖模型

由图 4.5 和图 4.6 可知，这两类模型的区别在于，集合覆盖模型要满足所有的需求点，而最大覆盖模型则只覆盖有限的需求点，两种模型的应用情况取决于服务设施的资源充足与否。

下面分别对两种模型的构建和求解进行详细的介绍。

1) 集合覆盖模型

集合覆盖模型的目标是用尽可能少的设施去覆盖所有的需求点，相应的目标函数可以表达为：

$$\min \sum_{j \in N} x_j$$

约束条件为：

$$\begin{aligned}
&\sum_{j \in B(i)} y_{ij} = 1,\ i \in N \\
&\sum_{j \in A(j)} d_i y_{ij} \leqslant C_j x_j, j \in N \\
&x_j \in \{0,1\},\ j \in N \\
&y_{ij} \geqslant 0,\ i,\ j \in N
\end{aligned} \tag{4.15}$$

式中：N——$N=\{1,2,\cdots,n\}$，在研究对象中的 n 个需求点；

d_i——第 i 个节点的需求量；

C_j——设施节点 j 的容量；

$A(j)$——设施节点 j 所覆盖的需求节点的集合；

$B(i)$——$B(i)=\{j \mid i \in A(j)\}$，可以覆盖需求节点 i 的设施节点 j 的集合；

$$x_j = \begin{cases} 1,\ 假如该设施位于节点 j \\ 0,\ 假如该设施不位于节点 j \end{cases};$$

y_{ij}——节点 i 需求中被分配给节点 j 的部分。

对于此类带有约束条件的极值问题，有两大类方法可以进行求解：一是精确的算法，应用分支定界求解的方法，能够找到小规模问题的最优解，由于运算量方面的限制，一般也只适用于小规模问题的求解，这种方法在运筹学方面的书籍上有详细的介绍，可以借鉴相应的参考书；二是启发式方法，虽然所得到的结果不能保证是最优解，但是可以保证是可行解，可以对大型问题进行有效的分析、求解。

【例 4.4】卫生部门考虑到农村地区医疗条件的落后和匮乏，计划在某一个地区的 9 个村增加一系列诊所，以改善该地区的医疗卫生水平。它希望在每一个村周边 30km 的范围之内至少有一个诊所，不考虑诊所服务能力的限制。卫生部门需要确定至少需要多少个诊所和它们相应的位置。除了 6 村之外，其他任何一个村都可以作为诊所的候选地点，原因是在 6 村缺乏建立诊所的必要条件。如图 4.7 所示为各个村之间的相对位置和距离。

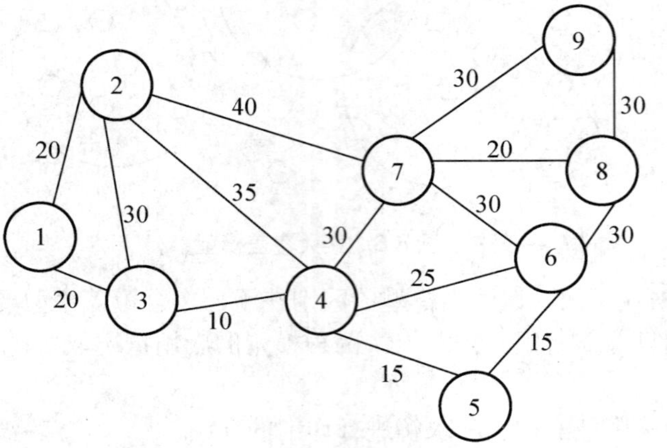

图 4.7　乡村距离和相对应的位置

第 1 步，找到每一个村可以提供服务的所有村的集合 $A(j)$，即它们距该村距离小于或等于 30km 的所有村的集合。例如，从 1 村开始，2、3 和 4 村到 1 村的距离都小于 30km，这样它们都可以由 1 村的诊所提供服务，得到 $A(1)=\{1，2，3，4\}$；然后逐一地进行考虑计算，就可以得到所有的 $A(j)$，$j=1，2，…，9$，所得结果见表 4-11。

表 4-11　候选位置的服务范围

村　编　号	$A(j)$	$B(i)$
1	1，2，3，4	1，2，3，4
2	1，2，3	1，2，3
3	1，2，3，4，5	1，2，3，4，5
4	1，2，3，4，5，6，7	1，3，4，5，7
5	3，4，5，6，7	3，4，5
6	4，5，6，7，8	4，5，7，8
7	4，6，7，8	4，7，8
8	6，7，8，9	7，8，9
9	8，9	8，9

第 2 步，找到可以给某一个村提供服务的所有村的集合 $B(i)$。一般说来，这两个集合是一致的，但是考虑到其他一些限制条件，就可能出现差异。例如，本例中，6 村由于本身条件所限不可能建立诊所，所以也不可能给别人提供相应的医疗服务。考虑 7 村，$B(7)=\{4，7，8\}$。相应地将其他的结果填入到表 4-11 中，得到进行选择评价的基本信息。

第 3 步，找到其他村服务范围的子集，将其省去并简化问题。2 村可以对 1、2、3 村提供服务，而 1 村可以对 1、2、3、4 村提供服务，2 村的服务范围是 1 村的服务范围的一个子集，可以忽略在 2 村建立诊所的可能性。(3，4，8)是候选点的集合。

第 4 步，确定合适的组合解。很显然，问题得到简化之后，在有限的候选点上选择一个组合解是可行的。(3，4，8)本身就是一个组合解，但是为了满足经济性要求，尽可能少地建立诊所，还需要从中剔除可以被合并的候选点。(3，4，8)则是可以覆盖所有村的一个数量最少的组合解：3 村的诊所可以覆盖 1 村到 5 村，而 8 村的诊所覆盖 6 村到 9 村。

如果放宽一些问题的限制条件，如一个诊所的服务半径增加到 40km 也可能会出现多解的情况。(3，8)、(3，9)、(4，7)、(4，8)和(4，9)都是可以覆盖所有的村而且数量最少的组合解。

2) 最大覆盖模型

最大覆盖模型的目标是对有限的服务网点进行选址，为尽可能多的对象提供服务。它的相应的目标函数是：

$$\max\sum_{j\in N}\sum_{i\in A(j)}d_i y_{ij}$$

约束条件为：

$$\begin{aligned}&\sum_{j\in B(i)}y_{ij}\leqslant 1,\ i\in N\\&\sum_{j\in A(j)}d_i y_{ij}\leqslant C_j x_j,\ j\in N\\&\sum_{j\in N}x_j=p\\&x_j\in\{0,1\},\ j\in N\\&y_{ij}\geqslant 0,\ i,j\in N\end{aligned}\tag{4.16}$$

式中：N——$N=\{1, 2, \cdots, n\}$，研究对象中的 n 个需求点；

d_i——第 i 个节点的需求量；

C_j——假如设施位于节点 j 时相应的容量；

$A(j)$——可以被位于节点 j 的设施覆盖的所有节点的集合；

$B(i)$——$B(i)=\{j \mid i\in A(j)\}$，其相应设施覆盖节点 i 的节点集合；

P——允许投建的设施数目；

x_j——$x_j=\begin{cases}1, & \text{假如该设施位于节点}j\\0, & \text{假如该设施不位于节点}j\end{cases}$；

y_{ij}——节点 i 需求中被分配给节点 j 的部分。

就前面提到的医疗站问题，如果仍旧不考虑其服务能力的限制，最多的诊所数目为 2，用最大覆盖模型对其进行分析，用 Richard Church 和 Charles Revelle 设计的贪婪算法就可以进行求解。该算法是以一个主集合作为原始的解决集合，然后在剩下的所有的其他候选点中，选择一个具有最大满足能力的候选点加入到原来的候选集合中，如此往复，直到设施数目的限制或者全部的需求都得到满足为止。

在医疗站的问题中，已经分析得到候选集合为(3，4，8)。初步确定解的集合 $S=\Phi$。然后比较 $A(3)$、$A(4)$和 $A(8)$的数目，4 村可以提供服务的对象最多，将 4 村加入到解集合 S 中，$S=\{4\}$。接着比较 3、8 两个村，除去 4 提供服务的村 1、3、4、5、6、7 外，剩下只有{2，8，9}，3 村对 2 村提供服务，而 8 村可以对 8、9 两个村提供服务。8 村将作为第二个投建点加入到解集合中去，$S=\{4, 8\}$。这就是通过最大覆盖法得到的解集合，显然不是最优解，这也是启发式算法的特点。

6. 线性规划——运输法

线性规划方法是一种广泛使用的战略、战术物流计划工具。线性规划在考虑特定约束条件下，从许多可用的选择中挑选出最佳决策方案。

物流问题的网络最优化是最典型的线性规划问题。运输法作为网络最优化方法，其目标是在给定的供给、需求和能力的约束条件下，使生产和输入、输出运输的可变成本最小化。对于复合设施的选址问题，如对于一个公司设有多个工厂、多个分销中心(或仓库)的选址问题，可以用线性规划——运输法求解，使得所有设施的总运费最小。

运输法的数学模型如下：

目标函数 $\min\sum_{i=1}^{m}\sum_{j=1}^{n}C_{ij}X_{ij}$

约束条件 $$\sum_{i=1}^{m}x_{ij}=b_j，\ \sum_{j=1}^{n}x_{ij}=a_i，\ x_{ij}\geqslant 0 \tag{4.17}$$

式中：m——工厂数；

n——销售点数；

a_i——工厂 i 的生成能力，i=1，2，…，m；

b_j——销售点 j 的需求，j=1，2，…，n；

C_{ij}——在工厂 i 生产的单位产品运到销售点 j 的生产运输费用；

X_{ij}——从工厂 i 运到销售点 j 的产品数量。

【例 4.5】已知有两个工厂 F_1 和 F_2，供应 4 个销售点 P_1、P_2、P_3、P_4。由于需求量不断增加，需再设一个工厂。可供选择的地点是 F_3 和 F_4，试在其中选择一最佳场址。根据资料分析，各厂单位产品生产和运输的总费用见表 4-12。

表 4-12 生产和运输总费用

销售点 工厂	P_1/万元	P_2/万元	P_3/万元	P_4/万元	年产量/台
F_1	8.00	7.80	7.70	7.80	7 000
F_2	7.65	7.50	7.35	7.15	5 500
F_3	7.15	7.05	7.18	7.65	12 500
F_4	7.08	7.20	7.50	7.45	12 500
需求量/台	4 000	8 000	7 000	6 000	

解：(1) 根据运输法，用最小费用分配法进行求解。若新厂设在 F_3 处，所有产量分配见表 4-13。

表 4-13 设厂于 F_3 处的产量分配表

至 从	P_1/万元	P_2/万元	P_3/万元	P_4/万元	年产量/台
F_1	8.00	7.80	⑤ 7.70 6 500	⑥ 7.80 500	7 000
F_2	7.65	7.50	7.35	③ 7.15 5 500	5 500
F_3	② 7.15 4 000	① 7.05 8 000	④ 7.18 500	7.65	12 500
需求量/台	4 000	8 000	7 000	6 000	

在这种情况下，全部费用至少为：

$$C_3=6\,500\times7.70+500\times7.80+5\,500\times7.15+4\,000\times 7.15+8\,000\times7.05+500\times7.18 =18\,1865(\text{万元})$$

(2) 若新厂设在 F_4 处，所有产量分配表如表 4-14 所示。

表 4-14　设厂于 F_4 处的产量分配表

从＼至	P_1/万元	P_2/万元	P_3/万元	P_4/万元	年产量/台
F_1	8.00	7.80	⑤ 7.70 7 000	⑥ 7.80 0	7 000
F_2	7.65	7.50	7.35	② 7.15 5 500	5 500
F_4	① 7.08 4 000	③ 7.20 8 000	7.50	④ 7.45 500	12 500
需求量/台	4 000	8 000	7 000	6 000	

在这种情况下，全部费用至少为：

$$C_4=7\,000\times7.70+0\times7.80+5\,500\times7.15+4\,000\times7.08+8\,000\times7.20+500\times7.45=18\,2870(\text{万元})$$

两方案比较 $C_4>C_3$，所以在 F_3 处设厂为优，可节省生产费用：

$$C_4-C_3=182\,870-181\,865=1\,005(\text{万元})$$

以上是产销平衡的解法。对于产销不平衡问题，可通过增加虚拟产地或销地的方法将问题转化为产销平衡问题的求解，最后求得最佳厂址位置。对于线性规划运输问题的详细原理和解法请查阅和学习第 6 章。

7. 德尔菲分析模型

典型的布置分析考虑的是单一设施的选址，其目标有供需之间的运输时间或距离极小化、成本的极小化、平均反应时间的极小化。但是有些选址分析涉及多个设施和多个目标，其决策目标相对模糊，甚至带有感情色彩。解决这类选址问题的一种方法是使用德尔菲分析模型，该模型在决策过程中考虑了各种影响因素。使用德尔菲分析模型涉及 3 个小组，即协调小组、预测小组和战略小组。

每个小组在决策中发挥不同的作用，使用该模型包括以下步骤。

1) 成立两个小组

内外部的人员组成顾问团，充当协调者，负责设计问卷和指导德尔菲调查。顾问团中选出一部分人成立两个小组，一个小组负责预测社会的发展趋势和影响组织的外部环境(预测小组)；另一个小组确定组织的战略目标及其优先次序(战略小组)。战略小组的成员从组织中各部门的高层经理人员中挑选。

2) 识别存在的威胁和机遇

经过几轮问卷调查后，协调小组应该向预测小组询问社会的发展趋势、市场出现的机遇，以及组织面临的威胁。该阶段要尽可能听取多数人的意见。

3) 确定组织的战略方向与战略目标

协调小组将预测小组的调查结果反馈给战略小组，战略小组利用这些信息来确定组织的战略方向与战略目标。

4) 提出备选方案

一旦战略小组确定了长期目标，就应集中精力提出各种备选方案(备选方案是对工厂现有设施的扩充或压缩和对工厂的全部或局部位置进行的变更)。

5) 优化备选方案

步骤 4 中提出的备选方案应提交给战略小组中的有关人员，以获得他们对各方案的主观评价，在考虑组织优势和劣势的基础上，该模型可识别出组织的发展趋势和机遇。此外，该模型还考虑了企业的战略目标，在现代公司中被作为一种典型的综合性群体决策方法广泛使用。

8. 其他方法

在重心法和线性规划方法中只考虑了运输费用，即物流成本的一部分，而实际选址工作还要受到许多环境因素的影响(如人力资源、物料供应与搬运、产品市场、政策法令、基础设施、气候等自然条件、决策者的个人偏好等)，因此是一项系统性的工作。一般设施选址是根据以上因素及其内在要求，提出若干厂址选择的具体原则和注意事项，并采用定性与定量相结合的方法，辅助进行工厂区位和具体位置的选择。除上述方法外，以下方法也可在设施选址中使用。

1) 费用—效果分析法

费用—效果分析法是对技术方案的经济效果进行分析评价的一种方法。其实质是要求系统给社会提供财富或服务的价值——效益必须超出支出费用。该方法以经济评价为主，是所有评价方法的基础。

2) 关联矩阵法

该方法是对多目标系统方案从多个因素出发进行综合评定其优劣程度的方法，基本原理见表 4-15。

表 4-15　关联矩阵

指标 / 评价值 / 备选方案	x_1	x_2	…	x_n	综合评价结果
	w_1	w_2	…	w_n	
A_1	v_{11}	v_{12}	…	v_{1n}	$v_1=\sum_{j=1}^{n} v_{1j}\cdot w_j$
A_2	v_{21}	v_{22}	…	v_{2n}	$v_2=\sum_{j=1}^{n} v_{2j}\cdot w_j$
⋮	⋮	⋮	⋮	⋮	⋮
A_m	v_{m1}	v_{m2}	…	v_{mn}	$v_m=\sum_{j=1}^{n} v_{mj}\cdot w_j$

3) 层次分析法(AHP 法)

该方法是一种定性与定量相结合的评价与决策方法。它将评价主体或决策主体对评价对象进行的思维过程数量化。应用 AHP 方法，首先将评价对象的各种评价要素分解成若干层次，并按同一层次的各个要素以上一层次的要素为准则，进行两两比较、判断和计算，以求得要素的权重，从而为选择最优替代方案提供依据。

4) 基于遗传算法的选址模型

该模型利用遗传算法采用全局寻优和优胜劣汰的随机搜索策略，使模型具有较好的动力学特性，可有效、快速地求得选址问题的全局(或近似)最优解。

5) 模糊综合评价

该方法适用于多个评价主体或多位专家参加的情况。

6) 仿真技术

静态仿真试图设计一种特定计划的结果或未来行动的路径。静态仿真是一种非常灵活的工具，它可对广大的复杂渠道的结构范围进行评估。一个综合性静态仿真器的能力及运作范围，比最优化技术更能对市场、产品、分销设施及运输量大小进行详细、重要的合成。

近年来，除上述介绍的方法以外，还涌现了众多物流选址方法，如网络布点模型、整数或混合整数规划法、蒙特卡洛法、启发式规划法等。

阅读链接 4-2

沃尔玛的配送中心

沃尔玛 1945 年诞生于美国。在它创立之初，由于地处偏僻小镇，几乎没有哪个分销商愿意为它送货，于是不得不自己向制造商订货，然后再联系货车送货，效率非常低。在这种情况下，沃尔玛的创始人山姆·沃尔顿决定建立自己的配送组织。1970 年，沃尔玛的第一家配送中心在美国阿肯色州的一个小城市本领维尔建立，这个配送中心供货给 4 个州的 32 个商场，集中处理公司所销商品的 40%。

沃尔玛配送中心的运作流程是：供应商将商品的价格标签和 UPC 条形码(统一产品码)贴好，运到沃尔玛的配送中心，配送中心根据每个商店的需要，对商品就地筛选，重新打包，从“配区”到达“送区”。

由于沃尔玛的商店众多，每个商店的需求各不相同。沃尔玛的配送中心根据商店的需要，把产品分类放入不同的箱子当中。这样，员工就可以在传送带上取到自己所负责的商店所需的商品。那么在传送时，他们怎么知道应该取哪个箱子呢？传送带上有一些信号灯，有红的，绿的，还有黄的，员工可以根据信号灯的提示来确定箱子应被送往的商店，来拿取这些箱子。这样，所有的商店都可以在各自所属的箱子中拿到需要的商品。

由于沃尔玛采用了这项先进技术，配送成本只占其销售额的 3%，其竞争对手的配送成本则占到销售额的 5%，仅此一项，沃尔玛每年就可以比竞争对手节省下近 8 亿美元的商品配送成本。20 世纪 80 年代后期，沃尔玛从下订单到货物到达各个店面需要 30 天，现在由于采用了这项先进技术，这个时间只需要 2～3 天，大大提高了物流的速度和效益。

沃尔玛配送中心的一端是装货月台，可供 30 辆卡车同时装货，另一端是卸货月台，可同时停放 235 辆大卡车。每个配送中心有 600～800 名员工，24 小时连续作业；每天有 160 辆货车开来卸货，150 辆车装好货物开出。在沃尔玛的配送中心，大多数商品停留的时间不会超过 48 小时，但某些产品也有一定数量的库存，这些产品包括化妆品、软饮料、尿布等各种日用品，配送中心根据这些商品库存量的多少进行自动补货。

沃尔玛的供应商可以把产品直接送到众多的商店中，也可以把产品集中送到配送中心，两相比较，显然集中送到配送中心可以使供应商节省很多钱。所以在沃尔玛销售的商品中，有 87%左右是经过配送中心的，而沃尔玛的竞争对手仅能达到 50%的水平。由于配送中心能降低物流成本 50%左右，使得沃尔玛能比其他零售商向顾客提供更廉价的商品，这正是沃尔玛迅速成长的关键所在。

(资料来源：张潜．物流系统工程[M]．重庆：重庆大学出版社，2008.)

讨论题

(1) 根据该案例，分析沃尔玛的配送中心系统具有哪些特征。

(2) 根据该案例情景，试分析沃尔玛配送中心在选择和设计的成功之处，对物流中心或者设施选址具有的启示作用有哪些。

4.3 物流设施布置与规模

4.3.1 物流设施布置

1. 设施布置的含义和内容

设施布置是指根据企业的经营目标和生产纲领，在已确认的空间场所内，按照从原材料的接收、零件和产品的制造、成品的包装、发运等全过程，力争将人员、设备和物料所需要的空间做最适当的分配和最有效的组合，以获得最大的经济效益。

设施布置包括工厂总体布置和车间布置。工厂总体布置设计应解决工厂各个组成部分，包括生产车间、辅助生产车间、仓库、动力站、办公室、露天作业场地等各种作业单位和运输线路、管线、绿化及美化设施的相互位置，同时应解决物料的流向和流程、厂内外运输的连接及运输方式；车间布置设计应解决各生产工段、辅助服务部门、储存设施等作业单位及工作地、设备、通道、管线之间的相互位置，同时应解决物料搬运的流程及运输方式。

作业单位是指布置图中各个不同的工作区或存在物，是设施的基本区划。该术语可以是某个厂区的一个建筑物、一个车间、一个重要出入口；也可以是一个车间的一台机器、一个办公室、一个部门。作业单位可大可小、可分可合，究竟怎么划分，要看规划设计工作所处的阶段或层次。对于现有设施，可以使用原有组成部分的名称划分作业单位或进行新的划分。对于新的项目，规划设计人员要逐个确定所有的作业单位，这对于布置设计的顺利进行十分必要。

2. 设施布置的原则

在根据当地规划要求和工厂生产需要确定适当的厂址位置的前提下，应按照下列原则进行设施布置。

(1) 符合工艺过程的要求，尽量使生产对象流动顺畅，避免工序间的往返交错，使设备投资最小、周期最短。

(2) 最有效地利用空间，使场地利用达到适当的建筑占地系数(建筑物、构筑物占地面积与场地总面积的比例)，使建筑物内部设备的占有空间和单位制品的占有空间较小。

(3) 物料搬运费用最少，要便于物料的输入和产品、废料等物料运输路线短捷，尽量避免运输的往返和交叉。

(4) 保持生产和安排的柔性，使之适应产品需求的变化、工艺和设备的更新及扩大生产能力的需要。

(5) 适应组织结构的合理化和管理的方便，使有密切关系或性质相近的作业单位布置在一个区域并就近布置且在同一个建筑物内。

(6) 为职工提供方便、安全、舒适的作业环境，使之合乎生理、心理要求，为提高生产效率和保证职工身心健康创造条件。

上述设计原则涉及面非常广，往往存在相互矛盾的情况，应该结合具体的条件加以考虑。

3. 设施布置的基本形式

设施布置形式受工作流的形式限制，有3种基本类型(工艺原则布置、产品原则布置、固定工值布置)和一种混合类型(成组技术布置)。

1) 工艺原则布置

工艺原则布置又称为机群布置或功能布置，是一种将相似的设备或功能相近的设备集中布置的布置形式，如按车床组、磨床组等分区。被加工的零件，根据预先设定好的流程顺序，从一个地方转移到另一个地方，每项操作都由适宜的机器完成。这种布置形式通常适用于单件生产及多品种小批量生产模式。医院是采用工艺原则布置的典型例子。

2) 产品原则布置

产品原则布置也称为装配线布置、流水线布置或对象原则布置，是一种根据产品制造的步骤安排设备或工作过程的方式。产品流程是一条从原料投入到成品完工为止的连续线。固定制造某种部件或某种产品的封闭车间，其设备、人员按加工或装配的工艺过程顺序布置，形成一定的生产线。适用于少品种、大批量生产方式，这是大量生产中典型的设备布置方式。

3) 固定工值布置

固定工值布置适用于大型设备(如飞机、轮船)的制造过程，产品固定在一个位置上，所需设备、人员、物料均围绕产品布置，这种布置方式在一般场合很少应用，飞机制造厂、造船厂、建筑工地等是这种布置方式的实例。

4) 成组技术布置

在产品品种较多、每种产品的产量又是中等程度的情况下，将工件按其外形与加工工艺的相似性进行编码分组，同组零件用相似的工艺过程进行加工，同时将设备成组布置，即把使用频率高的机器群按工艺过程顺序布置，组合成成组制造单元，整个生产系统由数个成组制造单元构成。这种成组原则布置方式适用于多品种、中小批量生产。

4. 设施布置的基本流动模式

对于生产、储运部门来说，物料一般沿通道流动，而设施一般也是沿通道两侧布置的，通道的形式决定了物料、人员的流动模式。选择车间内部流动模式的一个重要因素是车间入口和出口的位置。常常由于外部运输条件或原有布置的限制，需要按照给定的人、出口位置来规划流动模式。此外，流动模式还受生产工艺流程、生产线长度、场地、建筑物外形、物料搬运方式与设备、储存要求等方面的影响。基本流动模式有5种：直线形、L形、U形、环形和S形。

(1) 直线形，是最简单的一种流动模式，入口与出口位置相对，建筑物只有一跨，外形为长方形，设备沿通道两侧布置。

(2) L形，适用于现有设施或建筑物不允许直线流动的情况，设备布置与直线形相似，入口与出口分别处于建筑物两相邻侧面。

(3) U形，适用于入口与出口在建筑物同一侧面的情况，生产线长度基本上相当于建筑物长度的两倍，一般建筑物为两跨，外形近似于正方形。

(4) 环形，适用于要求物料返回到起点的情况。

(5) S 形，在一个固定面积上，可以安排较长的生产线。

实际流动模式常常是由 5 种基本流动模式组合而成的。新建设施时，可以根据生产流程要求及各作业单位之间的物流关系选择流动模式，进而确定设施的外形及其尺寸。

5. 设施布置的目标

设施布置问题数学模型是一种组合优化问题。组合优化问题有 3 个基本要素：变量、约束和目标函数。在求解过程中选定的基本参数称为变量，对变量取值的种种限制称为约束，表示可行方案衡量标准的函数称为目标函数。平面布置问题的变量是各个设施在空间中的位置组成的向量：约束就是各个设施在空间中的位置约束，目标可以是单个的，也可以是多个的，大多数的设施布置问题都是以设施间物料搬运费用最小为目标。

设施平面布置问题的目标函数可以抽象为以下形式：

$$\min\left(\sum_i\sum_j c_{ij}d_{ij}+\sum_j f_{ij}(i)\right) \tag{4.18}$$

式中：c_{ij}——放置在第 i 个位置的设施与放置在第 j 个位置的设施间的物流量；

d_{ij}——第 i 个位置与第 j 个位置间的距离；

$f_{ij}(i)$——第 i 个设施布置在第 j 个位置所需的固定费用。

4.3.2 物流设施规模

物流设施规模包括 3 层含义：①与设施规模相适应的物流总规模，即需要总量为多少平方米的设施规模；②建立几个物流节点，即这些设施的布局；③每个设施的规模。

通常设施规模越大，其服务能力越强，而规模越大，投资成本也将会增加。从“成本—收益”的角度来分析，物流设施建设规模与其服务能力和单位服务成本之间的关系如图 4.9 所示。

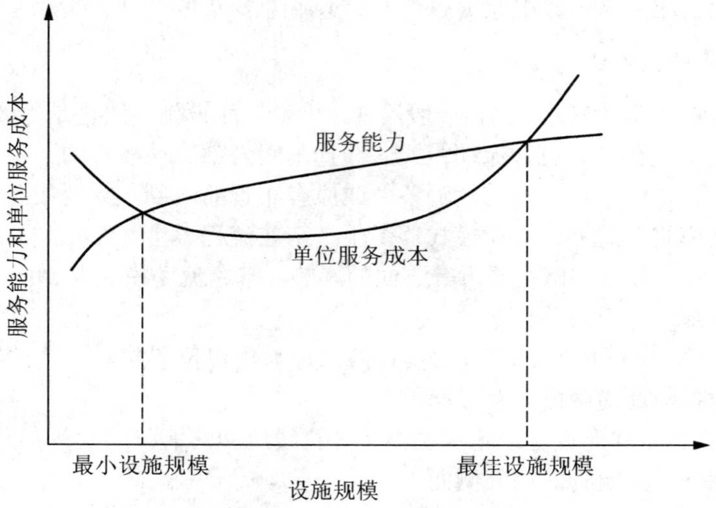

图 4.9　设施规模与服务能力和单位服务成本的关系

设施规模与单位服务成本之间的关系是：在一定设施规模范围内，随着投资建设规模的不断扩大，单位服务成本随之不断降低；当规模扩大到一定程度，单位服务成本则会开始随规模的扩大而上升，规模不经济性开始发生作用。设施规模与服务能力之间的关系则表现为：随着设施规模的扩大，设施中心的服务能力不断增强；但当规模扩大到一定程度时，其服务能力受规模的影响则不断减小。也就是说，物流设施的建设和经营规模并不是越大越好。从理论上说，其规模最好在“服务能力曲线”与“单位服务成本曲线”的两个交点内决策，这样才可能在最佳规模范围内获得较低的服务成本和较高的服务能力和服务水平。

在明确了物流设施总规模的基本原则之后，再来进一步探讨明确物流设施总规模的具体方法。确定物流设施总规模分为以下几个步骤。

1. 测定配送及储存商品总量

物流设施的配送量和商品储存量直接受连锁企业各店铺商品经营总量的影响。商品经营量越大，所需要的物流设施规模就越大。而商品经营量又与店铺面积有着正相关关系，所以连锁店铺总面积与物流设施总规模也呈正相关关系。例如，法国家乐福集团的一个20 000m^{2}的物流中心负责20家左右特级市场的商品配送任务，这20家特级市场的总店铺面积为200 000m^{2}左右，即物流中心面积与总店铺面积的规模比为1∶10。应该着重指出的是，连锁店铺总面积与物流中心规模的比例因业态不同、流转速度的不同而不同。因此，在借鉴已有经验数据的同时，也必须充分地考虑企业自身的特征，以确保决策无误。此外，在测定商品配送及储存商品总量的同时，还需掌握配送储存的具体品种及相应的数量情况和包装等。

2. 推算平均配送量

平均配送量既包括平均吨千米数，也包括平均储存量，前者决定运输规模，后者决定仓储规模。由于商品周转速度直接影响商品在配送中心停留的时间，速度慢就意味着占据配送中心空间的时间长，需要物流中心的规模就大；反之，则需要相对小的物流设施。同时，从厂商直达店铺的商品越多，要求物流设施的仓库面积越小。所以，在推算平均配送量时，应引入商品平均周转速度的概念。平均商品储存量等于商品总储存量除以平均周转次数。

值得注意的是，对于某些季节性商品，各个时期的储存量将有非常大的变动。在这种情况下，平均储存量将不能反映其正常的储存空间需要量，必须进一步分析商品储存量在全年各个时期的分布情况，特别是储存高峰时期商品储存空间的需要情况。

3. 计算储存空间需要量

由于不同商品的容量及包装不同，因而在储存过程中所占仓库的空间也不同。这样就使得储存的商品和其所占用的空间之间有一个换算关系，该换算关系用“仓容占用系数”来表示。有些商品的储存量按重量计算，有些商品的储存量按金额计算，仓容占用系数是指单位重量或金额的商品所占空间的大小。

4. 计算仓库的储存面积

在储存空间一定的条件下，所需储存面积的大小取决于仓库允许商品的堆码高度。影响仓库允许堆码高度的因素有商品性能、包装、仓库建筑构造和设备的配备等。根据仓库存放商品的特点和仓库设计等方面的条件，应合理地确定堆码高度和仓库的储存面积。

5. 计算仓库的实际面积

仓库的实际面积要大于上面计算的储存面积，这是因为仓库不可能都用来储存商品。为了保证商品储存安全和适应库内作业的要求，需要留有一定的墙距、垛距、作业通道，以及作业区域等。仓库库房面积的利用率是储存面积与实际使用面积之比，这取决于商品保管的要求、仓库建筑结构、仓储机械化水平、库房布置和仓库管理水平等多种因素。应根据新建仓库的具体条件，确定仓库面积的利用系数，并以此为根据对仓库面积做最后的调整。

6. 确定仓库的面积

仓库的全部面积为仓库实际面积与辅助面积之和。根据仓库本身的性质以及实际需要，确定辅助面积所占比例，进而确定仓库的全部面积。

对于物流设施大小的决策，应着重分析区域内拥有的设备台数和停车场泊位数的问题。

阅读链接 4-3

物流设施规模的迅速扩大

进入21世纪以来，中国物流业总体规模快速增长，物流服务水平显著提高，发展的环境和条件不断改善，为进一步加快发展中国物流业奠定了坚实基础。

2008年，全国社会物流总额达89.9万亿元，比2000年增长4.2倍，年均增长23%；物流业实现增加值2.0万亿元，比2000年增长1.9倍，年均增长14%。2008年，物流业增加值占全部服务业增加值的比例为16.5%，占GDP的比例为6.6%。

我国物流业发展水平显著提高。一些制造企业、商贸企业开始采用现代物流管理理念、方法和技术，实施流程再造和服务外包；传统运输、仓储、货代企业实行功能整合和服务延伸，加快向现代物流企业转型；一批新型的物流企业迅速成长，形成了多种所有制、多种服务模式、多层次的物流企业群体。全社会物流总费用与GDP的比率，由2000年的19.4%下降到2008年的18.3%，物流费用成本呈下降趋势，促进了经济运行质量的提高。

交通设施规模迅速扩大，为物流业发展提供了良好的设施条件。截至2008年年底，全国铁路营业里程8.0万千米，高速公路通车里程6.03万千米，港口泊位3.64万个，其中沿海万吨级以上泊位1 167个，拥有民用机场160个。物流园区建设开始起步，仓储、配送设施现代化水平不断提高，一批区域性物流中心正在形成。物流技术设备加快更新换代，物流信息化建设有了突破性进展。中央和地方政府相继建立了推进现代物流业发展的综合协调机制，出台了支持现代物流业发展的规划和政策。物流统计核算和标准化工作，以及人才培养和技术创新等行业基础性工作取得明显成效。

(资料来源：昆山金达物流网，http://www.j-da.cn/index.htm)

本章小结

物流节点与设施布局是任何组织整体战略规划中的关键部分，是企业物流网络规划的重要内容。物流节点的布局规划主要包括节点选址和节点布局，考虑的是根据费用或其他选择标准建立节点的最佳地址。节点选址对土地使用和建筑费用、地方税收和保险、劳动力成本及可得性或到其他节点的运输费用都有很大影响，以及物流费用问题，节点布局的主要目标是使总费用最小，同时还可考虑其他因素。而设施选址的恰当与否对生产力布局、企业投资、城镇建设、建设速度，以及建成后的生产经营状况都具有重大意义。因此，企业应该进行充分地调查、研究与勘察，具体分析企业的自身设施、产品特点、资源需求状况和市场条件，慎重进行设施选址决策。设施选址的标准已不仅仅局限在成本或运输距离的最小化，许多定性和定量的因素也影响企业的决策，因此在进行设施选址的综合分析比较时，可根据条件采用定性的、定量的或定性定量相结合的方法。常用的设施选址方法有优缺点比较法、加权因素分析法、重心法、覆盖模型法、线性规划—运输法、德尔菲分析模型等。物流设施规模是与设施规模相适应的物流总规模，物流节点的布局以及每个设施的规模大小的决策。

关键术语

(1) 物流节点　(2) 节点布局　(3) 物流设施
(4) 设施布置　(5) 设施规模

习　题

1. 选择题

(1) 物流选址如果考虑以解决市内交通拥挤、缓解城市压力为重点，则宜将设施建在________。

A. 城市中心地区　B. 工厂聚集区域
C. 城市商业繁华区　D. 城乡结合的入城干道处

(2) 物流节点是通过以下功能在物流系统中发挥作用的，其主要功能有________。

A. 衔接功能　B. 管理功能
C. 信息功能　D. 运输功能

(3) 物流节点对优化整个物流网络起着重要作用，从发展来看，它不仅执行一般的物流职能，而且越来越多地执行指挥调度、传递信息等神经中枢的职能，是整个物流网络的灵魂所在，因而更加受到人们的重视。所以，在有的场合也称之为物流据点，对于特别执行中枢功能的又称之为________。

A. 配送网点　B. 物流节点
C. 物流中心　D. 物流枢纽

(4) 影响设施选址的因素有很多，从宏观的选择地区(或国家)到微观的设施具体地点的选择，为了以后对设施选址的评价，可将这些因素分为以下________两大类。

A. 与产品成本有直接关系的成本因素　B. 与成本因素无关的非成本因素
C. 自然地理环境　D. 社会环境

(5) 在物流节点布局规划中应该遵循________。

A. 科学选址原则　B. 统一规划原则
C. 市场化运作原则　D. 柔性化原则

(6) 投资建厂要考虑的社会因素包括________。

A. 居民的生活习惯　B. 文化教育水平
C. 宗教信仰　D. 生活水平

(7) 使用德尔菲分析模型涉及的 3 个小组是________。

A．协调小组　　B．预测小组

C．战略小组　　D．指挥小组

(8) 下列属于物流节点作业范围的是________。

A．保管作业　　B．行车理货

C．后勤支持　　D．信息管理

(9) 下列属于计算物流节点作业空间需求的方法的有________。

A．计算法　　B．换算法

C．空间标准法　　D．比率趋势法

(10) 物流节点布局规划主要包括________。

A．节点选址　　B．节点布局

C．设备空间需求　　D．人员空间需求

2．判断题

(1) 设施是指生产系统或服务系统运行所需的固定资产。　　(　　)

(2) 最大覆盖模型是用最小数量的设施去覆盖所有的需求点。　　(　　)

(3) 设施选址的优缺点比较方法尤其适应于经济因素的比较。　　(　　)

(4) 影响设施选址的因素可分为经济因素与非经济因素两大类。　　(　　)

(5) 广义的物流节点是指所有进行物资中转、集散和储运的节点。　　(　　)

(6) 以组织物资在系统中运动为主要职能的节点属于物流转运型节点。　　(　　)

(7) 设施选址的重心法是一种布置多个网点设施的方法。　　(　　)

(8) 建设工厂或其他设施项目必然会对周围的环境产生影响，既有自然方面的影响，又有社会方面的影响。　　(　　)

3．填空题

(1) 设施选址的非经济因素包括________、________和________等。

(2) 根据覆盖模型解决问题的方法的不同，可以分为两种不同的主要类型：________和________。

(3) 多节点选址布局规划的方法有________和________。

(4) 物流节点的三大功能为：基本功能、________和________。

(5) 物流需求预测与物流节点规模的关系主要为两方面：________和________。

4．简答题

(1) 简述设施选址的意义和应当遵守的基本原则。

(2) 在设施选址过程中，应该考虑哪些主要因素？

(3) 简述在设施选址过程中使用到的 5 种方法和模型。

(4) 简述物流节点的主要功能。

(5) 简述物流节点布局规划的主要内容。

(6) 设施规模与服务能力、单位服务成本之间的关系是怎样的？

5．计算题

(1) 某集团计划修建一家小型工厂，为 3 个中型机器厂提供零部件。如表 4-16 所示列出了各厂位置的坐标和产品需求量。请用重心法为新厂选择一个最佳位。

表 4-16 各厂位置的坐标和产品需求量

工厂位置	坐标(x，y)	需求量/(件/年)
A	300,200	4 000
B	375,470	6 000
C	470,180	3 000

(2) 在一个经济区域中有 12 个企业，其物流需求量和相互之间的路程都标注在图 4.10 上。现在需要在它们当中选 3 个作为仓库地址，每个仓库的设立费用为 10 万元、规模为 13 个单位(即吞吐量力 26 个单位)。求总费用最省的选址方案。

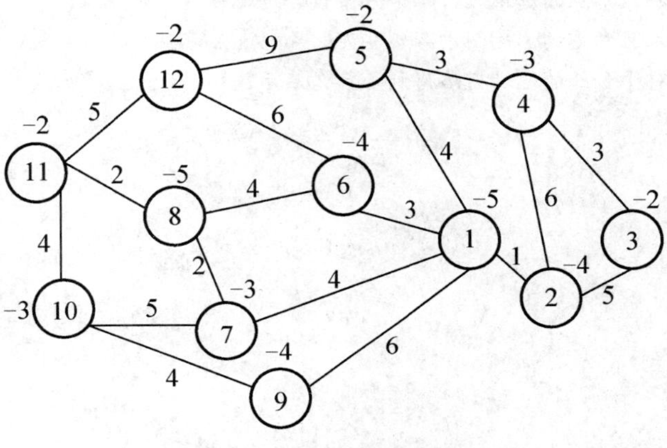

图 4.10 物流量和相互间的路程

案例分析

某机电公司的物流节点布局①

某机电公司是一个国有大型机电设备公司，计划占领武汉市场。他们首先在武汉市 7 个区的每个区各设立了一个营业点，可以分别在各区进行市场营销和销售开票等工作。现在考虑开设物流网点，大致有以下 3 种意见。

第一种意见是一个营业点建一个仓库，这样每个营业点可以独立进行经营销售，管理方便，顾客就近提货也比较方便。但是，这种方案的设立费用高，以平均每个仓库投资 50 万元计算，6 个仓库(总公司现在已有一个仓库)要投资 300 万元。这还只是设立费用，另外还有运行费用。每个仓库运行时，需要 10 个工作人员、每个人的工资加上办公费用、劳保福利费等平均每人每年 10 万元，新增 6 个仓库每年就要 600 万元的运行费用。而且仓库多了，分散库存量大，库存资金占用也就多，库存风险也就大，分散订货、分散运输的损失也就大。

第二种意见是不增建仓库，把原来的仓库加大，全市共用一个仓库。由各个营业点分别销售，总公司统一订货、统一运输、统一储存、统一配送。这个方案只要新增仓库设立费用 50 万元，新增 5 名仓库工作人员，主要承担配送工作。每年增加运行费用 50 万元，这样就可以减少库存资金占用，减少库存量，降低库存风险，提高库存物资利用率，提高资金利用率和资金周转率，还可以节省订货成本和运输成本等。

① 资料来源：王槐林，刘明菲．物流管理学[M]．2 版．武汉：武汉大学出版社，2005.

但是，由于市区范围太大，因此这种方案的缺点一是送货路程长，送货成本高；二是送货响应慢，影响了顾客购买的积极性。

第三种意见就是采取折中的办法，分别在武昌和汉阳各新建一个仓库。再加上汉口原来的仓库、全公司共用 3 个仓库对全市实行供货，按长江、汉水自然分成的 3 个大区分别按大区组织供货和配送。还是总公司统一订货、统一运输、统一储存，但是各个营业点分别销售、分大区配送。这种方案的优势在于，新增设立费用和设立后的运行费用不太高；配送车辆在大区内运行，不用过桥(由于过桥车辆多、堵车现象多、很费时间)，所以大大缩短了运输距离、缩短了送货响应时间。分 3 个仓库储存，库存物资利用率比较高，库存资金占用和库存风险也不高，资金周转率、利用率也比较令人满意。

讨论题

(1) 该机电公司在物流节点的选址时，哪个方案较合适呢？

(2) 物流节点在选址时考虑的影响因素有哪些呢？

(3) 根据本案例，对于企业的选址战略得到了什么启示？

第5章 库存决策

【教学要点】

知识要点	掌握程度	相关知识	应用方向
库存的基本概念	掌握	库存的两种定义；企业在销售、生产、采购阶段需要的库存	库存管理和库存决策的基本知识，在了解掌握的基础上才能作出有效的库存决策
库存的分类	掌握	从4个不同的角度对库存进行分类	
库存的功能与作用	熟悉	库存管理在企业经营中的5个作用；库存的两个弊端	
库存的成本构成	熟悉	组成库存成本的3个要素	
有效库存的必要条件	了解	3个必要条件	
独立需求下的库存控制	掌握	从两个角度进行分析	
单周期库存模型的介绍	重点掌握	用期望损失最小法、期望利润最大法和边际分析法3种方法确定最佳订货量	库存决策中最重要的是确定最佳订货量，这几个模型能够很好地解决库存决策问题，掌握后可解决一般库存问题
多周期库存模型的介绍	重点掌握	分别用经典的、非即刻补货的、有价格折扣的3种EOQ模型确定最佳订货量	
随机库存问题	掌握	确定安全库存量、服务水平和订货点	
供应链环境下的控制问题	了解	总结我国企业的库存控制情况	掌握供应链环境下的多级库存管理模式
供应商管理库存和联合库存管理	掌握	VMI和JMI的实施策略	
仓库管理	熟悉	包括4项主要内容	

导入案例

台湾雀巢与家乐福的供应商管理库存系统①

雀巢公司为世界最大的食品公司，建立于 1867 年，总部位于瑞士威伟市(Vevey)，行销全球超过 81 个国家，200 多家子公司，超过 500 座工厂，全球员工总数约有 22 万名。台湾雀巢成立于 1983 年，为台湾最大的外商食品公司，产品种类包括奶粉、乳制品、咖啡、即溶饮品、巧克力及糖果与宠物食品等。台湾雀巢的销售渠道主要包括零售商店、专业经销商以及非专业经销商(如餐饮业者)等。家乐福公司为世界第二大的连锁零售集团，成立于 1959 年，全球有 9 061 家店，24 万名员工。台湾家乐福拥有 23 家连锁店。

雀巢与家乐福公司在全球均为流通业的龙头企业，积极致力于 ECR 方面的推动工作。台湾雀巢在 2000 年 10 月积极开始与家乐福公司合作，制定建立供应商管理库存系统的计划，目标是要提高商品的供货率，降低家乐福库存持有天数，缩短订货前置期以及降低双方物流作业的成本。

在人力投入方面，雀巢与家乐福双方分别设有专人负责，其他如物流、业务或采购、信息等部门则是以协助的方式参与，并逐步转变物流对物流、业务对采购以及信息对信息的团队运作方式。经费的投入上，在家乐福方面主要是在 EDI 系统建置的花费，雀巢方面除了 EDI 建置外，还引进了一套 VMI 的系统，花费约二百五十万新台币。

计划目标除了建立一套可行的 VMI 运作模式及系统之外，还要达到：雀巢对家乐福物流中心产品到货率达 90%，家乐福物流中心对零售店面产品到货率达 95%，家乐福物流中心库存持有天数下降至预计标准，以及家乐福对雀巢建议性订单的修改率下降至 10%等。另外雀巢也期望将新建立的模式扩展至其他渠道上，特别是对其占有重大销售比率的渠道，以加强掌控能力并获得更大规模的效益。相对地，家乐福也会持续与更多的主要供应商进行相关的合作。

在系统建置方面，对于数据传输部分，雀巢与家乐福公司双方采用 EDI 增值网络的方式，而在雀巢公司的 VMI 管理系统部分，则是采取外购产品的方式来建立。考虑家乐福的推荐、法国及其他国家雀巢公司的建议以及对系统的具体要求等，雀巢选用 Infule 的 EWR 的产品。

整个 VMI 运作方式分为 5 个步骤，这套 VMI 运作系统实施后，库存管理效益逐步提高。雀巢对家乐福物流中心产品到货率由原来的 80%左右提升至 95%(目标值 90%)，家乐福物流中心对零售店面产品到货率也由 70%左右提升至 90%左右，而且仍在继续改善中，在订单修改率方面也由 60%～70%的修改率下降至现在的 10%以下。此外，对雀巢来说最大的收获是改善了与家乐福合作的关系，过去与家乐福是单向的买卖关系，顾客要什么就给他什么，甚至是尽可能地推销产品，彼此都忽略了真正的市场需求，导致卖得好的商品经常缺货，而不畅销的商品却有很高的库存量，经过这次合作增进了双方的相互了解，并致力于共同解决问题，有利于供应链效率的根本改进。雀巢也开始将 VMI 系统推广到其他销售渠道。

台湾雀巢与家乐福的 VMI 计划的实施表明，在供应链管理环境下的物流更加具有实效性和成效性。企业通过供应链管理环境下的物流来建立新的企业管理模式，克服了传统物流的缺陷，更适应企业发展，更能为企业降低成本、创造利润。作为是一种新的集成化管理方法和模式，供应链管理对传统的物流管理产生了深刻的影响，引起了多方面的变革。

讨论题

(1) 台湾雀巢和家乐福的 VMI 计划是如何实施的？

(2) 台湾雀巢和家乐福为什么要实施 VMI 计划？

① 资料来源：魏志强．台湾雀巢与家乐福的供应商管理库存系统．[EB/OL].(2010-06-28).[2012-09-26]. http://course.hzu.edu.cn/wlx/n15c41.shtml.

对于企业是否持有库存的看法有不同的观点。以准时生产(JIT)为代表的观点认为，“库存是万恶之源”，库存是一种“闲置”，是一种浪费，掩盖了管理中存在的问题。因此主张消除库存，通过无库存生产方式不断地降低库存水平，暴露管理问题，然后解决问题，改进管理工作。但另一种观点认为，库存能有效地缓解供需矛盾，尽可能均匀地保持生产，甚至还有“奇货可居”的投机功能。

无论持有哪一种观点，实际上，任何企业都离不开库存，库存的存在对于企业至关重要。问题的关键是合理控制库存水平，既保证生产过程连续进行，及时满足顾客需求，又使企业有限的资金得到有效的利用。本章主要介绍企业库存的含义、分类、功能，库存控制的目标与模型，ABC 库存管理方法以及仓库管理的基本内容。

5.1 库存决策概述

物料的存储现象由来已久。早期的库存仅仅是仓储的一部分，即仓库中的存储量的决策，那时的存储是“多多益善”。但是把库存问题作为一门学科来研究，还是 20 世纪以后的事情。在 1915 年，经济学家福特·W·哈里斯就提出了该问题，他研究如何从经济的角度确定最佳的库存数量。“经济订货批量”的提出，从根本上改变了人们对库存问题的传统认识，是对库存理论研究的一个重大突破，可以说是现代库存理论的奠基石。

在第二次世界大战期间及结束以后，由于军工生产和作战的需要，运筹学、数理统计等理论与方法得到了极大的发展和推广及应用。这些理论研究也开始用于解决库存问题，逐步形成了系统的库存理论，也称“存储论”。信息技术的出现和迅猛发展，使得库存决策理论和技术更加完善，库存控制系统得到应用，出现了零库存、供应商管理库存、企业资源计划等理论，促使库存理论成为一门比较完善的学科。

5.1.1 库存及库存功能

1. 库存的概念

什么是库存(inventory)？在英文中有两个单词用于表示这个意思，“inventory”和“stock”，表示用于将来目的的资源暂时处于闲置状态。关于库存的定义，也有很多说法，概括起来主要有以下两种。

(1) 库存是指企业在生产经营过程中为现在和将来的耗用或者销售而储备的资源。包括原材料、材料、燃料、低值易耗品、在制品、半成品、产成品等。

(2) 库存是指企业用于今后生产、销售或使用的任何需要而持有的所有的物品和材料。

在企业接到顾客订单后，当顾客要求的交货时间比企业从采购材料、生产加工，到运送货物到顾客手中的时间(供应链周期)要短时，就必须预先储存一定数量的产成品，来弥补这个时间差。

例如，某零售商向生产厂家订购一定数量的商品并要求第二天到货，而生产厂家生产该商品需要花 5 天时间，运送需要花 1 天时间。如果生产厂家预先生产一定数量的该商品并储存在成品仓库的话，则只需 1 天的时间就可以满足顾客的要求，避免发生缺货或延期交货的现象。如果企业没有任何库存，则从生产到交货至少需要 6 天的时间，如果再考虑材料的采购时间，则需要比 6 天更长的时间，这样就有可能失去这笔订单。

一般来说，企业在销售阶段，为了能及时满足顾客的要求，避免发生缺货或延期交货的现象，需要有一定的成品库存；在生产阶段，为了保证生产过程的均衡性和连续性，需要有一定的在制品、零部件；在采购生产阶段，为了防止供应市场的不确定性给生产环节造成影响，保证生产过程中原材料、材料以及外购件的供应，需要有一定的原材料、外购件库存。

从另外一个方面来看，库存物品要占用资金，产生库存维护费用，并存在库存积压而产生损失的可能。因此，既要利用库存保证企业的生产和销售的顺利进行，又要防止库存过量，占用大量不必要的库存资金。

2. 库存的分类

在企业物流活动中，企业持有的库存有不同的形式。从不同的角度可以对库存进行多种不同的分类。

1) 按其在企业物流过程中所处的状态分类

(1) 原材料库存(raw material inventory)。它是指企业通过采购和其他方式取得的用于制造产品并构成产品实体的物品，以及供生产耗用但不构成产品实体的辅助材料、修理用备件、燃料以及外购半成品等，用于支持企业内制造或装配过程的库存。这部分库存可能是符合生产者自己标准的特殊商品，它存在于企业的供应物流阶段中。

(2) 在制品库存(work-in-process inventory)。它是指已经过一定生产过程，但尚未全部完工，在销售以前还要进一步加工的中间产品和正在加工中的产品，包括产品生产的不同阶段的半成品，它存在于企业的生产物流阶段中。

(3) 维护/维修库存(maintenance/repair/operating inventory)。它是指用于维修与养护的、经常消耗的物品或部件，如石油润滑脂和机器零件。但不包括产成品的维护活动中所用的物品或部件，它也存在于企业的生产物流阶段中。

(4) 产成品库存(finished goods inventory)。它是指准备运送给消费者的完整的或最终的产品。这种库存通常由不同于原材料库存的职能部门来控制，如销售部门或物流部门。它存在于企业的销售物流阶段中。

这几种库存可以在供应链上的不同位置。原材料库存可以在两个位置：供应商或生产商之处。原材料进入生产企业后，依次通过不同的工序，每经过一道工序，附加价值都有所增加，从而成为不同水准的在制品库存。当在制品库存在最后一道工序被加工完成后，变成完成品。完成品也可以放在不同的储存点，如生产企业内、配送中心、零售店，直至转移到最终消费者手中。

2) 按库存的目的分类

(1) 经常库存(cycle inventory)。它是指企业在正常的经营环境下为满足日常的需要而建立的库存。这种库存随着每日的需要不断减少，当库存降低到订货点时，就要订货来补充库存。这样稳定的需求和提前期(即从出订单到收到货物所花费的时间)使得库存决策问题大大简化，平均库存就是一次订货量的一半。例如，超市里某种面粉每天的销售量是 20 袋，订货提前期是 10 天，那么超市只需要在固定时间订货，在保有经常库存之外就不需要额外的库存了。如图 5.1 所示，该超市面粉的一次订货量为 400 袋，平均库存水平为 200 袋。

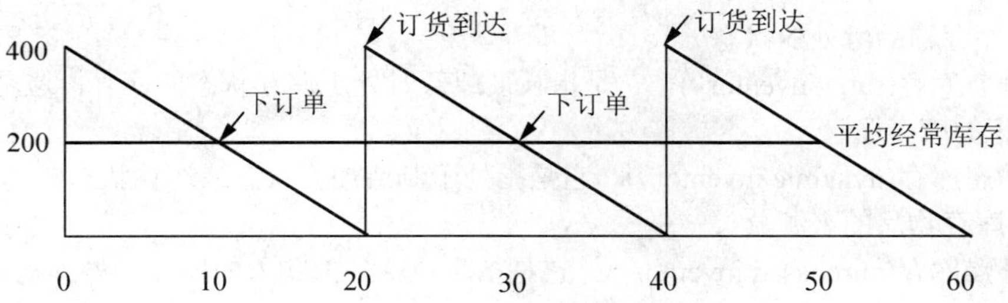

图 5.1 某超市经常库存水平示意图

(2) 安全库存(safety inventory)。它是指为了防止由于不确定因素而准备的缓冲库存，不确定因素有大量突发性订货、交货期突然提前、生产周期或供应周期等可能发生的不可预见的变化以及一些不可抗力因素等。例如，供货商没能按预订的时间供货，生产过程中发生意外或设备出现故障导致某一工序停工等。

(3) 在途库存(in-transit inventory)。它是指正处于运输以及停放在相邻两个工作地之间或相邻两个组织之间的库存，这种库存是一种客观存在，而不是有意设置的。在途库存的大小取决于运输时间以及该期间内的平均需求。

(4) 季节性库存(seasonal inventory)。它是指为了满足特定季节出现的特定需要(如夏天对啤酒的需要)而建立的库存，或指对季节性出产的原材料(如大米、棉花、水果等农产品)在出产的季节大量收购所建立的库存。

(5) 投机库存(speculative inventory)。它是指除满足正常需求之外的原因而储备的库存。例如，对金、银、铜等贵金属以及短缺原材料的采购，需要在其价格合适的时候进行一定的储备，以防价格升高或供应商断货。

(6) 促销库存(promotional inventory)。它是指为了应对企业的促销活动产生的预期销售量的增加而建立的库存。

(7) 沉淀库存或积压库存(dead/obsolete/shrink inventory)。它是指因物品品质变坏不再有效用的库存或因没有市场销路而卖不出去的商品库存。

3) 按用户对库存的需求特性分类

(1) 独立需求库存(independent demand inventory)。它是指用户对某种库存物品的需求与其他种类的库存无关，表现出对这种库存需求的独立性。消耗品、维修零部件和最终产品的库存通常属于独立需求库存。

(2) 相关需求库存(related demand inventory)。它是指与其他需求有内在相关性的需求，根据这种相关性，企业可以精确地计算出它的需求量和需求时间，是一种确定型需求。例如，用户对企业制成品的需求一旦确定，与该产品有关的零部件、原材料的需求就随之确定，对于这些零部件、原材料的需求就是相关需求。

库存需求特性的这种分类构成了库存管理的两大部分：对相关需求库存的管理和对独立需求库存的管理。对相关需求库存的管理实际上是对制成品的物料需求的管理，库存的数量关系可以用物料清单(BOM)表示，时间关系则可以通过生产周期、生产提前期、运输时间等因素计算得出。MRP(物料需求计划)就是用来解决相关需求的采购、库存及供给问题的。而对于独立需求库存的管理，由于其需求时间和数量都不是由企业本身控制的，所以不能像相关需求那样处理，只能采用“补充库存”的控制机制，将不确定的外部需求问题转化为对内部库存水平的动态监视与补充的问题。

4) 按库存物品所处的状态分类

(1) 静态库存(satic inventory)。它是指长期或暂时处于储存状态的库存，这是人们一般意义上认识的库存概念。

(2) 动态库存(dynamic inventory)。它是指处于制造加工状态或运输状态的库存。

5) 按库存物品的来源分类

(1) 外购库存(purchased inventory)。它是指企业从外部购入的库存，如外购材料等。

(2) 自制库存(homemade inventory)。它是指由企业内部制造的库存，如自制材料、在制品和制成品等。

3. 库存的功能与作用

1) 库存的积极作用

企业运营过程的各个环节之间都存在库存，在采购、生产、销售的不断循环过程中，库存使各个经济环节的独立运行成为可能。另外，库存可以缓解各个环节之间由于供求品种及数量的不一致而出现的种种矛盾，把采购、生产和销售等各个环节连接起来，起到润滑剂的作用。

对于库存在企业中所起的作用，不同的部门有不同的看法。库存管理部门和其他部门的目标存在冲突，为了实现最佳库存管理，需要协调各个部门的活动，使每个部门不仅是以有效实现本部门的局部效益为目标，更要以实现企业的整体效益为目标。

高的顾客满意度和低的库存成本一直被人们认为是一对相冲突的目标，但现在通过应用创新的物流管理技术，同时改进企业内部管理和强化部门协调，企业就可以同时实现这两个相冲突的目标。库存管理在企业经营中的作用可概括为以下 5 点。

(1) 满足不确定的顾客需求。每个制造企业的存在都是为了满足顾客对特定产品的使用需求，因为顾客的需求是不确定的，所以制造商、分销商、零售商都会持有一定的库存。另外，延迟送货和意料之外的需求增长增加了缺货风险。延迟的发生可能是由于气候条件、供应商缺货等问题引起的。持有安全库存能够降低缺货风险。安全库存是指为应对需求和交付时间的多变性而持有的超过平均需求的库存。

(2) 调节对生产能力的要求。经历季节性需求模式的企业总是在淡季积累库存，满足特定季节的过高需求。例如，空调、啤酒以及某些节日用品等销售季节性很强的商品，需求不确定，企业的生产能力无法满足高峰时期的需求，这样可以在淡季储存这些产品，以满足顾客在购买高峰时期的需求。还有些产品的生产也是极具季节性的，如某些蔬菜、水果等，但其需求却是连续不断和比较稳定的，因此，销售水果和蔬菜以及生产水果和蔬菜罐头的企业就必须储存一定量的产品。

(3) 缓解生产过程中不可预料的问题。制造企业为保持生产的连续性，往往采用库存作缓冲，避免在设备出现故障时使生产陷于混乱，严重时甚至可能出现部分业务临时中断。同样，运用原材料库存，使得公司的生产过程和来自供应商的运输中断问题隔离开，制成品库存使销售过程和制造过程隔离开。尽管库存占用一定的成本和空间，但为了克服生产过程中的不确定因素，保持合理的库存是必需的。

(4) 利用数量折扣和订货周期，降低单位订购费用与生产准备费用。为使采购和库存成本平衡，公司往往一次性地购买超过现有需求的数量，这样就降低了单位订购费用与生产准备费用。因此，保存库存能够使公司批量采购和生产，无须为短期需求与购买或生产的平衡而费尽心机。在有些情况下，集体订货和固定时间订货会更现实或更经济。

(5) 避免价格上涨。有时公司预期当期物价要上涨，为避免增加成本，它们就会以超过平时正常水平的数量进行大批量的采购。储存多余商品的能力也允许公司利用更大订单获取价格折扣。

2) 库存的负面作用

尽管库存在企业管理中起着重要的作用，但是它的作用是相对的。客观地说，任何企业都想把库存压到最低，无论是原材料、在制品还是成品，企业都想方设法降低库存，这是因为库存还会给企业带来很多不利因素，库存的弊端主要表现在以下几个方面。

(1) 过量的库存没有用处，只能占用企业大量的资金。大多数企业，资源都是有限的。库存过高将使大量的资本被冻结在库存上，当库存停滞不动时，周转的资金就会越来越少，使企业的利息支出相对增加，制约了企业提高生产效率、开发新产品等活动的进行。

(2) 加剧库存损耗。库存过高的必然结果是使库存的储存期增长，库存发生损失和损耗的可能性增加。

4. 库存的成本构成

库存管理的任务是用最少的费用在适宜的时间和适宜的地点获取适当数量的原材料、消耗品和最终产品。库存是包含经济价值的物质资产，购置和存储都会产生费用。库存成本中有三大类对库存决策起到重要作用，即采购成本、库存持有成本和缺货成本。

1) 采购成本

补货时采购商品的相关成本是决定再订货数量的重要经济因素。发出补货订单后，就会产生一系列与订单处理、准备、传输、操作和购买相关的成本。

2) 库存持有成本

它是因一段时间内存储或持有商品而导致的，大致与所持有的平均库存量成正比。库存持有成本包括以下几个方面。

(1) 空间成本。空间成本是因占用存储建筑内的立体空间所支付的费用。如果是租借的空间，存储费用一般按一定时间内存储产品的重量来计算。如果是自有仓库或合同仓库，则空间成本取决于分担的运营成本，这些运营成本都是与存储空间相关的，同时还取决于与存储量相联系的固定成本，如存储设施成本。在计算在途库存的持有成本时，不必考虑空间成本。

(2) 资金成本。资金成本指库存占用资金的成本。资金成本是各项库存持有成本中最捉摸不定的，最具有主观性的一项。其原因有两个：一是库存是短期资金和长期资金的混合，有些存货仅为满足季节性需求服务，而另一些则为迎合长期需求而持有；二是从优惠利率到资金的机会成本，资金成本差异巨大。

(3) 库存服务成本。保险和税收也构成库存持有成本的一部分，因为它们的水平基本取决于持有的库存量。

(4) 库存风险成本。这一成本反映了一个非常现实的可能性，即由于企业无法控制的原因，如陈旧过时等造成存货的货币价值降低。

库存持有成本是可变动的成本，它与平均存货数量或存货平均值成正比。因此，订货成本和库存持有成本随着订货次数或订货规模的变化而成反方向变化。

3) 缺货成本

当客户下达订单，但所订货物无法由平常所指定的仓库供货时，就产生了缺货成本。

缺货成本有两种：失销成本(lost sales costs)和保留订单成本(back order costs)。当出现缺货时，如果客户选择收回他的购买要求，就产生了失销成本。该成本就是本应获得的这次销售的利润，也可能包括缺货对未来销售造成的消极影响。如果客户愿意等待订单履行，那么就不会发生失销情况，只会出现订单履行的延期，即产生保留订单成本。

5.1.2 有效库存管理的必要条件

1. 库存管理的目标

库存管理基于两点考虑：一个是顾客服务水平，即在正确时间、正确地点供应适量的所需物品；另一个则是总成本，包括订货成本、库存持有成本、缺货成本和物品成本。

库存管理的总目标是：在库存投资有限的情况下，以最低成本达到一定的顾客服务水平。为实现该目标，管理者必须对持有的库存水平、库存补充时机与补充量(即订货量)做出科学决策。

评价库存管理绩效的指标有顾客服务水平(或缺货风险)、库存周转率与天数。顾客服务水平是满足顾客需求的程度。一般来说，库存水平高，服务水平也高。库存投资收益率是指在一定时期内，销售收入(或利润)与库存投资的比率。

库存周转率是指在给定的一段时间(年)内，库存总额周转或者出售的次数。它可以用年销售额(成本)除以库存价值求得。较高的周转次数，意味着一定数额的投资所带来的高销售额和相应较低的单位库存成本。用公式可表示为库存天数是库存周转率的倒数，即

$$库存周转率=\frac{销售额(成本)}{库存价值}$$

2. 库存盘存系统

库存盘存系统有两种：定期盘存系统和永续盘存系统。在定期盘存系统中，按一定间隔期盘点库存中各种物品的实际数量，以确定各物品的订货数量，如小型零售店经常采用这种方法。这种系统的优点是许多物品可以同时订货，使订货处理成本与运输成本更为经济。其缺点之一是在检查间隔期对物料缺乏控制；另外，为防止检查间隔期缺货情况发生，需要保持额外的库存。

永续盘存系统则持续跟踪库存变化，随时掌握各物品的当前库存水平。一般当库存水平达到预先确定的最低水平时，就进行固定数量的订货，如银行的用户存取款业务。这种系统的优点是持续监控库存，有利于库存控制，及时发现缺货，减少缺货风险；此外，固定批量可以采用经济订货批量。缺点是连续记录库存水平增加成本，而且需要定期对库存实际水平进行盘存。

永续盘存系统可采用双堆法或两仓法进行控制。用两个容器存放库存，取用时，先从第一个容器进行，直到把它用完，然后就发出订货，第二个容器的库存满足订货期的需求。这种方法的优点是不必记录每笔库存取用情况。双堆法是一种简单的及时库存记录系统。复杂的可以采用通用产品条形码和读码机自动记录物品出入库情况，使得库存记录系统能够随时提供现有库存情况，大大改善了库存管理。

永续盘存系统既可以实施批处理，也可以实施实时处理。在批处理系统中，库存记录被定期收集，进入系统；实时处理系统的优点是信息总是最新的。

3. 信息支持

有效的库存管理必须有准确而充分的信息支持。具体需要两方面信息：需求信息和费用信息。

库存是用来满足需求的，所以科学准确地预测需求数量与时间对于合理控制库存至关重要。如果需求预测不准或提前期计算不准，采用的控制策略就会失效。需求和提前期都是随机变量，难以做到十分准确，但应该知道它们的变化幅度。变化幅度越大，则过量库存越大，缺货的风险也越大。

与库存有关的费用包括以下几类。

(1) 维持库存费用(holding cost)，维持库存所必需的费用包括利息、折旧、税收、保险、老化和变质损失、损坏和被偷窃损失以及仓库费用(供热、供电、租金、保安)等，此外，还有库存占用资金可能投资别处的机会成本。这部分费用与物品价值和平均库存量有关，是可变成本。

(2) 订货费用(reorder cost)，是订货与收到货物的成本，包括准备发货单费用、运输费用、检验费用等。它与发生的订货次数有关。

(3) 缺货损失费(shortage cost)，反映由于需求大于持有的库存供应量时，失去的销售机会损失、信誉损失以及使生产过程中断造成的损失。缺货费用一般很难度量。

(4) 年购买费用(purchasing cost)，是所采购物品的价值。

4. 库存的 ABC 管理

阅读链接 5-1

ABC 分析法的产生及其形成

ABC 分析法(ABC—analysis)，起源于意大利社会学家帕累托对英国人口和收入问题的研究。该分析方法的核心思想是在决定一个事物的众多因素中分清主次，识别出少数的但对事物起决定作用的关键因素和多数的但对事物影响较少的次要因素。后来，美国通用电气公司董事长迪基经过对该公司的库存物品调查发现，上述原理也适用于存储管理。1951 年，管理学家戴克将其应用于库存管理，并命名为 ABC 法，使帕累托法则(80/20 法则)从对一些社会现象的反映和描述发展成一种重要的管理手段。1951—1956 年，朱兰将 ABC 法引入质量管理，用于质量问题的分析，被称为排列图。1963 年，德鲁克将这一方法推广到全部社会现象，使 ABC 法成为企业提高效益普遍应用的管理方法。

ABC 分析法是运用数理统计的方法，对种类繁多的各种事物及相关因素，按其影响程度或事物属性及所占权重等不同要求，进行统计、排列和分类，划分为 A、B、C 3 部分，分别给予重要、一般、次要等不同程度的相应管理。在存货管理中，ABC 分类方法，通常就是将库存品按品种和占用资金的多少分为 3 类：特别重要的库存品，即 A 类；一般重要的库存品，即 B 类；最不重要的库存品，即 C 类。

(资料来源：盛勇．ABC 分析法在库存管理中的应用[J]．财会研究，2009，2:42-44)

意大利经济学家帕累托在统计社会财富的分配时，发现大约占人口总数 20%左右的人占有社会财富的 80%左右，得出了“关键少数决定次要多数”的原理，即 80/20 原则。库存的 ABC 管理方法就是依据某些重要性度量标准划分物资的库存。通常依据各物资占用资金多少将物资分为 ABC 3 类：A 类物资占用了 70%～80%的资金，品种占 10%～20%；B

类物资占用了15%～20%的资金，品种占30%～40%；C类物资占用了5%～10%的资金，品种占40%～50%。然后对每类物资进行不同程度的控制。ABC管理方法的特点详见表5-1。

表5-1　ABC分类方法的特点

类别	品种数量(占总量百分比)	金额(占总量百分比)	控制程度	记录类型	安全库存	订货策略
A	10%～20%	70%～80%	紧	完全、精确	低	细心、精确；经常检查
B	30%～40%	15%～20%	一般	完全、精确	中等	正常订货
C	40%～50%	5%～10%	松	简化	高	周期性订货；1～2年供应

库存的ABC管理方法的步骤是：首先，列出所有产品及其全年使用量。将年使用量乘以单价求得其价值，按价值的高低标出各种物资的大小序号。其次，按序号大小将物资重新排序，并计算累积年使用金额和累积百分比。则累积百分比占70%～80%的物资即为A类物资，累计百分比占80%～95%的物资即为B类物资，累计百分比占95%～100%的物资即为C物资。对A类物资尽可能严加控制，要求最准确、最完整和明细的记录，要求供应商能够按订单频繁交货，压缩提前期。对C类物资可以加大订购量和库存量，减少日常的管理工作。对B类物资的管理介于A、C类物资管理之间。进一步发展，还有ABCD分类法，或将A类项目再分为AAA、AA和A 3类的分类方法。

【例5.1】某企业10种物料的年使用量、单价见表5-2。

表5-2　10种物料的使用量与资金占用情况

物料编号	年使用量/件	单价/元	年使用量的价值额/元
001	1 000	4.8	4 800
002	1 000	1.4	1 400
003	1 400	28	39 200
004	700	8	5 600
005	800	32.5	26 000
006	1 000	3.4	3 400
007	1 000	1.5	1 500
008	200	4.5	900
009	100	3	300
010	1 000	3.2	3 200
合计			86 300

将10种物品进行ABC分类，结果见表5-3。

表5-3　对10种物品进行ABC分类结果

物料编号	年使用量价值额/元	累计价值额/元	累计价值额比例/%	分类
003	39 200	39 200	45.42	A
005	26 000	65 200	75.55	A

续表

物料编号	年使用量价值额/元	累计价值额/元	累计价值额比例/%	分类
004	5 600	70 800	82.04	B
001	4 800	75 600	87.60	B
006	3 400	79 000	91.15	B
010	3 200	82 200	95.25	C
007	1 500	83 700	96.99	C
002	1 400	85 100	98.61	C
008	900	86 000	99.65	C
009	300	86 300	100.00	C

5.2 独立需求下的库存控制

库存控制就是决定和调节库存物品的种类和数量，使之既不过剩又不缺货，目标是保持最佳的库存水平。一方面，维持较高的库存水平可以减少缺货风险，减少订货次数，以降低订货费用，但是库存维持费用提高了；另一方面，保持较低的库存水平，要依赖供应商的准时送货，虽然降低了库存维持费用，但是提高了订货次数，库存的管理时间与费用增加了。因此需要保持合理的库存水平。

依据库存需求特性不同，确定这些问题的方法不同。对于相关需求，若已知最终产品的需求，则物料的需求也就确定了，相应的库存水平也就确定了，可采用 MRP 系统计算。而对于独立需求，由于需求不是由企业本身来控制，只能采用“补充机制”来控制库存，这种补充机制模型如图 5.2 所示。它就像一个蓄水池，右下端是客户的需求，其流量取决于需求率，左上端是补充库存，其补充量取决于库存补充率。要达到一定的服务水平，就需要保持一定的库存量。所以，对于独立需求库存的控制关键是确定何时补充库存，以及每次补充多少。

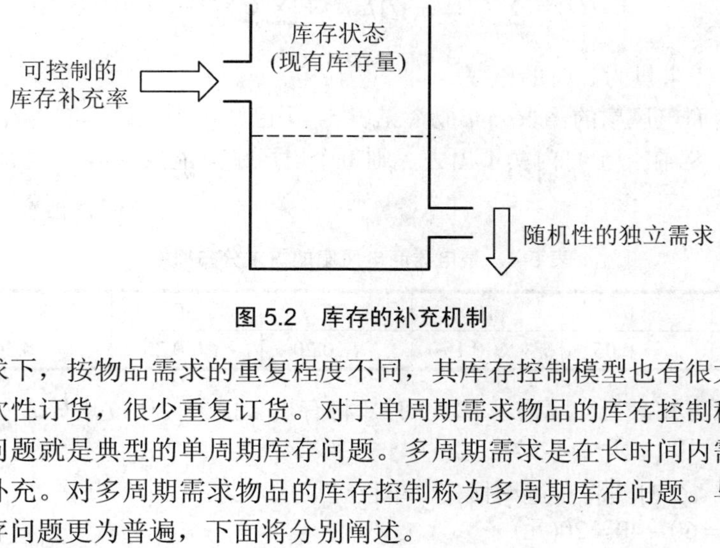

图 5.2 库存的补充机制

在独立需求下，按物品需求的重复程度不同，其库存控制模型也有很大差别。单周期需求也称为一次性订货，很少重复订货。对于单周期需求物品的库存控制称为单周期库存问题，如报童问题就是典型的单周期库存问题。多周期需求是在长时间内需求反复发生，库存需求不断补充。对多周期需求物品的库存控制称为多周期库存问题。与单周期库存相比，多周期库存问题更为普遍，下面将分别阐述。

5.3 单周期库存模型

对于单周期需求来说，库存决策的关键在于确定最佳的订货量。为此需要考虑各种由订货引起的费用。由于只发出一次订货和只发生一次订购费用，所以订货费用为一种沉没成本，它与决策无关。库存费用也可视为一种沉没成本，因为单周期物品的现实需求无法准确预计，而且只通过一次订货满足，所以即使有库存，其费用的变化也不会很大。因此，只有机会成本和折旧成本对最佳订货量的确定起决定性的作用。

单周期库存模型主要考虑两种成本：缺货成本和过期成本。缺货成本包括对信誉的损害与错过销售的机会成本。一般情况下，缺货成本用未实现的单位利润表示，即

C_u=单位销售额-单位成本

如果短缺物品与生产过程或设备有关，则缺货成本可用延误生产的实际成本。

过期成本属于期末剩余的物品产生的成本，是物品原始成本与残值之差，即

C_0=单位原始成本-单位残值

如果处置过期物品时发生了费用，使残值为负，这会增加过期成本。

确定最佳订货量可采用期望损失最小法、期望利润最大法或边际分析法。

5.3.1 期望损失最小法

顾名思义，期望损失最小法就是比较不同订货量下的期望损失，取期望损失最小的订货量作为最佳订货量。已知库存物品的单位成本为 C，单位售价为 P，若在预定的时间内卖不出去，则单价只能降价，按价格 $S(S<C)$卖出，单位过期成本为 $C_0=C-S$；若需求超过存货，则单位缺货成本(机会损失)$C_u=P-C$。

设订货量为 Q 时的期望损失为 $E_L(Q)$，则取使 $E_L(Q)$最小的 Q 作为最佳订货量。$E_L(Q)$可通过下式计算：

$$E_L(Q)=\sum_{d>Q} C_u(d-Q)p(d)+\sum_{d<Q} C_0(Q-d)p(d) \tag{5.1}$$

式中：$p(d)$——需求量为 d 时的概率。

【例 5.2】某电器商电风扇的需求分布概率见表 5-4。已知每个电风扇的进价 C=60 元，每个售价 P=100 元。若在一个月内卖不出去，则每个电风扇只能按 S=40 元卖出，求该商店挂历的最佳订货量。

表 5-4 某电器商电风扇的需求分布概率

需求 d/份	0	10	20	30	40	50
概率 p/d	0.05	0.15	0.20	0.25	0.20	0.15

解：由题意可知，当实际需求 $d>Q$ 时，将有机会损失，单位缺货成本为：

$C_u=P-C=100-60=40$(元)

实际需求 $d<Q$ 时，将有过期损失，单位过期成本为：

$C_0=C-S=60-40=20$(元)

当 Q=0 时，则

$$E_L(Q)=40\times(10-0)\times0.15+40\times(20-0)\times0.20+40\times(30-0)\times0.25+40\times(40-0)\times0.20+40\times(50-0)\times0.15=1\,140(\text{元})$$

当 Q=10 时，则

$$E_L(Q)=[40\times(20-10)\times0.20+40\times(30-10)\times0.25+40\times(40-10)\times0.20+40\times(50-10)\times0.15]+20\times(10-0)\times0.05=770(\text{元})$$

当 Q=20 时，则

$$E_L(Q)=[40\times(30-20)\times0.25+40\times(40-20)\times0.20+40\times(50-20)\times0.15+[20\times(20-0)\times0.05+20\times(20-10)\times0.15]=490(\text{元})$$

当 Q=30 时，则

$$E_L(Q)=[40\times(40-30)\times0.20+40\times(50-30)\times0.15]+[20\times(30-0)\times0.05+20\times(30-10)\times0.15+20\times(30-20)\times0.20]=330(\text{元})$$

当 Q=40 时，则

$$E_L(Q)=40\times(50-40)\times0.15+[20\times(40-0)\times0.05+20\times(40-10)\times0.15+20\times(40-20)\times0.20+20\times(40-30)\times0.25]=320(\text{元})$$

当 Q=50 时，则

$$E_L(Q)=20\times(50-0)\times0.05+20\times(50-10)\times0.15+20\times(50-20)\times0.20+20\times(50-30)\times0.25+20\times(50-40)\times0.20=430(\text{元})$$

当 Q 取其他值时，可按同样方法算出 $E_L(Q)$，结果见表 5-5。由该表可以得出最佳订货量为 40 份。

表 5-5 期望损失计算表

订货量 Q	实际需求/d						期望损失/元
	0	10	20	30	40	50	
	P/d						
	0.05	0.15	0.20	0.25	0.20	0.15	
0	0	400	800	1 200	1 600	2 000	1 140
10	200	0	400	800	1 200	1 600	770
20	400	200	0	400	800	1 200	490
30	600	400	200	0	400	800	330
40	800	600	400	200	0	400	320
50	1 000	800	600	400	200	0	430

【例 5.3】根据调查，我市一家报社 3 个月(90 天)中报纸有 4 天每日销售 20 万份，有 8 天每日销售约 22 万份，有 60 天每日销售约 24 万份，有 12 天每日销售约 26 万份，有 6 天每日销售约 28 万份。每份报纸成本费为 0.45 元，销售价为 0.50 元，试确定最佳印刷方案。

解：

印数为 20 万份时：

当市场的销售状态为 20 万份时，损失值为：0 元

当市场的销售状态为 22 万份时，机会损失为：500×2 =1 000(元)

当市场的销售状态为 24 万份时，机会损失为：500×4 =2 000(元)

当市场的销售状态为 26 万份时，机会损失为：500×6 =3 000(元)

当市场的销售状态为 28 万份时，机会损失为：500×8 =4 000(元)

印数为 22 万份时：

当市场的销售状态为 20 万份时，过剩损失为：4500×2 =9 000(元)

当市场的销售状态为 22 万份时，损失值为：0 元

当市场的销售状态为 24 万份时，机会损失为：500×2 =1 000(元)

当市场的销售状态为 26 万份时，机会损失为：500×4 =2 000(元)

当市场的销售状态为 28 万份时，机会损失为：500×6 =3 000(元)

同理可计算出其他印数和各种市场销售状态情况下的可能的损失值，见表 5-6。

表 5-6　各种市场销售状态情况下的损失值和各方案的损失期望值

订货量 Q	实际需求/d					期望损失/元
	20 万份	22 万份	24 万份	26 万份	28 万份	
	P/d					
	4/90	8/90	60/90	12/90	6/90	
A_1(20 万份)	0	1 000	2 000	3 000	4 000	2 088.89
A_2(22 万份)	9 000	0	1 000	2 000	3 000	1 533.33
A_3(24 万份)	18 000	9 000	0	1 000	2 000	1 866.67
A_4(26 万份)	27 000	18 000	9 000	0	1 000	8 866.67
A_5(28 万份)	36 000	27 000	18 000	9 000	0	17 200

各种方案的损失期望值计算如下：

$E(A_1)$=0×4/90+1000×8/90 +2 000×60/90 +3 000×12/90+4 000×6/90=2 088.89(元)

$E(A_2)$=9 000×4/90+0×8/90+1 000×60/90+2 000×12/90+3 000×6/90=1 533.33(元)

$E(A_3)$=18 000×4/90+9 000×8/90+0×60/90+1 000×12/90+2 000×6/90=1 866.67(元)

$E(A_4)$=27 000×4/90+18 000×8/90+9 000×60/90+0×12/90+1 000×6/90=8 866.67(元)

$E(A_5)$=36 000×4/90+27 000×8/90+18 000×60/90+9 000×12/90+0×6/90=17 200(元)

(以上计算结果填入表 5-6 最后一栏。)

由计算结果得知，每日印刷 22 万份报纸的损失期望值最小，所以每日印刷发行 22 万份为最佳印刷方案。

5.3.2　期望利润最大法

期望利润最大法就是比较不同订货量下的期望利润，取期望利润最大的订货量作为最佳订货量。设订货量为 Q 时的期望利润为 $E_p(Q)$，则：

$$E_p(Q)=\sum_{d<Q}[C_u d-C_0(Q-d)]P(d)+\sum_{d>Q}C_u QP(d) \tag{5.2}$$

例如，在例 5.3 中

印数为 20 万份时：

当市场的销售状态为 20 万份时，获得利润为：500×20 =10 000(元)。

当市场的销售状态超过 20 万份(即 22 万份、24 万份、26 万份、28 万份)时，由于只印刷了 20 万份，所以获得利润只能是 10 000 元。

印数为 22 万份时：

当市场的销售状态为 20 万份时，获得利润为：500×20−4 500×2=1 000(元)。

当市场的销售状态为 22 万份时，获得利润为：500×22=11 000(元)。

当市场的销售状态超过 22 万份(即 24 万份、26 万份、28 万份)时，由于只印刷了 22 万份，所以获得利润只能是 11 000 元。

同理可以计算出其他印数和各种市场销售状态情况下的可能利润值，见表 5-7。

表 5-7　各种市场销售状态情况下的收益值和各方案的收益期望值

订货量 Q	实际需求/d					收益期望/元
	20 万份	22 万份	24 万份	26 万份	28 万份	
	P/d					
	4/90	8/90	60/90	12/90	6/90	
A_1(20 万份)	10 000	10 000	10 000	10 000	10 000	10 000
A_2(22 万份)	1 000	11 000	11 000	11 000	11 000	10 555.56
A_3(24 万份)	−8 000	2 000	12 000	12 000	12 000	10 222.22
A_4(26 万份)	−17 000	−7 000	3 000	13 000	13 000	3 222.22
A_5(28 万份)	−25 000	−16 000	−6 000	4 000	14 000	−5 111.11

各种方案的收益期望值计算如下：

$E(A_2)$=1 000×4/90+11 000×(8/90+60/90+12/90+6/90)=10 555.56(元)

$E(A_3)$=−8 000×4/90+2 000×8/90 +12 000×(60/90+12/90+6/90)=10 222.22(元)

$E(A_4)$=−17 000×4/90−7 000×8/90 +3 000×60/90 +13 000×(12/90+6/90)=3 222.22(元)

$E(A_5)$=−26 000×4/90−16 000×8/90−6 000×60/90+4 000×12/90 +14 000×6/90

=−5 111.11(元)

(以上计算结果填入表 5-7 最后一栏。)

由计算结果得知，每日印刷 22 万份报纸的收益期望值最大，所以每日印刷发行 22 万份为最佳印刷方案。

5.3.3 边际分析法

对于单周期库存决策问题，除了用上述基于概率决策准则的期望损失最小法和期望利润最大法来求解最佳订货量外，还可使用边际分析法(marginal analysis)。

边际分析法的主要着眼点是如果增加一个单位订货(多生产或多购买一个单位)，那么此单位订货最后只有两种可能：卖出或不能卖出。增加的这一单位订货是否能够售出，由市场需求决定。在无法确定的状况下，市场需求仅能以销售概率来表示。于是考虑是否要增加这一单位订货，应评估该单位订货可能售出的概率。若其能售出的概率高，则可增加此单位订货，否则不宜增加该单位订货。

若增加一单位订货，其出售所得的利润称为边际利润(marginal profit，MP)，边际利润乘以该增加单位订货售出的概率，称为期望边际利润；未能售出所受的损失称为边际损失(marginal loss，ML)，乘以该增加单位订货不能售出的概率，称为期望边际损失。

用边际分析法进行库存决策，最佳订货量是指这样的一点：当订购量再增加一个单位时，该单位订货的期望边际利润小于其期望边际损失。或者说，销售最后一件商品所得的期望收益大于或等于最后一件商品未被售出时所带来的期望损失。这一条件可用下式表示：

$$P \times MP \geqslant (1-P) \times ML \tag{5.3}$$

式中：P——该件产品售出的概率。

按上式求解 P 可得：

$$P \geqslant ML \div (MP+ML) \tag{5.4}$$

式(5.4)表明订货量应当增加到最后一件商品的售出概率等于或大于比值 $ML \div (MP+ML)$。

未出售商品的处理收益作为残值，可用于抵扣边际损失。

【例 5.4】某大型商场销售某大品牌的元宵。每盒元宵进价 30 元，正月十五之前每盒卖价为 60 元。过了正月十五后，没有销售完的元宵将以 10 元每盒的价格退回到生产厂。最后 3 天的需求量大约为 55～60 盒，55 盒肯定能够售出，60 盒以上一定卖不出去。需求概率以及相关的累积概率分布见表 5-8。试问超市应该订购多少盒？

表 5-8　需求概率与累积概率

需求件数	需求的概率分布	第几盒	售出的概率
55	0.05	1～55	1.00
56	0.10	56	0.85
57	0.25	57	0.65
58	0.30	58	0.50
59	0.20	59	0.35
60	0.10	60	0.10
61	0	≥61	0

解：每盒元宵的边际收益等于售价减去成本，即 $MP=60-30=30$(元)

元宵未售出时每盒的边际损失等于单位成本减去残值，即 $ML=30-10=20$(元)

因此，最后一盒元宵的售出概率 P 应该满足以下关系：

$$P \geqslant ML \div (MP+ML)=20 \div (30+20)=0.4$$

由累积概率表可知，元宵售出概率大于或等于 0.4 时应该订购 58 盒。第 58 盒元宵售出的概率是 0.50。订购第 58 盒月饼的净收益等于期望边际收益减去相应的期望边际损失。

表 5-9 列出了所有决策方案的情况。从该表的最后一列可知，最佳订货量是 58 盒。

表 5-9　含残值的边际存储分析

需求件数(N)	需求的概率分布	第 N 盒售出的概率(P)	第 N 盒的期望边际收益($P \times MP$)	第 N 盒的期望边际损失$(1-P) \times ML$	第 N 盒的净收益
55	0.05	1.00	30	0	30
56	0.10	0.85	25.5	3	22.5
57	0.25	0.65	19.5	7	12.5
58	0.30	0.50	15	10	5
59	0.20	0.35	10.5	13	−3.5
60	0.10	0.10	3	18	−15
61	0	0	0	20	−20

5.4 多周期库存模型

对于多周期库存模型，本小节将讨论经济订货批量模型、经济生产批量模型、EOQ和EPL模型、价格折扣模型。

5.4.1 经典经济订货批量模型

早在1915年，哈里斯对银行货币的储备进行了详细的研究，建立了一个确定性的库存费用模型，并确定了最优解，即最佳批量。1934年，威尔逊重新得出了哈里斯的公式，即经济订货批量公式(economic order quantity，EOQ)，或称为威尔逊公式。经济订货批量模型研究了如何从经济的角度确定最佳的库存数量，从根本上改变了人们对库存决策问题的传统认识，是对库存理论研究的一个重大突破。

在研究、建立经济订货批量模型时，需要做一些假设，目的是使模型简单、易于理解和便于计算。假设条件如下。

(1) 已知全年的需求量。

(2) 已知连续不变的需求速率(每天的需求量为常数)。

(3) 已知不变的补给完成周期时间。

(4) 购买单价或运输价格与订货数量无关(不存在折扣)。

(5) 多种存货项目之间不存在交互作用。

(6) 不考虑在途存货。

(7) 不限制可得资本。

(8) 不允许缺货。

(9) 每次订货量不变。

(10) 维持库存费用是库存量的线性函数。

在以上假设条件下，库存的变化量如图5.3所示。

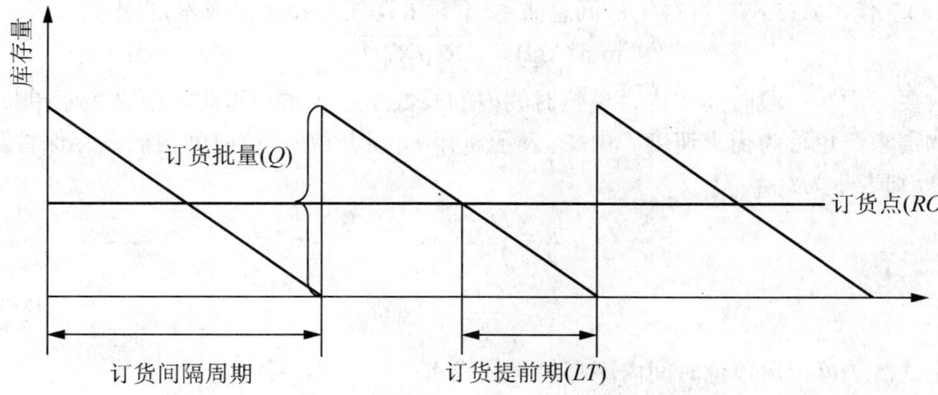

图5.3 库存量变化示意图

在图5.3中，库存按固定需求率减少，最大库存量为Q，最小库存量为0。在库存量降至订货点时，就按订货量Q发出订单。订单发出后，经过订货提前期(lead time，LT)后，新的一批订货到达。

与库存相关的费用包括以下几类。

(1) 维持库存费用(cost of holding)：以 CH 表示，是维持库存所必需的费用，它随订货批量 Q 的增加而增加，是 Q 的线性函数，包括资金占用、仓库建设、货物保管、保险、税收等费用。用 C_i 表示年度存货储存费用占货物价值的百分比，用 U 表示单位采购成本，库存费用 CH 可表示为年平均库存量($Q/2$)与 C_i 和 U 的乘积。

(2) 年订货费用(cost of reorder)：以 CR 表示，与全年发生的订货次数有关。一般与订货多少无关。用 D 表示年度订货量，C_0 表示每次订货的成本，则年订货成本为 C_0D/Q。

(3) 年采购成本(cost of purchasing)：以 CP 表示，与价格和订货数量有关。年采购成本为 UD。

(4) 年运输成本(cost of transportation)：以 CT 表示，与订货数量有关。用 K 表示单位运输成本，则年运输成本为 KD。

通过以上假设和分析，库存的年总成本 $C(Q)$ 可表示如下：

$$C(Q)=CH+CR+CP+CT=\frac{C_iUQ}{2}+\frac{C_0D}{Q}+UD+KD \tag{5.5}$$

由于年采购成本和年运输成本与每次订货量无关，暂时认为这两项成本不会影响存储策略的确定。故将式(5.5)简化为：

$$C(Q)=\frac{C_iUQ}{2}+\frac{C_0D}{Q} \tag{5.6}$$

现在的问题是，Q 取何值时可使 $C(Q)$ 最小？根据微积分求最小值的方法，令 $C(Q)$ 对 Q 的导数等于零，可求出：

$$\frac{\mathrm{d}C(Q)}{\mathrm{d}Q}=-\frac{C_0D}{Q^2}+\frac{1}{2}C_iU=0 \tag{5.7}$$

解得：

$$\mathrm{EOQ}=\sqrt{\frac{2C_0D}{C_iU}} \tag{5.8}$$

将 EOQ 代入式(5.6)，可得年最低总成本(不含采购成本和运输成本)的计算公式：

$$\min C(Q)=\sqrt{2C_0DC_iU} \tag{5.9}$$

有时要考虑在一段时间 T 内，单位时间内的最低库存成本。为此，用 R 表示单位时间内的货物需求，也称为需求速度。用 C_1 表示储存单位物资在单位时间内的库存保管费，R 和 C_1 可分别表示为：

$$R=\frac{D}{T}$$

$$C_1=\frac{C_iU}{T}$$

则由式(5.9)可得出单位时间内库存的最低成本：

$$f_{\min}=\frac{\min C(Q)}{T}=\sqrt{\frac{2C_0DC_iU}{T^2}}=\sqrt{2C_0C_1R} \tag{5.10}$$

同时，式(5.8)也可以写为：

$$\mathrm{EOQ}=\sqrt{\frac{2C_0R}{C_1}} \tag{5.11}$$

另外，由式(5.7)可得：

$$\frac{C_0D}{Q}=\frac{1}{2}C_iUQ \tag{5.12}$$

式(5.12)表明，若采用经济订货批量模型，则年订货成本等于年存储成本。另外，从式(5.8)可以看出，货物价值越高，经济订货批量将越小，订货频率也会提高。经济订货批量模型如图 5.4 所示。

【例 5.5】某机床厂某种齿轮的年需求量为 15 000，每次订货费用为 200 元，代为库存维持费用为 1.5 元，齿轮单价为每件 50 元，则经济订货批量为

解： $\text{EOQ}=\sqrt{\dfrac{2C_0D}{C_iU}}=\sqrt{\dfrac{2\times200\times15\,000}{1.5}}=2\,000$(件)

若一直订货提前期 LT=3 周，则订货点为：

$$RL=\frac{LT\times D}{52}=\frac{3\times15\,000}{52}\approx865\text{（件）}$$

年订货次数为：

$$N=\frac{D}{\text{EOQ}}=\frac{15\,000}{2\,000}=7.5\text{（次）}$$

【例 5.6】某公司每年以单价 10 元购入某种产品 6 000 件，每次订货费用为 20 元，资金年利息率为 12%，单位维持库存费用按库存货物价值的 18%计算，每次订货的提前期为 2 周。试求经济订货批量、库存年最低总成本、年订购次数和订货点。

解：由题意可知，每次订货发生的费用 C_0=20 元，年度订货量 D=6 000 件，单位采购成本 U=10 元，年度存货储存费用占货物价值的百分比为 C_i=0.12+0.18=0.30。

因此，经济订货批量为：

$$\text{EOQ}=\sqrt{\frac{2C_0D}{C_iU}}=\sqrt{\frac{2\times20\times6\,000}{0.3\times10}}=282.8$$

库存年最低总成本为：

$$\min C(Q)=\sqrt{2C_0DC_iU}=\sqrt{2\times20\times6\,000\times0.3\times10}\approx848.5(\text{元})$$

经济订货批量模型示意图如图 5.4 所示。

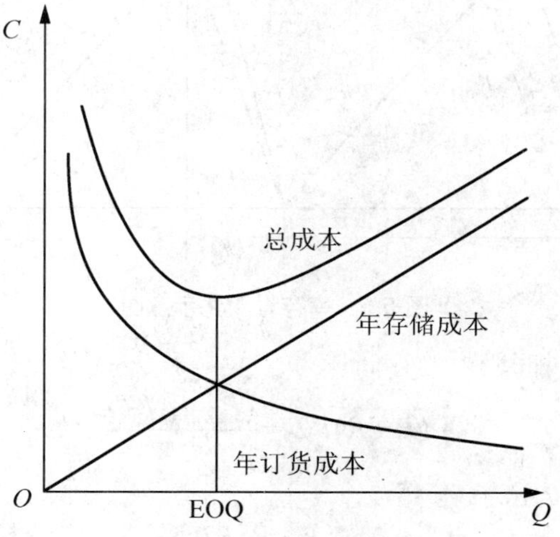

图 5.4　经济订货批量模型示意图

年订货次数：

$$N=\frac{D}{\text{EOQ}}=\frac{6\,000}{400}=15(\text{次})$$

订货点(即库存下降到该点时需要发出订单)：

$$RL=\frac{LT\times D}{52}=\frac{2\times 6\,000}{52}\approx 230(\text{件})$$

5.4.2 非即刻补货的 EOQ 模型

在企业的库存管理中，由于运输、装卸等环节的原因，经常出现订货非即刻入库的情况，即从订货点开始的一定时间内，一方面，订货按一定速度入库；另一方面，库存资料按生产的需求出库，入库完毕时，达到最大库存量。分期逐渐补充库存与提前订货是不同的。

分批逐渐(均匀)进货模型，一般是指零件厂至装配厂或生产厂至商店之间的供求关系中，装配厂(商店)向零件厂(生产厂)订货，零件厂(生产厂)一边加工，一边向装配厂(商店)供货，直到合同批量全部交货为止。

在非即刻补货的 EOQ 模型中，库存的补充是逐渐进行的，而不是瞬时完成的，其他假设条件与经典 EOQ 模型相同。

如图 5.5 所示，设单位时间内的进货量(供货速率)为 P，单位时间内的出库量(需求速率)为 $R(R<P)$。一定时间 t_p 内的进货批量为 Q，一次进货结束时，库存量达到最大值 $I_{\max}$。一个订货周期为 T，则有：

$$Pt_p=Q=RT \tag{5.13}$$

可得：

$$t_p=\frac{RT}{P} \tag{5.14}$$

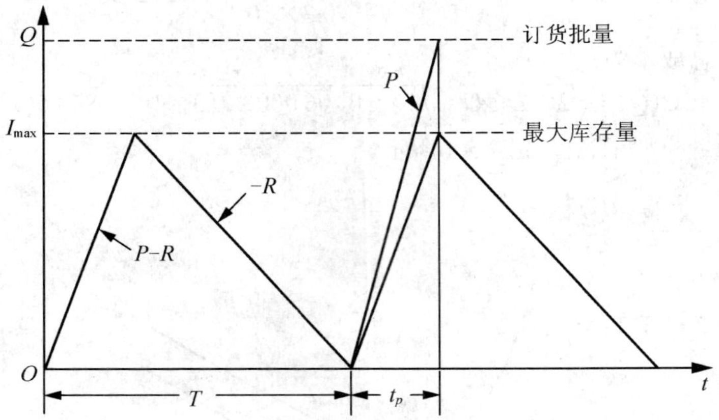

图 5.5 库存量变化示意图

一个订货周期 T 的时间段内的存储量为：

$$\frac{1}{2}(P-R)t_pT=\frac{(P-R)RT^2}{2P} \tag{5.15}$$

单位时间内的存储费用为：

$$C_1\frac{(P-R)RT}{2P} \tag{5.16}$$

式中：C_1——储存单位物资单位时间内的库存保管费。

单位时间内的总费用为：

$$f(T)=\frac{C_1(P-R)RT}{2P}+\frac{C_0}{T} \tag{5.17}$$

式中：C_0——表示每次订货的成本。

为了得到最佳订货周期和最佳订货批量，对式(5.17)求一元函数极值：

$$\frac{\mathrm{d}f}{\mathrm{d}T}=\frac{C_1(P-R)R}{2P}-\frac{C_0}{T^2}=0 \tag{5.18}$$

从式(5.18)中得出最佳订货循环时间：

$$T_0=\sqrt{\frac{2C_0}{C_1R}}\cdot\sqrt{\frac{P}{P-R}} \tag{5.19}$$

最佳订货批量：

$$Q_0=RT_0=\sqrt{\frac{2C_0R}{C_1}}\cdot\sqrt{\frac{P}{P-R}} \tag{5.20}$$

单位时间内的最小平均总费用：

$$f_0=C_1\frac{(P-R)RT_0}{2P}+\frac{C_0}{T_0}=\sqrt{2C_0C_1R}\cdot\sqrt{\frac{P-R}{P}} \tag{5.21}$$

所对应的进货时间：

$$t_p^*=\sqrt{\frac{2C_0R}{C_1}}\cdot\sqrt{\frac{1}{P(P-R)}} \tag{5.22}$$

通过比较式(5.11)与式(5.20)、式(5.10)与式(5.21)可以发现，与经典的EOQ模型相比，分批均匀进货，节省了存储费用，订货批量是整批进货的$\sqrt{\frac{P}{P-R}}$倍，而单位时间内的平均总费用反而是原来的$\sqrt{\frac{P-R}{P}}$。

【例5.7】某厂每月需甲产品100件，每月生产率为500件，每批装配费为50元，每月每件产品存储费为4元，求最佳经济生产批量及最低费用。

解：已知 C_0=50，C_1=4，P=500，R=100

$$Q_0=\sqrt{\frac{2C_0R}{C_1}}\cdot\sqrt{\frac{P}{P-R}}=\sqrt{\frac{2\times50\times100}{4}}\times\sqrt{\frac{500}{500-100}}\approx56(\text{件})$$

$$f_0=\sqrt{2C_0C_1R}\cdot\sqrt{\frac{P-R}{P}}=\sqrt{2\times4\times50\times100}\times\sqrt{\frac{500-100}{500}}\approx179(\text{元})$$

每次生产批量为56件，每次生产所需装配费及存储费最低为179元。

5.4.3 有价格折扣的EOQ模型

在经典的经济批量EOQ模型中，有一个假设是：外购货物的单价不受订货批量大小的影响。而实际上，在生产或者商业运作中，批量折扣是司空见惯的事情，在对外采购的时候，供应商通常根据采购批量的不同设置不同价格；在内部生产中，由于生产的规模经济效应，生产批量不同，产品的单位成本也不同，大批量的生产使生产商获利。例如，某零售商采购某种饮料，其价格见表5-10，该饮料的订购价格随订货数量的增加而降低。

表 5-10　某饮料的订货价格表

订货数量/箱	每箱价格/元
1～899	30
900～1 199	25
1 200 以上	20

由于价格折扣的存在，需要权衡大量得到价格折扣以及较少订货次数而带来的费用节约，与维持较高库存水平带来的库存成本的增加之间的大小，以便以经济的成本保证企业的正常运营。

有价格折扣的 EOQ 模型与经典的 EOQ 模型的假设条件仅有第 4 条不同，即允许有价格折扣。由于有价格折扣时，物资的单价不再是固定的了，需要考虑物品的自身价值。而在没有价格折扣的情况下，是否考虑物品自身的价值(或物料成本)，不会影响经济订货点的变化。如图 5.6 所示为有两个折扣点的价格折扣模型的费用。

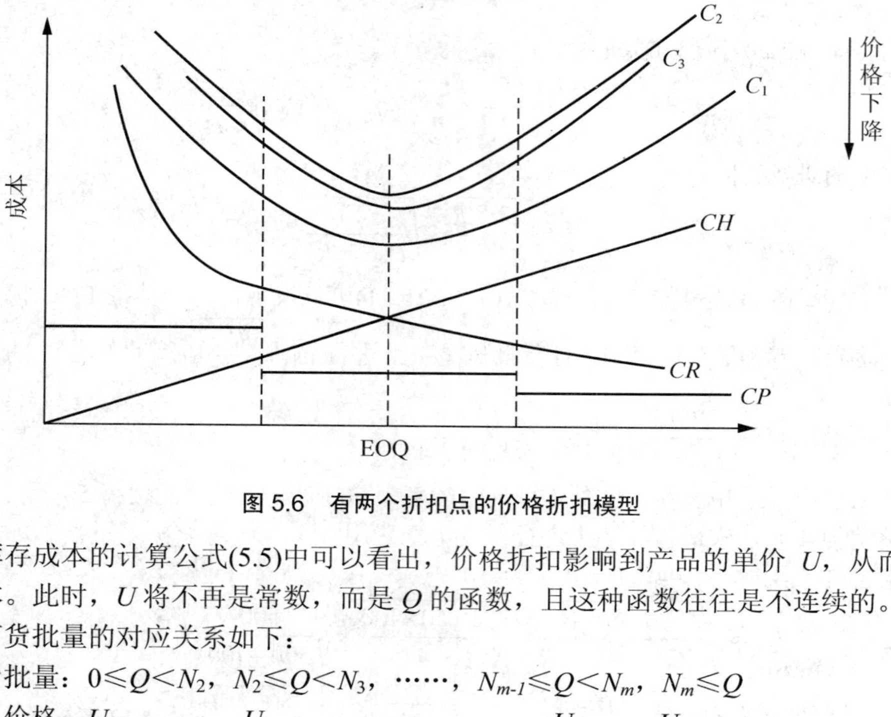

图 5.6　有两个折扣点的价格折扣模型

从库存成本的计算公式(5.5)中可以看出，价格折扣影响到产品的单价 U，从而影响到库存成本。此时，U 将不再是常数，而是 Q 的函数，且这种函数往往是不连续的。其价格结构与订货批量的对应关系如下：

订货批量：$0 \leqslant Q < N_2$，$N_2 \leqslant Q < N_3$，……，$N_{m-1} \leqslant Q < N_m$，$N_m \leqslant Q$

购入价格：U_1　　U_2　　U_{m-1}　　U_m

这里，$N_j(j=1, 2, \cdots, m)$为折扣点($N_1=0$)，U_j 为相应的单位采购价格。

采取分段处理的方法，根据公式(5.5)可建立一系列成本函数(不考虑运输成本)。

$$C_j(Q) = \frac{C_i U_j Q}{2} + \frac{C_0 D}{Q} + U_j D \ , \ Q \in [Q_j, \ Q_{j+1}) \tag{5.23}$$

经济订货批量 Q_0 为：

$$Q_0 = \min\{C_j(Q_j), \ j = 1, \ 2, \cdots, \ m\} \tag{5.24}$$

价格折扣情况下的最佳订货批量可按下列步骤确定。

(1) 从最低的单位价格开始计算经济订货批量 EOQ，如果计算出来的 EOQ 在所给的价格范围，即为最佳订货批量。否则进行第(2)步计算。

(2) 计算次低价格的经济订货批量 EOQ，如果计算出来的 EOQ 在所给的价格范围，则需要比较可行 EOQ 下总成本与最低价格下最小订货数量的总成本，选择最低成本的订货量为最佳订货批量。如果计算出来的 EOQ 不在所给的优惠价格范围内，则需要按照步骤(3)继续进行计算。

(3) 计算下一个优惠价格范围的经济订货批量 EOQ，如果计算出来的 EOQ 在所给的价格范围，则需要比较可行 EOQ 下总成本与各较低价格范围内的最小订货数量的总成本，选择最低成本的订货量为最佳订货批量。如果计算出来的 EOQ 不在所给的优惠价格范围内，则需要重复步骤(3)。

【例 5.8】某零售商店采购某种饮料，其价格见表 5-8。若已知每次订货成本为 100 元，单位产品的库存维持费用为单价的 10%，年需求量为 10 000 箱，试求最优订货批量。

解：由题意可知：D=10 000，C_i=0.1，C_0=100，U_1=30，U_2=25，U_3=20。按照上述计算步骤计算：

(1) 利用经济订货批量公式求出最低价格的经济订货批量 EOQ(20)：

$$\text{EOQ}(20)=\sqrt{\frac{2C_0D}{C_iU_3}}=\sqrt{\frac{2\times100\times10\,000}{0.1\times20}}=1\,000(\text{箱})$$

该 EOQ(20)不在所给优惠价格的数量范围内。

(2) 计算次低价格的经济订货批量 EOQ(25)：

$$\text{EOQ}(25)=\sqrt{\frac{2C_0D}{C_iU_2}}=\sqrt{\frac{2\times100\times10\,000}{0.1\times25}}=894(\text{箱})$$

该 EOQ(25)也不在所给优惠价格的数量范围内。

(3) 计算下一个优惠价格下的经济订货批量 EOQ(30)：

$$\text{EOQ}(30)=\sqrt{\frac{2C_0D}{C_iU}}=\sqrt{\frac{2\times100\times10\,000}{0.1\times30}}=816(\text{箱})$$

该 EOQ (30)在所给优惠价格的范围内，因此需要比较可行 EOQ (30)下的总成本与各较低价格范围的最小订货数量的总成本，即比较价格为 20 元、订货量为 1 200 箱的总成本，价格为 25 元、订货量为 900 箱的总成本，以及价格为 30 元、订货量为 816 箱的总成本。按公式(5.23)：

$$C_3(1\,200)=\frac{C_iU_3Q}{2}+\frac{C_0D}{Q}+U_3D=\frac{0.1\times20\times1\,200}{2}+\frac{100\times10\,000}{1\,200}+20\times10\,000=202\,033.3(\text{元})$$

$$C_2(900)=\frac{C_iU_2Q}{2}+\frac{C_0D}{Q}+U_2D=\frac{0.1\times25\times900}{2}+\frac{100\times10\,000}{900}+25\times10\,000=252\,236(\text{元})$$

$$C_1(816)=\frac{C_iU_1Q}{2}+\frac{C_0D}{Q}+U_1D=\frac{0.1\times30\times816}{2}+\frac{100\times10\,000}{816}+30\times10\,000=302\,449.4(\text{元})$$

根据以上计算结果，选择最低的成本批量，即 1 200 箱为最佳订货批量。

5.4.4 EOQ 和 EPL 模型应用

尽管 EOQ 和 EPL 模型是在近乎理想状态的假设条件下提出的，但在实际中，它是一个很有用的近似解。我们已经看到总成本曲线在最小值的附近相当平坦，这样我们可以对

EOQ 和 EPL 进行调整，使它符合实际而又对成本不造成大的影响。同时，我们也可以从 EOQ 和 EPL 模型看出以下几方面。

1. 订购成本(或生产准备成本)与批量之间的关系

一次生产准备费越大，则经济生产批量越大；单位维持库存费越大，则经济生产批量越小。所以制造业必须不断减少生产准备时间，如 JIT 生产中换模时间缩减为 3 分钟，这样可以减少生产批量。而且在机械行业，通常毛坯的生产批量大于零件的加工批量，也是因为毛坯生产的准备工作比零件加工的准备工作复杂，而零件本身的价值又比毛坯的高，从而单位维持库存费较高。

2. 需求与平均库存之间的关系

当用周转率指标时论库存与需求之间关系时，如果周转率为常量，当需求增加一倍时，库存也应增加一倍。但是按 EOQ 和 EPL 模型，年需求量增加倍数的平方根的比例增加。这就说明当需求增加时，维持一个不变的周转率是不经济的，而应该把不变的周转率提高。同时，我们也更清楚地认识到重复性高产量产品生产有利于降低成本。也就是说，如果两种不同产品的需求变成一种产品的需求(即改变成通用产品)，则其 EOQ 要小于 EOQ_1 与 EOQ_2 之和。

3. 需求预测误差对库存控制的影响

从 EOQ 和 EPL 模型的公式可见，EOQ 和 EPL 是需求 D 的平方根函数，所以对其误差不敏感。

4. 经济订货批量的稳健性

当经济订货批量在一定幅度内左右偏离时，库存总成本曲线的变化十分平稳。理论分析表明，当实际订货量的偏离为 $-27\% \leqslant EOQ < +37\%$ 时，库存总成本增加的幅度小于 5%。

需要注意的是，这两种模型都是适用于单一物品的情况。

5.5 随机库存问题

在现实库存管理过程中，无法预测的市场需求和生产经营环境的波动和随机性变化会增加库存决策的随机性和不确定性，这就是随机库存问题。在确定性条件下，企业的库存决策问题比较简单，不确定条件下的随机库存问题却相对复杂，需要考虑到企业的安全库存。

5.5.1 安全库存

对于随机库存，订货提前期和提前期内的需求都可能发生变化。造成订货提前期和提前期内的需求不确定的原因很多，如许多产品的需求速率依赖于天气、社会需求(如攀比或虚荣)、心理需要和其他随机因素，因此造成企业产品需求速率的不规则波动。另外，一些因素会引起备货期的改变，如运输时间的改变、运输方式的变更和运输公司的营运状况改变等，甚至是一些自然灾害或人为事故等不可抗力因素。通常这些影响因素很难预测，这样就有可能发生缺货，库存满足不了需求，影响提供给顾客的服务。

为了防止缺货的发生，通常设立安全库存。安全库存是企业额外持有的库存，它作为一种缓冲器用来补偿在订货提前期内实际需求量超过期望需求量，或实际提前期超过期望提前期所产生的需求。在正常情况下一般不动用安全库存，一旦动用，必须在下批订货到达时进行补充。

保持安全库存对于不同类型的企业都极其重要。仓库和零售商保持安全库存是为了在用户的需求率不规律或不可预测的情况下，有能力供给他们。制造商保持安全库存是为了零售和中转仓库的需求量超过平均值时有能力补充他们的库存。半成品的安全库存是在工作负荷不平衡的情况下用来使各个制造部门间的生产正常化。

安全库存能够减少提前期内的缺货风险，而且只有在提前期内才有缺货的可能，如图 5.7 所示。

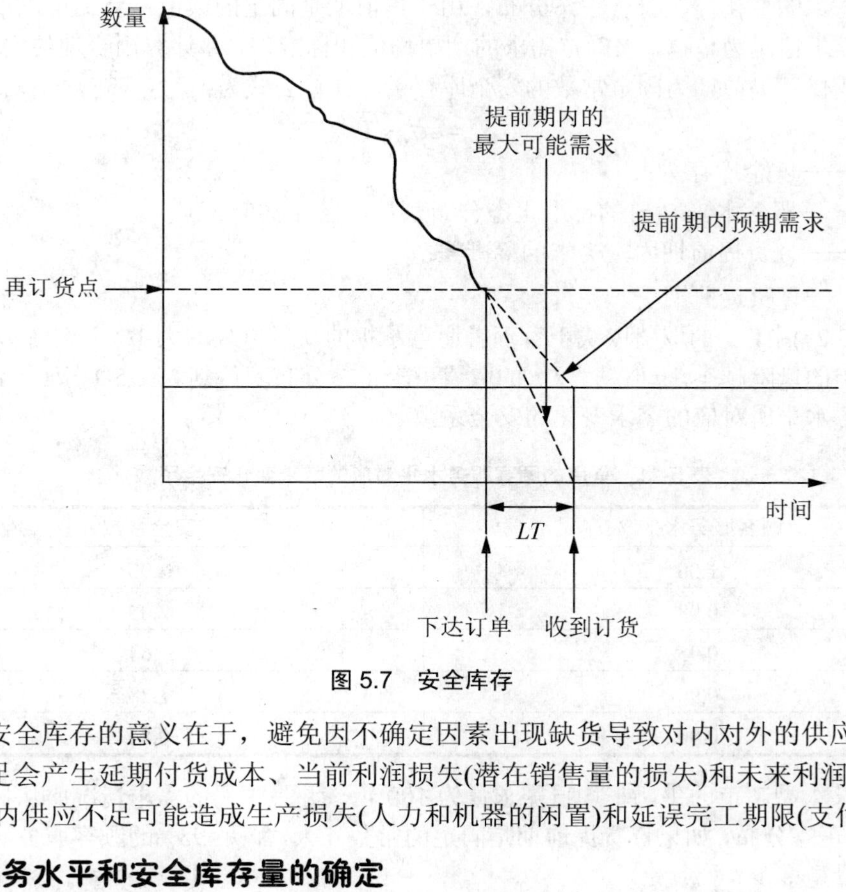

图 5.7 安全库存

持有安全库存的意义在于，避免因不确定因素出现缺货导致对内对外的供应不足。对外供应不足会产生延期付货成本、当前利润损失(潜在销售量的损失)和未来利润损失(商誉受损)。对内供应不足可能造成生产损失(人力和机器的闲置)和延误完工期限(支付违约金)。

5.5.2 服务水平和安全库存量的确定

安全库存水平的设置取决于需求率和提前期的变动情况，以及所设定的服务水平(或缺货概率)。所谓顾客服务水平，就是指对顾客需求情况的满意程度，用公式表示如下：

$$服务水平=年不缺货次数/年订货次数=1-年缺货次数/年订货次数 \tag{5.25}$$

服务水平是衡量随机库存系统的一个重要指标，是提前期内的需求不超过供给的可能性。如 98%的服务水平表示提前期内需求不超过供给的可能性为 98%。缺货风险是服务水平的补充概念。98%的服务水平也就是 2%的缺货风险，即

$$服务水平=100\%-缺货风险 \tag{5.26}$$

对于特定的服务水平，需求率或提前期变动越大，则达到该服务水平所需的安全库存量也越大。同样的，对应于特定的需求率或提前期的变化量，提高服务水平需要增加安全库存量。较高的安全库存会使缺货风险降低，减少缺货损失，有较高的服务水平，但会使库存费用增加。管理者需要权衡缺货损失与库存成本，确定适当的安全库存量。

因此，确定一个合理的安全库存量，必须综合考虑顾客服务水平、缺货损失(缺货成本)和库存持有成本3者之间的关系。

由于安全库存主要是为了避免需求和订货提前期的不确定性而造成的缺货损失，因此根据需求和订货提前期变动的不同组合可以有以下3种安全库存量的确定方法。

1. 需求变化、订货提前期为固定常数的安全库存量的确定

假若需求的变化情况符合正态分布，由于提前期是固定的数值，因此可以以历史上提前期内的需求情况为依据，来确定需求的期望均值和标准差，并计算出合理的安全库存量。

需求变化、提前期为固定常数的安全库存量的计算公式为：

$$S_I = z\sigma_D\sqrt{T} \tag{5.27}$$

式中：S_I——安全库存量；

Z——服务水平$P(z)$的标准正态分布系数，也称安全因子；

σ_D——订货提前期内，需求的标准差；

T——订货提前期。

公式(5.27)中，z的取值取决于管理者愿意承担的缺货风险的大小。一般情况下，管理者愿意承担的风险越小，z值越大。z的取值可查正态分布表得到。表5-11列出了一些常用的顾客服务水平所对应的需求变化的安全系数。

表5-11 常用的顾客服务水平对应的需求变化安全系数

顾客服务水平/%	安全系数
1.00	3.90
0.98	2.05
0.95	1.64
0.90	1.28
0.80	0.84

【例5.9】某大型超市的牛奶平均日需求量为100箱，并且牛奶的需求情况服从标准方差是20箱/天的正态分布，如果订货提前期是固定的常数4天，满足95%的顾客服务满意度下的安全库存量是多少？

解：由题意可知，σ_D=20箱/天，T=4天，$P(z)$=95%，则z=1.64，因此满足95%的顾客服务满意度下的安全库存量为：

$$S_I = z\sigma_D\sqrt{T} = 1.64\times 20\times\sqrt{4} = 65.6\approx 66\ (箱)$$

2. 订货提前期变化、需求为固定常数的安全库存量的确定

在这种情况下，安全库存量S_I的计算公式为：

$$S_I = zD\sigma_T \tag{5.28}$$

式中：S_I——安全库存量；

z——服务水平 $P(z)$ 的标准正态分布系数，也称安全因子；

D——订货提前期内的日需求量；

σ_T——订货提前期的标准差。

【例 5.10】 某大型超市的牛奶平均日需求量为固定常数 100 箱，订货提前期随机变化，而且服从均值为 4 天，标准方差为 1 天的正态分布。满足 95%的顾客服务满意度下的安全库存量是多少？

解：由题意可知，σ_T=1 天，D=100 箱/天，$P(z)$=95%，则 z=1.64，因此满足 95%的顾客服务满意度下的安全库存量为：

$$S_I = zD\sigma_T = 1.64 \times 100 \times 1 = 164\ (箱)$$

3. 需求和订货提前期都是随机变化的安全库存量的确定

如果假设顾客的需求和订货提前期是相互独立的，则需求和提前期都是随机变化的安全库存量 S_I 的计算公式为：

$$S_I = z\sqrt{\sigma_D^2 \overline{T} + \overline{D}\sigma_T^2} \tag{5.29}$$

式中：S_I——安全库存量；

z——服务水平 $P(z)$ 的标准正态分布系数，也称安全因子；

σ_D——订货提前期内需求的标准差；

$\overline{T}$——平均订货提前期水平(提前期平均数)；

$\overline{D}$——订货提前期内的平均日需求量；

σ_T——订货提前期的标准差。

【例 5.11】 某大型超市牛奶的日需求量和订货提前期是相互独立的，而且它们的变化严格满足正态分布，日需求量满足均值为 100 箱、标准方差为 20 箱的正态分布，订货提前期满足均值为 4 天、标准方差为 1 天的正态分布。满足 95%的顾客服务满意度下的安全库存量是多少？

解：由题意可知，σ_D=20 箱/天，σ_T=1.5 天，$\overline{D}$=100 箱/天，$\overline{T}$=6 天，$P(z)$=95%，则 z=1.64，因此满足 95%的顾客服务满意度下的安全库存量为：

$$S_I = z\sqrt{\sigma_D^2 \overline{T} + \overline{D}\sigma_T^2} = 1.64 \times \sqrt{1^2 \times 4 + 100 \times 1^2} = 16.7\ (箱)$$

但是安全库存的设立，并不代表 100%的供给率，仍然存在缺货的概率，也就是对于随机性需求库存出现缺货是不可避免的，或者说完全避免缺货的发生在经济上是不可行的。

5.5.3 订货点的确定

确定订货点，实际上就是确定订货提前期内的需求。对于需求是确定的，即库存需求率不发生变化，而且订货提前期也是确定的，订货点就等于订货提前期与需求率之积。若考虑订货提前期是随机变化的，而能掌握其分布规律，则订货点就等于订货提前期的期望值与需求率之积，这时有缺货的风险。若需求率是随机变量，但能掌握其分布规律，而订货提前期是确定的，则订货点等于订货提前期与需求率的期望值之积，这时也有缺货的风险。如果需求率和订货提前期均为随机变量，有其分布规律，则订货点等于订货提前期期望值与需求率的期望值之积，当然也存在缺货风险。管理者为了减少缺货风险，在设定订

货点时往往考虑安全库存。也就是随机库存，订货点的确定在考虑提前期内的需求的基础上，还应考虑安全库存量，即

$$\mathrm{ROP} = \mathrm{E}(D_{LT}) + S_I \tag{5.30}$$

式中：ROP——订货点；

S_I——安全库存量；

$\mathrm{E}(D_{LT})$——提前期内需求的期望值。

假定需求率或提前期的变化服从正态分布，则订货点为：

$$\mathrm{ROP} = \mathrm{E}(D_{LT}) + S_I = \mathrm{E}(D_{LT}) + z\sigma_D \tag{5.31}$$

对于需求率或提前期的变化服从正态分布的假定不是很严格，当实际分布不是正态分布时，利用式(5.31)也可得到近似的订货点，但如果提前期内的需求数据不充分，就不能用式(5.31)。

【例 5.12】某商场 T 恤的每月需求呈正态分布，提前期内的平均值为 1 000 件，标准差为 50 件，$P(z)$=0.95，求在服务水平为 95%下的订货点。

解：由题意可知：$\mathrm{E}(D_{LT})$=1 000 件，查正态分布表得 z=1.64，σ_D=50 件，在服务水平为 95%下的订货点为：

$$\mathrm{ROP} = \mathrm{E}(D_{LT}) + S_I = \mathrm{E}(D_{LT}) + z\sigma_D = 1\,000 + 1.64 \times 50 = 1\,082\ (\text{件})$$

5.6 供应链环境下的库存控制

5.6.1 供应链环境下的控制问题

库存以原材料、在制品、半成品、成品的形式存在于供应链的各个环节。由于库存费用占库存物品价值的 20%～40%，因此供应链中的库存控制是十分重要的。

供应链管理模式下的库存控制问题主要有供应链运营问题、供应链的战略与规划问题与信息类问题三大类。在供应链管理的环境下，我国企业的库存控制情况如何，存在哪些问题，这些方面已由不同组织作过很多的调查，结合现有的资料可总结得出供应链管理环境下的库存控制有以下一些问题。

1. 忽略不确定性对库存的影响

供应链运营过程中存在诸多的不确定因素，如订货的前置时间、货物的运输状况、生产时间、运输时间、需求的变化等。为减少不确定性对供应链的影响，首先应了解不确定性的来源和影响程度。供应链中的不确定性来源主要有 3 个方面：供应者供应的不确定性、生产者生产过程中的不确定性以及顾客需求的不确定性。供应者供应的不确定性表现在供应商的生产系统发生故障延迟生产而造成的延迟供货，意外的交通事故导致的供货运输延迟，客户订单系统传递中的延迟等。生产者生产过程中的不确定性主要来源于制造商生产系统的可靠性、机器的故障、计划执行的偏差等。顾客需求的不确定性主要表现在对顾客需求预测的偏差，顾客购买力的波动、从众心理和个性特征等。

很多企业并没有认真研究和确定不确定性的来源和影响，错误估计供应链中物流的流动时间，造成有的物品库存增加，而有的物品库存不足的现象。由于供应链中的不确定性，为了维持供应、生产和销售的正常进行，必须在供应链的各环节保有一定的库存。为了减

少企业的库存水平，需要增加供应链上各成员企业之间的信息交流与信息共享，增加库存决策信息的透明性、可靠性和实时性。

2. 对新的需求趋势反应迟缓

通常情况下，假如某种商品突然流行，并在商店脱销，补货订单到达零售商的配送中心后，配送中心并未采取更多的行动，而是在此商品量降到最低库存水平时，才向制造商发出订单。接下来，制造商在其配送中心的库存降到订货点时订货，之后生产计划部门才开始计划新的生产。整个体系由于采取沿着供应链向上级逐级转移订货程序，没有及时沟通潜在的消费需求，从而无法及时抓住销售良机。

3. 缺乏准确的交货状态信息

当顾客下订单时，他们总是希望知道什么时候能交货，在等待交货的过程中，也可能会对订单的交货状态进行修改，特别是当交货被延迟以后。一次性交货非常重要，但是必须看到许多企业并没有及时而准确地将推迟订单引起交货延迟的信息提供给客户，这当然会导致客户的不满和再订货率的下降。

4. 缺乏供应链的系统观念

虽然供应链的整体绩效取决于各个供应链节点的绩效，但各个部门都有各自独立的目标与使命，有些目标和供应链的整体绩效是不相干的，甚至可能是相冲突的。因此，这种各自为政的行为必然导致供应链整体效率的低下。例如，美国北加利福尼亚的计算机制造商采用每笔订货费作为绩效评价的指标，该企业集中精力放在降低订货成本上。这种政策对于一个单一的企业无可厚非，但是它没有考虑对供应链体系中其他制造商和分销商的影响，结果一些制造商不得不维持较高的库存量。

大多数供应链系统都没有建立针对全局供应链的绩效评价指标，这是供应链中普遍存在的问题。有些企业采用库存周转率作为供应链库存管理的绩效评价指标，但是没有考虑对客户的反应时间与服务水平。实际上，客户满意度始终是评价供应链管理绩效好坏的一项重要指标。

5. 客户服务水平理解上的偏差

对客户服务水平理解上的差异会导致客户服务水平上的差异。许多企业采用订货满足率来评价客户服务水平，这是一种比较好的客户服务考核指标。但是订货满足率本身并不能保证运营问题，如一家计算机制造商要满足一份包含多产品的订单需求，产品来自各个不同的供应商，客户要求一次性交货，制造商要等各个供应商的产品都到齐后才一次性装运给客户。这时，应用总的订货满足率来评价制造商的客户服务水平是恰当的，但是这种评价指标并不能帮助制造商发现哪家供应商的交货是早了还是迟了。传统的订货满足率评价指标，也不能评价订货的延迟水平，两家都具有90%的订货满足率的供应链，在如何迅速补给余下的10%的订货要求方面的差别是很大的。除了订货满足率外，其他如总订货周转时间、平均再订货率、平均延迟时间、提前或延迟交货时间等服务指标也不容忽视。

6. 库存控制策略简单化

不管是生产企业还是物流企业，库存控制的目的都是保证供应链运行的连续性和应付不确定性的需求。在了解和跟踪不确定性状态因素的前提下，利用跟踪到的信息制定相应的库存控制策略，这个制定过程是一个动态的过程，而其在库存控制策略中应该反映不确定性动态变化的特性。

许多企业对所有的物资采用统一的库存控制策略，物资的分类没有反映供应与需求的不确定性。在传统的库存控制策略中，多数是面向单一企业的，采用的信息基本上来自企业内部，没有体现供应链管理的思想。因此，如何建立有效的库存控制方法，并能体现供应链管理的思想，是供应链库存管理的重要内容。

7. 忽略了产品流程设计的影响

现代产品设计与先进制造技术的出现，使产品的生产效率大幅度提高，而且具有较高的成本效益，常常忽视供应链库存的复杂性，结果产生了所有节省下来的成本都被供应链上的分销商与库存成本抵消的现象。同样，在引进新产品时，如果不进行供应链的规划，也会产生诸如运输时间过长、库存成本过高等现象，从而无法获得利润。例如，美国一家计算机外设制造商，它为世界各国分销商生产打印机，打印机具有一些销售所在国特色的配件，如电源、说明书等。美国工厂按需求预测生产，但是随着时间的转移，当打印机到达各地分销中心时，需求已经发生了变化。因为打印机是为特定国家而生产的，分销商没有办法来应付需求的变化。也就是说，这样的供应链缺乏柔性，结果造成产品积压，直接导致高库存。后来，该公司重新设计了供应链结构，主要改变了打印机的装配过程，工厂只生产打印机的通用组件，分销中心根据所在国家的需求特点加入相应的特色组件，从而大大降低了库存，也增强了供应链的柔性。这就是“为产品设计供应链管理流程”的思想，也充分体现了时间延迟策略的思想。

8. 低效率的信息传递系统

在供应链中，各个供应链节点企业之间的需求预测、库存状态、生产计划等都是供应链管理的重要数据。这些数据分布在不同的供应链节点企业之间，要实现快速有效地响应客户需求，必须实时传递这些数据。为此，需要改善供应链的信息系统模型，通过系统集成的方法，使供应链中的库存数据能够实时、快速地传递。但是，目前许多企业的信息系统没有实现集成，当供应商需要了解客户需求信息时，常常获得的是延迟的信息或不准确的信息。由于信息延迟而引起的需求预测的误差和对库存量精确度的影响，都会给短期生产计划的实施带来困难。例如，企业为了制定一个生产计划，需要获得关于需求预测、当前库存状态、供应商的运输能力、生产能力等信息，这些信息需要从不同的企业数据库中获得，数据调用的工作量很大。数据整理完后制订生产计划，然后运用相关管理系统软件制定物料需求计划，这样一个过程一般需要很长时间。时间越长，预测误差越大，制造商对最新订货信息的有效反应能力也就越差，生产出过时的产品和造成过高的库存也就不足为奇了。我国还有很多企业内部信息系统不健全，数据处理技术落后，而建立了较为先进的物流信息系统的企业由于缺乏必要的合作与协调，没有充分利用 EDI、Internet 等先进技术实现不同企业信息系统之间的有效衔接，需求信息只能沿供应链逐级向上传递，造成信息的延迟和失真。

在进行库存决策时，需要充分考虑供应链环境下库存控制存在的这一系列的问题。避免过多或过少的库存，使资源得以有效的利用，使整个供应链的库存控制更有竞争力，将实现“零库存”作为库存管理的最高理想。

5.6.2 供应商管理库存

法杰于 1996 年将供应商管理库存(vendor managed inventory，VMI)定义为：一个典型的供应商管理库存项目涉及一个供应商，它会监督客户仓库的库存水平，并承担起补充库存的责任，以通过使用高度自动化的电子信息系统来达到特定的目标。供应商在与零售商达成自动补货协议(如库存水平、运输成本等)的基础上，为零售商管理其商品的订单、进货和库存等工作，取代零售商繁琐的日常补货工作，并取得良好的效果。由于供应商更了解自己商品的情况、供应能力、促销计划、新品计划、季节变化等，配合使用先进的电子技术能更好地帮助零售商管理订单和库存。这种技术可以提高供应链管理的效率，降低双方的库存，减少商品的缺货率(尤其是畅销产品)，减少运作成本，提高对市场变化的反应速度，更好地满足消费者的需求。对供应商来说，可以提高市场预测的准确率，更好地安排生产、分销和采购计划。对零售商来说，能集中精力为顾客服务，而且是供应商为其下订单，有可能在供应商商品短缺的情况下优先得到满足。

阅读链接 5-2

美国达可海德服装公司利用 VMI 降低库存成本

美国达可海德服装公司(以下简称 DH 公司)发现许多客户希望采用 EDI 技术并形成一个双方互惠、信任和信息共享的关系。DH 公司把 VMI 看作增加服装销量、提高用户服务水平、减少库存成本、加强与客户联系的战略性措施。

DH 公司首先进行了一系列技术基础建设，选择 STS 公司的 MMS 系统，以及基于客户机/服务器的 VMI 软件。在 STS 公司的协作下，对员工进行了系统培训，设置了必要的基本参数和使用规则，技术人员为主机系统的数据和 EDI 服务管理编制了特定的程序。随后。DH 公司对其分销链上的客户开始实施 VMI 系统。公司把分销商的参数、配置、交货周期、运输计划、销售历史数据及其他方面的数据都统一输进计算机系统。在 VMI 系统建立起来后，客户每周将销售和库存数据传送到 DH 公司，然后由主机系统和 VMI 接口系统进行处理。公司运用 VMI 系统，根据销售的历史数据、季节款式等不同因素，综合运用多种预测工具，为每一个客户预测每周(或每月)的销售量和库存需要量。

根据 DH 公司信息部副总裁的统计，在实施 VMI 系统后，分销商的库存数量减少了 50%，销售额增加了 23%，DH 公司和客户都达到了预期的目标。但 DH 公司需要进一步扩展 VMI 系统，并且为了快速获取客户数据，公司有必要建设 ERP 系统和利用 Internet 的丰富资源以进一步降低运营成本。

(资料来源：宁俊. 服装生产经营管理[M]. 北京：中国纺织出版社，2010：159-160)

1. VMI 遵循的原则

VMI 是一种很好的供应链库存管理策略，该策略的关键措施主要体现在以下几个原则中。

(1) 合作性原则。供应商和零售商要有较好的合作精神，做到相互信任和信息透明。

(2) 互惠原则。VMI 是关于减少成本的问题，通过该策略使双方的成本都得以减少。

(3) 目标一致性原则。双方都明白各自的责任，如库存放在哪里，什么时候支付，是否要管理费，要花费多少等，并在观念上达成一致的目标。

(4) 连续改进原则。供需双方能共享利益和消除浪费。精心设计开发的 VMI 系统，不仅可以降低供应链的库存水平、降低成本，而且还可以使用户可获得高水平的服务，改善资金流，与供应商共享需求变化的透明性。

2. VMI 模型

在供应链体系中的VMI，并不是要建立“上游组织—下游组织”一对一的管理模式。VMI 存在于某个下游组织，是上游组织和该组织的共享资源，可以辐射周边的相关组织，形成物流、资金流和信息流的集成应用，为科学管理供应链的库存设计了一套合理的解决方案。VMI 在供应链管理中具有集成化管理和营销的功能，如图 5.8 所示的 VMI 的集成结构，表明了 VMI 成为供应商和企业之间相互联系和沟通的直接纽带，是提供供应链各节点企业之间共同利益的汇集点。借助于 VMI 使供应链上企业的价值联系在一起，形成一个资源和利益互动的体系。

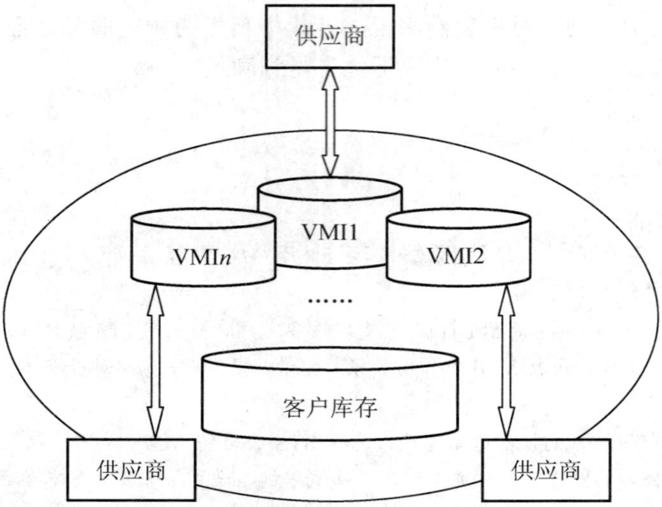

图 5.8　VMI 的集成结构

虽然 VMI 由供应商管理，但企业是将 VMI 作为一项资源来利用的，从 VMI 的运行结构来看，企业与供应商交换的信息不仅仅是库存信息，还包括企业的生产计划、需求计划和采购计划，以及供应商的补库计划和运输计划等，如图 5.9 所示的 VMI 的运行结构。

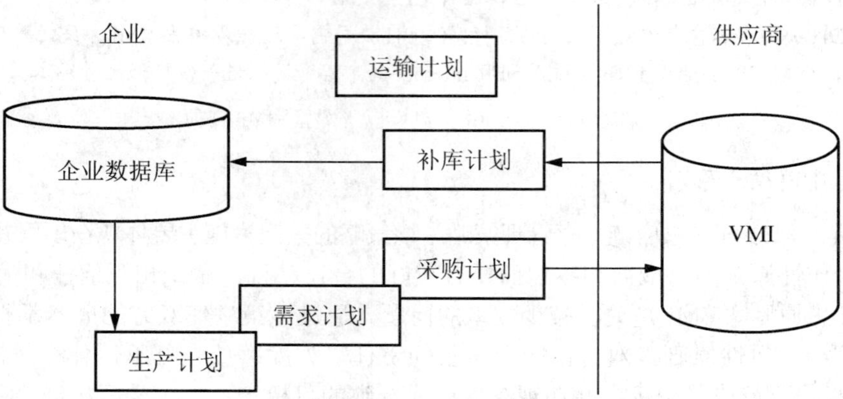

图 5.9　VMI 的运行结构

3. VMI 的实施步骤

实施 VMI 策略，必须要改变订单的处理方式，建立基于标准的托付订单处理模式。首先，供应商和批发商一起确定供应商的订单业务处理过程所需要的信息和库存控制参数，然后建立订单处理的标准模式，如 EDI 标准报文，最后把订货、交货和票据处理各个业务的功能集成在供应商一边。

对供应商保持库存状态的透明性是实施供应商管理用户库存的关键。供应商能随时跟踪和检查到销售商的库存状态，从而快速响应市场需求的变化，对企业的生产供应状态做出相应的调整。为此需要建立一种能够使供应商和销售商的库存信息系统透明连接的方法。

供应商管理库存的策略可以分成以下几个步骤进行实施。

1) 建立顾客情报信息系统

通过建立顾客的信息库，供应商能掌握需求变化的有关情况，把由销售商进行的需求预测与分析功能集成到供应商的系统中，以有效地管理销售库存。

2) 建立销售网络管理系统

供应商要很好地管理库存，必须建立起完善的销售网络管理系统，保证自己的产品需求信息和物流畅通。为此，必须保证自己产品条码的可读性和唯一性；解决产品分类、编码的标准化问题；解决商品存储运输过程中的识别问题。目前已经有许多企业开始采用 MRPII 或 ERP 企业资源计划系统，这些软件都集成了销售管理的功能。通过对这些功能的扩展，可以建立完善的销售网络管理系统。

3) 建立供应商和销售商的合作框架协议

供应商和销售商一起通过协商，确定处理订单的业务流程以及控制库存的有关参数(如再订货点、最低库存水平等)、库存信息的传递方式(EDI 或 Internet)等。

4) 组织机构的变革

过去一般由会计经理处理与用户有关的事情，引入 VMI 策略后，在订货部门产生了一个新的只能负责用户库存的控制、库存补给和服务水平的职能部门。

根据 Carlyn 和 Mary 的研究，VMI 主要存在以下 4 种方式。

(1) 供应商提供包括所有产品的软件进行存货决策，用户使用软件执行存货决策，用户拥有存货所有权，管理存货。这种方式下，供应商收到的用户制约比较多，实质上不是真正意义上的供应商管理库存。

(2) 供应商在用户的所在地，代表用户执行存货决策，管理存货，但是存货的所有权归用户。这种形式主要在信息技术不是很发达的时候，且供应商在进行存货决策时的投入程度有限时使用。

(3) 供应商在用户的所在地，代表用户执行存货决策，管理存货，拥有存货所有权。这是一种完整意义上的供应商管理库存的方式。供应商能十分清楚地了解到自己产品的销售情况，甚至可直接参与销售。

(4) 供应商不在用户的所在地，但是定期派人代表用户执行存货决策，管理存货，供应商拥有存货的所有权。

5.6.3 联合库存管理

联合库存管理(jointly managed inventory，JMI)就是供应链上的各类企业(供应商、制造商、分销商)通过对消费需求认识和预测的协调一致，共同进行库存的管理和控制，实现利益共享和风险共担。在供应链企业之间的合作关系中，联合库存管理更加强调双方的互利合作关系，更集中地体现了战略供应商联盟的新型企业合作思想。

联合库存管理是解决供应链系统中由于各节点企业的相互独立的库存运作模式导致的需求放大现象，提高供应链的同步化程度的一种有效方法。联合库存管理和供应商管理用户库存不同，它强调双方同时参与，共同制订库存计划，使供应链过程中的每个库存者(供应商、制造商、分销商)都从相互之间的协调性考虑，保持供应链相邻两个节点之间的库存管理者对需求的预期保持一致，从而减缓了需求放大现象。库存管理不再是各自为政的独立运作过程，而是供需连接的纽带和协调中心。

1. 联合库存管理的实施策略

1) 建立供需协调管理机制

为了发挥联合库存管理的作用，供需双方应从合作的精神出发，建立供需协调管理的机制，明确各自的目标和责任，建立合作沟通的渠道，为供应链的联合库存管理提供有效的机制。建立供需协调管理机制，要从以下几个方面着手。

(1) 供需双方必须本着互惠互利的原则，通过协商建立共同的合作目标，如用户满意度、利润的共同增长和风险的减少等。

(2) 建立联合库存的协调控制方法，联合库存管理中心担负着协调供需双方利益的角色，起协调控制器的作用。因此需要对库存优化的方法进行明确确定，这些内容包括库存如何在多个需求方之间调节与分配，库存的最大量和最低库存水平，安全库存的确定，需求的预测等。

(3) 为保证需求信息在供应链中的畅通和准确性，要将条码技术、扫描技术、POS 系统和 EDI 集成起来，并且充分利用因特网的优势，在供需双方之间建立一个畅通的信息沟通桥梁和联系纽带。

(4) 建立有效的利益分配和激励机制，防止机会主义行为，增加协作性和协调性。

2) 发挥 MRP Ⅱ和 ERP 两种资源计划系统的作用

原材料库存协调管理中心应采用制造资源计划系统 MRP Ⅱ，而在产品联合库存协调管理中心则应采用物资资源配送计划 ERP。

3) 建立快速响应系统(QR 系统)

QR 系统是在 20 世纪 80 年代末由美国服装行业发展起来的一种供应链管理策略，目的是减少供应链中从原材料到用户过程的时间和库存，最大限度地提高供应的运作效率。

4) 发挥第三方物流系统的作用

第三方物流系统(third party logistics，TPL)是供应链集成的一种技术手段，是物流服务提供者，它为用户提供各种服务，如产品运输、订单选择、库存管理等。把库存管理的部分功能代理给第三方物流系统管理，可以使企业更加集中精力于自己的核心业务。第三方物流系统起到了供应商与用户之间联系的桥梁作用，使供应与需求双方都取消了各自独立的库存，增加了供应链的敏捷性和协调性，并且能够大大改善供应链的用户服务水平和运作效率。

2. 第三方管理联合库存

第三方管理联合库存也是一种供应链管理环境下的库存控制方法，从广义上说，它是联合库存管理方式的一种，也强调供需双方的协作，建立联合库存，进行一体化库存控制。

在第三方管理联合库存的方式下，库存控制的主导者既不是供应方也不是需求方，而是具有专业化水平与条件的第三方物流公司。第三方物流是一种实现供应链集成的有效途径，通过它来管理供应方和需求方的联合库存，协调库存控制运作。第三方管理联合库存的模式如图 5.10 所示。

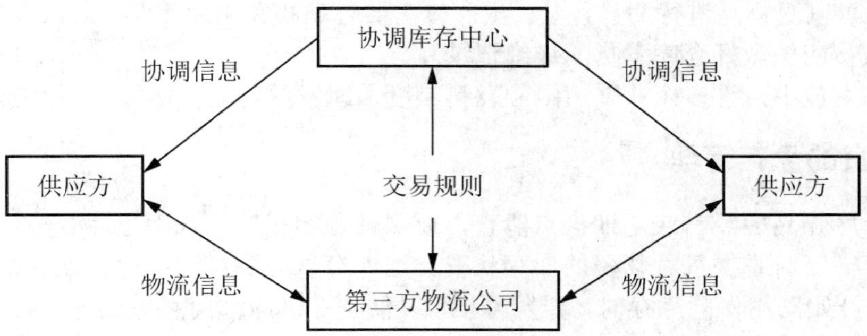

图 5.10　第三方管理联合库存

面向协调中心的第三方物流系统使供应与需求双方都取消了各自独立的库存，在信息共享的基础上，通过第三方物流企业的专业化运作，可以极大地提高库存控制的效率，增加了供应链的敏捷性和协调性，并且能够大大改善供应链的用户服务水平和运作效率。

5.7 仓库管理

仓库是存储库存的地方。这里仓库管理是指仓库的作业管理，不同于战略仓库管理内容。一般组织仓库管理的主要内容包括以下 4 点。

5.7.1 物品验收入库

仓库作业过程中的第一步就是验货收货，物品入库。准确的验货和及时的收货能够保证准确及时的物资供应，满足生产过程的需要。物资验收入库中，仓库管理人员首先应检查收货单，判断入库单标写的仓库是否正确，单据是否真实，是否与合同订单一致等。然后对物品的品名、代号、式样、数量、质量等方面进行检验和核对。核对后，如果物品验收准确无误，则应该在入库单上签字，确定收货，并安排物品存放的库位和编号，记账登录。

物资验收是供需双方责任和权益的交接点，也是采购工作和仓库管理的分界线。把好验收这一关是避免入库物资在品种规格、性能质量和数量上发生差错和混乱，保证供应的物资正确无误的重要措施。

5.7.2 物品的保管

物品入库后，要安全地、经济地保持好物品原有的质量水平和使用价值，防止由于不合理的保管措施所引起的物品磨损和变质或者流失等现象。所以需要根据各类物资的不同性质和特点，合理堆码，做好养护工作。物品的堆码既要考虑合理利用空间，又要满足物品保管的要求。仓库管理人员应经常或定期对仓储物品进行检查和养护，尤其是易腐、易变质的物品，要尽早发现潜在问题。

5.7.3 物品发放

物品发放工作包括核对出库凭证、配货出库、记账清点。仓库管理人员根据提货单的物品品名、规格、数量和编号核对所发放物品。经过核对无误后，进行配货出库。一般配货出库时，可以对物品进行简易包装。出库时需要办理相关出库手续。每次发货完毕之后，仓库管理人员应该做好仓库发货的详细记录。

在物品发放中，许多企业采用限额发料制度，即发放物品严格按定额发放。

5.7.4 物资的盘存管理

对于仓库物品应经常或定期盘点清查，要保证账物相符。入库出库登账，并定期或随时结算库存，随时掌握每种物资的库存状况。当库存量降到订货点时，要通知采购部门及时订货。当开始动用保险库存时，要发警报，以便物资供应部门和生产部门及早采取措施，避免因缺料而影响生产进行。

仓库管理人员还应对物品使用情况进行分析，掌握超储和短缺物品需求与供货的变动情况。保障供应，压缩不必要的库存，加速物资和资金的周转。

本 章 小 结

任何企业都离不开库存，库存的存在对于企业至关重要。问题的关键是合理控制库存水平，既保证生产过程连续进行，及时满足顾客需求，又使企业有限的资金得到有效的利用。

库存决策问题主要有单周期、多周期需求库存问题和独立、相关需求库存问题这两大类。对于单周期库存问题，可采用期望损失最小法、期望利润最大法和边际分析法这 3 种方法来确定最佳订货量。多周期库存问题分别讨论经济订货批量模型、经济生产批量模型和价格折扣模型这 3 种模型中最佳订货量的确定方法。不确定条件下的随机库存问题主要总结了安全库存量的 3 种确定方法，根据服务水平和安全库存量的要求确定订货点。供应链管理模式下的库存控制问题主要有信息类、供应链运营和供应链的战略与规划三大类。仓库管理的主要内容包括物品验收入库、物品的保管、物品发放、物资的盘存管理。

关键术语

(1) 库存　(2) 经常库存　(3) 安全库存　(4) 资金成本
(5) 缺货成本　(6) 独立需求库存　(7) VMI　(8) 联合库存管理

习　题

1. 选择题

(1) 指除满足正常需求之外的原因而储备的库存称为________。

A．独立需求库存　B．投机库存
C．促销库存　D．动态库存

(2) 库存盘存系统有两种：________和定期盘存系统。

A．永续盘存系统　　B．动态盘存系统

C．短期盘存系统　　D．静态盘存系统

(3) 以下库存中，________不属于按库存的目的分类。

A．经常库存　　B．季节性库存

C．沉淀库存或积压库存　　D．独立需求库存

(4) 以下________不是库存的积极作用。

A．满足不确定的顾客需求　　B．调节对生产能力的要求

C．缓解生产过程中不可预料的问题　　D．减少库存损耗

(5) 下列说法错误的是________。

A．一次生产准备费越大，则经济生产批量越小；单位维持库存费越大，则经济生产批量越大

B．当用周转率指标时论库存与需求之间关系时，如果周转率为常量，当需求增加一倍时，库存也应增加一倍

C．当经济订货批量在一定幅度内左右偏离时，库存总成本曲线的变化十分平稳

D．EOQ 和 EPL 模型都是适用于单一一种物品的情况

(6) 以下________不属于有价格折扣的 EOQ 模型的假设条件。

A．已知连续不变的需求速率　　B．已知不变的补给完成周期

C．购买单价或运输价格与订货数量无关　　D．不限制可得成本

(7) 不属于供应商管理库存的策略实施步骤的是________。

A．建立盘存系统

B．建立顾客情报信息系统

C．建立销售网络管理系统

D．建立供应商和销售商的合作框架协议

(8) 以下________不是组织仓库管理的主要内容。

A．物品验收入库　　B．物资库的建设

C．物品的保管　　D．物品发放

2. 简答题

(1) 按库存的目的分类，库存分为哪几类？

(2) 什么是不确定因素？请举例说明。

(3) 库存管理在企业经营中的积极作用是什么？

(4) 库存的盘存系统是什么？

(5) ABC 分类法应如何应用？

(6) EOQ 模型有哪些假设条件？它如何在生产实际中应用？

(7) 一般组织仓库管理的主要内容是什么？

(8) 供应商管理库存的策略实施步骤是什么？

3. 判断题

(1) 需求预测误差对库存控制的影响从 EOQ 和 EPL 模型的公式可见，EOQ 和 EPL 是需求 D 的平方根函数，所以对其误差不敏感。　　(　　)

(2) 过量的库存没有用处，只能占用企业大量的资金和加剧库存损耗是库存的负面作用。　　(　　)

(3) 库存的成本构成有三大类，即采购成本、库存持有成本和缺货成本。 (　　)

(4) 库存按其在企业物流过程中所处的状态分为经常库存、原材料库存、在制品库存、维护/维修库存、产成品库存。 (　　)

(5) 安全库存是企业额外持有的库存，它作为一种缓冲器用来补偿在订货提前期内实际需求量超过期望需求量，或实际提前期超过期望提前期所产生的需求。 (　　)

(6) 对多周期需求来说，只有机会成本和折旧成本对最佳订货量的确定起决定作用。 (　　)

(7) 服务水平=年订货次数÷年不缺货次数。 (　　)

(8) 供应链管理模式下的库存控制问题主要有供应链运营问题、供应链的战略与规划问题与信息类问题三大类。 (　　)

(9) VMI 遵循的原则包括合作性原则、互惠原则、目标一致性原则和连续改进原则。 (　　)

(10) 物品发放工作包括核对出库凭证、配货出库、记账清点。 (　　)

4. 计算题

(1) 某单位每月需要某种产品 200 件，每次订购费为 20 元，若每次货物到达后先存入仓库，每月每件要付出 0.8 元的存储费，试计算其经济订货批量、经济订货周期和最小库存总费用。

(2) 某商店经售甲商品成本单价 500 元，年存储费用为成本的 20%，年需求量 365 件，需求速度为常数。甲商品的定购费为 20 元，提前期为 10 天，求 EOQ 及最低费用。

(3) 某厂每年需某种元件 5 000 个，每次订购费 C_3=500(元)，保管费每件每年 C_1=10(元)，不允许缺货，元件单价 K 随采购数量不同而有变化。求最佳订购量。

$$K(Q)=\begin{cases}20(\text{元})\ Q<1\,500\\19(\text{元})\ Q\geqslant 1\,500\end{cases}$$

5. 思考题

(1) 如何认识库存管理？联系实际分析它有什么作用。

(2) 独立需求下的库存控制在不同条件下分为哪几种情况？请举例说明。

案例分析

Spices 无限公司改善库存控制①

Spices 是美国一家已有 110 年历史的中等规模的调味品、提取物、蛋糕材料、沙司材料以及色拉调料生产商，其产品销售渠道有超级市场、杂货店、食品外卖店等。公司在印第安纳波利斯市有一个工厂，专门从事制造工作，产品经过印第安纳波利斯市和丹佛市的两间库房中转销往 10 个州。公司雇员 200 人，其中 30 名销售代表负责所有的销售和服务事务。

Spices 公司可以从 5 个方面改善库存控制情况。

1. 在营销与销售方面进行控制

(1) 营销部门负责产品开发、包装以及各种备用陈列品的设计。陈列品属于耐用品，免费提供给零售

① 资料来源：蒋长兵. 仓储管理与库存控制案例、习题与解答[M]. 北京：中国财富出版社，2010：123-125.

商，用于 Spices 产品的商品展示。过去 5 年中，需要供应陈列品的零售商数目大幅度上升，对陈列品库存的需求也相应上升。

(2) 陈列品订单通过采购部门发放。尽管营销与销售部门不对未来需求进行预测，但当销售代表签了新客户时，肯定会生成一张新报表并送到他们手中。报表中有关于该零售商所需陈列品数量的信息。在新报表生成前，如果现有库存不够的话，采购部门必须想尽办法在 1～14 天之内找到陈列品。

(3) 销售代表对自己所属区域的销售与服务负责。服务包括为零售商提供和更换陈列品。一般情况下，如果陈列品不能用或不再需要了，零售商只会将它一扔了事，而不会将可用部分返还，因此需要销售代表去处理相关事项。销售代表从最近的库房领取陈列品时，只需要填写一张采购订单，再换取一张设备订单就可以了。这个过程对所有的批量规模都一样。如果无法完成订单，销售代表或地区销售经理就会与采购部门联系，通知他们库存不够了。

2. 在分销方面的控制

尽管目前分销仓库只有两个，但明尼阿波利斯地区销售经理的车库里还有价值 5 万美元的库存。在印第安纳波利斯市和丹佛市，销售代表的采购订单是唯一的库存记录，没有人计算库存的日损耗数。分销仓库和采购部门之间的信息沟通不是很顺畅，因此，采购部门总是不知道库房里究竟还有多少陈列的库存。另外，销售代表们一般也在自己的地下室或车库里维持一定数量的库存，当然，没有任何记录。

3. 进行采购上的控制

采购部门负责所有的原材料、产品、包装物、易耗品、耐用品采购与库存控制。在 6 月结束的上一财政年度中，耐用品采购价值 50 万美元。在所有的物品的采购中，一个员工一个财政年度负责采购的价值总额就高达 2 000 万美元。

4. 进行库房检查

所有的库房每年都进行两次检查，采用实地计数的方式。同时，工作人员每周五去印第安纳波利斯市的库房，检查耐用品的库存情况。然后，他为各种细项计算相应的再订货点。再订货点记录在卡片上，同时记录的还有产品与供应商信息。如果某细项达到了再订货点，订单就会发放出去。

5. 确定耐用品的库存

耐用品库存包括 75 种不同型号的陈列品，有木制的、金属的、塑料的。产品与陈列品的迅速变化意味着库存中既有最近设计的新样品，也有出于替换目的的旧样品。供应商们的提前期一般是金属产品 8 周，木制或塑料产品 4 周。

基于对以上几方面的认识，面对严峻的形势，采购经理采取了以下措施。

(1) 提高耐用品库存的再订货点水平。提高耐用品库存的再订货点水平虽然会增加总库存，但同时也消除了缺货。

(2) 加强销售代表与分销部门间的信息流通。由于度量单位不统一，订单数目往往被表示成箱、个或其他单位，极易引起混淆。因此，必须更正错误的数字表达方式，同时要求分销部门准确理解销售代表发出的陈列品的订单信息。

(3) 采购经理决定视丹佛市和明尼阿波利斯市的仓库为“外部顾客”，只对印第安纳波利斯市的库存水平进行集中管理。这样，采购经理便加强了对印第安纳波利斯市的仓库的库存控制，有利于库存水平的下降。所有的这些措施还只是初步的改善，因为仅在耐用品库存等较少的方面进行了控制，还有像处理销售代表抱怨的缺货等问题，有待进一步的解决。以便真正地做到对库存控制的改善。

讨论题

(1) Spices 公司为什么要改善库存控制？

(2) 为了改善库存控制，Spices 公司是如何对库存各关键控制点进行分析的？

(3) Spices 公司如何改善耐用品库存控制？

第 6 章　运输与配送决策

【教学要点】

知识要点	掌握程度	相关知识	应用方向
运输决策概述	掌握	运输的概念及原理；运输在物流中的功能与作用；运输决策和影响因素	运输和配送决策的基本知识，以及两者的联系与区别。在掌握的基础上才能根据实际情况做出正确的运输与配送决策
配送决策概述	掌握	配送的概念；配送在物流中的功能与作用；配送决策的内容	
运输与配送的比较	熟悉	运输与配送的共同点； 运输与配送的差别	
运输方式的特点	熟悉	各种运输方式特点比较；各种运输方式的经济评价	运输决策的问题和解决方法，简单并且使用，掌握后可解决一般的运输决策问题
运输方式的选择	重点掌握	用成本比较法和竞争因素决定法选择运输方式	
运输路线优化模型	重点掌握	根据点点间情况分为 3 种情况，每种情况的求解方法(最短路线法、经验试探法、表上作业法、图上作业法等)	
合理配送路线制定原则	了解	实际运输问题中的约束、制定合理行车路线和时间表的原则	配送决策的问题和解决方法，简单且实用，掌握后可解决常见的配送决策问题
行车路线时刻表制定方法	熟悉	用扫描法设计行车路线；用画图法制定行车时刻表	
配送中心建设的时机决策	熟悉	分析配送中心建立与否以及配送中心建立时机	
配送中心的选址决策	重点掌握	配送中心选址步骤；配送中心选址影响因素；配送中心选址方法	
配送中心的类型	了解	按四种方法对配送中心进行分类	
配送中心区域规划	熟悉	基本作业区域规划；配送中心整体布局设计	

导入案例

UPS：有卡车的科技公司①

凌晨2点，大部分人们还在梦乡中酣睡，却是UPS深圳亚太转运中心最为繁忙的时刻。400多名员工分成晚上9点到早上5点、中午11点到晚上6点两班工作。但在近7个足球场那么大的快件和普通货物操作区域内，即使是最繁忙的时刻，大量的自动化传输装置使得需要人力的环节很少，也几乎看不到什么人。

相比之下，停机坪倒是更为热闹。这样的场景也许对于每一家物流公司来说都很常见。不过，对于UPS联合包裹航空公司国际首席飞行员休斯顿·米尔斯机长来说却有些不同。作为每两周便要飞遍UPS全球8个以上转运中心的机长来说，从2010年5月起，他的全球飞行途中多了中国深圳一站。在UPS深圳亚太转运中心，每周有104班类似米尔斯机长的航班停留。而这样的停留带来的改变对于用户来讲可是最直接的提速——中国国内近200个城市节省了一整天的转运时间、150个城市加快了取件时间、而45个城市的送件时间从下午加快到早上。

在此之前，这样的亚太转运中心设在菲律宾克拉克，而如今的深圳亚太转运中心每小时可处理1.8万个包裹，最高每小时可处理3.6万个包裹。UPS亚太转运中心在地理位置上的转移，是UPS公司加速中国市场能力的战略布局的体现。UPS高级副总裁兼CIO大卫·巴恩斯在这家“有卡车的科技公司”里，使用了怎样的手段去实现这一进程？

在UPS曾经运送过的物品里，一只活的北极熊令人印象深刻。2011年6月，UPS执行了一项特殊的运输任务，将5个月大的北极熊孤儿Qannik从中国香港空运到美国路易斯维尔动物园。相关团队为此忙碌了3周：组装木箱、建造可装入747-400飞机的熊窝、设计特殊的搬运方法、获得政府许可、安排安保并装运兽医用品。当然，这不是UPS运送过最特别的东西。UPS之前还在2008—2010年，将我国的珍宝——兵马俑运送到世界各地进行巡回展出，其运输距离超过10.6万公里，相当于在赤道附近绕了地球近3圈。而无论货物是否如北极熊、兵马俑一样特别，保障每一次运输成功的关键都在于科技力量的支撑。

作为一家有105年历史的公司，在过去的20年里，UPS每年都要在科技上投资10亿美元，仅IT部门全球就有4 500员工。而在进入中国内地市场的过程中，面对国内本土物流公司的低价竞争，宣布不放弃快递业务的UPS靠的是自己高品质的服务，而这正是依靠科技力量打造的竞争优势。例如，在2011年在新加坡开设首个亚洲区医疗保健配送中心之后，11月在亚洲推出的冷链运输与检测服务(UPS temperature true)。这是针对医疗行业运输各种疫苗、生物制剂以及其他对温度敏感的医疗货物运输提出的服务。对于需要冷藏的疫苗，其运输需要采用特定的冷链运输空运集装箱。

不同于市场上的其他集装箱，Pharma Port 360拥有内置传感器，不仅能密切监控货运温度和GPS定位，还能够通过GSM向UPS全球控制塔传送这些数据，这使得集装箱在整个运输过程中，其内外部温度、近实时定位和电池寿命等关键数据都能得到监控。而Pharma Port 360在充满电之后可将药品保存温度维持在2～8℃100小时以上。集装箱的温度控制和监控系统由交流电充电电池供电。这种技术取代了干冰，也因此省去了有害物质和相关处理费用。在保温时间上，Pharma Port 360比目前的干冰集装箱要长38%。一直使用UPS服务的美国默沙东公司(在美国与加拿大称为默克)，其在北京建立亚洲研发总部之后会更多使用该项服务将药物、疫苗等配送到全球。根据UPS亚太区货运代理总裁陈颂铭的介绍，在中国内地已经有医药企业在使用他们的服务，而医疗物流将是未来3～5年UPS在内地发展的重点。

讨论题

(1) 简述在此案例中得到哪些启示。

(2) 分析降低运输成本与运输方式合理化的关系。

(3) 结合科技的发展，分析如何改进与完善运输过程管理。

① 资料来源：郑悦．UPS：有卡车的科技公司[J]．IT经理世界，2012，6(01)：32-34.

物流是一种社会化的流程，该流程是物品从原材料供应者向最终消费者一直延伸，不断改变外形和物品特性的活动过程。企业在流程中应采取有效的、经济的方法，对物流的众多功能如运输、仓储、包装、配送、信息等进行计划、执行和监控，以达到满足顾客需求的目的。运输与配送是物流的两大功能，在物流系统中占据重要的地位。运输是改变货物空间位置的一种手段，是物流配送中最重要的功能要素之一。配送合理化在很大程度上依赖于配送运输合理化，配送运输是配送管理的重点。做好运输和配送这两项工作，对物流而言有重要的意义。

6.1 运输与配送决策概述

6.1.1 运输决策概述

1. 运输的概念及基本原理

运输(transportation)是指通过运输工具和方法使货物在生产地与消费地之间或者物流据点之间流动，它是物流系统中最重要的组成部分之一。

运输的本质是创造时间和空间的效应。当产品因从一个地方转移到另一个地方而价值增加时，运输就创造了空间效应。时间效应则是指这种服务在需要的时候发生。当旅客在需要的时间从他们的出发地到达目的地时，运输就创造了时间效应。

运输解决了物资生产与消费在地域上不同步的矛盾，具有扩大市场、扩大流通范围、稳定价格、促进社会生产分工等经济功能，对拉动现代生产与消费、发展经济、提高国民生活水平起到了积极的作用。

运输管理的基本原理是指每次运输或配送中降低成本、提高经济效益的途径和方法。指导运输管理和营运的两条基本原理分别是规模经济和距离经济。

1) 规模经济

规模经济的特点是随着装运规模的增长，每单位重量的运输成本下降。运输规模经济之所以存在，是因为与转移一票货物有关的固定费用可以按整票货物的重量分摊。因而，一票货物越重，就越能“摊薄”成本，由此使每单位重量的成本越低。与货物转移有关的固定费用中包括接收运输订单的行政管理费用、定位运输工具装卸的时间、开票，以及设备费用等。这些费用之所以被认为是固定的，是因为它们不随装运的数量而变化。

例如，整车装运(即利用整个车辆的能力进行装运)的每磅成本低于零担装运(即利用部分车辆能力进行装运)。铁路运输和水路运输的运输装载量大，其规模经济相对于运输量小的汽车、飞机等运输工具要好。

2) 距离经济

距离经济的特点是指每单位距离的运输成本随距离的增加而减少。运输的距离经济也指递减原理，因为费率或费用随距离的增加而逐渐减少。距离经济的合理性类似于规模经济，尤其是运输工具装卸所发生的相对固定的费用必须分摊每单位距离的变动费用。距离越长，可以使固定费用分摊给更多的公里，导致每公里支付的总费用更低。

例如，长途运输的单位运距成本低，短途运输的单位运距成本高。配送一般属于短途运输，而且受多批次、少批量需求的限制，运量不可能大，运输工具的装载率也较低，因此单位运距的成本肯定高于一般运输。配送可以通过优化配货和运输线路，尽可能降低本身的运输成本，更重要的是配送可以通过降低库存、缩短提前期，以及为用户提供更多的服务来降低整个物流系统的成本。

2. 运输在物流中的功能与作用

现代物流的产生与发展，促进了运输业的日臻完善并同时发挥着更重要的作用。在物流体系的所有动态功能中，运输功能是核心之一。

1) 运输在物流中的主要功能

(1) 产品转移。物质产品的生产是以满足社会的各种需求为目的的。运输的主要目的是以最少的费用，将恰当的产品，在恰当的时间，运往恰当的地点，并留下良好的印象。只有通过运输将商品从生产地运往消费地，使商品的交易过程能顺利完成，实现物质产品的使用价值，社会各种需求才能得到满足。运输使商品发生转移，改变了产品的地点和位置，增加了产品的价值，创造了产品的空间效用。运输还使产品在规定的时间到达目的地，或者说在需要的时候发生，因而也创造了产品的时间效用。

运输、配送、搬运等环节都有改变物品空间位移的作用，但在物流运作过程中，它们还是有区别的。一般来说，运输主要指在一个较大范围内对物品进行较长距离的空间移动，可以使用车、船、飞机等多种运输方式。配送属于运输中的末端运输，主要指在一个较小范围内对物品进行较短距离的空间移动，一般使用汽车做运输工具。搬运则指在同一场所内，对物品进行以水平移动为主的物流作业，一般使用叉车、牵引车等搬运工具。

(2) 产品储存。将产品进行临时储存也是运输的职能之一，即将运输工具作为暂时的储存场所。在运输期间对产品进行临时储存的原因有两个：一是运输中的产品需要储运，但在短时间内又将再次运输，并且装卸货物的费用超过储存在运输工具中的费用；二是仓库空间有限，无法储存产品。这样，企业可以将货物装载于运输工具中，采用迂回路径或间接路径运往目的地。当然，运输工具在迂回路径上所用的时间要长于在直接路径上所用的时间。而且，使用运输工具作为产品的临时储存点的成本很高。但是，考虑到装卸成本或仓库容量有限等限制条件，从总成本或完成任务的角度来分析，这样的方式可能是合理的。

2) 运输在物流中的作用

在现代物流观念未诞生之前，甚至就在今天，仍有不少人将运输等同于物流，其原因是物流中很大一部分责任是由运输担任的，运输在物流中占有重要的地位。

(1) 运输是物流的主要功能要素之一。按物流的概念，物流是“物”的物理性运动，这种运动不但改变了物的时间状态，也改变了物的空间状态。而运输承担了改变空间状态的主要任务，运输是改变空间状态的主要手段，运输再配以搬运、配送等活动，就能圆满完成改变空间状态的全部任务。

(2) 运输影响着物流的其他构成因素。例如，选择的运输方式决定着对装运货物的包装要求；使用不同类型的运输工具决定着其配套使用的装卸搬运设备以及接收和发运站台的设计；企业库存储备量的大小，直接受运输状况的影响；发达的运输系统能够适量、快速和可靠地补充库存，以降低储备水平，节约库存成本。

(3) 运输是“第三利润源”的主要组成部分。运输是运动中的活动，它和静止的保管不同，要靠大量的动力消耗才能实现这一活动，而运输又承担着大跨度空间转移的任务，所以活动的时间长、距离长、消耗大。消耗的绝对数量大，其节约的潜力也就大。

从运费来看，运费在全部物流费中占的比例最高，一般综合分析计算社会物流费用，运输费在其中占接近 50%的比例。有些产品运费高于产品的生产费，所以节约的潜力是很大的。由于运输总里程大，运输总量巨大，通过体制改革和运输合理化可大大缩短运输吨千米数，从而实现比较大的节约。

(4) 运输能够促进社会分工的发展。随着社会的发展，为了实现真正意义上的社会高效率，必须推动社会分工的发展。而对于商品的生产和销售来说，也有必要进行分工，以达到最高的效率。但是，当商品的生产和销售两大功能分开之后，如果没有一个高效的商品运输体系，那么这两大功能就都不能实现。运输是商品生产和商品销售之间不可缺少的联系纽带。只有有了运输，才能真正实现生产和销售的分离，促进社会分工的发展。

3. 运输决策及影响因素

运输能够创造产品的空间效用和时间效用。运输决策的合理与否直接关系到企业的物流成本及客户服务水平。运输决策包含的范围很广泛，其中主要是运输方式的选择、运输路径和网络的选择、运输批量和运输时间的选择、自营运输和外包运输的选择等。

1) 运输决策的主要内容

(1) 运输方式的选择。运输方式是指将产品从供应链网络的一个位置移动到另一个位置所采取的方式。基本的运输方式有 5 种：公路运输、铁路运输、航空运输、水路运输和管道运输。每种运输方式在速度、货运规模、货运成本和灵活性方面均有不同的特点，需要根据产品的特性加以选择。高价值的货物、产品可得性要求高的货物，往往选择高效率的运输方式，如航空运输。相反，低价值的货物、客户服务水平要求低的货物则可以选择较廉价的运输方式。

(2) 运输路径和网络的选择。路径是指产品运输的路线；网络是指产品运输的地点与路径的总和。运输路线的选择是在一定的交通运输网络中，对某种产品在供应地点与需求地点之间的供求关系的建立及具体运输路线所作的规划和选择。这是运输决策中最重要的一类问题。它直接关系到产品能否准确和及时地送到客户手中，以及配送成本的增加或降低。

(3) 运输批量和运输时间的选择。运输批量往往需要根据货物的订购批量、运输费率进行调整，以达到整车运输量的要求，降低运输成本。运输时间则是根据货物交付时间的规定及货物运输的在途时间进行确定的。如果采用铁路运输、水路运输或是航空运输，还要根据列车、轮船或航班的班次进行调整，灵活性较低。相比之下，公路运输在实践上的灵活性较大。

(4) 自营运输和外包运输的选择。当企业决策运输体系时，他们不得不在部分运输内部化或依靠外部资源之间做出选择。随着第三方物流服务得到越来越多的认可，运输外包作为当前物流服务外包的重要一项，其市场总额不可忽视。简单地说，企业外包运输决策是一个“制造或购买”的决策，选择运输外包的原因主要有降低成本、运输非企业的核心能力、流程再造、提高运输效率等。

在自营运输中，企业一般能够采用的只有公路运输，需要考虑是购买还是租赁运输设施，还需要设计自营运输的实施计划和系统控制的步骤，进行可行性研究，做出财务评价。通常企业需要根据整体发展战略和产品的特性来选择自营运输还是外包运输。

(5) 反应能力与盈利水平的全面权衡。关于运输的最根本的权衡，就是某一给定产品的运输费用(盈利水平)与运输速度(反应能力)之间的权衡。

在供应链的任何运输中，承运人和托运人是其中两个非常重要的角色。承运人是指使用运载工具从事货物运输并与托运人订立货物运输合同的经营者，他们按照托运人的要求进行货物的移动或运输。而托运人是指与承运人订立货物运输合同的单位和个人，他们要求货物在供应链的两点发生位移。例如，在 DELL 公司通过 UPS 把计算机从工厂送到客户手中的过程中，DELL 公司就是运输中的托运人，而 UPS 则是运输中的承运人。

在做出有关运输的决策时，由于承运人和托运人的角度不同，他们考虑影响运输的因素也不同。作为承运人，他们必须确知其成本投入(如铁路、机车、飞机、卡车等)，以建立有效的价目表，争取利益最大化。相反，作为托运人，他们更多考虑的是如何使用合适的运输方式，以降低总成本(包括运输、库存、信息和设施所耗费的成本)，并以合适的速度对消费者需求做出反应。

2) 影响承运人决策的因素

承运人的目标是做出决策，并运用合理的经营策略，以使其投资取得最大回报。作为承运公司，在进行固定资产投资、制定价格以及运营策略时，通常要考虑以下几项成本。

(1) 与运输工具相关的成本。这是指承运人购买或者租赁运输工具所发生的成本。承运人在短期运营决策中把它当作固定成本，但当制定长期战略或中期计划时，这些成本是可变的。与运输工具相关的成本是与购买和租赁运输工具的数量成比例的。

(2) 固定运营成本。这项成本包括运输枢纽建设成本、机场建设成本及与运输是否发生无关的劳动力成本。对于运营决策来说，这项成本是固定的。对涉及设施选址、设施规模的规划和战略决策而言，这项成本是可变的。此外，固定运营成本通常与运输设施的规模成正比。

(3) 与运距有关的成本。一旦运输工具投入运行，此项成本就发生了。它包括劳动力报酬和燃料等费用。顾名思义，与运距相关的成本与运输路途长短、运输持续时间是相关的，但它与运输产品的数量无关。在进行战略规划决策时，此项成本被视为变动的，在做出影响运距和运输持续时间的经营决策时，此成本也是可变的。

(4) 与运量有关的成本。此项成本包括货物装卸费用以及与运量有关的燃料费用。在运输决策的过程中，这些费用通常是变动的，除非装卸货物的劳动力成本是固定的。

(5) 运营成本。这项成本包括设计、安排运输网络的费用以及任何有关的信息技术投资。

此外，承运人还需考虑其对目标市场的迅速反应能力和市场能承受的价格等因素。

3) 影响托运人决策的因素

托运人的决策包括 3 项内容：运输网络设计、运输工具选择和对不同用户采取不同的运输方式。托运人的目标是，在以承诺的速度满足客户需求的同时，使总成本最小化。托运人在进行决策时，通常考虑以下几项成本。

(1) 运输成本。这包括为将货物运送到消费者手中而向不同承运人支付的总费用。这项成本主要取决于不同的承运人的报价，以及托运人选择的运输方式，即选择廉价但较慢的运输方式，还是选择高价但较快的运输方式。当承运人独立于托运人时，运输成本就是可变的。

(2) 库存成本。这是指在托运人的供应链网络中保管库存货物所耗费的成本。库存成本在短期运输决策中是不变的，而在设计运输网络或制定运营策略时，这项成本则是变化的。

(3) 设施成本。这是指托运人的供应链网络中的各种设施的成本。设施成本只有供应链管理者在做出战略规划决策时才是可变的，而在进行其他运输决策时均被视为固定的。

(4) 作业成本。这是进行货物装卸及其他与运输相关的作业所带来的成本。在所有的运输决策中，此项成本都被视为可变的。

(5) 服务水平成本。这是在没有完成货物运送任务时所承担的费用。在某些情况下，这项费用可能在合同中详细列明，而在其他情况中，则表现为客户的满意程度。在进行战略规划和运营决策时都应当考虑此项成本。

此外，托运人还需考虑客户对反应灵敏度的要求和从不同商品及服务中得到的利润等因素。

阅读链接 6-1

沃尔玛通过物流运输的合理化节约成本

沃尔玛公司是世界上最大的商业零售企业，在物流运营过程中，尽可能地降低成本是其经营的哲学。沃尔玛有时采用空运，有时采用船运，还有一些货物采用卡车公路运输。在中国，沃尔玛百分之百地采用公路运输，所以如何降低卡车运输成本，是沃尔玛物流管理面临的一个重要问题，为此他们主要采取了以下措施。

(1) 沃尔玛使用一种尽可能大的卡车，大约有 16 米加长的货柜，比集装箱运输卡车更长或更高。沃尔玛把卡车装得非常满，产品从车厢的底部一直装到最高，这样非常有助于节约成本。

(2) 沃尔玛的车辆都是自有的，司机也是公司的员工。沃尔玛的车队大约有 5 000 名非司机员工，有 3 700 多名司机，车队每周一次运输可以达 7 000～8 000 千米。

(3) 沃尔玛采用全球定位系统对车辆进行定位，因此在任何时候，调度中心都可以知道这些车辆在什么地方，离商店有多远，还需要多长时间才能运到商店，这种估算可以精确到小时。沃尔玛知道卡车在哪里，产品在哪里。就可以提高整个物流系统的效率，有助于降低成本。

(4) 沃尔玛的连锁商场的物流部门，24 小时进行工作，无论白天或晚上，都能为卡车及时卸货。另外，沃尔玛的运输车队还利用夜间进行运输。从而做到了当日下午进行集货，夜间进行异地运输，翌日上午即可送货上门，保证在 15～18 小时内完成整个运输过程，这是沃尔玛在速度上取得优势的重要措施。

(5) 沃尔玛的卡车把产品运到商场后，商场可以把它整个地卸下来，而不用对每个产品逐个检查，这样就可以节省很多时间和精力，加快了沃尔玛物流的循环过程，从而降低了成本。这里有一个非常重要的先决条件，就是沃尔玛的物流系统能够确保商场所得到的产品与发货单完全一致。

(6) 沃尔玛的运输成本比供货厂商自己运输产品要低。所以厂商也使用沃尔玛的卡车来运输货物，从而做到了把产品从工厂直接运送到商场，大大节省了产品流通过程中的仓储成本和转运成本。

沃尔玛的集中配送中心把上述措施有机地组合在一起，做出了一个最经济合理的安排，从而使沃尔玛的运输车队能以最低的成本高效率地运行。

(资料来源：沈墨．现代物流案例分析[M]．南京：东南大学出版社，2006：84-85)

6.1.2 配送决策概述

1. 配送的概念

配送一般处于物流末端，具有提高物流经济效益，优化、完善物流系统，改善物流服务，降低成本等功能，在物流系统中占有重要的地位。因此，配送逐渐成为挖掘利润源泉的突破口。

一般来讲，配送可以定义为，按客户订货要求，在配送中心或其他物流结点进行集货、分货、配货业务，并以合理的方式将配置货物送交客户的过程。配送是物流活动中一种特殊的、综合的、具有商流特征的形式。从物流来讲，配送包括了物流的全部职能，是物流的缩影或特定范围内物流全部活动的体现。

概括而言，配送的概念反映出如下几点含义。

(1) 明确指出按用户订货的要求。配送是以用户为出发点，用户处于主导地位，配送处于服务地位。因此，配送在观念上必须明确“用户第一”、“质量第一”。

(2) 配送是“配”和“送”的有机结合，完全按照客户要求的数量、种类、时间等进行分货、配货、配装等工作。配送与一般送货的重要区别在于，配送利用有效的分拣、配货等理货工作，使送货达到一定的规模，利用规模优势取得较低的送货成本。

(3) 配送是一种“中转”形式。配送是从物流据点至用户的一种特殊送货形式，表现为中转型送货，而不是工厂至用户的直达型。更重要的是，配送是用户需要什么送什么，而不是有什么送什么。

(4) 强调用合理的方式送交用户。配送者必须以用户要求为依据，追求合理化，并指导用户，实现双方共赢的商业原则。

2. 配送在物流中的功能与作用

配送是物流的基本功能之一，也是与客户满意度和物流运作效率联系最为紧密的重要环节，它直接影响着市场需求量和市场占有率。

配送已成为企业经营活动的重要组成部分。发展配送对于物流系统的完善，流通企业和生产企业的发展，以及整个经济社会效益的提高，都具有重要的作用。在社会再生产运动中，配送有其特殊的功能与作用，集中体现在以下 5 个方面。

1) 可以降低企业的库存水平

实行高水平的配送方式之后，尤其是采取定时配送方式之后，企业可以依靠配送中心的准时配送而不需保持自己的库存或者只需保持少量安全储备。这就可以实现生产企业的“零库存”，同时解放出大量储备资金，从而改善企业的财务状况。此外，发展配送，实行集中库存，库存的总量远低于各企业分散库存的总量，同时加强了调节能力，提高了社会经济效益。集中库存可以发挥规模经济优势，使单位存货成本下降。

2) 完善了输送及整个物流系统

第二次世界大战之后，由于大吨位、高效率运输工具的出现，干线运输在铁路、海运、公路方面都达到了较高水平，长距离，大批量的运输实现了低成本化。但是。干线运输往往还要辅以支线转运，这种支线运输成了物流过程中的一个薄弱环节。这个环节与干线运输相比有着不同的要求和特点，如要求灵活性、适应性、服务性，致使运力往往不能充分利用、成本过高等问题总是难以解决。

3) 有利于提高物流效率，降低物流费用

采用配送方式。批量进货、集中发货、将多个小批量集中于一起大批量发货，都可以有效地节省运力，实现经济运输，降低成本，提高物流经济效益。

4) 可以简化手续，方便用户采用配送方式

用户只需向一处订购，或和一个进货单位联系就可订购到以往需要去许多地方才能订到的货物，接货手续简化，因而大大减轻了用户工作量，也节省了开支。

5) 可以促进地区经济的快速增长

在市场经济体系中，物流配送把国民经济各个部分紧密地联系在一起。配送中心同交通运输设施一样，是连接国民经济各地区及沟通生产与消费、供给与需求的桥梁和纽带，是经济发展的保障，是拉动经济增长的内部因素，也是吸引投资的环境条件之一。

阅读链接 6-2

唯品会增加自建仓储，物流配送短期仍依赖第三方

4 万平方米的佛山南海普洛斯物流园，是电商企业唯品会目前最大的仓储中心。听说不久要建一个更大的。“今年年底佛山的扩仓应该可以交付使用了，到时候可以解决现在华南爆仓的问题。”唯品会副总裁唐倚智对《第一财经日报》说，从全球电商企业经验看，量级达到一定程度时必须考虑自建仓库。

有同样想法的企业众多。京东手握 1 800 亩(1 亩=666.67 平方米)土地，亚马逊有 70 个足球场那么大的仓储中心，电商都喜欢“拿地”。根据唯品会上市披露的信息，2011 年全年仓储物流费用占营业额的 19.9%，前 3 季度的仓储物流费用均超过 20%。比起外包或者和第三方合作，虽然自建仓库需要投入更大的资金，但在唯品会负责人看来尤为重要。

“选择自建模式比较科学，首先，目前市场上的资源较为紧缺，马上找到现成合适的地点显得不现实。其次，现成的仓库不一定适合电商企业进行自动化建设，需要经过改造，改造的成本和时间需要考虑在内。”唐倚智表示，从长远物流仓库投资回报时间来看，物流物业成本的回本期在 8 年左右，自建并不一定是“亏本的买卖”。他认为分仓可以减少时间与商品包装承受的耗损，省去了快递公司在中转仓库一个来回的“卸+分+装”、偏远量少件地区等待拼车的环节，落地配送公司与电商的捆绑战略合作也得以加深，这样服务就有保障。

在唯品会中，90%以上的单子都是走第三方物流配送，自建物流配送似乎在短期内难以实现。在上海等订单相对集中的城市，唯品会也有自己的物流配送队伍，但是对于相对分散的订单现状，寻找优质的配送商合作似乎是唯一的解决办法。“唯品会满 288 元就全场免运费，这意味着不论是在新疆还是西藏，哪怕只买了几件衣服，我们也需要进行配送。”唐倚智坦言，“过去由于规模小，缺乏议价能力，唯品会中 80%的商品走的都是 EMS，在这种情况下，如果运送地是偏远山区的话，配送就是一个绝对赔本的事情，有时候运费就占了 100 多元。”

唐倚智表示，现在 EMS 在唯品会的占比已经降至 10%左右，商品配送使用的大多数是 COD 落地配送，价格低，至少减少了 2/3 的成本。但优化配送服务区域依然是下一步物流工作的重点。

(资料来源：李娜．唯品会增加自建仓储，物流配送短期仍依赖第三方[J]．第一财经日报，2012：6-7)

3. 配送决策的内容

配送决策的主要内容包括配送线路设计以及配送中心的规划决策问题。配送线路设计问题包括合理配送路线制定原则、行车路线和时间表制定方法。配送中心的规划决策问题又可细分为：配送中心建设的时机决策、配送中心的选址决策、配送中心的类型、配送中心区域规划等，具体内容如图 6.1 所示。

- 配送决策
  - 配送线路设计
    - 合理配送路线制定原则
    - 行车路线和时间表制定方法
  - 配送中心规划决策
    - 配送中心建设时机决策
    - 配送中心的选址决策
    - 配送中心的类型
    - 配送中心区域规划

图 6.1　配送决策的内容

6.1.3　运输与配送的比较分析

1. 运输与配送的共同点

物流涉及产品从始发地运往目的地的全过程。在大多数情况下，产品除非从生产地转移到了消费点，否则，对潜在客户而言，它没有任何价值。运输就是实现产品转移的活动。也就是说运输创造了产品价值的空间效用。运输的主要目的就是要以最低的时间、财务和环境资源成本，将产品从原产地转移到规定地点。

配送是指在经济合理区域范围内，根据用户要求，对物品进行拣选、加工、包装、分割、组配等作业，并按时送达指定地点的物流活动。它是从最后一个物流节点到用户之间的物资空间移动过程。

由概念可知：运输和配送都是线路活动，运输活动必须通过运输工具在运输线路上移动才能实现位置移动，这是一种线路活动。配送以送为主，属运输范畴，也是线路活动。

2. 运输与配送的差别

要注意运输与配送两个概念的区别。一般情况下，经常将运输和配送这两个词放在一起使用，其原因是要完成整个物流活动，通过运输及配送后才能将货物送到最终的消费者手里。要理解这一点，必须了解运输与配送的关系。简单地说，运输是两点之间货物的输送；而配送是指一点对多点的货物运输过程。图 6.2 能够说明两者之间的关系，其中整个图是货物的分拨过程，A、B、C_1、C_2、C_3 表示地点。A 到 B 的距离较大，C_1、C_2、C_3 表示末端客户的位置。

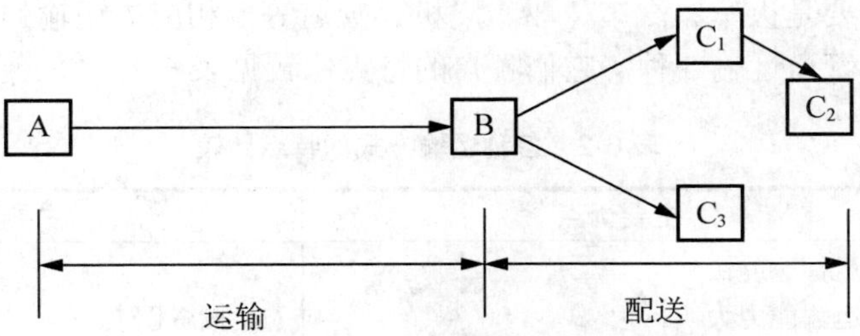

图 6.2　运输与配送的区别

总的来说，运输与配送的差别主要表现在以下几个方面。

(1) 活动范围不同。运输是在大范围内进行的，如国家之间、地区之间、城市之间等；配送一般仅局限在一个地区或一个大城市之内。

(2) 功能上存在差异。运输是以实现大批量、远距离的物品位置转移为主，运输途中客观上存在着一定的存储功能。配送以实现小批量、多品种物品的近距离位置转移为主，但同时要满足用户的多种要求，如多个品种、准时到货、多个到货地点、小分量包装、直接到生产线、包装物回收等。为了满足用户的上述要求，有时需要增加加工、分割、包装、存储等功能，因此，配送具有多功能性。

(3) 二者的目标追求不同。运输主要追求提高运输效率，配送主要追求服务好。

运输与配送的比较见表 6-1。

表 6-1 运输与配送的比较

项　目	运　输	配　送
线路	从工厂仓库到物流中心	从物流中心到终端客户
运输批量	批量大、品种少	小批量、多品种
运输距离	长距离干线运输	短距离直线运输
评价标准	主要看运输效率	主要看服务质量
附属功能	单一	包括了物流的所有功能要素

一般来说，在运输和配送同时存在的物流系统中，运输处在配送的前面，先通过运输实现物品长距离的位置转移，然后交由配送来完成短距离的输送。总的来说两者是互补的关系。

6.2 运输方式的决策

不同的运输方式，各具运营特性和优势，在一定的地理环境和经济条件下有其各自的合理使用范围。每一种模式都直接向用户提供服务，它们的服务也与那些涉及两种或两种以上运输方式的运输服务形成鲜明对比。

6.2.1 运输方式的特点

1. 各种运输方式特点比较

运输的工具主要是火车、汽车、船、飞机、管道等，相应的运输的方式也有铁路、公路、航空、水路和管道运输 5 种。它们各自的特点比较见表 6-2。

表 6-2 各种运输方式的特点比较

运输方式	主要优点	主要缺点
铁路	(1) 运行速度快 (2) 运输能力大 (3) 受自然条件限制小 (4) 可运输各种不同货物 (5) 运输成本低	(1) 投资巨大 (2) 建设周期长 (3) 按照铺设的铁道行走，缺乏灵活性

续表

运输方式	主要优点	主要缺点
水路	(1) 建设投资小 (2) 运输能力最大 (3) 可运输各种不同货物 (4) 运输成本低	(1) 受自然条件影响大 (2) 运行速度慢 (3) 在码头停靠装卸费时、费力 (4) 无法完成"门到门"的服务
公路	(1) 建设投资小 (2) 短途运行速度快 (3) 机动灵活，可实现"门到门"的服务	(1) 运输能力小 (2) 运输能耗高 (3) 运输成本高 (4) 受天气和环境影响大
航空	(1) 运行速度快 (2) 机动性能好，可飞越各种天然障碍 (3) 货物包装可以简单	(1) 造价高，能耗大 (2) 运输能力小 (3) 技术复杂 (4) 受气候影响大
管道	(1) 运输量大 (2) 安全可靠 (3) 不受自然条件影响 (4) 封闭运输，损耗少	(1) 专用性强，只能运输石油、天然气及固体料浆(如煤炭等) (2) 管道运输量与最高运输量间的幅度小

2. 各种运输方式的经济评价

国民经济对交通运输的要求是综合全面的。首先，要求载运量大、成本低、投资少，以节省用于运输方面的开支；其次，要求货物运达速度快，以便缩短运输时间，加速流动资金的周转；另外，要求尽可能达到时间上能连续运行、空间上的机动灵活，并保证运输的安全性。各种运输方式对上述经济指标的满足程度不同，各有其不同技术经济性能和适用范围。几种主要运输方式的经济特征见表 6-3。

表 6-3 几种主要运输方式经济特征比较

运输方式	基建投资		运输量	运 价	速 度	连续性	灵活性
	线路	运具					
铁路运输	5	1	2	3	3	1	3
内河运输	3	3	3	2	5	5	4
海上运输	1	2	1	1	4	4	5
公路运输	4	4	4	4	2	2	1
航空运输	2	5	5	5	1	3	2

说明：表中数字表示运输方式的优劣次序。(1 为最优；5 为最差。)

6.2.2 运输方式的选择

1. 成本比较法

如果不将运输服务作为竞争手段，那么能使该运输服务成本与该运输服务水平导致的间接库存成本之间达到平衡的运输服务就是最佳服务方案。即运输的速度和可靠性会影响托运人和买方的库存水平(订货库存和安全库存)及他们之间的在途库存水平。如果选择速度慢、可靠性差的运输服务，物流渠道中就需要有更多的库存。这样，就需要考虑库存持有成本可能升高，而抵消运输服务成本降低的情况。因此，方案中最合理的应该是，既能满足顾客需求，又使总成本最低的服务。

【例 6.1】某公司欲将产品从甲地的工厂运往乙地的自有仓库。年运量 D 为 700 000 件，单位产品出厂价格 C 为 30 元，每年的存货持有成本 I 为产品价格的 30%，各种运输方式的有关参数见表 6-4。试确定最佳运输方案。

表 6-4　运输服务参数

运输方式	运输费率 R/(元/件)	运达时间 T/天	运输批量 Q/件
铁路	0.10	21	100 000
卡车	0.20	5	50 000×0.84
航空	1.4	2	25 000×0.80

解：在选择运输方式时要考虑总成本，包括以下几项。

(1) 运输成本。不同运输方式的运输成本不同，各种运输方式下的运输成本为年运输量与运输费率的乘积。

(2) 在途货物的库存成本。不同运输方式将影响货物的在途时间，在途库存的持有成本不同。在途库存成本为 $I×C×D×T/365$。

(3) 分拨渠道两端的库存成本。分拨渠道两端的平均库存大约是 $Q/2$，其中 Q 是运输批量。每单位货物的库存成本为 $I×C$，但产品价值 C 在分拨渠道的不同地点是不同的。在工厂，C 是产品的出厂价值，在仓库，C 是产品的出厂价值加上运输费率。

运输服务方案比较结果见表 6-5。

表 6-5　运输服务方案比较表　　单位：元

成本类型	计算公式	运输服务方案		
		铁　路	卡　车	航　空
运输	$R×D$	0.10×700 000=70 000	0.2×700 000=140 000	1.4×700 000=980 000
在途存货	$I×C(D/365)×T$	0.30×30×(700 000/365)×21 =362 466	0.30×30×(700 000/365)×5 =86301	0.30×30×(700 000/365)×2 =34521
工厂存货	$I×C×(Q/2)$	0.30×30×(100 000/2)=450 000	0.30×30×(50 000×0.84/2)=189 000	0.30×30×(25 000×0.80/2) =90 000
仓库存货	$I×(C+R)×(Q/2)$	0.30×30.10×(100 000/2)=451 500	0.30×30.20×(50 000×0.84/2) =190 260	0.30×30.40×(50 000×0.80/2) =94 200
总成本		1 333 966	605 561	1 198 721

由表 6-5 的计算结果可知，在 3 种运输方式中，卡车运输的总成本最低，因此，应选择卡车运输方式。

2. 竞争因素决定法

运输方法的选择如果直接涉及竞争优势，则应考虑采用竞争因素决定法。当买方通过供应渠道从若干个供应商处购买商品时，物流服务和价格就会影响买方对供应商的选择。反之，供应商也可以通过供应渠道运输方式的选择来控制物流服务的这些要素，从而影响买方。

对买方来说，良好的运输服务(较短的运达时间和较少的运送时间)意味着可保持较低的存货水平和较确定的运作时间表。为了能获得所期望的运输服务，从而降低成本，买方对供应商提供唯一的鼓励——给该供应商更多的惠顾。买方的行为就是将采购订单转给能提供更优质运输服务的供应商。业务的扩大将带来利润的增加，弥补由于选择快速运输服务而带来的成本，因而鼓励供应商寻求吸引买方的运输服务形式，而不是单纯降低运输服务的价格。这样，运输服务方式的选择成为了供应商和买方共同的决策。当然，当一个供应商为了争取买方而选择最佳的运输方式时，参与竞争的其他供应商也可能做出竞争反应。因此，下述的例子假设竞争对手在服务方面没有反击手段，且由于供应商提供的运输服务较有吸引力，购买量的增加额是已知的。

【例 6.2】某电器制造商分别从两个供应商处购买了共 3 000 个配件，每个配件单价 100 元。目前，这 3 000 个配件是由两个供应商平均提供的。如果某个供应商缩短运达时间，则可以多得到交易份额，每缩短一天，可从总交易量中多得 5%的份额，即 150 个配件。供应商可从每个配件中赚得占配件价格(不包括运输费用)20%的利润。于是供应商 A 考虑，将运输方式从铁路转为卡车运输或航空运输是否有利可图？各种运输方式的运费率和运达时间见表 6-6。

表 6-6 运费率和运达时间

运输方式	运费率 R/(元/件)	运达时间 T/天
铁路	3.50	7
公路	7.0	4
航空	10.75	2

解：显然，供应商 A 只是根据它可能获得的潜在利润来对运输方式进行选择。表 6-7 是供应商 A 使用不同的运输方式可能获得的预期利润。

表 6-7 不同运输方式下供应商 A 的利润比较

运输方式	配件销售量/件 S	毛利/元 (S×20)	运输成本/元 (S×R)	净利润/元 (毛利−运输成本)
铁路	1 750	35 000.00	6 125.00	28 875.00
公路	2 100	42 000.00	14 700.00	27 300.00
航空	2 350	47 000.00	25 262.50	21 737.50

如果制造商对能提供更好运输服务的供应商给予更多份额交易的承诺实现，则供应商 A 应当选择铁路运输。当然，与此同时，供应商 A 要密切注意其他供应商 B 可能做出的竞争反应。

3. 运输服务选择的综合考虑

关于运输服务的选择方案，在考虑运输服务的直接成本的同时，有必要考虑运输方式对库存成本的影响和运输绩效对物流渠道成员购买选择的影响。除此之外，还有其他一些因素需要考虑，其中有些是决策者不能控制的。选择运输服务主要考虑以下几点。

(1) 如果供应商和买方对彼此的成本有一定了解将会促进双方的有效合作。但供应商和买方如果是相互独立的法律实体，二者之间没有某种形式的信息交流，双方就很难获得完全的成本信息。在任何情况下，合作都应更加关注对方对运输服务选择的反应及对方购买量的变化。

(2) 如果配送渠道中有相互竞争的供应商，买方和供应商都应采取合理的行动来平衡运输成本和运输服务，以获得最佳收益。

(3) 价格的影响。假如供应商提供的运输服务优于竞争对方，可能会提高产品价格。因此，买方在决定是否购买时应同时考虑产品价格和运输成本。

(4) 运输费率、产品种类、库存成本的变化以及竞争对手可能采取的响应行动都增加了运输方式选择的不确定性与复杂性。

(5) 运输服务的选择对供应商存货的影响。供应商也会和买方一样，由于运输方式的变化而改变运输批量，进而导致库存水平的变化。同时，供应商调整价格又会影响运输服务的选择。

6.3 运输线路优化模型

由于在整个物流成本中运输成本占 1/3～2/3，因而最大化地利用运输设备和人员，提高运作效率是需要关注的首要问题。

运输路线的选择影响到运输设备和人员的利用，正确地确定运输路线可以降低运输成本。因此，运输路线的选择，在运输决策中是一个重要领域。虽然运输路线决策问题种类繁多，但经过归纳，可以将其分为以下 3 类。

6.3.1 点点间运输——最短路线问题

对分离的、单个起点和终点的网络运输路线选择问题，最简单和最直观的方法是最短路线法。它对于解决起讫点不同的单一问题的决策很有效。网络由节点和线组成，点与点之间由线连接，线代表点与点之间运行的成本(距离、时间或时间和距离加权的组合)。开始时，除起点外，所有节点都被认为是未解的，即均未确定是否在选定的运输路线上。起点是已解的点，计算从这里开始。

1. 计算方法及步骤

(1) 第 n 次迭代的目的。寻求第 n 个距起点最近的节点，重复 n 次(n=1，2，…)直到最近的节点是终点为止。

(2) 第 n 次迭代的输入值。在前面的迭代过程中找出(n–1)个距起点最近的节点，及其距起点最短的路径和距离。这些节点及起点称为已解的节点，其余的称为未解的节点。

(3) 第 n 个最近节点的候选点。每个已解的节点由线路分支通向一个或多个尚未解的节点，这些未解的节点中有一个以最短路线分支连接的是候选点。如果有多个距离相等的最短路径连接，则有多个候选点。

(4) 第 n 个最近节点的计算。将每个已解节点及其候选点之间的距离和从起点到该已解节点之间的距离加起来，总距离最短的候选点，即是第 n 个最近的节点，也就是起点到达该点最短距离的路径。

2. 最短路线法举例

【例 6.3】 图 6.3 是一张高速公路网络示意图，其中 A 是起点，J 是终点，B、C、D、E、F、

G、H、I 是网络中的节点，节点与节点之间以线路连接，线路上标明了两个节点之间的距离，以运行时间(min)表示。要求确定一条从原点 A 到终点 J 的最短的运输路线。

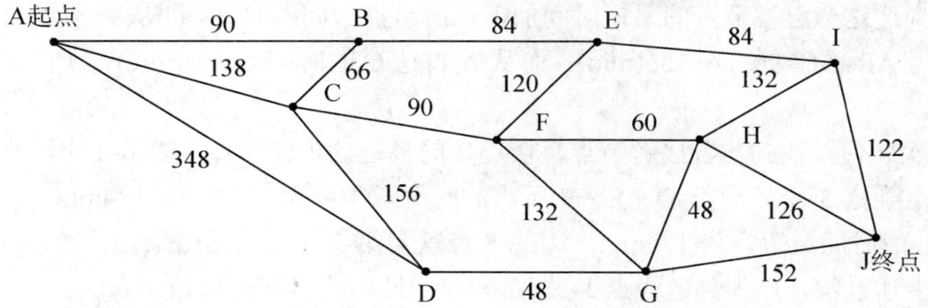

图 6.3　高速公路网络示意图

解：首先列出表 6-8。第一个已解的节点就是起点 A。与 A 点直接连接的未解的节点有 B、C 和 D 点。第 1 步，可以看到，B 点是距 A 点最近的节点，记为 AB。由于 B 点是唯一选择，所以它成为已解的节点。

表 6-8　最短路线方法计算表

步　骤	直接连接到未解节点的已解节点	与其直接连线的未解节点	相关总成本	第 n 个最近节点	最小成本	最新连接
1	A	B	90	B	90	AB*
2	A B	C C	138 90+66=156	C	138	AC
3	A B C	D E F	348 90+84=174 138+90=228	E	174	BE*
4	A C E	D F I	348 138+90=228 174+84=258	F	228	CF
5	A C E F	D D I H	348 138+156=294 174+84=258 228+60=288	I	258	EI*
6	A C F I	D D H J	348 138+156=294 228+60=288 258+126=384	H	288	FH
7	A C F H I	D D G G J	348 138+156=294 228+132=360 288+48=336 258+122=380	D	294	CD
8	H I	J J	288+126=414 258+122=380	J	380	IJ*

注：*号表示最小成本线。

随后，找出距 A 点和 B 点最近的未解的节点。只要列出距各个已解的节点最近的连接点，有 A—C，B—C，记为第 2 步。注意，从起点通过已解的节点到某一节点所需的时间应该等于到达这个已解节点的最短时间加上已解节点之间的时间，即从 A 点经过 B 点到达 C 的距离为 AB+BC=90+66=156(min)，而从 A 直达 C 的时间为 138(min)。现在 C 也成了已解的节点。

第 3 次迭代要找到与各已解节点直接连接的最近的未解节点。表 6-8 中，有 3 个候选点，从起点到这 3 个候选点 D、E、F 所需的时间，相应为 348min、174min、228min，其中连接 BE 的时间最短，为 174min，因此 E 点就是第 3 次迭代的结果。

重复上述过程，直到到达终点 J，即第 8 步。最短的路线时间是 380min，连线在表 6-8 中以“*”标出，即最优路线为 A—B—E—I—J。

6.3.2 多点间运输——直达与中转运输线路优化问题

在物流的运输决策中，常常有多个货源地服务多个目的地的问题。例如，多个供应商、工厂或仓库服务于多个客户的情况。这时面临的问题是，既要指定各客户的供货地，同时又要找到供货地、目的地之间的最佳路径。解决这样的问题可以运用线性规划的方法，即运输方法求解问题。

1. 问题的模型和特征

运输问题的一般提法是这样的：某种物资有 m 个产地：A_1，A_2，…，A_m，需要运到 n 个销地 B_1，B_2，…，B_n；A_i 的产量为 a_i，B_j 的销量为 b_j，并且 $\sum_{i=1}^{m} a_i = \sum_{j=1}^{n} b_j$ (即供需平衡)。若已知货物从 A_i 运到 B_j 的单位运费为 c_{ij}(i =1、2、…、m，j=1、2、…、n)，试问如何组织调运，才能既满足供销需要，又能使总运费为最少？

令决策变量 x_{ij} 表示从 A_i 运到 B_j 的物资数量，则该问题为求解所有 x_{ij} 使总的运输费用 $\sum_{i=1}^{m}\sum_{j=1}^{n} c_{ij}x_{ij}$ 达到最少。该问题的数学模型可写为：$\min Z = \sum_{i=1}^{m}\sum_{j=1}^{n} c_{ij}x_{ij}$ 。

$$\text{s.t.}\begin{cases} \sum_{i=1}^{m} x_{ij} = b_j,\ j=1,2,\cdots,n \\ \sum_{j=1}^{n} x_{ij} = a_j,\ j=1,2,\cdots,m \\ x_{ij} \geqslant 0，对所有的 i、j \end{cases} \tag{6.1}$$

当然，在实际问题的应用中，常出现产销不平衡的情形，此时，需要把产销不平衡问题转化为产销平衡问题来进行讨论。如当产量 $\sum_{i=1}^{m} a_i$ 大于销量 $\sum_{j=1}^{n} b_j$ 时，只需增加一个虚拟的销地 $j=n+1$，而该销地的需要量为 $\sum_{i=1}^{m} a_i - \sum_{j=1}^{n} b_j$ 即可。销量 $\sum_{j=1}^{n} b_j$ 大于产量 $\sum_{i=1}^{m} a_i$ 的情形类同。

很显然，运输问题是一个有 $m\times n$ 个变量、$m+n$ 个约束方程的线性规划问题，其系数矩阵 $\boldsymbol{A}$ 如下：

$$
\begin{array}{c}
x_{11}x_{12}\cdots x_{1n}\quad x_{21}x_{22}\cdots x_{2n}\cdots\quad x_{m1}x_{m2}\cdots x_{mn}
\end{array}
$$

$$
\boldsymbol{A}=\left(\begin{array}{cccccccccccc}
1 & 1 & \cdots & 1 & & & & & & & & \\
 & & & & 1 & 1 & \cdots & 1 & & & & \\
 & & & & & & & \cdots & & & & \\
 & & & & & & & & 1 & 1 & \cdots & 1 \\
1 & & & & 1 & & & & 1 & & & \\
 & 1 & & & & 1 & & & & 1 & & \\
 & & \ddots & & & & \ddots & & & & \ddots & \\
 & & & 1 & & & & 1 & & & & 1
\end{array}\right)
\begin{array}{l}
\left.\begin{array}{l}\\ \\ \\ \\ \end{array}\right\}m\text{行}\\
\left.\begin{array}{l}\\ \\ \\ \\ \end{array}\right\}n\text{行}
\end{array}
$$

运输问题的特征有如下几个。

(1) 在产销平衡时，运输问题一定有可行解，且有最优解。

(2) 当产量与销量均为整数时，必存在决策变量为整数的最优解。

(3) 决策变量的系数只有 0 和 1，系数矩阵 $\boldsymbol{A}$ 有 $m+n$ 行、mn 列，秩为 $m+n-1$，从而有 $m+n-1$ 个基变量。

(4) 运输问题的 $m+n-1$ 个基变量不构成“闭回路”。

“闭回路”是指当运输问题用表格形式(见表 6-9)给出时，一组变量能连成如下形式，如图 6.4 所示，就称该变量组构成闭回路。其实闭回路就是一条封闭折线，每个顶点都是转角点，设 $m=4$，$n=5$，将变量组$\{x_{21},\ x_{22},\ x_{32},\ x_{35},\ x_{15},\ x_{13},\ x_{43},\ x_{41},\ x_{21}\}$表示为图 6.5。显然，该变量组形成一闭回路。

表 6-9　运输表

销地 / 产地	B_1	B_2	…	B_n	产　量
A_1	x_{11}　c_{11}	x_{12}　c_{12}	…	x_{1n}　c_{1n}	a_1
…					…
A_m	x_{m1}　c_{m1}	x_{m2}　c_{m2}	…	x_{mn}　c_{mn}	a_m
销量	b_1	b_2	…	b_n	

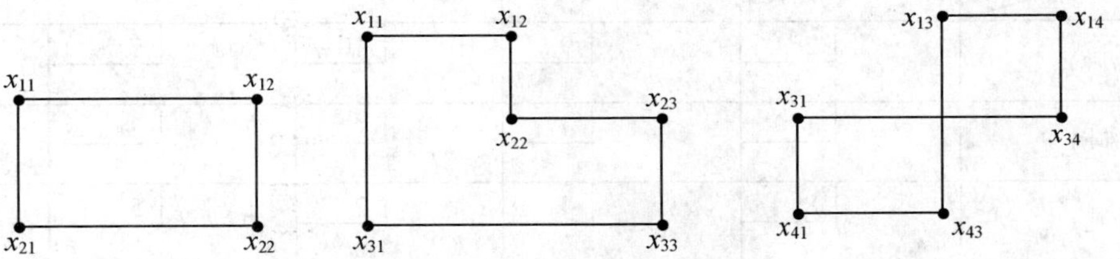

图 6.4　闭回路类型图

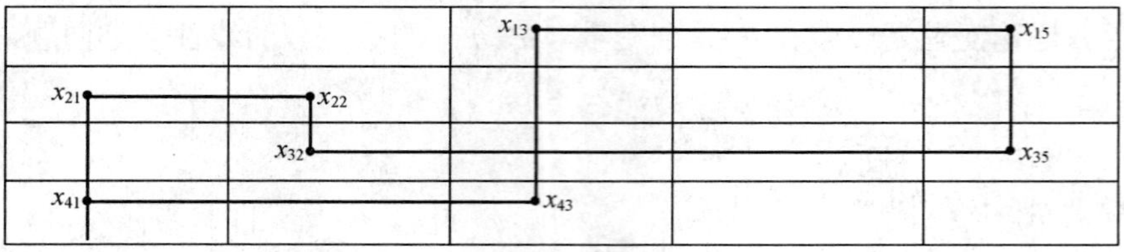

图 6.5　闭回路示意图

可以证明，运输问题的 $m+n-1$ 个变量构成基变量的充要条件是不含闭回路。相应地从一个非基变量出发，存在且唯一存在一条闭回路。

对于运输问题，一般采用单纯形法求解。对于比较简单的运输问题，可以用表上作业法或图上作业法求解。

2. 表上作业法求解运输问题

基于运输问题的上述特殊性，求解运输问题的单纯形法就可以大大简化，对求极小化问题来说，这种解法能在表上进行——表上作业法。其基本步骤如下。

(1) 编制初始调运方案(即确定初始基本可行解)。常用的方法有西北角法和最小元素法。

(2) 最优性检验(即求出相应的检验数)。常用方法有闭回路法和位势法。

(3) 解的改进。根据检验数确定方案是否最优，是则终止，否则采用闭回路法调整，再返回到第 2 步，直至最优。

下面通过一个例题来讲解如何使用表上作业法求解运输问题。

【例 6.4】某公司下属 3 个仓库，供应 4 个客户的需要，3 个仓库的供应量和 4 个客户的需求量，以及由各仓库到各客户的运输单价见表 6-10。求运输费用最少的运输方案。

表 6-10　运输问题的费用表

	客户 1	客户 2	客户 3	客户 4	供应量
仓库 A/(百元/吨)	2	9	10	7	9
仓库 B/(百元/吨)	1	3	4	2	5
仓库 C/(百元/吨)	8	4	2	5	7
需求量/吨	3	8	4	6	21

解：1) 第 1 步，编制初始调运方案

初始调运方案就是找到一组初始可行基，即找到 $m+n-1=3+4-1=6$ 个正整数填入它的运输表 6-11，使满足约束条件。

表 6-11　运输问题作业表——西北角法

客　户 / 仓　库	客户 1	客户 2	客户 3	客户 4	供应量
A/(百元/吨)	2 3	9 6	10	7	9
B/(百元/吨)	1	3 2	4 3	2	5
C/(百元/吨)	8	4	2 1	5 6	7
需求量/吨	3	8	4	6	21

(1) 西北角法。西北角法就是从表 6-11 的左上角第一格开始安排运输计划。方法是：

取其仓库供应量与客户需要量的最小值作为初始基本可行解的第一个分量值($x_{11}=\min\{a_1, b_1\}$)。这样第一列的需求已经满足，用线划去第一列，再看第二列、第一行，由于仓库 A 的供应量还有 9−3=6，与客户 2 的需求数 8 比较，取最小值 6($x_{12}=\min\{a_1-x_{11}, b_2\}$)填入该格。依此次序进行，即可得到第一个基本可行解，见表 6-11。

(2) 最小费用法。西北角法的优点是简单、易实现，但没有考虑最小费用，可能要经过许多次迭代才能得到最优解。而最小费用法的基本思想是就近供应，优先考虑最小单位运费对应的 x_{ij}，这样得到的方案会更接近最优方案。

在运输表 6-12 中，单位运费 c_{ij} 最小的是 $c_{21}=1$。这个格子处于第二行、第一列，因而最多可供量为 5，但需求量为 3，于是，在这个格子里填上尽可能大的数是 $x_{21}=\min\{a_2,b_1\}=\min\{3, 5\}=3$。这个格子填上数后，客户 1 的要求满足了，可用线划去该列。于是只须考虑另外 3 个客户的需求。从表 6-12 看到，在未划线的格子中 c_{ij} 最小的是 $c_{24}=c_{33}=2$，可任选一个，如考虑 c_{33} 所在的格子。此处的供求情况是：最多可供 7，但最多需要 4。于是应填入的数是 $x_{33}=\min\{a_3, b_3\}=\min\{7, 4\}=4$，这样客户 3 的需求也满足了，用线划去该列。后面只须考虑客户 2 和客户 4 的需求。这时最小的 c_{ij} 是 c_{24}=2。此处，最大可供量为 5−3=2(c_{21} 处已占用了)，需求量为 6，从而应令 $x_{24}=\min\{a_2-x_{21}, b_4\}=\min\{5-3, 6\}=2$。这时 B 的供应量用完了，用线划去该行，后面只须考虑 A 和 C 的供应、客户 2 和 4 的需求了，这样依次分析下去，便得到：

$$x_{32}=\min\{a_3-x_{33}, b_2\}=\min\{7-4, 8\}=3$$

$$x_{14}=\min\{a_1, b_4-x_{24}\}=\min\{9, 6-2\}=4$$

$$x_{12}=\min\{a_1-x_{14}, b_2-x_{32}\}=\min\{9-4, 8-3\}=5$$

将上述 6 个数填在运输表内(为了与其他数字相区别，用圈码标记)，其余为非基变量取 0 值，就可作为初始调运方案，见表 6-12。

表 6-12 运输问题作业表——最小费用法

客户 仓库	客户 1	客户 2	客户 3	客户 4	供应量
A/(百元/吨)	2	9 ⑤	10	7 ④	9
B/(百元/吨)	1 ③	3	4	2 ②	5
C/(百元/吨)	8	4 ③	2 ④	5	7
需求量/吨	3	8	4	6	21

注意：以上两种方法在求初始基可行解时，均会遇到一些特殊情况，一般称为“退化”。大致有两种情况：①当选定元素 x_{ij} 后，发现该元素所在行的供给量等于需求量时，此时只能划去一行或一列，不能同时划去。②当选定元素 x_{ij} 后，发现对应供给量 a_i 和需求量 b_j 均为 0，那么 $x_{ij}=\min\{a_i, b_j\}=0$，此时仍应把 x_{ij} 作为基变量，把 0 值填入相应格子中(即基变量取 0，退化)。

2) 第 2 步，最优性检验

上面已经得到初始基可行解，那是否为最优解呢？需要验证。依据单纯形法原理，要求出各变量的检验数；由于基变量的检验数恒为 0，所以只要求出非基变量的检验数。另外运输问题是极小化的线性规划问题，只要检验数全部非负即达最优解。在表上作业法中常用的有闭回路法和位势法。

(1) 闭回路法。试从定义出发计算检验数。先看 x_{11} 的检验数 $\overline{C}_{11}$，分析一个闭回路(表 6-13 中虚线所示)。由于供求条件的限制，当从 0 增加到 1 时，将引起连锁反应：x_{21} 减少 1，x_{24} 增加 1，x_{14} 减少 1。于是根据检验数的定义得到 $\overline{C}_{11}=1c_{11}+(-1)c_{21}+1c_{24}+(-1)c_{14}=c_{11}-c_{21}+c_{24}-c_{14}=2-1+2-7=-4$，即 x_{11} 每增加 1 个单位，将使运费减少 4 个单位，这说明初始解非最优。类似地，可以求出其他非基变量的检验数，但是，一般说来这种求检验数的方法是比较繁琐的。例如，求 x_{31} 的检验数时，必须考虑下面这样的复杂闭回路(表 6-13 中实线所示)。

表 6-13　运输问题作业

仓库 \ 客户	客户 1	客户 2	客户 3	客户 4	供应量
A/(百元/吨)	2　x_{11}	9　⑤	10	7　④	9
B/(百元/吨)	1　③	3	4	2　②	5
C/(百元/吨)	8　x_{31}	4　③	2　④	5	7
需求量/吨	3	8	4	6	21

(2) 位势法。位势法又称为 U-V 法，它是由解运输问题的对偶问题引出来的。平衡型运输问题的对偶问题为：

$$\max Y=\sum_{i=1}^{m}a_iu_i+\sum_{j=1}^{n}b_jv_j$$

$$\text{s.t.}\quad u_i+v_j\leqslant c_{ij}\,(i=1,\ \cdots,\ m;\ j=1,\ \cdots,\ n)$$

对偶模型里的变量 u_i 与 m 个供应约束方程对应，v_j 与 n 个需求约束方程对应，分别称它们为原问题变量 x_{ij} 的行位势和列位势。

可以证明，运输问题的决策变量 x_{ij} 的检验数 $\overline{C}_{ij}=c_{ij}-(u_i+v_j)$。

由于基变量的检验数等于 0，所以对于基变量 x_{ij} 有：$u_i+v_j=c_{ij}$。而平衡型运输问题中的基变量个数为 $m+n-1$，从而得到 $m+n-1$ 个类似 $u_i+v_j=c_{ij}$ 这样方程构成的方程组。但它有 $m+n$ 个未知量，要解出这个方程组，必须给其中一个自由未知量赋值。例如，令 $u_1=0$ (这样不会影响结果)，就可求出所有变量的位势，进而算出所有非基变量的检验数。针对该例，对于最小费用法得到的初始基本可行解(见表 6-12)，得到方程组：

$$\begin{cases}u_1+v_2=9\\u_1+v_4=7\\u_2+v_1=1\\u_2+v_4=2\\u_3+v_2=4\\u_3+v_3=2\end{cases}，令\ u_1=0，解得：\begin{cases}u_1=0,\quad u_2=-5,\quad u_3=-5,\\v_1=6,\quad v_2=9,\quad v_3=7,\quad v_4=7\end{cases}$$

计算非基变量的检验数：$\overline{C}_{11}=c_{11}-(u_1+v_1)=2-0-6=-4$，与闭回路法结果一致，其他检验数可类似求出填入作业表中，用括号括起来，见表 6-14。

表 6-14　运输问题作业表——位势法求检验数

客户 / 仓库	6 客户 1	9 客户 2	7 客户 3	7 客户 4	供应量
0　A/(百元/吨)	2 (−4)	9 ⑤	10 (3)	7 ④	9
−5　B/(百元/吨)	1 ③	3 (−1)	4 (2)	2 ②	5
−5　C/(百元/吨)	8 (7)	4 ③	2 ④	5 (3)	7
需求量/吨	3	8	4	6	21

从表 6-14 可以看出，x_{11} 的检验数 $\overline{C}_{11}=-4$(与前面用定义求得的结果是一致的)是所有检验数中负值最小者。这说明应当让 x_{11} 进基，以改进表 6-12 中的初始方案。

第 3 步，用闭回路法调整运输方案——改进基本可行解。

如果经过检验所得的解不是最优的，就需要对基变量进行迭代。前面已经有选取进基变量的规则，即在所有非基变量中取检验数是负值最小者为进基变量。下面用闭回路法选取出基变量及基变量取值的调整量，以实现解的改进。步骤如下。

(1) 找出入基变量所在的闭回路，并以该变量所在格为起点，沿闭回路顶点依次交替把它们所取的值前面加“+”、“−”号，如表 6-15 所示。

(2) 所有被标“−”号格子中变量 x_{ij} 取值最小者作为出基变量，即被标“−”号的圆圈中数字最小者：$\theta=\min$ {闭回路顶点上所有标“−”号的 x_{ij} 的取值}。在表 6-15 中 $\theta=\min\{3,4\}=3$。

表 6-15　基变量迭代调整

客户 / 仓库	6 客户 1	9 客户 2	7 客户 3	7 客户 4	供应量
0　A/(百元/吨)	+ 2 (−4)	9 ⑤	10 (3)	7 − ④	9
−5　B/(百元/吨)	1 − ③	3 (−1)	4 (2)	2 + ②	5
−5　C/(百元/吨)	8 (7)	4 ③	2 ④	5 (3)	7
需求量/吨	3	8	4	6	21

(3) 进行基的迭代，出基变量当然取值为 0，即将所有带“+”号的格子原取值加 θ，带“−”号的格子原取值减 θ，就得到一个新的调运方案(闭回路不涉及的基变量取值不变动，见表 6-16)。再求检验数，重复上述步骤，直至最优。

表 6-16　迭代后的运输方案

仓　库 \ 客　户	2 客户 1	9 客户 2	7 客户 3	7 客户 4	供应量
0　A/(百元/吨)	2 ③	9 ⑤	10 (3)	7 ①	9
−5　B/(百元/吨)	1 (4)	3 (−1)	4 (2)	2 ⑤	5
−5　C/(百元/吨)	8 (11)	4 ③	2 ④	5 (3)	7
需求量/吨	3	8	4	6	21

从表 6-16 中容易算出，这个方案的总运费是 3×2+5×9+1×7+5×2+3×4+4×2 =88(百元)，即 8 800 元。比初始表的方案优秀了，但在表中求出各非基变量的检验数显示，它还不是最优的。x_{22}要作为入基变量，再经过迭代得到的调运方案见表 6-17。

表 6-17　再次迭代后的运输方案

仓　库 \ 客　户	2 客户 1	9 客户 2	7 客户 3	7 客户 4	供应量
0　A_1 /(百元/吨)	2 ③	9 −⑤	10 (3)	7 +① <6>	9
−5　A_2 /(百元/吨)	1 (4)	3 + (−1) <5>	4 (2)	2 −⑤ <0>	5
−5　A_3 /(百元/吨)	8 (11)	4 ③	2 ④	5 (3)	7
需求量/吨	3	8	4	6	21

从表 6-17 容易得出，$x_{11}=3$，$x_{14}=6$，$x_{22}=5$，$x_{32}=3$，$x_{33}=4$，其他非基变量为 0；这个方案的总费用为 3×2+6×7+5×3+3×4+4×2=83(百元)，即 8 300 元。这时算出非基变量的所有检验数均非负，从而是最优的运输方案。

在计算过程中需要注意的是，可能会有非基变量(空格)的检验数为 0 的情况，这时，该供销平衡的运输问题存在无穷多最优解。在已得到的一个最优解的表格中，从这样的空格出发做闭回路重新进行调整，可以得到另一个最优解。

3. 图上作业法求解运输问题

如果将产地和销地及其间的距离在图上表示，且要求的是吨千米数最小，则可以用图上作业法求解。该方法是 20 世纪 50 年代初由我国粮食部门的科研人员总结出来的，中国科学院的运筹学工作者从数学角度上严格论证了它的最优性。

图上作业法的基础是运输的交通图。交通图就是表明收点和发点间的相互位置以及联结这些点之间的交通线路的简要地图。在交通图上，用圆圈“○”表示发点，将该发点的发量填入“○”内。用方框“□”表示收点，将该收点的收量填入“□”内。两点间的距离记在交通线路的旁边。用箭头“→”表示物资调运的方向即称流向。把运送物资的数量记在流向“→”的旁边并加括号()，以区别于两点之间的距离数。并且凡是按逆时针方向调运的货物调运线路，其调运箭头线都画在圈外，称为外圈；否则，其调运箭头线都画在圈内，称为内圈，或者两种箭头反方向标注也可以。

先来解释图上作业法中的两个基本概念：对流和迂回。

(1) 对流。对流就是在一段线路上有同一种物资往返运输(同一段线路上，两个方向都有流向)，如图 6.6 所示(货物的重量单位为吨，里程的单位为千米)。在图 6.6 中，将某种物资 10 吨从地点 A_1 运往地点 B_2，同时又有同样的物资 10 吨同时从地点 A_2 运往地点 B_1，于是在 A_1A_2 之间就出现了对流现象。如果把流向图改成图 6.7，即将 A_1 的 10 吨运往 B_1，而将 A_2 的 10 吨运往 B_2，就避免了 A_1A_2 的对流，从而可以节约运输量：2×10×30=600(吨千米)。

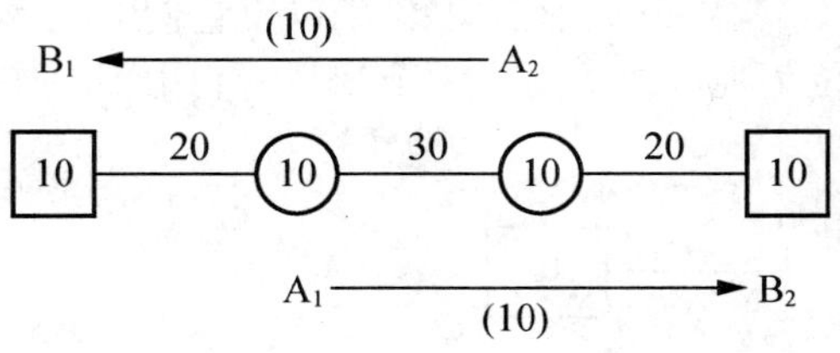

图 6.6 有对流的运输线路图

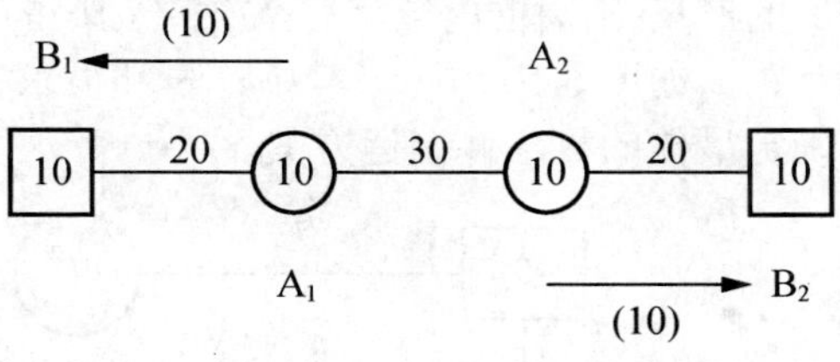

图 6.7 无对流的运输线路图

(2) 迂回。当交通图成圈时，如果流向图中内圈流向的总长(简称内圈长)或外圈流向的总长(简称外圈长)超过整个圈长的一半就称为迂回运输。例如，某物资流向图，如图 6.8 所示。

图 6.8 是一个迂回运输流向图，因为它的内圈长为 10，外圈长为 55，整个圈长为 80，其外圈长大于整个圈长的一半。如果把它改成图 6.9 就避免了迂回现象。图 6.9 中，内圈长为 25，外圈长为 20，都小于整个圈长的一半。消除迂回后可以节约运输量：(60×20+20×35+10×10)−(40×20+20×15+30×10)=600(吨千米)。

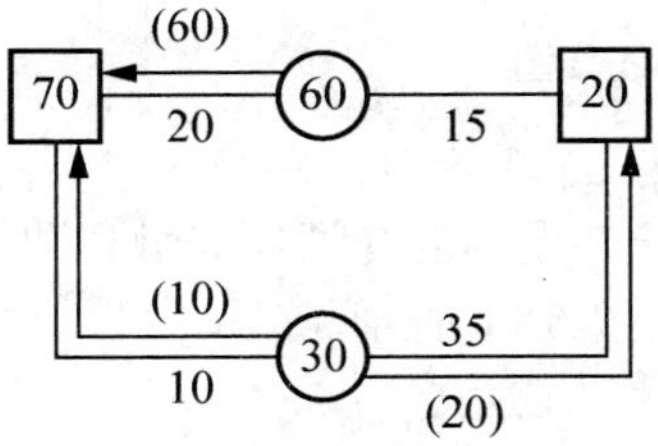

图 6.8 有迂回的运输线路图

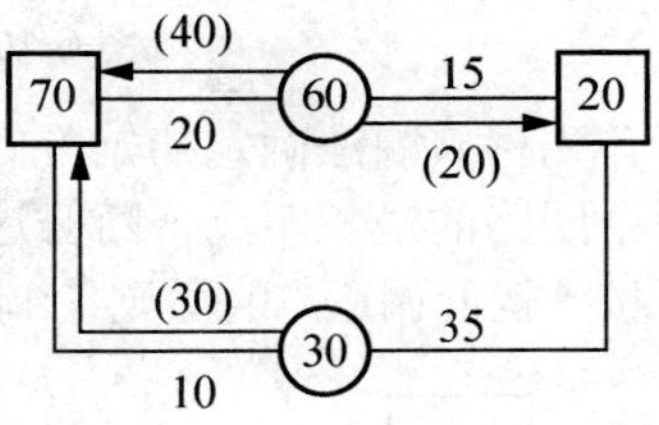

图 6.9 无迂回的运输线路图

图上作业法简单易懂，只需在图上进行计算和调整，便可得到吨千米最小的方案。其要点是：①没有对流，即在任何一段运输路线上没有相对往返的运输；②没有迂回，在一条封闭成圈的回路上，从一点到另一点的运输要走小半圈，若走大半圈就是迂回。一个运输方案，如果没有对流和迂回现象，它就是一个使运输力最省的最优方案。

使用图上作业法时，可从任一个调拨方案出发，若有对流，则可以通过改变分配办法取消对流；若有迂回，则可用缩短外圈或内圈的箭头矢量长度来取消迂回，经逐步调整，即可获得最优运输方案，其具体步骤如下。

(1) 绘制交通图。根据客户所需货物汇总情况、交通线路、配送点与客户点的布局，绘制出交通示意图。

(2) 将初始调运方案反映在交通图上。任何一张交通图上的线路分布形态都可分为成圈与不成圈两类。

对于不成圈的运输，按“就近调运”的原则，很容易就可得出调运方案。对于成圈的，可采用破圈法处理。即打破每一回路中距离最长的一段，从破开的线段端点开始，得出初始调运方案。

(3) 检查与调整。对交通图上的初始调运方案，首先分别计算线路的全圈长、内圈长和外圈长(圈长即指里程数)，如果内圈长和外圈长都分别小于全圈长的一半，则该方案为最优方案；否则，为非最优方案，需要对其进行调整。

下面通过一个例题来讲解如何使用图上作业法求解运输问题。

【例 6.5】某制造企业有专门为产品生产工厂提供零部件和半成品的零部件制造厂，共有 S_1、S_2、S_3、S_4 4 个零部件制造厂和 D_1、D_2、D_3、D_4、D_5、D_6 6 个产品生产工厂。各零部件制造厂的产量(椭圆框内数字)、各生产工厂的零部件需求量(矩形框内数字)以及它们的位置和相互距离如图 6.10 所示。其中产量和需求量单位为吨，距离单位为千米，请利用图上作业法确定最佳的零部件调运方案。

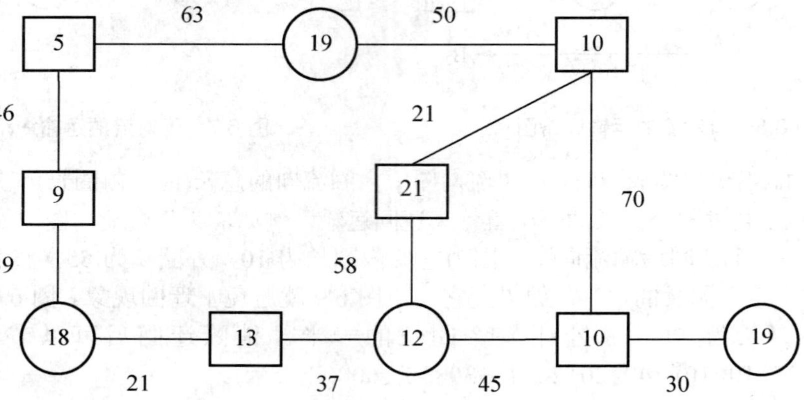

图 6.10 某工厂零部件提供线路图

解：首先用破圈法确定初始方案。在图中，距离为 63 千米以及距离为 70 千米的两段分别为两个回路的最长距离，断开这两段，原图成为一个无圈的交通图。并以供方 190 千米开始，按“就近调运”的原则编制初始调运方案，如图 6.11 所示。

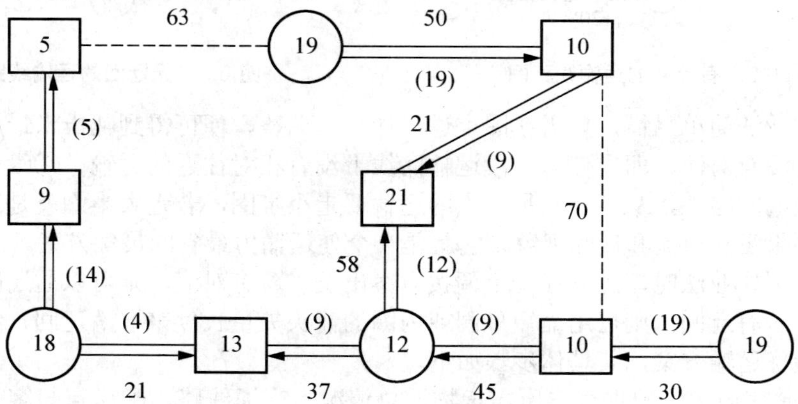

图 6.11 破圈法确定初始方案示意图

然后对该回路进行检验。首先检验图中左边大圈可知：内圈长=50+21+37+39+46=193(千米)，外圈长=50+21+58+37+21+39+46=272(千米)，该回路总长=272+63=335(千米)，半圈长=335/2=167.5(千米)。因此，内圈长小于半圈长，外圈长大于半圈长，需要对外圈进行调整。

在初始方案中，内圈的最小运量为5吨。内圈各边调运量都减去5吨，各外圈调运量加上5吨。并在原距离为63千米的边上加上一个外圈流量，调运量为5吨。第一次调整后的调运方案如图6.12所示。再检查右边小圈可知：全圈长=45+58+21+70=194(千米)，内圈长=45+58=103(千米)>1/2 全圈长。所以也是一个不合格圈，需要继续调整。因内圈的最小运量为9吨，所以内圈各边调运量都减去9吨，各外圈调运量加上9吨。并在原距离为70千米的边上加上一个外圈流量，调运量为9吨，如图6.12所示。

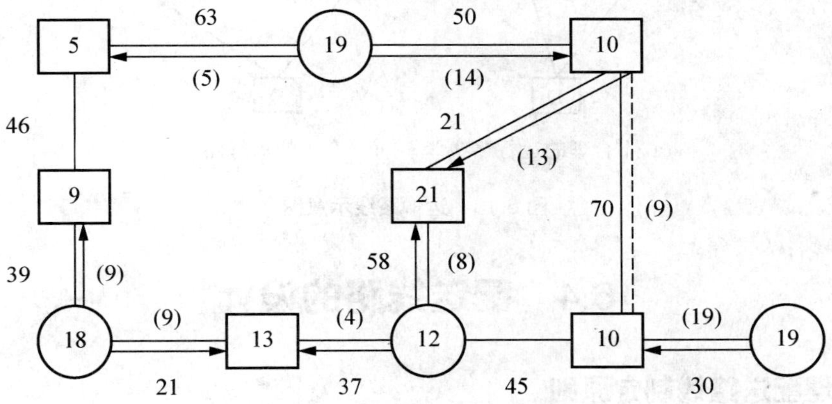

图6.12 初始方案调整后的调运方案示意

对调整后的调运方案进行检验。检查左边大圈，内圈长=51+21+37+39=147(千米)，外圈长=63+21+58=142(千米)，该回路总长为335千米，半圈长为167.5千米。因此，内圈长小于半圈长，外圈长小于半圈长，它是一个最有圈。

再对右边小圈进行检查。内圈长=58(千米)，外圈长=70+21=91(千米)，该回路总长为194千米，半圈长为97千米，它也是最优圈，因此该方案达到最优。

图上作业法是在总结物资流通部门的实践经验的基础上提出的一种规划方法，它可以被用来解决许多类似的问题。例如，可以应用它调度车辆，组织循环运输，尽量减少车辆的空驶，提高车辆的里程利用率，再如基建工程中的土方运输，机床负荷安排问题等，都可以应用图上作业法帮助解决。

6.3.3 多回路运输——经验试探法

物流管理人员经常遇到的一个路线选择问题是，起点就是终点的路线选择，即起点和终点是重合的，这样就构成了多回路运输问题。在企业自己拥有运输工具时，该问题是相当普遍的。例如，配送车辆从仓库送货至零售点，然后返回仓库，再重新装货；当地的配送车辆从零售店送货至顾客，再返回；接送孩子上学的校车的运行路线；送报车辆的运行路线；垃圾收集车辆的运行路线等。

这类问题求解的目标是寻求访问各点的次序，以求运行时间或距离最小化。起点和终点相重合的路线选择问题通常被称为“流动推销员”问题，对这类问题采用经验试探法比较有效。

解决问题的步骤：经验告诉我们，当运行路线不发生交叉时，经过各停留点的次序是合理的，同时，如有可能，应尽量使运行路线呈菱形。图 6.13 所示为通过各点的运行路线示意图，其中图 6.13(a)是不合理的运行路线，图 6.13(b)是合理的运行路线。根据上述两项原则，物流管理人员可以很快画出一张路线图。如果用计算机计算，反而需要花费好几个小时。当然，如果点与点之间的空间关系并不真正代表其运行时间或距离(例如，有路障，单行道路，交通拥挤等)，则使用计算机寻求路线上的停留点的合理次序更为方便。

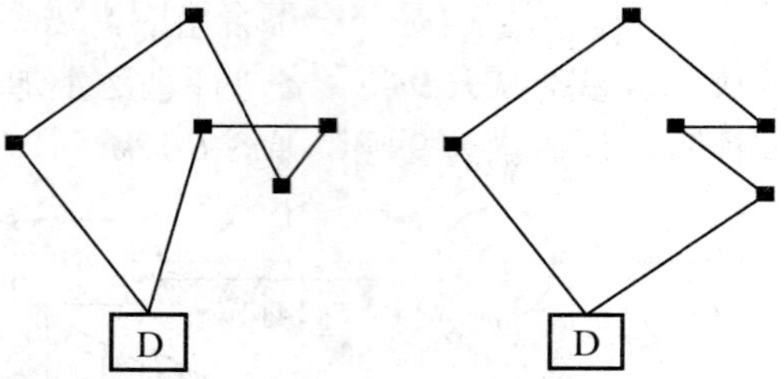

(a) 不合理的运行路线　　(b) 合理的运行路线

图 6.13　运输路线示意图

6.4　配送线路的设计

6.4.1　合理配送路线制定原则

在长期的实践过程中，人们为行车路线和时间表的制定总结出了一些原则。决策者(如车辆调度员)可以运用以下原则制定出合理的行车路线和时刻表。

(1) 先确定最远站点的站点群。合理的运行路线应从离仓库最远的停留点开始，将该集聚区的停留点串起来，然后返回仓库。一旦确认了最远的停留点之后，送货车辆应满载邻近这个关键停留点的一些停留点的货物。这辆运货车满载后，再选择另一个最远的停留点，用另一辆运货车转载邻近第二个最远停留点的一些停留点的货物，按此程序进行下去，直至所有停留点的货物都分配给运货车辆。

(2) 最有效的运行路线是使用大载重量的车辆。最好是使用一辆载重量大到能将路线上所有停留点所要求运送的货物都装载的送货车，这样一来，可将服务区停留点的总的运行距离或时间最小化。因此，在多种规格车型的车队中，应优先使用载重量最大的送货车。

(3) 按最近相邻的站点先后顺序装车。将相应接近的停留点的货物装在一辆车上，车辆的运行路线应将相互接近的停留点串起来，以便停留点之间的运行距离最小化，这样也就使总的路线上的运行时间最小化，如图 6.14 所示。

图 6.14 所示为将有关停留点的货分配给车辆，从而将各点串起来的示意图。其中，图 6.14(a)划分得不合理，车辆的运行路线长，要尽量避免；图 6.14(b)是较合理的划分方式。

(4) 隔日运输站点应避免地域重叠。将集聚在一起的停留点安排同一天送货，当停留点的送货时间是定在一周的不同天进行时，应当将积聚在一起的停留点安排在同一天送货。要避免不是同一天送货的停留点在运行路线上重叠，这样有助于使所需的车辆数目最小化，以及一周内的车辆运行时间和距离最小化。图 6.15 所示为仓库好的集聚和差的集聚的例子。

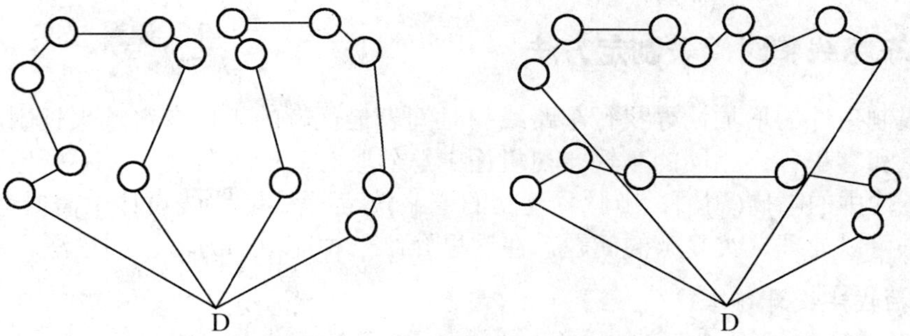

(a) 不合理的划分方式　　(b) 较合理的划分方式

图 6.14　车辆将停留点串起来的示意图

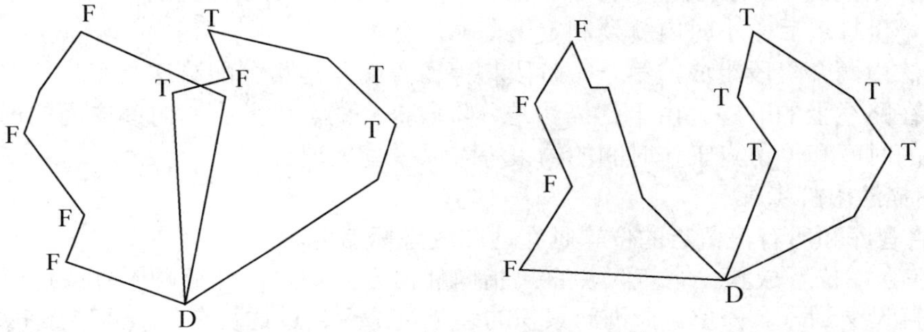

(a) 仓库差的集聚——路线交叉　　(b) 仓库好的集聚

图 6.15　同一天停留点集聚图

(5) 运货车辆顺序途经各停留点的路线不应交叉，并应呈菱形(见图 6.15)。不过，停留点工作时间的约束和在停留点送货后再提货的要求往往会导致路线交叉。

(6) 提货应在送货过程中进行，而不是运行路线结束后。提货应尽可能在送货过程中进行，以减少交叉路程量，而在送货结束后再进行提货经常会发生交叉。提货混在送货过程中进行，究竟能做到什么程度，取决于送货车辆的形状、提货量以及所提的货物对车辆内后续送货通道的影响程度。

(7) 对偏离运行路线的单独停留点可应用其他方案。偏离集聚停留点较远的停留点，特别是那些送货量小的停留点，一般要花费大量的运输时间和车辆费用。因此，使用小载重量的车辆专门为这些停留点送货是经济的，其经济效益取决于该停留点的偏离度和送货量。偏离度越大，送货量越小，使用小载重量的车辆专门为这些停留点送货越经济。另一个可供选择的方案是租用车辆为这些停留点送货。

(8) 应当避免停留点工作时间太短的约束。停留点工作时间太短常会迫使途经停留点的顺序偏离理想状态。由于停留点的工作时间约束一般不是绝对的。因此，如果停留点的工作时间确实影响到合理的送货路线，则可以与停留点商量，调整其工作时间或放宽其工作时间约束。

物流人员很容易理解并掌握上述原则，从而制定出满意的(不一定是最优的)、可行的路线和时间安排。当然，上述的原则也仅是合理路线设计的一般规则，管理人员所面对的车辆运作的许多复杂情况并不是上述原则所能全部包容的。遇到特殊的约束条件，管理人员要根据自己的经验随机处置。

6.4.2 行车路线和时间表制定方法

随着限制条件的增加，寻找行车路线和时间表最优解的工作变得越来越困难。时间窗口、载重量和容积各不相同的车辆、司机途中总驾驶时间的上限要求、不同地区对速度的不同要求、途中的障碍(湖泊、山脉、迂回的道路)等都是实际路线设计中需要考虑的因素。有许多方法可以处理这类复杂的问题，在这里介绍一种简单的方法：扫描法。

1. 用扫描法设计行车路线

1) 扫描法简述

用扫描法确定车辆运行路线的方法十分简单，甚至可手工计算。一般来说，它求解所得方案的误差率在 10%左右，这样水平的误差率通常是可以被接受的，因为调度员往往在接到最后一份订单后一小时内就要制定出车辆运行路线。

扫描法由两个阶段组成，第一个阶段将停留点的货运量分配给送货车，第二个阶段安排停留点在路线上的顺序。由于扫描法是分阶段操作的，因此有些时间方面的问题，如路线上的总的时间和停留点工作时间的约束等难以妥善处理。

2) 扫描法求解步骤

(1) 将仓库和所有停留点的位置画在地图或坐标图上。

(2) 在仓库位置放置一个直尺，直尺指向任何方向均可，然后顺时针或逆时针转动直尺，直到直尺交到一个停留点。询问累积的装货量是否超过送货车的载重量或载货容积(首先使用最大的送货车辆)。若是，则将最后的停留点排除后将路线确定下来。再从这个被排除的停留点开始继续扫描，从而开始一条新的路线。这样扫描下去直至全部的停留点都被分配到路线上。

(3) 为每条运行路线安排停留点顺序，以求运行距离最小化。停留点的顺序可用前面阐述过的起讫点重合问题决策。

如果每个停留点的货量只占车辆运力的很小比例，或者所有车的装货量一样，或者路上没有时间限制，则扫描法可以得到很好的解。

3) 扫描法举例

【例 6.6】某公司从其所属的仓库发出送货车到各客户点提货，然后将客户的货物运回仓库，拼车后以更大的批量进行长途运输。全天的提货量如图 6.16(a)所示，提货量以件为单位。送货车每次可运载 1 万件。完成一次运行路线一般需要一天时间。该公司要求确定：需多少条路线(即多少辆送货车)，每条路线上应该经过哪些站点以及经停的顺序。

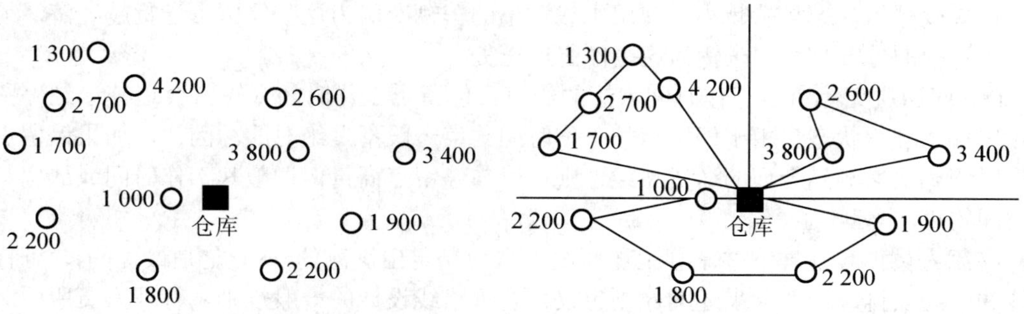

(a) 停留点提货量数据　　(b) “扫描法”解决方法

图 6.16 扫描法确定路线图

解：如图 6.16(b)所示，在仓库位置放置一个直尺，直尺指向北，然后逆时针转动直尺进行扫描，在直尺交到的客户点提货，直到装满送货车辆的载重量 1 万件(不能超载)为止。一旦客户点被分配给某辆送货车后，用“菱形”法确定一条路线上各客户点的服务顺序。最终的路线设计如图 6.16(b)所示。

2. 车辆运行时间安排方法

上述车辆运行路线的设计假定一辆送货车只服务一条路线。如果路线短，就会发生送货车在剩余的时间里得不到充分利用的问题。实际上，如果第二条路线能在第一条路线任务完成后开始，则完成第一条路线的送货车辆可用于第二条路线的送货。因此，送货车的需求量取决于路线之间的衔接，要使车辆的空闲时间最小。

【例 6.7】假设有一个车辆运行路线和时间安排问题，该问题中涉及的车辆都是相同规格的，各条路线的出发时间和返达时间见表 6-18。如何安排运作次序使所需车辆数最少？

表 6-18　车辆出发和返达时间

路线号	出发时间	返达时间	路线号	出发时间	返达时间
1	8:00 am	10:25 am	6	3:03 pm	5:13 pm
2	9:30 am	11:45 am	7	12:24 pm	2:22 pm
3	2:00 pm	4:53 pm	8	1:33 pm	4:43 pm
4	11:31 am	3:21 pm	9	8:00 am	10:34 am
5	8:12 am	9:52 am	10	10:56 am	2:25 pm

按照图 6.17，将车辆的运作时间合理地安排在各条线路上，可以用最少的车辆数完成规定的任务。

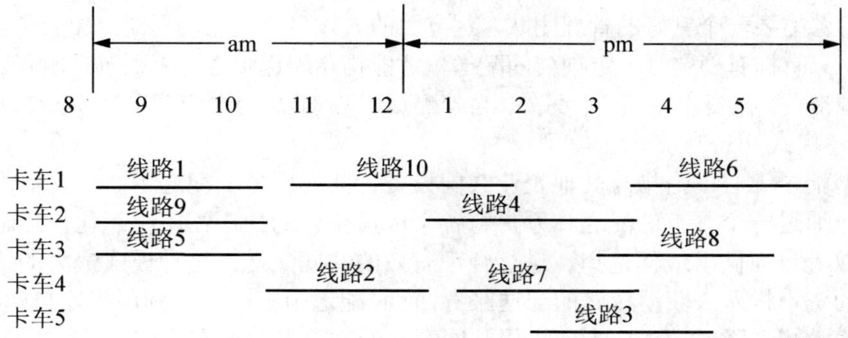

图 6.17　合理安排运作次序所需要车辆数最少

6.5　配送中心的规划决策

配送中心是专门进行货物配送活动，汇集储存、集散、拣货、加工等功能的物流节点。按照《物流术语》中对配送中心所下的定义：配送中心是从事配送业务且具有完善信息网络的场所或组织，应基本符合下列要求：①主要为特定客户或末端客户提供服务；②配送功能健全；③辐射范围小；④提供高频率、小批量、多批次配送服务。配送中心的好坏将直接影响到配送作业的成本和效率。

6.5.1 配送中心建设的时机决策

1. 配送中心建立与否

由于建立配送中心的成本比较高，并且需要完善的管理和运作能力，因此，配送中心的建立是一项重要的决策问题，要依据企业实际需要和长远发展战略来进行决策。一般而言，当货物量达到一定数量规模而且品种比较少的时候可以考虑直送方式，不需要建立配送中心；当业务比较稳定、物品种类繁多、每次送货量少而频繁的时候可以考虑建立配送中心或将配送业务外包给专业的物流配送公司来完成，如果外包的配送公司难以达到客户满意的服务水平或者外包成本过高时，就可以考虑建立配送中心，目前建立配送中心的方式主要有：自建、租赁和共建等几种方式。下面分别介绍一下这几种建立配送中心的模式，决策者可以根据自己企业的实际情况，结合每种模式的特点统筹考虑，做出最佳的决策。

1) 自建模式

自建模式，是指企业自己投资兴建配送中心，主要为所服务的客户进行配送服务。对于连锁零售企业而言，其运作方法是：在一定的区域范围内，独立建立自己的配送中心，购置相应的作业工具和设备，配套相应的组织和管理机构，根据销售网点来开展自己的配送活动。这种“自己的东西用着方便”的自建模式，其最大的优点是可以使企业“万事不求人”，可以随时根据客户的要求改进服务水平。

但是，自建配送中心需要很多条件和考虑因素，最重要的是资金、人才、规模和专用化程度。投资兴建配送中心需要大笔费用，而配送中心本身不能保证使资金很快回收，很容易使企业陷入资金短缺的局面，制约企业的发展。对于需要资金进行快速扩展的连锁企业而言资金尤其重要，投资建设配送中心就会制约店铺数量的增加，从而难以实现理想的规模。配送中心的运营需要一个良好的管理团队，这方面的人才目前也比较紧缺，加大了建设配送中心的风险。只有拥有稳定且一定规模的配送量才能构建配送中心，否则资产闲置比较多，造成配送资源浪费，投资收益减少。另外，自建配送中心难以达到共有配送中心的专用化程度。

2) 共建模式

共建型配送中心，是指与其他企业共同投资、共享服务的配送中心。它最大特征就是共同配货，通过一个共有的配送体系，将各个成员企业的配送需求组织化，在配送时间、数量、次数等方面做出最佳选择，进行合理有效的共同配送。这种模式最大的优点就是可以以较少的资本投入来获得较好的配送服务，而且配送中心的资源利用率比自建模式的高，可形成规模效应，降低配送成本。采用共同配送的优势见表 6-19。

表 6-19 共同配送的优势

项　　目	微观方面	宏观方面
送货方面	(1) 提高装载率，减少配送成本 (2) 配送作业人数减少 (3) 配送业务简化 (4) 减少储运设备投资 (5) 降低配送频度 (6) 配送业务独立化，有利于提高企业效益	(1) 降低物流成本 (2) 减少交通总量 (3) 改善环境

续表

项　目	微观方面	宏观方面
接货方面	(1) 缓和店铺接货时的拥挤现象 (2) 验货时程序简化 (3) 送货及时、准确，利于商品保鲜和不积压	(1) 避免交通堵塞 (2) 树立企业良好形象

例如，统一企业集团是我国台湾地区拥有超市最多的公司，它于1990年设立捷盟公司，并在中坜、台南陆续成立配送中心，负责统一超市供货厂商商品的统一配送业务。由于配送中心投资大，需要交付租地、购置设备、建设仓房等多项费用，因此决定共同投资兴建配送中心，各家投资比例为：统一51%、统一超市14%、三菱公司25%、菱食公司10%。风险共担、利益共享，使配送效率大大提高，配送的1 650种商品源源不断地顺利到达各个店铺。

但共建配送中心也存在以下问题：①共建企业的服务客户是要一致的，这样才可以实现共同配送，这样对于同样产品或替代品的竞争对手就难以共建，因为很多商品配送信息是不能让竞争对手知道的；②良好的合作关系是共建配送中心的基础，在配送中心建设、股权分配、价格制定、利益分享等方面需要充分协调商権，否则企业间很容易产生矛盾，阻碍相互间的良好合作。

3) 租赁模式

租赁模式，是指企业不自己投资兴建而是租赁社会化的配送中心来进行运营。在这种配送模式中，企业可以节省大量的建设资金，利用社会化的现有资源为企业所用，减少资本投入，降低固定资产投入的风险，并根据规模大小租赁适当的配送中心进行运营。但这种方式也存在着以下问题：①要有社会化的公用配送中心租赁才行；②配送中心的地理位置都是固定的，可能在位置方面难以做到最佳化；③受社会化配送中心的规模大小的影响，而且需要比较完善的配套设备设施。总之，要租赁到非常合适的社会化配送中心是件非常不容易的事情，同时也需要社会和企业加大在这方面的投资建设，建立良好的基础设施和进行相关配套设施的完善。

4) 模式选择决策

这里主要从配送成本和收益等方面来进行模式选择决策分析，根据每种配送模式结果的确定性及可能性，将其分为确定型、风险型和不确定型决策。

(1) 确定型决策。确定型决策表示每种配送模式的结果是确定的，需要根据每种模式的确定结果来进行选择决策。由于每种模式所考虑的因素较多，可以采用综合价值系数的方法来进行选择。综合价值系数的公式为

$$V=V=\sum F_iQ_i \tag{6.2}$$

式中：V——综合价值系数；

F_i——比值；

Q_i——权重。

综合价值系数越大表示该模式的综合价值越大，越是最佳的选择对象。

【例6.8】某企业选择配送模式时主要考虑成本、利润和客户满意度3个方面的指标，权重值根据评价要素的重要性进行确定，3种模式下的对应值见表6-20。据表做出模式选择决策。

表 6-20　3 种配送模式的相关指标

权重	0.3	0.4	0.3
配送模式	成本费用/万元	利润总额/万元	客户满意度/%
自建模式	20	120	99
共建模式	15	90	98
租赁模式	10	50	96

解：根据上表数据，可以算出每种模式的综合价值系数为：

自建模式的综合价值系数：$V_1=10/20\times0.3+120/120\times0.4+99/99\times0.3=0.85$

共建模式的综合价值系数：$V_2=10/15\times0.3+90/120\times0.4+98/99\times0.3=0.80$

租赁模式的综合价值系数：$V_3=10/10\times0.3+50/120\times0.4+96/99\times0.3=0.76$

可以看出，自建配送模式的综合价值系数最大，因此选择自建配送中心的模式。

(2) 风险型决策。风险型决策是指在目标明确的情况下，依据预测得到不同自然状态下的结果及出现的概率进行决策。风险型决策一般是根据指标的性质及计算的期望值结果进行决策，下面以例题来进行阐述。

【例 6.9】某企业在可能的不同市场需求规模条件下，采用 3 种模式的利润情况如表 6-21 所示，需要根据表 6-21 的数据来选择最佳的配送模式。

表 6-21　3 种配送模式的利润额

需求规模	概　率	利润额/万元		
		自建模式	共建模式	租赁模式
大	0.3	300	280	240
中	0.5	240	240	200
小	0.2	160	200	180

解：自建模式利润额：$P_1=300\times0.3+240\times0.5+160\times0.2=242$(万元)

共建模式利润额：$P_2=280\times0.3+240\times0.5+200\times0.2=244$(万元)

租赁模式利润额：$P_3=240\times0.3+200\times0.5+180\times0.2=208$(万元)

由此可见，共建模式的期望利润额为最大，故该模式作为企业最佳的选择方案。

(3) 不确定型决策。不确定型决策是指在一种配送模式下可能出现几种结果，并无法知道其发生概率时进行的决策。这种决策带有很强的主观随意性，但有以下公认的决策准则供企业在进行决策时参考。下面以一个例题来说明不确定型配送模式决策的不同决策准则。

【例 6.10】某企业在不同的市场需求规模条件下，各种需求规模发生的概率没法做出准确预测，分别采用 3 种模式的利润情况见表 6-22，需要根据下表的数据来选择最佳的配送模式。

表 6-22　3 种配送模式的利润额　　单位：万元

利润额	需求规模			乐观决策	悲观决策	等可能性决策	最小最大后悔值决策
	大	中	小				
自建模式	300	240	160	300	160	233	140
共建模式	280	240	200	280	200	240	80

续表

利润额	需求规模			乐观决策	悲观决策	等可能性决策	最小最大后悔值决策
	大	中	小				
租赁模式	240	200	180	240	180	207	60
决策方案的选择				自建	共建	共建	租赁

根据乐观决策、悲观决策、等可能性决策和最小最大后悔值决策的准则，得出了模式选择的决策方案，由此也可看出对于不确定型决策，其决策结果跟个人风险意识和决策准则有很大关系。

2. 配送中心建立时机

何时是建立配送中心的最佳时机，需要根据企业自身的实际情况进行决策，在决策过程中可以征询一些专家的意见。同时，应该积极借鉴国内外经验，广开思路，构建符合企业长远发展的现代物流配送体系。下面分别从配送规模和成本因素来进行讨论。

1) 配送规模角度

只有配送的规模达到一定程度的时候才能建设相应的配送中心，而且规模不一，配送中心的功能与规模大小也有所差异。从世界连锁业发展的实践来看，一个便利店连锁公司，在拥有20个门店并且总面积达到4 000m^2时，就可以考虑建立配送中心；一个超市连锁公司，在拥有10个门店并且总面积达到5 000m^2时，就有建立配送中心的必要。一个超市连锁公司，在开店的同时就应该考虑与之配套的配送体系。日本物流专家认为，配送中心应该建立在连锁店铺发展到相当规模的时候，而不是一开始就建立。10 000m^2左右的综合商店拥有10个相同店铺时，可考虑建立分货配送、流通库存和加工三大功能齐全的配送中心。此种商店常位于商圈10万人左右的地域，销售额比例为：服装、日用品占40%，居住品占15%，食品占45%。1 000m^2左右的超市连锁店发展到10个时，可考虑建立具有分货配送、流通库存功能的配送中心，而将鲜活商品的加工移置于超市店内。300～500m^2的食品型超市发展到30家时，可考虑建立分货配送、流通库存型配送中心。当店铺数量达到100家时，加工量与配送量趋于稳定，可考虑建设以加工功能为主的配送中心。

2) 成本因素

成本因素是决定是否建设配送中心的一个重要因素，建设配送中心一方面可以提高客户服务水平；另一方面则可以降低配送成本。如果采用直送方式的运输成本高于配送中心的运营总成本时，可以考虑构建配送中心。但最终的决策还需要考虑诸如企业长远发展战略、配送中心建设运营费用、配送中心运营管理人才等因素。

通常而言，对于一些新建的连锁企业或新开辟的市场来说，首先需要确立是否需要构建配送中心。在确定必须建立配送中心后，可以先考虑采取共建以及租赁社会化配送中心的方式，随着配送规模的扩大，再独立建设配送中心。这种循序渐进的方式无疑是一种较为明智的选择，可以降低很多的风险，而那种强调配送中心建设宜“一步到位”的观点，在理论上是欠妥的，在实践中也是很难实现的。

6.5.2 配送中心的选址决策

目前，作为物流配送的基本硬件设施，配送中心的选址规划已经成为做好一个配送中心的关键问题。由于配送中心的建设投资大、周期长、回收缓慢，且一经选定就将长期运营，所以配送中心的规划建设是其成功运营的首要问题。要建立一个集物流、信息流、资金流于一体，体现信息化、社会化、现代化、国际化发展方向的高效的物流配送系统，科学合理地选择配送中心的位置至关重要，否则就会造成大量人力、物力、资金浪费。因此企业在决定配送中心的位置时，必须谨慎考虑各相关因素，并按适当步骤进行。

1. 配送中心选址步骤

在进行配送中心选址时，可以分为以下几个步骤。

(1) 选址约束条件分析。首先要明确配送中心的必要性、目的和意义。然后根据物流系统的现状进行分析，确定需要了解的基本条件，一般包括需求条件、运输条件、配送服务条件、用地条件、法规制度等。

(2) 收集整理资料。主要是要掌握业务量(包括工厂到配送中心之间的运输量、向顾客配送的货物数量、配送中心保管数量、配送路线上的业务量)和费用(包括运输费、配送费、可变费用、固定费用等)及工厂方位、各候选地址的配送路线及距离等。

(3) 需求预测。因为配送中心一旦建成，将运行多年，但是企业的运营环境和客户需求是在不断变化的，所以应该根据收集整理的资料预测以后的业务量状况。以便灵活应对日后的需求变化。

(4) 地址初步筛选。对收集的资料进行充分的整理和分析，考虑主要的影响因素、约束条件和需求预测情况。初步确定选址范围，即初始候选地点。

(5) 定量分析。针对不同的情况选用不同的选址模型进行精确计算，对候选地点进一步筛选，得出结论。

(6) 结果评价。结合市场适应性、服务质量、经济性等，对计算结果进行评价，看是否具有可行性。

(7) 复查。对其他影响因素赋予一定的权重，采用加权法对结果进行复查。如果复查通过，则原计算结果即为最终结果，否则应对地址重新做初步筛选。

(8) 确定最终选址结果。如果第 7 步复查通过，则原计算所得的结果就为最终的选址结果。但是要注意的是，所得的解有可能只是满意解，而不是最优解。

2. 配送中心选址影响因素

确定配送中心位置的影响因素很多，既有微观的，又有宏观的，既有定量的，又有定性的。归纳起来，应该考虑的因素大致可分为以下几种。

1) 自然环境因素

(1) 气象条件。主要考虑自然环境中的湿度、盐分、降雨量、降雪量、风向、风力等。特别要考虑地震、山洪、泥石流、台风等自然灾害对配送中心的影响，必须特别留意并避免被损害。选址时还要避开风口以避免加速露天堆放商品的老化。

(2) 地理条件。配送中心应选择地势较高、地形平坦之处，且应具有适当的面积与外形。地形坡度应在 1%～4%，在外形上可选择长方形，不宜选择狭长或不规则形状。另外还要考虑地质情况，要求土壤承载力较高。

(3) 水文条件。配送中心应远离容易泛滥的河川流域与地下水上溢的区域。洪泛区、内涝区、古河道、干河滩等区域绝对禁止选择。

2) 经济环境因素

(1) 商品特性。经营不同类型商品的配送中心需结合商品所属的产业结构和产业布局来考虑，分布在不同的地域。

(2) 服务水平。在配送中心选址时，应考虑保证客户在任何时候向配送中心提出需求时，都能获得快速满意的服务。能否实现准时准确的运送是配送中心服务水平高低的重要指标。

(3) 物流费用。物流费用是配送中心选址的重要考虑因素之一。大多数配送中心选择接近物流服务需求地，如接近大型工业、商业区，以便缩短运距，降低运费等物流费用。

(4) 人力资源条件。在高效的配送作业中，数量充足和素质较高的劳动力也是很重要的因素。因此配送中心选址时必须考虑专业技术工人、熟练工人和其他劳动力的来源及数量、质量要求能否满足配送中心的需求。

3) 基础设施因素

(1) 交通条件。交通条件是影响物流配送成本及效率的重要因素之一，交通不便将直接影响车辆配送的进行。因此必须考虑对外交通的运输道路，一般配送中心应尽量选择在靠近交通枢纽的位置，如紧邻港口、交通主干道枢纽、铁路编组站或机场等，而且要便于两种或两种以上的交通方式联运。

(2) 公共设施状况。配送中心所在地，要求城市道路、通信等公共设施齐备，有充足的动力、能源供应条件，且周边要有污水、废弃物处理能力。

4) 社会环境因素

(1) 政策环境。政策环境也是物流配送中心选址评估的重点之一。如果有政府的政策支持，更有助于配送中心的发展。政策环境条件包括企业优惠措施、城市规划、地区产业政策等。

(2) 环境保护要求。配送中心选址既要考虑保护自然环境与人文环境等因素，还要尽可能降低对城市生活的干扰。

(3) 国土资源利用情况。我国国土资源相对紧张，因此配进中心的选址应注意节约用地，充分利用土地资源。此外应该在考虑现有地价及未来增值状况下，配合未来可能扩充的需求程度，决定最合适的面积大小，并且要兼顾区域与城市规划用地的因素。

3. 配送中心选址方法

选择地址的方法有单一配送中心的场址选择方法和多个配送中心有机配合使用时多个地址的选择方法，两种方法略有不同。在制定基本计划时，若尚未确定配送中心，采用单一设施或配置多个设施时，用以下方法对其分别计算，进行全部费用比较，选取最优方案。下面主要介绍单一配送中心地址选择的方法，具体方法有两种：因素评分法和重心法。

1) 因素评分法

因素评分法是对每个备选方案的各种相关因素进行综合评分，从而为评估提供合理的基础，有利于对备选地点进行比较和做出选择。但它有一个局限性，表现为在决策过程中会或多或少地融入决策者的主观因素，使得根据这种方法作出的评估和决策可能不够客观。

因素评分法包括以下步骤。

(1) 列出一组相关的选址决策因素。

(2) 根据企业目标为每个因素赋予一个权重，不同方案的相同因素的权重值应该一致，每个权重代表每个因素的相对重要性，各权重之和一般为 1。

(3) 给所有的因素确定一个统一的数值范围(如 1～100)，并在这个范围内对每个备选方案的所有因素打分。

(4) 将每个因素的得分与相应的权重相乘，并把所有因素的加权值相加，得到每一个备选方案的总分。

(5) 比较各方案的总分，选择总分最高的为配送中心的地点。

2) 重心法

重心法适用于单个配送中心或者制造工厂的选址，它是一种寻找将配送费用最小化的配送中心选址的数学方法。这种方法将目标市场位置、需要配送的各市场的货物量、运输成本等加以综合考虑。

重心法在实践中常常运用“吨位—中心法”，该方法的模型基于笛卡尔坐标，水平轴为 x 轴，垂直轴为 y 轴，坐标的原点可以任意确定，坐标比例也可以任意确定。重心法选址的步骤为：

(1) 建立坐标系，确定各个地点在坐标系中的相对位置。

(2) 运用计算公式，计算出重心的横纵坐标值，并在坐标系中找到其相应的位置。

一般的计算公式如下：

$$c_x = \sum d_{ix} V_i / \sum V_{i,} zc = \sum d_{iy} / n \tag{6.3}$$

式中：c_x ——重心的横坐标；

zc ——重心的纵坐标；

d_{ix} ——第 i 地点的横坐标；

d_{iy} ——第 i 地点的纵坐标；

V_i ——第 i 地点运往目的地的运输量。

若运往各地的产品数量是一样的，公式可以简化为：

$$c_x = \sum d_{ix} / n, zc = \sum d_{iy} / n \tag{6.4}$$

(3) 将选择重心点坐标值对应的地点作为配送中心选址的具体地点。

6.5.3 配送中心的类型

对配送中心的适当划分，是深化及细化认识配送中心的必然，从理论上和配送中心的作用上，可以有许多理想的分类，这里仅就已在实际运转中的配送中心类别概述如下。

1. 按配送中心的配送对象分类

(1) 专业配送中心。专业配送中心大体上有两个含义，一是配送对象、配送技术是属于某一专业范畴，在某一专业范畴有一定的综合性，综合这一专业的多种物资进行配送。例如，多数制造业的销售配送中心，我国目前在石家庄、上海等地建的配送中心大多采用这一形式。专业配送中心第二个含义是，以配送为专业化职能。基本不从事经营的服务型配送中心，如《国外物资管理》杂志介绍的蒙克斯帕配送中心。

(2) 柔性配送中心。在某种程度上是和第二种专业配送中心对立的配送中心，这种配送中心不向固定化、专业化方向发展，而能随时变化，对用户的要求有很强适应性，不固定供需关系，不断向发展配送用户和改变配送用户的方向发展。

2. 按配送中心的经济功能分类

(1) 供应型配送中心。是以专门为某个或某些用户(如联营商店、联合公司)供应商品提供后勤保障为主要特点的配送中心。在实践中，许多配送中心与生产企业或大型商业企业建立起相对稳定的供需关系，专门为其供应原材料、零配件和其他商品。例如，为大型连锁超级市场组织供应的配送中心；代替零件加工厂送货的零件配送中心，使零件加工厂对装配厂的供应合理化；我国上海地区6家造船厂的配送钢板中心，都属于供应型配送中心。

(2) 销售型配送中心。以销售经营为目的，以配送为手段的配送中心。这类配送中心是典型的配销经营模式，是商品生产者和经营者为促进商品销售，采用各种现代物流技术、装备各种物流设施，通过为客户代办理货、加工和送货等手段来降低成本、提高服务质量，运用现代配送理念来组织物流活动而形成的配送中心。

销售配送中心大体有3种类型：①生产企业为本身产品直接销售给消费者的配送中心，在国外，这种类型的配送中心很多；②流通企业作为本身经营的一种方式，建立配送中心以扩大销售，我国目前拟建的配送中心大多属于这种类型，国外的例证也很多；③流通企业和生产企业联合的协作性配送中心。比较起来看，国内外都向以销售配送中心为主的方向发展。

(3) 储存型配送中心。有很强储存功能的配送中心，一般来讲，在买方市场下，企业成品销售需要有较大库存支持，其配送中心可能有较强储存功能；在卖方市场下，企业原材料、零部件供应需要有较大库存支持，这种供应配送中心也有较强的储存功能。大范围配送的配送中心，需要有较大库存，也可能是储存型配送中心。我国目前拟建的配送中心，都采用集中库存形式，库存量较大，多为储存型。瑞士GIBA-GEIGY公司的配送中心拥有世界上规模居于前列的储存库，可储存4万个托盘；美国赫马克配送中心拥有一个有163 000个货位的储存区，可见存储能力之大。

(4) 加工配送中心。是以加工产品为主的配送中心，但是加工配送中心的实例，目前见到不多。我国上海市和其他城市已开展的配煤配送，配送点中进行了配煤加工，上海6家船厂联建的船板处理配送中心，原物资部北京剪板厂都属于这一类型的中心。

(5) 流通型配送中心。基本上没有长期储存功能，仅以暂存或随进随出方式进行配货、送货的配送中心。这种配送中心的典型方式是，大量货物整进并按一定批量零出，采用大型分货机，进货时直接进入分货机传送带，分送到各用户货位或直接分送到配送汽车上，货物在配送中心里仅做稍许停滞。例如，阪神配送中心，中心内只有暂存，大量储存则依靠一个大型补给仓库。

3. 按配送中心的辐射范围分类

(1) 城市配送中心。以城市范围为配送范围的配送中心，由于城市范围一般处于汽车运输的经济里程，这种配送中心可直接配送到最终用户，且采用汽车进行配送。所以，这种配送中心往往和零售经营相结合，由于运距短，反应能力强，因而从事多品种、少批量、多用户的配送较有优势。我国已建立的“北京食品配送中心”属于这种类型。

(2) 区域配送中心。以较强的辐射能力和库存准备，向省(州)际、全国乃至国际范围的用户配送的配送中心。这种配送中心配送规模较大，一般而言，用户也较大，配送批量也较大。而且，往往是配送给下一级的城市配送中心，也配送给营业所、商店、批发商和企业用户，虽然也从事零星的配送，但不是主体形式。这种类型的配送中心在国外十分普遍，

《国外物资管理》杂志曾介绍的美国马特公司的配送中心、蒙克斯帕配送中心、日本的阪神配送中心等就属于这种类型。

4. 按配送中心运营主体不同分类

(1) 以仓储运输业为主体的配送中心。这种配送中心最强的是运输配送能力，地理位置优越，如港湾、铁路和公路枢纽，可迅速将到达的货物配送给用户。它提供仓储储位给制造商或供应商，而配送中心的货物仍属于制造商或供应商所有，配送中心只是提供仓储管理和运输配送服务。这种配送中心的社会化程度往往较高。

(2) 以制造商为主体的配送中心。这种配送中心里的商品100%由自己生产制造，用以降低流通费用、提高售后服务质量和及时地将预先配齐的成组元器件运送到规定的加工和装配工位。从商品制造到生产出来后条码和包装的配合等多方面都较易控制，所以按照现代配送化、自动化的配送中心设计比较容易，但不具备社会化的要求。美国橡胶公司的配送中心、我国的海尔集团现代配送中心即属此类型。

(3) 以批发商为主体的配送中心。商品从制造者到消费者手中之间的传统流通有一个环节称为批发。一般是按部门或商品类别的不同，把每个制造厂的商品集中起来，然后以单一品种或搭配向消费地的零售商进行配送。这种配送中心的商品来自各个制造商，它所进行的一项重要的活动便是对商品进行汇总和再销售，而它的全部进货和出货都是社会配送的，社会化程度高。

(4) 以零售业、连锁企业为主体的配送中心。此类配送中心是目前国内外较为盛行的现代配送中心。零售商发展到一定规模后就可以考虑建立自己的配送中心，为专业商品零售店、超级市场、百货商店、建材商场、粮油食品商店、宾馆饭店等服务，社会化程度介于前两者之间。美国沃尔玛公司的大型现代配送中心以及我国上海华联超市有限公司的配送中心即属此类型。

(5) 第三方物流企业型配送中心。此类配送中心是最具发展前景的现代配送中心。它隶属于直接从事物流服务的第三方物流企业，其运作过程贯穿于第三方物流企业的整个经营过程。美国APL公司的现代配送中心以及我国宝供物流公司的现代配送中心便属于此种类型。

(6) 共同型配送中心。此类配送中心是用来开展共同配送的配送中心。共同配送是为了实现物流活动的效率化，由两个或两个以上的企业相互协作共同开展配送活动的一种形式。共同型配送中心一般是由规模比较小的批发业和专业物流企业共同设立的。通过共同开展配送活动，可以解决诸如车辆装载效率低、资金短缺无法建设配送中心以及配送中心设施利用率低等问题。为多个连锁店提供配送服务的配送中心也可以看做是共同型配送中心。共同型配送中心不仅负责共同配送，还包括共同理货、共同开展流通活动等活动。

阅读链接 6-3

三类日本配送中心灵活多样

从发达国家城市物流配送发展的轨迹，可以看出日本现代城市配送中心的发展，不外也是在传统仓储运输的基础上发展的。随着连锁企业经营发展的不断深入，对物流配送业务的要求也越来越高，物流配送中心的运作类型也不断地调整和组合。其总体发展趋势是：系统内的“自有自方便”的配送中心逐步缩小，而商品配送社会化、物流设施共同享用、物流配送共同化的趋势正在迅速发展。

第一类：大型连锁超市式配送终端。

大型商业企业自设的配送中心既为本企业系统终端配送，也为社会上其他需要配送的企业提供物流服务。这些配送中心一般由资金雄厚的商业销售公司或连锁超市公司投资建设，主要为本系统的零售店配送，同时也受理社会中小零售店的商品配送业务，这部分为社会配送的业务正在发展扩大。

例如，设立在日本东京都立川市的菱食立川物流中心，就拥有冷冻仓库、恒温仓库、常温仓库约 11 000 平方米，其中冷库约 7 000 平方米，主要配送食品、酒类、冰淇淋等。配送商品品种数为冷冻食品 1 500 种、酒类 1 000 种、冰淇淋 200 种、食品材料 650 种。主要配送到关东地区的 12 个配送中心，然后由 12 个分中心再配送到各零售店铺。

第二类：批发商投资小型零售商加盟。

批发商投资，小型零售商加盟组建的配送中心。批发市场与零售企业联盟合作，共进双赢。这种以批发商为龙头，由零售商加盟的配送中心，实际是商品的社会化配送。这样的配送形式，既可解决小型零售商因规模小、资金少而难以实现低成本经营的问题，也提高了批发商自身的市场占有率，同时实现了物流设施充分利用的社会效益。

据介绍，在日本全国有 300 多家小公司，门店 3 000 多个，这些小公司为了能与大型连锁超市公司竞争，就自愿组合起来，由 CGC 集中进货和配送。这样，就能和大公司一样集中进货和配送，一方面便于工厂送货，工厂愿意让利给集配中心几个百分点；另一方面小公司不必自己再设物流配送设备。枥木负责配送周围 30 千米以内的 7 个株式会社的 37 家店铺，其中每天供配的有 5 个株式会社的 19 家店铺，这些店铺的 25 商品由该中心配送。

第三类：专业第三方专为便利店配送。

物流企业接受委托，为连锁超市服务的配送中心，构成流通供应链的专业第三方物流配送模式。以西友公司为代表，其物流中心除了为本系统的店铺配送商品外，主要配送对象是便利店(FamilyMart)。

(资料来源：王慧，等．物流配送管理学[M]．广东：中山大学出版社，2009：346-347)

6.5.4 配送中心区域规划

配送中心的规划与设计涉及外部布局和内部结构两方面，因为配送中心的布局就是根据现状和发展的预期，确定配送中心应如何分布，特定条件下其地址又应如何确定，上一节已经对这方面内容做了详细介绍，所以本节主要介绍配送中心内部结构设计相关内容。

1. 基本作业区域规划

配送中心的内部结构和一般仓库有明显不同，它的内部设计必须体现其职能要求，具有与商品流动相适应的装卸、搬运、储存、保管等多种作业功能，同时还应满足易于管理、灵活应付作业量调整、提高经济效益等要求。配送中心的内部区域结构一般可划分为以下作业区域类型。

1) 进货区

该区域完成接货及入库前的工作，如接货、卸货、清点、检验、分类等各项准备工作。进货区的主要设施包括进货铁路或公路、装卸货站台、暂存验收检查区域。

2) 储存区

该区域储存或分类储存所进的物资，属于静态区域，进货在此要有一定时间的放置。和不断进出的进货区相比，该区域所占面积较大，在许多配送中心里往往占总面积的一半左右。对某些特殊配送中心(如水泥、煤炭配送中心)而言，甚至占总面积的一半以上。在这个区域内一般都建有专用仓库(包括现代化的立体仓库)，并且配置各种设备，包括各种货架、叉车和吊车等起重设备。从位置上看，储存区多设在紧靠接货站台的地方，也有的设在加工区的后面。

3) 理货区

该区域是配送中心的核心作业区，主要进行分货、拣货、配货作业，目的是为送货做准备。区域面积随配送中心的类型不同而有所差别。一般而言，拣选货和配货工作量比较大的配送中心其理货区的面积比较大。大的配送中心，其理货区所占的面积也大。在理货区内也配置了许多专用设备和设施，包括手推载货车、重力式货架和回转式货架、升降机、传送装置、自动分拣棚等。

4) 配装区

配装区主要用来放置和处理待发送的货物。在配装区内，工作人员要根据每个货主的货物数量进行分放、配车和选择装运方式(单独装运或混载同运)。因在配装区内货物转瞬即出，停留的时间不长，所以货位所占的面积不大。另外，有一些配送中心的配装区是并入理货区或发货区的。在配装区内一般配置一些计算工具(微机)和小型装卸机械和运输工具。

5) 出货区

出货区主要用来将组配好的货物装车外运。和进货区类似，也是由运输货物的线路和接靠载货车辆的站台、场地等组成的。

6) 流通加工区

流通加工区是根据客户要求或为装运方便对货物进行流通加工的区域。因此该区域配备有加工设备(如剪床、锯床、打包机、配煤生产线等)。因为加工工艺有别，各个配送中心的加工区所配置的设备也不完全相同。和储存区一样，加工区所占的面积也比较大，尤其是煤炭、水泥、木材等生产资料加工区，所占面积更大。

除了以上主要的作业区域外，配送中心还设有管理区、退货处理区、废弃物处理区等。

阅读链接 6-4

7-11 配送中心规划

7-11 成立于 1973 年，现已拥有 9 000 多家连锁店，年销售额达 2 兆日元，入店顾客 17 亿人次，相当于日本总人口的 10 倍。完善高效的输送系统是零售企业实现连锁经营的基础条件。7-11 没有自建的配送中心，而是凭自己的经营实力，利用其他物流企业的配送中心实现自己的连锁经营战略。其具有以下特点。

(1) 整体化发展战略。7-11 采取了整体发展的战略，目的在于提高物流效率，获取规模效益。物流效率涉及生产商、批发商及配送中心、连锁经营总部、便利店和消费者的整体协调和配合。

(2) 集中建店，集中配送。在一个地区内集中增加便利店数量，并逐步扩大建店区域，这样的经营方式带来的好处有：区域内连锁便利店铺数量增加，缩短配送距离和时间；向该地区便利店集中配送，提高配送效率；提高该地区的企业知名度，有效开展广告宣传。

(3) 建立高效的配送网络。7-11 建立了一套完善高效的综合信息网络，实现了连锁经营的整体系统化，实现了以下功能。

① 收集商品销售信息，预测订货，定期发布订货数据。

② 总部利用 POS 系统分析各连锁店铺的订货信息，并自动发给供应商；同时还能分析各个连锁店铺的销售数据信息，并自动提供给各连锁店铺，还要分析企业总体经营管理信息。

③ 配送中心接受来自连锁经营总部的 POS 系统和生产商、批发商发来的商品明细表及交易传票等。根据这些信息，中心对各连锁店铺进行配送，基本实现了物流、商流方面的业务处理自动化，提高了工作效率。

(4) 一体化配送体制。由生产商和批发商共同投资建配送中心，共同使用和参与经营，生产商和批发商将配送业务和管理权委托给配送中心。7-11 同生产商和批发商密切协作，以地区集中建立连锁店和信息网络为基础，创建自己独立的配送系统。此外，7-11 还提供联机接受订货系统和自动分货系统，协助配送中心实现系统化和高效化。

(资料来源：王慧，等. 物流配送管理学[M]. 广东：中山大学出版社，2009：336-337)

2. 配送中心整体布局设计

根据规划资料完成各作业程序及作业区域规划后，就可进行空间区域的布局规划了。配送中心整体布局的程序如图 6.18 所示。

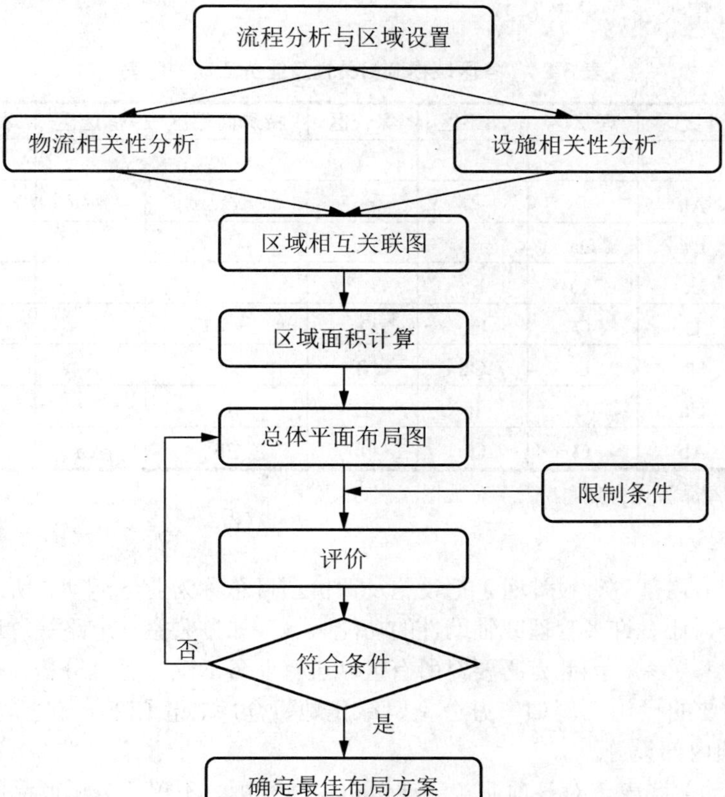

图 6.18　配送中心整体布局流程

1) 物流相关性分析

首先汇总各项物流作业活动从某区域至另一区域的物流流量(单位不同的必须换算成同一单位)，再计算其物流流量的总和。物流流量分析表见表 6-23。

表 6-23　物流流量分析表

	进货	分类	流通加工	仓储	分拣	配货	发货	合计
进货								
分类								
流通加工								
仓储								
分拣								
配货								
发货								
合计								

根据物流量的大小，将各功能区域之间的物流相关性分为 5 个级别，分别用 A、E、I、O、U 表示，其中 A 表示非常高，E 表示高，I 表示较高，O 表示一般，U 表示不高。由此得到各区域物流相关表，见表 6-24。

表 6-24　各区域物流相关性及业务活动关联表

	进货区	理货区	加工区	保管区	特殊商品区	拣选区	发货区	办公室
进货								
分类	Aa							
流通加工	Ua	Oa						
仓储	Ua	Aa	Ea					
特殊商品区	U	O	Iab	Oa				
配货	Ua	U	Oa	B	O			
发货	Ua	U	Ia	E	E			
合计	Ab	O	Ob	Ob	Eb	Ab	Ab	

注：a 表示对商品流程方便，b 表示对数据流程方便。

2) 设施相关性分析

在对配送中心内部进行设计时，把设施及评价项目总称为业务活动。所以除了与物流有关的功能区域外，还有许多管理或辅助性的功能区域，如办公室、道路等。这些区域与其他区域有密切的业务关系，因此有必要对所有区域进行业务活动相关性分析，分析顺序如下：

(1) 列举必要的设施。例如，办公室、绿化地、仓库、正门等，包括配送中心的建筑物及具体的各项内部设施。

(2) 业务活动关联表。对各项业务活动做相关性分析。不仅要分析商品的流程、票据的流程、作业人员的管理范围，还要考虑以下因素：组织与管理框架、是否使用共享设备和相同空间区域、工作环境改善、提升工作效率及人员作业区域分布等，从不同角度进行合理判断。确定各区域接近程度的等级后，基于不同的关系程度加以分析，以作为布置参考的依据。

3) 业务活动路线图

根据上面分析的结果得出各业务活动相互位置的关系，如图 6.19 所示。以实线(表示关联程度非常重要)、虚线(表示关联程度重要)表示相互关系的强度。

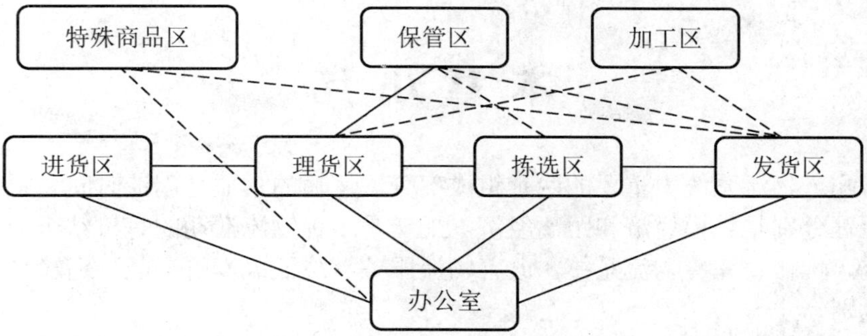

图 6.19 业务活动关系图

4) 区域面积计算

按上述方法计算出设施关联方案后，再计算这些设施所需面积。可以先按作业量算出基本预估面积，然后再根据实际情况加以调整。

假设单位面积作业量如下。

保管设施：1 吨/平方米；

处理货物的其他设施：0.2 吨/平方米。

假如每天处理货物 100 吨，入库量为 50 吨。出库量为 50 吨，每天需求量为 5 吨，仓库通常储备一个星期的需求量，则面积估算见表 6-25。

表 6-25 设施面积估算表

序 号	设施名称	每日作业量(吨)	单位面积作业量/(吨/平方米)	设施面积/平方米
1	进货区	50	0.2	250
2	理货区	30	0.2	150
3	加工区	5	0.2	25
4	保管区	70	1.0	70
5	特殊商品区	5	0.2	25
6	拣选区、发货区	50	0.2	250
7	办公室			50
合计				820

得到估算面积后，对作业区域面积作进一步的分析，以确定最终合理面积。这样就可以得到配送中心整体平面布局图。

5) 方案评价

这一阶段主要是根据规划的基本原则和预期预算、效益等对方案进行评估。最常用的评估法是计算方案的投资金额以及经济效益，如果都达到预算要求，就可以确定最佳方案，否则要对方案做适当的调整。

总之，配送中心的规划与设计是一项复杂的系统工程，需要考虑的因素非常多。在进行规划时，各部门的人员要密切配合，同时也需要多方面的人才，如管理、物流、建筑、机电、计算机等方面的人才。在规划过程中，不仅要按照理论的程序进行，而且要结合实际情况做适当的调整，以得到最佳的设计方案。

本章小结

运输和配送物流系统中重要的两个组成部分，运输的本质是创造时间和空间的效应。两条基本原理分别是规模经济和距离经济。配送是多种物流活动的有机结合，具有提高物流经济效益，优化、完善物流系统，改善物流服务，降低成本等功能。运输与配送既有联系，又有区别。

运输决策主要包括运输方式的选择、运输服务的选择、运输线路的选择、运输计划的编制及运输能力配备等。运输线路决策问题可以分为以下 3 类：①点点间运输；②多点间运输；③多回路运输。配送决策包含配送线路设计以及配送中心的规划决策等问题。配送中心规划主要分析了配送中心建设的时机决策、配送中心的选址问题、配送中心的类型以及配送的区域规划等。从总体上说明了如何对配送中心进行规划的问题。

关键术语

(1) 运输　(2) 规模经济　(3) 距离经济　(4) 对流运输
(5) 迂回运输　(6) 配送决策　(7) 配送中心　(8) 重心法

习　　题

1. 选择题

(1) 当产品因从一个地方转移到另一个地方而价值增加时，运输就创造了________。
A. 规模效应　B. 经济效应　C. 空间效应　D. 时间效应

(2) 简单地说，运输是两点之间货物的输送；而配送是指________的货物运输过程。
A. 一点对一点　B. 多点对一点　C. 多点对多点　D. 一点对多点

(3) 以下________不属于运输决策的内容。
A. 运输方式的选择　B. 运输商品的选择
C. 运输网络的选择　D. 运输批量的选择

(4) 以下________是承运人不考虑的因素。
A. 库存成本　B. 运输工具成本
C. 运营成本　D. 运输人员成本

(5) 受自然条件限制最小的运输方式是________。
A. 航空运输　B. 铁路运输　C. 管道运输　D. 公路运输

(6) 成本比较法用于________的决策。
A. 运输方式的选择　B. 运输线路的选择
C. 运输网络的选择　D. 运输批量的选择

(7) 对分离的、单个起点和终点的网络运输路线选择问题，最简单的求解方法是________。
A. 表上作业法　B. 图上作业法　C. 成本核算法　D. 最短路线法

(8) 图上作业法通过消除交通图上的________，便可得到最佳运输方案。

A．迂回运输　　B．对流运输

C．运输回路　　D．迂回运输和对流运输

(9) 进行配送中心选址时，需要考虑的自然环境因素不包括________。

A．地理条件　　B．物流费用　　C．水文条件　　D．服务条件

(10) 对每个备选方案的各种相关因素进行综合评分，从而为评估提供合理的基础的方法是________。

A．因素评分法　　B．重心法　　C．表上作业法　　D．成本因素法

2. 简答题

(1) 简述运输与配送的区别和联系。

(2) 请解释运输管理的两个基本原理。

(3) 运输在物流中的功能和作用是什么？

(4) 在物流中，运输决策的内容主要包括哪些方面？

(5) 在做出有关运输的决策时，承运人和托运人考虑的因素各有哪些？

(6) 选择运输服务方案时，在考虑运输服务的直接成本同时，还需考虑其他什么因素？

(7) 合理行车路线和时刻表的制定原则有哪些？

(8) 简述用扫描法设计行车路线的步骤。

(9) 简述进行配送中心选址时，需要进行的步骤。

(10) 配送中心的内部区域结构一般可划分为哪些作业区域类型？

3. 判断题

(1) 铁路运输和水路运输的运输装载量大，其规模经济相对于运输量小的汽车、飞机等运输工具要好。　(　)

(2) 公路运输机动灵活，可以实现“门到门”运输。　(　)

(3) 运输具有产品转移、产品存储和产品销售三大功能。　(　)

(4) 关于自营运输和外包运输的选择，企业应该首选外包运输。　(　)

(5) 运用成本比较法选择运输方式时需要考虑运输成本、在途货物库存成本、分拨渠道两端的库存成本等。　(　)

(6) 起点和终点不同的单一路线选择问题通常被称为“流动推销员”问题，对这类问题采用经验试探法比较有效。　(　)

(7) 在实际应用中可将产销不平衡的运输问题转化为产销平衡的运输问题来解决。　(　)

(8) 一个运输方案，如果没有对流和迂回现象，它就是一个最优方案。　(　)

(9) 根据因素评分法对配送中心选址进行的评估和决策十分客观。　(　)

(10) 我国上海华联超市有限公司的配送中心属于以零售业、连锁企业为主体的配送中心。　(　)

4. 计算题

(1) A 公司 B 公司供应电动机，A 公司负责货物运输。运输经理有 3 个方案可供选择：铁路、驮背和公路。他整理出来的信息见表 6-26。

表 6-26　运输方案表

运输方式	运输费率 R/(元/台)	运达时间 T/天	运输批量 Q/件
铁路	150	16	10 000
驮背	264	10	7 000
公路	528	4	5 000

B 公司每年采购 50 000 台电动机，合同规定的价格是 4 000 元/台。两家公司的库存持有成本都是 25%/年。请问 A 公司应选择哪种运输方式？

(2) 某运输公司签订了一项运输合同，要把 A 市的一批货物运送到 B 市。该公司根据这两个城市之间可选择的行车路线的地图绘制了如图 6.20 所示的公路网络。图中，圆圈也称为节点，代表起点、目的地和与行车路线相交的其他城市。链代表两个结点之间的公路，每一条公路都标明运输里程。试求 A 市到 B 市的最短距离。

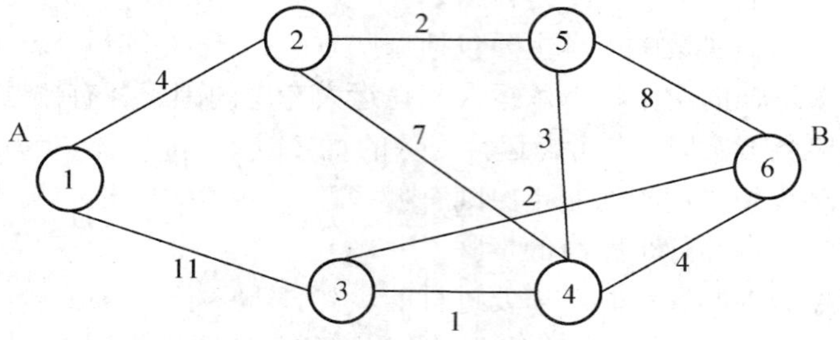

图 6.20　公路网络图

(3) 某种物资共有 3 个产地 A、B、C，其日产量分别为 7 吨、4 吨和 9 吨。该种物质的 4 个销售地日销量分别为 3 吨、6 吨、5 吨和 6 吨。各产地到销售地的单位物资的运价见表 6-27。试用表上作业法求最佳运输方案。

表 6-27　运输费用表

	销售 1	销售 2	销售 3	销售 4	日产量
产地 A/(百元/吨)	3	11	3	10	7
产地 B/(百元/吨)	1	9	2	8	4
产地 C/(百元/吨)	7	4	10	5	9
销售量/吨	3	6	5	6	20

(4) 设有 A_1、A_2 和 A_3 3 个配送点分别有化肥 40 吨、30 吨和 30 吨，需送往 4 个客户点 B_1、B_2、B_3、B_4，而且已知各配送点和客户点的地理位置及它们之间的道路，交通图如图 6.21 所示。试用图上作业法求最佳运输方案。

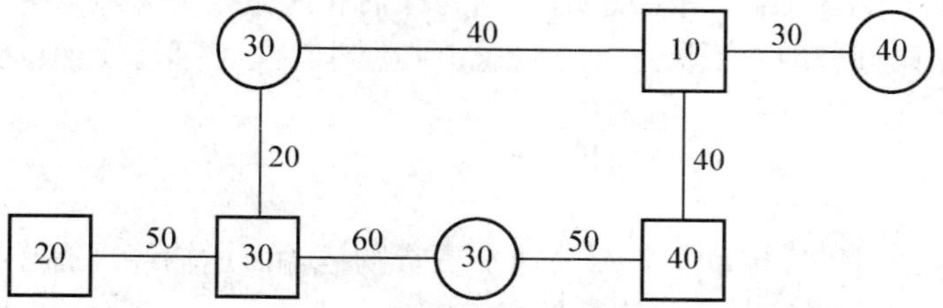

图 6.21　交通图

5. 思考题

(1) 试分析5种运输方式是否各自有更合适运送的特殊产品，并举例说明。
(2) 作为物流管理者，应该对运输设施和运输服务有哪些了解？
(3) 结合实际案例，试从理论上和配送中心的作用上对配送中心进行分类。

案例分析

京东商城：看得见的包裹[①]

2011年6月5日中午1点，上海的张先生在京东商城下单购买了一台笔记本电脑和一个无线路由器。几乎同一时间，北京的于小姐在京东商城下了一个包括几本书和一个瑜伽铺巾的订单。

购买笔记本电脑的张先生在京东商城订单跟踪页面看到，10分钟后该订单进入生产流程，而在第二天早晨8点，张先生就收到了产品。而于小姐的订单则在下单的同时被分成两个子订单。订单跟踪页面显示，10分钟后，其中图书子订单进入了库房生产流程。而瑜伽铺巾订单却显示缺货，暂时不能出库。第二天中午，家住北京北苑家园的于小姐收到了图书子订单。而另一个子订单直到6月10日才进入北京一号库，准备出库。

于小姐和张先生的这两张订单分别代表了京东商城最擅长的3C、百货以及新增图书品类。两个订单生产速度以及送货速度也反映了一个发展中的电子商务企业在供应链管理上的优势和不足。解读京东商城供应链，可以看到，供货、系统、数据、仓储、配送，是一个综合的相互作用、不断升级的体系，而累积数据的时间和经验也直接决定着系统对于整个供应链的管理效率。京东商城将物联网应用融入其配送环节，也是其优化供应链的一个尝试。

1. 历史数据决定仓储位置

京东商城的每个库房都分三个大部分，最前面是收货区，中间是仓储区，后面是出库区。在收货区，厂家送来的货进行质量抽查后，每个商品都要贴上条形码作为识别这个商品的“身份证”。然后，商品全部在仓储区上架入库，在货架上，每个架位都有编号，在上架时，理货员会扫描货物的商品条形码与货位进行关联，并上传入系统。这样，订单在生产时，取货员只要根据系统记录的货位去相应货架上取货，不用核对商品的名称。

“理论上来说，用户订单一次性打包配送是成本最低的方式。”姜海东介绍，不过并非所有的商品都可以打包成一个订单，如大型家电和床上用品就不能一起配送。即使仓储在同一个库房，系统也会自动分成两个订单。

2. 可视的包裹运输

通过GIS系统，物流管理者在后台可以实时看到物流运行情况，同时，车辆位置信息，车辆的停留时间，包裹的分拨时间，配送员与客户的交接时间等都会形成原始的数据。这些数据经过分析之后，可以给管理者提供更多、更有价值的参考。

以前，用户可以在自己的页面上观察到订单每个时间分别到达什么位置。近日，京东商城上了一套GIS系统之后，用户可以在京东页面上看到自己订单的实时移动轨迹。这个GIS系统来自于京东商城CEO刘强东的创意。大多数用户经常询问订单配送了没有，目前到哪了，什么时候能到等。实际上，客服人员根本无法知道每一张订单到达的具体位置和到达时间。因此，与其让用户打电话来问，还不如让他自己实时地看。这样就减少了用户的麻烦，提升了用户体验。在刘强东的提议下，京东商城开始开发GIS系统，半年后投入使用。

---

① 资料来源：王蓉．京东商城——看得见的包裹[J]．中国经营报，2011，c(07)：15-17.

在于小姐订单页面的地图上，记者看到一个包裹标志在地图上以一条红色的轨迹移动着。包裹的红色线条沿着五环移动，包裹将要经过的线路是一条红色的虚线，已经经过的线路是红色的实线。

到达立水桥分站之后，包裹标志停止了。第二天一大早，打开地图，又可以看到包裹开始移动起来。记者看到包裹在地图上运行，甚至可以看到包裹转过了的一个路口。于小姐根据包裹的运行情况，准确地计算出送达自己手中的时间。

京东商城在电子商务企业中第一个使用 GIS 系统，这使用户感到很新奇。GIS 系统是物联网的典型应用，是一种可视化物流的实现。这种可视化物流可以消除用户线上线下的心理差距。用户可以适时感知到自己的订单，是一种提升了的用户体验。

3. 销售预测的关键

“京东涉足电子商务累积了大量的数据，通过对这些数据的计算，能够预测每个地区某个产品的销售表现。根据历史数据的预测来针对每个库房进行备货。而这些数据则是来源于商品的点击率、浏览量、搜索率等。”

“对于电商企业来讲，采购进来的商品，既不能库存时间太长，也不能很快断货，库存时间长会占用资金，而用户下单后缺货则会影响用户体验。”姜海东指出，预测销售，根据销售量来备库，是电子商务企业供应链核心的能力。

姜海东强调，电子商务企业供应链的完善是一个系统工程。前台网站搭建起来非常迅速，但是与后台的库存管理、物流配送关联起来，这就是一个巨大的工程。因此，用户往往会发现，在北、上、广这样有自建库房和自己的物流队伍的地区，用户从下单到收单的过程就更快，体验会更好。

讨论题

(1) 与传统运输过程相比较，试分析京东商城运输及配送过程的创新之处。

(2) 试分析 GIS 系统对传统的包裹运输产生的影响。

第7章　物流成本概述

【教学要点】

知识要点	掌握程度	相关知识	应用方向
物流成本的含义	掌握	物流成本的概念	物流成本库存决策的基本知识，在了解掌握的基础上才能更好地控制物流成本
物流成本管理的意义	了解	从微观和宏观两方面分析	
物流成本的因素及降低物流成本的途径	熟悉	影响企业物流成本的3个因素，降低物流成本的3个途径	
物流成本计算对象	了解	3个对象	这几种计算方法能够很好地解决简单的物流成本计算问题，掌握后可应用到一般成本控制问题
生产经营特点和管理要求对成本计算方法的影响	熟悉	生产组织不同，成本计算对象不尽相同和生产工艺过程不同，成本计算对象有所不同两种情况	
物流成本计算的基本方法	掌握	品种法，分批法，分布法和作业法	
作业成本法	掌握	作业成本法的基本概念，基本原理，意义，特点和作业成本法核算程序	
弹性预算法	熟悉	概念，特点，编制	掌握物流成本控制方法
零基预算法	熟悉	零基预算的编制步骤与方法	
目标成本法	掌握	目标成本的作用，目标成本确定的方法	
责任成本法	掌握	责任成本法的意义，成本责任单位的划分，责任成本的计算与考核，纵向责任单位责任成本的计算与考核等	
成本差异的计算与分析	掌握	成本差异计算与分析的意义，基本原理，计算	

导入案例

青岛啤酒：外包物流保鲜速度①

“我们要像送鲜花一样送啤酒，把最新鲜的啤酒以最快的速度、最低的成本让消费者品尝。”为了这一目标，青岛啤酒股份有限公司(以下简称青啤)与香港招商局共同出资组建了青岛啤酒招商物流有限公司，双方开始了物流领域的全面合作。有趣的是，尽管是合作，青啤却得以完全从自己并不在行的领域里抽身而出。青啤将自己的运输配送体系“外包”给招商物流。招商物流与青啤合作，仅输出管理，先后接管青啤的公路运输业务和仓储、配送业务，并无任何硬件设施的投资。

据悉，自合作以来，青岛啤酒运往外地的速度比以往提高30%以上，山东省内300千米以内区域的消费者都能喝到当天的啤酒，300千米以外区域的消费者也能喝到出厂一天的啤酒。而原来喝到青岛啤酒需要3天左右。

业内人士指出，这一合作，对青啤而言，实际是将物流业务外包，这是国有企业中第一个吃螃蟹的人；对招商物流而言，该项目是第三方物流服务的典型案例，在合作形式、合作技术上具有多重挑战性。

2002年4月，青啤与招商物流正式确定合作关系，共同出资200万元组建青岛啤酒招商局物流有限公司。该公司将通过青啤优良的物流资产和招商物流先进的物流管理经验，全权负责青啤的物流业务，提升青啤的输送速度。

双方协议，组建公司除拥有招商局专业物流管理经验和青啤优质的物流资产外，还拥有基于甲骨文的ERP系统和基于SAP的物流操作系统提供信息平台支持。青岛啤酒招商局物流有限公司两年内由青啤持股51%，两年后由招商局物流公司持股51%。

据介绍，招商物流与青啤的合作开始于2002年初，招商物流首先对青啤的公路运输业务进行试运营。由于此前青啤自营运输业务，拥有许多物流固定资产，如车辆、仓库等，因此在试运营期间，招商物流通过融资租赁的方式，租用青啤的车辆及仓库，以折旧抵租金，同时输出管理，以整体规划、区域分包的一体化供应链来提升青啤的输送速度。

青岛啤酒招商局物流公司运营以来，青啤在物流效率的提升、成本的降低、服务水平的提高等方面成效显著。据透露，青啤运送成本每个月下降了100万元。青啤车队司机的月收入也拉开了档次，最大的时候相差达3 500元。

另外，与招商物流的合作，使青啤固化在物流上的资产得以盘活。据介绍，从1997年开始，青啤就开始进行物流提速的投资，4年间共斥巨资4 000多万元进口大型运输车辆40余部，以保证向全国客户按时供货。但是青啤的自营运输业务并不具备优势，这支车队每年有近800万元的潜亏。早在两年之前，青啤就有了物流外包的意图。青啤公司总经理金志国有形象的比喻：青啤要做好加减法。

在国内企业大多自建物流体系，很少向外寻求物流服务的时候，青啤却将物流从主业中剥离，在招商物流的配合下，小心却又决然地迈出了一步。

据悉，青岛啤酒招商物流有限公司定位于做国内优秀的第三方和第四方物流服务商。青岛啤酒招商局物流有限公司是招商物流在山东省布下的一个节点，希望以它来敲开华东地区物流市场的大门，其目标是3年内成为山东省及周边区域乃至北方的标志性物流企业。青啤是开路的急先锋，而青啤模式则是招商物流开拓国内市场的一柄利刃。

讨论题

(1) 青啤实现了“像送鲜花一样送啤酒”，什么起了重要的作用？

(2) 结合案例，谈谈你对物流成本的理解。

---

① 资料来源：熊青．企业物流管理[M]．北京：人民交通出版社，2007：186-189.

在物流过程中，为了提供有关服务，要占用和耗费一定的活劳动和物化劳动。这些活劳动和物化劳动的货币表现，即为物流成本。降低物流成本，从微观角度上看，可以提高企业的物流管理水平，加强企业的经营管理，促进经济效益的提高；从宏观角度上看，降低物流成本对发展国民经济，提高人民生活水平都具有重要意义。

随着社会经济发展的全球化，物流作为一种广泛存在的经济活动，普遍存在于企业内、外部。从原材料采购开始，到顺利加工成零部件，把零部件组装成产成品，最后产成品出厂投入消费领域，自始至终都离不开物流活动。企业物流过程，是创造时间价值、使用价值的过程。保证企业物流活动有秩序、高效率、低消耗地进行，需要耗费一定的人力和物力，投入一定的劳动。在商品流通领域中，一方面，物流劳动同其他生产劳动一样，也创造着价值，物流成本在一定程度上，即在社会需求的限度内会增加商品价值，扩大生产耗费数量，成为生产一定种类及数量产品的社会必要劳动时间的一项内容，其总额必须在产品销售收入中得到补偿；另一方面，它又不完全等同于其他生产劳动，它并不增加产品使用价值总量，相反，产品总量往往在物流过程中因损坏、丢失而减少。同时，为进行物流活动，还要投入大量的人力、物力和财力。所以，企业物流成本应是“使商品变贵而不追加商品使用价值的费用”。因此，科学地管理物流成本，事实上已经成为现代企业提高经济效益的重要途径。

7.1 物流成本概述

7.1.1 物流成本的概念及成本管理的意义

1. 物流成本概念

在物流过程中，为了提供有关服务，要占用和耗费一定的活劳动和物化劳动。这些活劳动和物化劳动的货币表现，即为物流成本，也称物流费用。

物流成本是在物流过程中产生的，物流过程随着物流进程的不同，产生的成本的构成也不同。即物流成本是物流过程中各项活动成本的综合，是各项活动的总的成本，是一个特殊的成本体系。在现代物流体系中，它将运输、仓储、装卸、加工、配送、信息处理等方面进行了有机的结合，形成了一个完整的供应链管理。因此，建立一个相对完整的物流成本管理理论体系，并以此来指导实际管理工作，把物流成本管理提升到企业会计管理的高度，将其纳入企业常规的管理工作之中，才能有效地对物流成本进行系统分析和管理控制。

在社会经济活动中，物流活动一般存在于两类经济实体中：一类是专门从事以生产为主的企业；另一类是专门从事商品流通的企业。在这两类企业中，由于经营性质不同，其物流形态也有一定的差异，它们的物流成本构成也就不尽相同。商品流通企业的物流成本，是指在组织物品的购进、运输、仓储、销售等一系列活动中，所消耗的人力、物力和财力的货币表现。其具体构成包括：①企业职工工资及福利费；②支付给有关部门的服务费，如运杂费、邮电费等；③经营过程中的合理损耗，如商品损耗、固定资产折旧等；④支付的贷款利息；⑤经营过程中的各种管理成本，如办公费、差旅费等。

生产企业的主要目的是生产能够满足社会需要的产品，以此换取企业的利润。为了进行生产经营活动，企业必须同时进行有关生产资料的购进、储存、搬运以及产成品销售等。

生产企业的物流成本，是指企业在进行供应、生产、销售、回收等过程中，所发生的运输、包装、仓储、配送、回收等方面的费用。与流通企业相比，生产企业的物流成本大多体现在所生产的产品成本中，具有与产品成本的不可分割性。生产企业的物流成本一般包括以下内容：①供应、储存、搬运、装卸及销售环节人员的工资及福利费；②生产材料的采购费用，如运杂费、保险费、采购人员的差旅费、合理损耗成本等；③产品的推销费，如广告宣传费等；④仓库保管费，如仓库维护费、搬运费等；⑤有关设备、仓库的折旧费等；⑥物流信息费；⑦贷款利息；⑧回收废弃物发生的物流费等。

物流成本包括物流各项活动的成本，是特殊的成本体系。现代物流泛指原材料、产成品从起点直至终点及相关有效的全过程。它将运输、仓储、装卸、加工、配送、信息等方面有机结合，形成完整的供应链管理。对于物流成本问题，有必要建立一套完整的理论体系指导实践，把物流成本管理提升到企业会计管理的高度，这样才能纳入到企业常规管理范畴之内。另一方面，从企业组织结构来看，有必要从根本上改变企业部门和职能的结构。成立诸如物流部、物流科等职能部门，才有可能对物流成本实行单独核算，并对物流成本进行系统分析与控制。

2. 物流成本管理的意义

从物流成本的构成可以看出，物流成本在企业经营过程中占有极其重要的位置。因此，在企业经营中，物流成本的管理逐渐成为企业，特别是物流企业的一项重要内容。对物流费用进行有效的管理，降低物流成本，对国家和企业都有着重要的意义。正是因为如此，物流成本管理才真正成为企业物流管理的核心，所有的国家都在寻求降低物流成本的最佳途径。

物流成本管理的意义，可以从两个方面来看。

1) 物流成本管理的宏观意义

从宏观的角度来讲，进行物流成本管理，将给企业和社会带来巨大的经济效益，主要体现在以下几个方面。

(1) 提高经济运行质量和总体竞争力。随着经济全球化和信息技术的迅猛发展，企业生产资料的获取与产品营销范围的日益扩大，社会生产、物质流通、商品交易及其管理正在不断发生深刻的变革。物流成本管理水平的高低，将直接影响物流成本水平，进而影响产品成本。对于我国工商企业而言，在各国企业都追求客户服务差异化或成本最小化之时，可以利用高质量的现代物流系统，降低物流成本，改进物流管理，提高企业及其产品参与国际市场活动的竞争力。如果所有企业的物流效率都得到提高，物流成本的平均水平将降低到一个新的水平，那么该企业在国际上的竞争能力将得到增强。对于一个地区的一个企业来说，可以提高其在国内市场的竞争力。

(2) 加速产业结构调整，支持新型工业化的发展进程。我国目前正处于工业化高速发展时期，加强物流成本管理可以促进区域经济增长方式的转变，引导企业走新型工业化之路，解决二元结构，增加就业，加速城市化建设；实现用信息化带动工业化，用集约式经营来提高效益和效率。发展物流成本管理是实现新型工业化的强大支撑。加强以物流成本管理为手段的物流管理，可以促进新的产业形态的形成，优化区域产业结构。现代物流产业是现代经济分工和专业化高度发展的产物，将对我国经济的发展起到积极的促进作用。加强物流成本管理还可以促进以城市为中心的区域市场的形成和发展。一般来说，城市是商品集散和加工中心，物流设施和基础建设齐全，消费集中且需求量大，交通与信息发达。城市与周围地区存在不对称性，以其为核心枢纽，辐射周边地区，带动其他地域，从而成为一个商品流通整体。

同时，加强物流成本管理，可以降低物品在运输、装卸、仓储等流通环节的损耗。这不但可以节约物流费用，为社会节约大量的物质财富，同时也可以增加在生产领域的投入，创造更多的物质财富，从而增加企业上缴国家的利税，增大国家的财富积累，这也是社会扩大再生产的一个重要因素。

阅读链接 7-1

创业路上省钱就是挣钱

在日常生活中，人们都在力求勤俭持家。工业生产也如此，要想取得更多的利润，节约每一分钱，实行最低成本原则是非常必要的。著名企业都非常注意降低成本，节省每一分不必要的开支。

洛克菲勒是美国的石油大王，他拥有的财富无人可比，但他深深懂得节约的重要性，他曾对他的下属说："省钱就是挣钱"。洛克菲勒经常到公司的几个单位悄悄查看，有时他会突然出现在年轻簿记员面前，熟练地翻阅他们经营的分类账，指出浪费的问题。又如在视察美孚的一个包装出口工厂后，确定用 39 滴焊料封 5 加仑油罐(而不是原先的 40 滴)的标准规格，也是很著名的事例。

正是由于洛克菲勒的这种始终如一的注意节约，美孚公司才取得了如此辉煌的财富。节约使成本降低，这样既增加了利润，也提高了企业竞争能力。

美国钢铁大王卡内基就曾说过："密切注意成本，你就不用担心利润。"在他的一生中，从未为利润担心过，因为他最注重的就是节约成本，省却每一笔不必要的开支。卡内基在商海中纵横一生，他从来没有忘记节约，一辈子坚持最低成本原则。为了降低成本，卡内基可以说是不择手段，不放过任何一个可以节约的机会。卡内基的努力效果是明显的，正是由于他掌握了这一原则，才使他在钢铁业中超过众多同行，获得钢铁大王的美称。

(资料来源：于斐. 在省钱过程中挣钱[J]. 中国证券报，2008，12)

2) 物流成本管理的微观意义

从微观的角度来讲，物流成本在企业总成本中占有不小的比例，因此物流成本对于企业来说也不是一个小数。从相关机构对我国家电、电子、日化、食品等行业具有代表性的多家大中型企业的调查结果可以看出，物流成本占销售费用的比例很高，一般在 12%以上的占总数的 48.5%。显然，物流成本的下降所带来的利润是巨大的，物流成本的高低将直接关系到企业利润水平的高低和竞争力的强弱。在不少企业中，物流成本占了很大的比例，企业为了维持其发展，迫切需要加强物流成本管理来降低生产费用、增加销售额。因此，物流成本管理正越来越受到人们的重视。物流成本管理给企业带来的经济效益主要体现在以下几个方面。

(1) 降低成本，提高利润。由于物流成本在产品成本中占有很大的比例，所以在其他条件不变的情况下，降低物流成本就意味着扩大了企业的利润空间，提高了利润水平。

由经济学的基本原理可知，在充分竞争的市场环境下，产品的价格由市场的供求关系所决定，但价格背后体现的还是产品的价值量，即产品中所凝聚的人类抽象劳动的数量。商品价值并不取决于个别的劳动时间，而是由行业平均必要劳动时间所决定。当某个企业的物流活动效率高于所属行业的平均物流活动效率、物流成本低于所属行业的平均物流成本时，物流成本的降低部分就转化为该企业的“第三利润”；反之，该企业的利润水平就会下降。正是由于这种与降低物流成本相关的超额利润的存在，而且具有较大的空间，才导致企业积极关注物流成本管理，致力于降低物流成本的努力。例如，企业的销售额为 1 亿元，物流成本占销售额的 20%时，物流费用为 2 000 万元；如果通过物流成本管理降低了 20%的物流费用，就相当于增加了 400 万元的利润：换个角度，如果销售利润率是 10%，那么增加 400 万元的利润需要增加 4 000 万元的销售额，所以物流成本降低 20%，就相当于增加 40%的销售额。因此，降低物流成本对企业利润的增加有很大意义。

(2) 增强竞争优势。企业通过物流成本作为评价其物流活动的共同尺度，将物流活动用货币的形式表现出来，在同一平台上对物流活动进行比较，从而更好地认识到各项活动在企业中的地位。

物流成本的降低，首先意味着增强了企业在产品价格方面的竞争优势。企业可以利用相对低廉的价格在市场上出售自己的产品，扩大销售，并以此为企业带来更多的利润。在市场竞争中，价格竞争是市场竞争的主要手段。在进货价格、销售价格不变的情况下，降低物流成本就可增加企业盈利；若进货价格和盈利保持不变，降低物流成本就可降低商品的销售价格，从而提高企业的竞争力。

物流成本的降低，其次意味着增强企业在时间和质量上的竞争力。根据物流成本计算结果，不仅可以知道物流成本占企业生产总成本的份额，而且还可以发现物流活动中存在的问题，即现状与理想状态的差距。通过对问题的进一步分析，可以有针对性地加以改进，达到物流的合理化。同时，通过对物流成本的分析可以与先前的预算进行比较，根据比较结果来重新进行物流计划的调整、分析和评价，以对物流成本进行更好的控制。所以从某种程度上说，加强物流成本管理是提高企业物流管理水平、提高服务质量的一个激励因素。通过物流成本管理、改善物流流程，削减不必要的物流环节，减少低效率的作业，提高响应速度和服务质量，减少企业流动资金的占用，加快资金的周转速度。

可以看出，降低物流成本是提高企业竞争力的一个重要方式。

总的来说，加强物流成本管理，降低物流成本，是企业发展过程中一个重要的管理内容。从微观的角度来看，可以提高企业的物流管理水平，加强企业的经营管理，促进企业经济效益的提高，增强企业竞争力；从宏观的角度来看，降低物流成本则可以提高国民经济的总体运行质量和竞争力，促进产业结构的调整，支持新型工业化进程，提高人民生活水平。

7.1.2 物流成本的因素及降低物流成本的途径

1. 影响企业物流成本的因素

1) 竞争性因素

企业所处的市场环境充满了竞争，企业之间的竞争除了产品的价格、性能和质量外，从某种意义上来讲，优质的顾客服务水平是决定竞争成败的关键，而高效物流系统则是提高顾客服务水平的重要途径。如果企业能够及时可靠地提供产品和服务，就可以有效地提高顾客服务水平，而顾客服务水平的高低又会直接影响物流成本的变动。

影响顾客服务水平的因素主要有以下几个。

(1) 订货周期。企业物流系统的高效化运作，可以缩短企业的订货周期，降低货物的库存，从而降低货物的库存成本，提高企业的顾客服务水平，提高企业的竞争力。

(2) 库存水平。企业的库存水平提高，可以减少缺货成本。也就是说，缺货成本与库存水平成反比。库存水平过低，会导致缺货成本增加；库存水平过高，虽然会相应降低缺货成本，但是存货成本会显著增加。理论上讲，合理的库存应保持在使仓储总成本为最小的水平上。

(3) 运输。企业采用更为快捷的运输方式，虽然会增加运输成本，但却可以缩短运输时间，提高物流服务水平，提高企业在竞争中的快速反应能力，并可相应地降低库存成本。

2) 产品因素

产品的特性不同也会影响物流成本，如产品价值、产品密度、易损性和特殊搬运等。

(1) 产品价值。产品价值的高低通常会直接影响其物流成本的大小。随着产品价值的增加，其相关的各项物流活动的成本都会增加。一般来讲，产品的价值越大，对其运输或搬运作业及其工具的要求就越高，其运输或搬运成本也就越高。存储与包装成本通常也随着产品价值的增加而增加，产品的高价值意味着其存货与包装的高成本。

(2) 产品密度。产品密度越大，相同单位运输工具所装载的货物就越多，单位运输成本就越低。同理，仓库中一定空间内存放的货物越多，单位存储成本就越低。

(3) 易损性。物品的易损性对物流成本的影响是显而易见的，易损的产品对物流各环节如运输、包装、仓储等作业活动都提出了更高的要求。

(4) 特殊搬运。有些特种货物会对搬运提出特殊的要求，如对长大物品的搬运，需要特殊的装载工具；有些物品在搬运过程中需要持续加热或制冷等，这些特殊耗费的结果，就是增大物流成本。

3) 空间因素

空间因素是指物流系统中企业制造中心或仓库相对于目标市场或供货点的位置关系。制造中心或仓库距离目标市场太远，必然会增加运输及包装等成本；但在目标市场建立或租用仓库，会增加库存成本。因此空间因素对物流成本水平的高低具有重要影响。

2. 降低物流成本的途径

降低物流成本已成为企业开辟“第三利润源泉”的重要途径，也是企业可以挖掘利润的一片新的绿洲，物流成本的降低成为企业获得利润的重要方面。从长远的角度来看，降低物流成本可以通过以下几个途径来实现。

1) 物流合理化

物流合理化就是使一切物流活动和物流设施趋于合理，以尽可能低的成本获得尽可能好的物流服务。根据物流成本的效益背反理论，物流活动各环节的成本往往此消彼长，如果不综合考虑，必然会造成物流成本的不必要的增加和浪费。对于一个企业而言，物流合理化是降低物流成本的关键因素，它直接关系到企业的效益，也是物流管理追求的总目标。物流的合理化，不能单纯地强调某环节的合理性和有效性来节省个别成本，而是要统筹兼顾、系统地加以考虑。

2) 提高物流质量

提高物流质量，也是降低物流成本的有效途径。这是因为只有不断提高物流质量，才能减少并最终消灭各种差错事故，降低各种不必要的费用支出，降低物流过程的消耗，从而保持良好的信誉，吸引更多的客户，形成规模化的集约经营，提高物流效率，从根本上降低物流成本。

物流质量的内涵丰富，主要包括以下内容。

(1) 商品质量。商品质量指商品运送过程中对原有质量(数量、形状、性能)的保证，尽量避免商品的破损。

(2) 物流服务质量。物流服务质量指物流企业对用户提供服务，使用户满意的程度。例如，第三方物流企业采用 GPS 定位系统，货主可随时查询送货车辆的位置，及时了解货物的运行状态信息及货物运达目的地的整个过程，可有效地增强物流企业和货主之间的相互信任。

(3) 物流工作质量。物流工作质量是指物流服务各环节、各岗位具体的工作质量。这是相对于企业内部而言的，是在一定标准下的物流质量的内部控制。物流工作质量控制指标体系包括运输工作质量指标、仓库工作质量指标、包装工作质量指标、配送工作质量指标、流通加工工作质量指标及信息工作质量指标等。

(4) 物流工程质量。物流工程质量是指把物流质量体系作为一个系统来考察，用系统论的观点和方法，对影响物流质量的诸要素进行分析、计划，并进行有效控制。这些因素主要包括：人的因素、体制因素、设备因素、工艺方法因素以及环境因素等。具体的物流工程质量指标有：运输工程质量指标、仓库工程质量指标、包装工程质量指标、配送工程质量指标、流通加工工程质量指标及信息工程质量指标等。物流质量管理与一般商品质量管理的主要区别是：它一方面要满足生产者的要求，使其产品能及时准确地运送给用户；另一方面要满足用户的要求，即按用户要求将其所需的商品送达交付，并使生产者与用户在经济效益上求得一致。

3) 加快物流速度

加快物流速度，可以减少资金占用，缩短物流周期，降低存储费用，从而节省物流成本。

加快物流速度可以通过加快采购物流、生产物流、销售物流的速度，来缩短整个物流周期，加大资金的利用率。据了解，美国生产企业的物流周期平均每年 16～18 次，而我国目前还不到两次，也就是说，同样的物品从生产到消费，我们需要的资金是美国的 8～9 倍。资金的占用是有成本的，所以说，在我国通过提高物流效率来降低物流成本的空间也是非常巨大的。

阅读链接 7-2

一家饺子馆的物流管理

3 年前，胡小艾在南肖埠开了家饺子馆，如今生意还算火爆。不少周围的小区住户常来光顾小店，有些老顾客一气儿能吃半斤饺子。胡经理说，“别看现在生意还不错，开业这一段时间，让我头疼的就是每天怎么进货，很多利润被物流吃掉了。”

刚开始卖出一客 10 个饺子，定价为 5 元钱，直接成本为饺子馅、饺子皮、佐料和燃料，每个饺子成本大约 2 角钱。虽然存在价差空间，可是胡经理的小店老赚不了钱，原因在于每天都有大量剩余原料，这些采购的原料不能隔天使用，算上人工、水电、房租等经营成本，饺子的成本都接近 4 角钱了。

胡经理很有感慨，如果一天卖出 1 000 只饺子，同时多余 500 个饺子的原料，相当于亏损了 100 元左右，每个饺子的物流成本最高时有1角钱，加上前年年初粮食涨价，因此利润越来越薄。

关键在于控制数量，准确供货。其实做饺子的数量挺难掌握。做少了吧，有的时候人家来买没有，也等不及现做，眼看着要到手的钱飞走了；做多了吧，就要剩下。

从理论上说，一般有两种供应方式：每天定量供应，一般早上10点开始，晚上9点结束，这样可能会损失客流量；根据以往的经验作预测，面粉每天的用量比较大，因为不管包什么馅儿都得用面粉，所以这部分的需求量相对比较固定。

后来胡经理又开了两家连锁店，原料供货就更需统筹安排了。饺子馅的原料要根据头天用量进行每日预测，然后根据原料清单进行采购。一日采购两次，下午会根据上午的消耗进行补货，晚上采购第二天的需求量。

麻雀虽小，五脏俱全。一个饺子馆的物流管理同样容不得差错。胡经理咨询了一些物流专家，这是波动的需求和有限的生产能力之间的冲突。在大企业里，他们通常会提高生产柔性去适应瞬息万变的市场需求。

可是对于经营规模有限的小店来说，要做到这点太难。所以有些人建议想办法调整顾客的需求以配合有限的生产能力，用物流专业名词说，叫作平衡物流。例如，用餐高峰期大概在每天12：00～13：00和19：00～20：00这两个时段，胡经理就选择在11：00～11：45和18：00～18：45推出9折优惠计划，吸引了部分对价格比较敏感的顾客，有效分散了需求。

如果碰到需求波动比较大的情况，也就是说某一种饺子的需求量非常大的时候，如客户要的白菜馅儿没有了，胡经理就要求店员推销牛肉馅儿或者羊肉馅儿。同时改进店面环境，安上空调，提供杂志报纸，使顾客在店里的等待时间平均从5分钟延长到10分钟。

胡经理做了3年的水饺生意，从最初每个饺子分摊大约1角钱的物流成本，到去年的5分钱，而今年成本就更低了。由于做饺子的时间长了，需求的种类和数量相对固定下来，每个饺子的物流成本得到有效控制，大约在2分钱左右，主要就是采购人工、运输车辆的支出。

(资料来源：沈默．现代物流案例分析[M]．南京：东南大学出版社，2006：40-41.)

7.2 物流成本计算的基本方法

7.2.1 物流成本计算对象

物流成本如何归集与计算，取决于对所评价与考核的成本计算对象选取的正确与否。成本计算对象的选取方法不同，得出的物流成本结果也不同。在计算物流成本或收集物流成本数据时，明确成本计算对象是前提条件，否则，物流成本的计算也就失去了存在的意义。在实际工作中，之所以存在着通过成本来管理物流时发生无功而返的现象，其中一个主要因素，就是不能正确地选取与确认物流成本的计算对象。因此，正确确定成本计算对象，是进行成本计算的基础与前提。成本计算对象，指企业或成本管理部门，为归集和分配各项成本费用而确定的、以一定时期和空间范围为条件而存在的成本计算实体。企业的物流活动都是在一定的时空范围内进行的，从物流的各个环节来看，其时间上具有连续性和继起性，空间上具有并存性。因此，各项成本费用的发生，需要从其发生期间、发生地点和承担实体3个方面进行合理划分，这就形成了成本计算对象的3个基本构成要素。

1．成本费用承担实体

成本费用承担实体，是指其发生并应合理承担各项费用的特定经营成果的体现形式，包括有形的各种产品和无形的各种劳务作业等。例如，工业企业的某种、某批或某类产品；

服务行业的某一经营项目；施工企业的某项工程；运输业的某种运输劳务等。

就物流企业来讲，其成本费用承担实体，主要是各种不同类型的物流活动或物流作业。

2. 成本计算期间

成本计算期间，是指汇集生产经营费用、计算生产经营成本的时间范围。例如，工业企业成本计算期按产品的生产周期和日历月份；农业种植业按轮作周期；服务业、劳务性企业一般按日历月份等。物流企业的成本计算期视其物流作业性质可有不同的确定方法，如对于远洋货物运输作业来讲，因其生产周期较长(以航次为生产周期)，所以应以航次周期作为成本计算期。

3. 成本计算空间

成本计算空间，是指成本费用发生并能组织企业成本计算的地点或区域(部门、单位、生产或劳务作业环节等)。例如，工业企业的成本计算空间可按全厂、车间、分厂、某个工段或某一生产步骤划分；服务性等企业可以按部门、分支机构或班组等单位来确定各个成本计算空间。

物流企业成本计算空间的划分，一般是指对物流活动范围、物流功能范围以及物流成本控制的重点进行选取。

(1) 对物流活动范围的选取。成本计算空间对物流活动范围的选取，从物流成本计算对象的角度来讲，是指对物流的起点与终点以及起点与终点间的物流活动过程的选取，也就是对物流活动过程的空间上的截取。对于每个物流成本计算对象，都存在着物流活动的起讫点的选取问题。起讫点的选取不同，其成本计算结果也就不同。

(2) 对物流功能范围的选取。成本计算空间对物流功能范围的选取，是指在运输、搬运、储存、保管、包装、装卸、流通加工和物流信息处理等物流功能中，选取哪种功能作为物流成本计算对象。把所有的物流功能作为成本计算对象与只把运输、保管这两种功能作为成本计算对象，两者所反映的物流功能范围的成本，显然是不同的。

(3) 对物流成本控制重点的选取。物流成本计算应服务于物流成本管理的目的。在实际工作中，不可能将所有的物流活动耗费都精确地加以记录与计算，这样做，既不经济，也无意义。在众多的物流作业活动中，选取物流成本控制重点作为成本计算对象，或者说，对物流活动耗费相对较大的物流作业活动进行单独的费用记录与计算，将对物流成本管理产生事半功倍的效果。

4. 生产经营特点和管理要求对成本计算方法的影响

1) 生产组织不同，成本计算对象不尽相同

对于大量生产类型的产品(物流作业，下同)，因连续不断地重复生产品种相同的产品，因此只要求按照产品的品种计算其成本。对于大批生产类型的产品，由于产品批量较大、生产周期较长，所以可与大量生产一样，只要求按产品品种计算产品成本。

对于小批生产类型的产品，因其批量较小，一批产品往往同时完工。因此，有可能按产品的批别归集费用，计算各批产品的成本。

对于单件生产类型的产品，因生产过程是按件(产品实物单位)进行组织的，所以有必要也有可能按单件计算产品成本。按单件计算产品成本实际上是批量为 1 的按产品批别计算产品成本的特例。

2) 生产工艺过程不同，成本计算对象有所不同

在单步骤生产条件下，由于生产工艺过程不可能或不需要划分为几个生产步骤，因此只要求按产品品种计算产品成本。

在多步骤生产条件下，由于生产工艺过程是由几个可以间断的或分散到几个不同地点进行生产的生产步骤所组成，为加强对各步骤的成本管理，特别是按成本责任单位进行管理时，在按产品品种计算成本的同时，还要求按生产步骤计算产品成本。

(1) 管理要求不同，产品成本的计算对象和计算方法有所不同。生产组织和生产工艺过程的不同，从客观上决定着成本的计算对象，但是同时还要考虑管理上的要求。例如，在多步骤生产条件下，如果管理上不要求按生产步骤考核生产成本时，也可以不考虑产品的生产(作业)步骤，而只按产品的品种或批别计算成本。

(2) 按成本控制重要程度对产品成本的计算对象与计算方法进行选取。企业在确定成本计算对象时，如果可作为成本计算对象者较多时，可仅将成本控制的重点作为成本计算对象，而对于那些非成本控制重点可加以归并或不予考虑。

5. 物流成本计算对象的选取

就物流企业来讲，物流成本的计算并非越全越细越好，其成本计算对象也并非越全越好，过细过全的成本计算是不必要的，也是不经济的。物流成本计算对象的选取，常常取决于企业领导对各种物流活动代价的关心程度，以及成本计算人员对成本数据收集的难易程度、能力差别等。严格地讲，这些因素不能作为成本计算对象选取的根本依据。

物流成本计算对象的选取，应当放在成本控制的重点上。成本控制应包括以下重点。

(1) 按成本责任划定的责任成本单位。

(2) 当前成本费用开支比重较大或根据当前需要有必要分清并分别计算其物流成本的部门或作业活动。

(3) 新开发的物流作业项目等。由于各个企业在物流成本的发生期间、发生地点和承担实体的划分方法上不尽相同，因此，即使生产或劳务作业类型相同的企业，也可能在进行成本对比时不完全具有可比性。

6. 常用的几种成本计算方法

在实际当中，常用的适应一般生产组织和工艺过程特点以及成本管理需要的成本计算方法，主要有下述 4 种。

(1) 按照产品或作业的品种计算产品成本，称为品种法。

(2) 按照产品或作业的批别计算产品成本，称为分批法。

(3) 按照产品或作业的生产步骤计算产品成本，称为分步法。

(4) 按照劳务作业项目计算劳务成本，可称为作业成本法或 ABC 法。

7.2.2 产品成本计算方法

1. 品种法

品种法，是以产品(物流作业，下同)品种作为成本计算对象，归集生产费用、计算产品成本的一种成本计算方法。

1) 品种法的特点

(1) 以产品品种作为成本计算对象，按产品品种归集其生产费用并计算其成本。

(2) 按月定期计算产品成本。

(3) 对于单步骤生产企业，因其生产品种单一，且生产周期短，月末一般不会存在在产品，所以，一般不需要将生产费用在完工产品和月末在产品之间分配。

2) 品种法的计算程序

(1) 按产品品种设置成本明细账(即成本计算单)，并按各成本项目设置费用专栏。

(2) 编制各种费用要素分配明细表，对于各种产品发生的直接费用，如直接耗用的原材料、生产工人工资等，按各种产品计入各自的产品成本明细账；对于间接费用，则应选择适当的分配标准按照相应的分配方法进行分配，计入各受益的产品成本明细账中。当然，从对成本责任单位考核与评价角度，对于间接费用也可单独进行计算，不再以分配的形式计入产品或劳务作业成本。

(3) 月末将归集在各产品成本明细账中的费用汇总，如果月末没有在产品，其汇总的费用即是完工产品总成本。

(4) 根据总成本与产品产量计算该产品的单位成本。

品种法核算程序如图 7.1 所示。

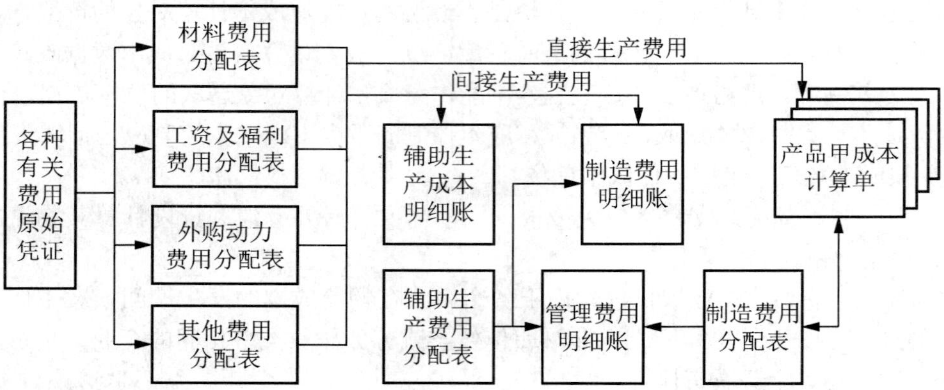

图 7.1　品种法核算程序

2. 分批法

分批法是以产品的批别(或物流作业对象的批次，下同)作为成本计算对象，归集分配生产费用并据以计算产品成本的一种方法。

1) 分批法的特点

(1) 以产品批别作为成本计算对象。如果生产订单上只是一种产品，但数量较大，也可将其划分成若干生产批次，并按批别计算各批产品成本。

(2) 产品成本计算是不定期的，在有完工产品(同一批产品全部完工时才算作完工产品)的月份才计算完工产品成本。成本计算期与产品生产周期一致。

(3) 一般不需要将生产费用在完工产品和月末在产品之间进行分配。

2) 分批法的计算程序

(1) 以产品的批别设置成本计算单。

(2) 按批别归集和分配直接费用和间接费用，对于间接费用可按一定的方法分配给所受益的产品批别，从对成本责任单位考核与评价角度，对于间接费用也可单独进行计算，不再以分配的形式计入产品或劳务作业成本。

(3) 月末汇总完工产品成本计算单中所归集的各项生产费用，即为某批完工产品(或某劳务作业对象批次)的总成本。

(4) 据总成本和该批完工产品产量计算其单位成本。

分批法核算程序如图 7.2 所示。

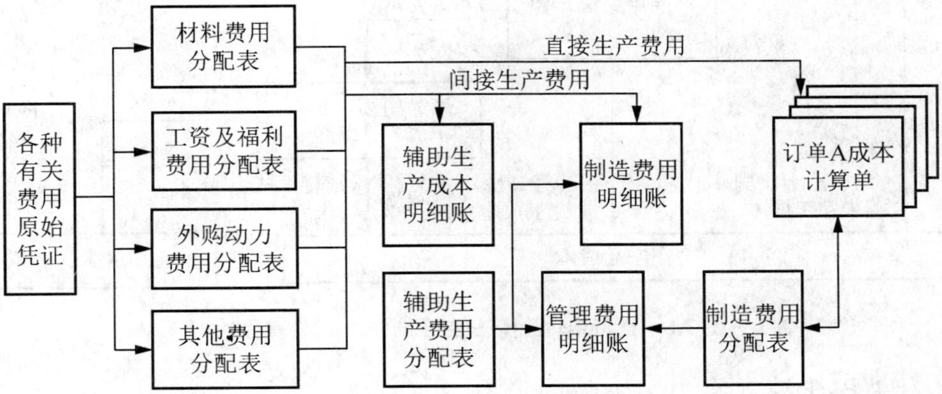

图 7.2　分批法核算程序

3. 分步法

分步法是以产品(物流作业，下同)的品种和每种产品所经过的生产步骤为成本计算对象，来归集生产费用并计算产品成本的一种方法。它适用于大量大批多步骤生产企业，也适用于多环节、多功能、综合性营运的物流企业。分步法又可分为逐步结转法和平行结转分步法。

1) 分步法的特点

(1) 成本计算的对象是各生产步骤的各种半成品和最后一个步骤的产成品。

(2) 定期地在每月月末计算成本，计算期与产品的生产周期不需一致。

(3) 以生产步骤为成本计算的空间，即在各个生产步骤范围内归集生产费用，并按步骤计算产品成本。

(4) 需要采用一定的方法将本步骤归集的生产费用，在完工产品和月末在产品之间进行分配，以确定完工产品成本和月末在产品成本。

2) 分步法的一般程序

(1) 按各生产步骤结合该生产步骤所生产的产品品种设置成本计算单。

(2) 各步骤发生的用于产品生产并能够具体到某种产品的直接费用，应直接计入该步骤该种产品成本计算单相应的成本项目中；对于不能直接计入产品成本的间接费用，可按一定方法，分配计入各步骤的产品成本计算单中。

(3) 月末根据各步骤各种产品成本计算单所汇集的生产费用，采用适当的方法在各步骤的完工产品与在产品之间进行分配，以计算各步骤完工产品成本与月末在产品成本。

(4) 据完工产品产量与总成本，计算出完工产品的单位成本。

逐步结转分步法(综合结转法)的核算程序，如图 7.3 所示。

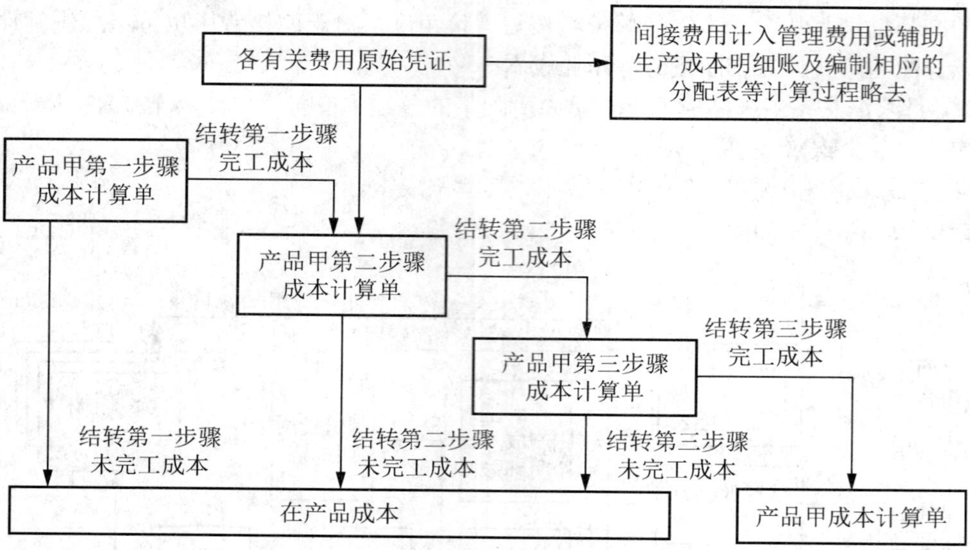

图 7.3　逐步结转分步法(综合结转法)的核算程序

7.2.3　作业成本法

作业成本法(activity—based costing，ABC)，也称为作业成本会计或作业成本核算制度，它是以成本动因理论为基础，通过对作业(activity)进行动态追踪，反映、计量作业和成本对象的成本，评价作业业绩和资源利用情况的方法。

1. 作业成本法的基本概念

1) 作业

在作业成本法中，作业就是指企业为提供一定量的产品或劳务所消耗的人力、技术、原材料、方法和环境等的集合体，或者说，作业是企业为提供一定的产品或劳务所发生的、以资源为重要特征的各项业务活动的统称。

作业是汇集资源耗费的第一对象，是资源耗费与产品成本之间的连接中介。作业成本法将作业作为成本计算的基本对象，并将作业成本分配给最终产出(如产品、服务或客户)，形成产品成本。

一个企业，特别是物流企业，其作业多种多样，十分复杂。从作业成本法角度，有必要对其进行分类。

(1) 按成本层次分类。

① 单位作业。单位作业是可使单位产品受益的作业，如机器的折旧及动力等。这种作业的成本与其产品产量成比例变动。

② 批别作业。批别作业是可使一批产品受益的作业，如对每批产品的检验、机器准备与调试、原料处理、订单处理等。这类作业的成本与产品的批数成正比变动，而与批量大小无关。

③ 产品作业。产品作业是可使某种产品受益的作业，如对每一种产品编制生产计划、材料清单或变更工程设计等。这种作业的成本与产品产量及批量大小无关，但与产品种类的多少成正比变动。

④ 工序作业。工序作业是计算加工成本的基础。

(2) 按作业与成本动因的关系密切程度分类。

① 专属作业专属作业是只与某产品生产有关的作业。

② 共同消耗作业共同消耗作业是与多种产品生产有关的作业。共同消耗作业又可细分为批次动因作业、数量动因作业、工时动因作业和价值管理作业等。

2) 成本动因

成本动因是指导致企业成本发生的各种因素，也是成本驱动因素。它是引起成本发生和变动的原因，或者说是决定成本发生额与作业消耗量之间内在数量关系的根本因素。例如，直接人工小时、机器小时、产品数量、准备次数、材料移动次数、返工数量、订购次数、收取订单数量、检验次数等。

成本动因按其对作业成本的形成及其在成本分配中的作用可分为资源动因和作业动因。

(1) 资源动因。资源动因也称作业成本计算的第一阶段动因，主要用在各作业中心内部成本库之间分配资源。按照作业会计的规则：作业量的多少决定着资源的耗用量，资源耗用量的高低与最终的产品量没有直接关系。资源消耗量与作业量的这种关系称为资源动因。

资源动因反映着资源被各种作业消耗的原因和方式，它反映某项作业或某组作业对资源的消耗情况，是将资源成本分配到作业中去的基础。例如，搬运设备所消耗的燃料直接与搬运设备的工作时间、搬运次数或搬运量有关，那么搬运设备的工作时间、搬运次数或搬运量即为该项作业成本的资源动因。

(2) 作业动因。作业动因也称为作业成本计算的第二阶段动因，主要用于将各成本库中的成本在各产品之间进行分配。

作业动因是各项作业被最终产品消耗的原因和方式，它反映的是产品消耗作业的情况，是将作业中心的成本分配到产品或劳务顾客中的标准，是资源消耗转化为最终产出成本的中介。

3) 作业中心与作业成本库

作业中心是成本归集和分配的基本单位，它由一项作业或一组性质相似的作业所组成。

一个作业中心就是生产流程的一个组成部分。根据管理上的要求，企业可以设置若干个不同的作业中心，其设立方式与成本责任单位相似。作业中心与成本责任单位的不同之处在于：作业中心的设立是以同质作业为原则，是相同的成本动因引起的作业的集合。

由于作业消耗资源，所以伴随作业的发生，作业中心也就成为一个资源成本库，也称为作业成本库。

2. 作业成本法的基本原理

作业成本法的理论基础是成本因素理论，即企业间接制造成本的发生是企业产品生产所必需的各种作业所“驱动”的结果。其发生额的多少与产品产量无关，而只与“驱动”其发生的作业数量相关，成本驱动因素是分配成本的标准。例如，各种产品的生产批次驱动生产计划制定及产品检验、材料管理和设备调试等成本的发生；接收货物的订单驱动收货部门的成本发生；发送货物的订单驱动发货部门的成本发生；采购供应和顾客的订单驱动与原材料库存、在制品和库存成品有关的成本发生等。

作业成本法的基本原理是，根据“作业耗用资源，产品耗用作业；生产导致作业的产生，作业导致成本的发生”的指导思想，以作业为成本计算对象，首先依据资源动因将资源的成本追踪到作业，形成作业成本，再依据作业动因将作业的成本追踪到产品，最终形成产品的成本。其原理如图 7.4 所示。

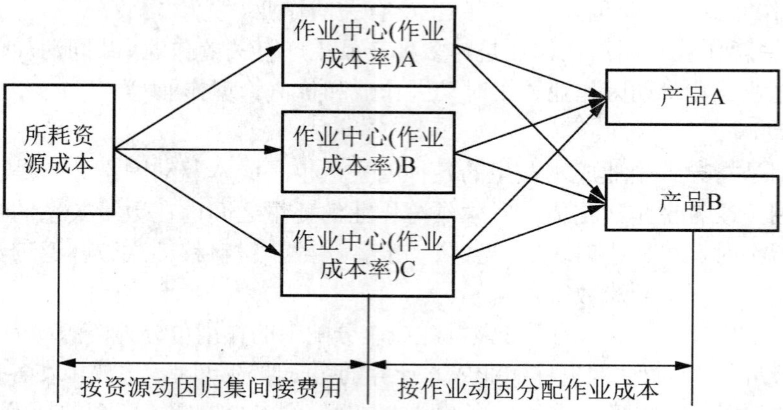

图 7.4 作业成本法的基本原理

3. 作业成本法的意义

作业成本法不仅是一种成本计算方法，而且也是成本计算与成本控制的有机结合。

作业成本法具有以下重要意义。

(1) 从成本计算的角度来看，它是以作业(并非产品)为成本计算对象，通过对作业成本的计算，追踪产品成本的形成和积累过程，由此大大提高了计算过程的明细化程度和成本计算结果的精确度；从成本控制的角度来看，作业成本法通过对作业成本的确认、计量，为尽可能消除不增值作业提供有用信息，从而促使这类作业减少到最低限度，以达到降低成本的目的。同时，由于作业成本法提供的成本信息相对更为准确，从而有利于管理当局正确决策，进行成本管理和评价经济业绩。

(2) 作业成本法以作业成本为计算对象，实现了成本核算的灵活性，拓展了成本核算的范围，改进了成本分配方法，从而能为企业外部使用者提供更为准确的成本信息。

传统的成本计算方法在选择成本计算对象时，自始至终局限在资源耗费和产品耗费的主观联系和转换上，始终没有摆脱生产组织和工艺过程对成本计算的约束，没有按照费用发生与成本计算对象之间最为直接、最为实质的联系因素进行归集和分配。作业成本法克服了上述缺陷，突出选择作业来反映成本费用动因，使得现代企业成本计算更为合理和准确。

从作业成本法的核算过程看，它对直接费用的确认和分配与传统的成本计算方法并无不同，所不同的只是对间接费用的分配。作业成本法将间接费用按相互之间的内在联系划归到若干个不同的成本库，再按各自的成本动因将它们分配到产品上去，这比传统的以直接人工工时或机器工时等单一标准在全厂范围内统一分配间接费用更为科学合理。

总而言之，作业成本法通过设置多样化的作业成本库和采用多种成本动因，使间接费用也按产品对象化，从而使成本的可归属性明显提高，因而得出的产品成本能较为准确地反映产品消耗资源的真实情况。

(3) 作业成本法为成本管理和成本控制提供了良好的出发点，优化了业绩评价尺度，从而更好地满足了企业内部管理的需要。

传统的成本计算方法强调产成品的核算，因而只能进行被动的事后成本控制。而作业成本法找到了产品与成本费用发生的连接点即作业，使其所提供的成本信息可以深入到作业层次。因而可以在生产工艺设计、生产过程中根据产品生产的需要，控制作业的数量，通过减少不增值作业来减少成本费用发生的动因，切断成本费用发生的源头，使成本费用发生得到有效控制，达到事前、事中成本控制的目的。

此外，从责任会计角度来讲，计算作业成本实际上就是计算责任成本，因而对作业成本的核算，既可达到责任会计控制成本的目的，又可实现财务会计核算、监督成本的职能。

4. 作业成本法的特点

作业成本法与传统成本会计方法相比具有以下特点。

(1) 作业成本法提供的会计信息，并不追求传统成本会计法下的“精确”计算，只要求数据能够准确到保证制订计划正确性即可。

(2) 作业成本有利于企业进行产品成本控制。在产品设计阶段，可以通过分析产品成本动因对新产品的影响，达到降低产品成本的目的；而在产品生产阶段，则可以通过成本系统反馈的信息，降低新产品成本，并减少无价值的作业活动。

(3) 作业成本可用于分析企业生产能力的利用情况。以成本动因计算的作业量，将能更准确地反映企业实际消耗的作业量水平。如果将作业成本系统建立在标准成本计算法上，将会提高间接成本差异分析的有效性。

(4) 作业成本法可用于制定产品生产种类的决策。产品的开发、减产和停产等决策与企业未来经营活动密切相关，因而企业的未来差量收入和差量成本将变为对决策有用的关键信息。作业成本信息则为预测这些未来成本数据提供了基础。

5. 作业成本法核算程序

(1) 确认各项作业的成本动因。成本动因的确认是否客观合理，是实施作业成本法有无成效的关键。因此，成本动因的确认与筛选，应由有关技术人员、成本会计核算人员和管理人员等共同分析讨论。

在确定成本动因时，应遵循以下3项原则。

① 确定的成本动因应简单明了，能从现有的资料中直接分辨出来。

② 在选择成本动因时，为避免作业成本计算过于复杂，要筛选具有代表性和重要影响的成本动因。

③ 选择信息容易获得的成本动因，以降低获取信息的成本。

(2) 对作业进行筛选整合，建立作业中心及作业成本库。首先对各项作业进行确认，其确认的方法主要有业务职能活动分解法、过程定位法、价值链分析法和作业流程图分析法等。其中：业务职能活动分解法，是将企业各业务职能部门的活动进行分解，确定每一个部门应完成的作业有几种、多少人参与该项作业以及作业耗费的资源；作业流程图分析法，是通过绘制作业流程图来描述企业各部门的作业以及它们之间的相互联系，以便确定完成特定业务所要求的各项作业、各项作业所需要的人员以及所要消耗的时间。

在确认作业的基础上，对作业进行筛选与整合。在一个企业内部，其作业数量的多少取决于其经营的复杂程度，生产经营的规模与范围越大，复杂程度越高，导致成本产生的作业量也就越多。事实上，如果列示全部的作业数量，有可能过于烦琐和复杂，并增大信息采集的成本。因此，有必要对这些作业做必要的筛选与整合，确保最后可设计出特定而有效的作业中心。

作业筛选与整合包括以下原则。

(1) 重要性原则从成本管理角度，分析每项作业的重要性，以便评价其是否值得单独列示为一个独立的作业中心。对于非重要的作业，可与其他作业合并为一个作业中心。

(2) 相关性原则从成本动因角度，分析和确认作业的相关性，以便评价各项作业的成本性态是否同质，从而考虑其是否可能被合并为同一个作业中心。

在确认作业中心之后，应按每个作业中心设置相应的作业成本库，以便归集各作业中心的作业成本。

(3) 依据资源动因，将各项作业所耗费的资源追踪到各作业中心，形成作业成本库。在对企业作业和资源动因进行全面分析的基础上，应依据各项资源耗费结果、资源动因及作业之间的相关性，将当期发生的生产费用按不同的作业中心进行归集，即按各作业中心的作业成本库归集作业成本，并计算全部作业成本库中的成本总和。

(4) 根据产品对作业的消耗，将成本分配给最终产品，计算产品成本。当成本归集到各作业中心的作业成本库后，应按作业动因及作业成本额计算出作业成本的分配率，并按不同产品所消耗的作业量的多少分配作业成本，最终计算出产品应承担的作业成本。

作业成本分配率的计算式为：

$$\text{某项作业成本分配率}=\frac{\text{该作业中心作业成本总额}}{\text{该中心的成本动因量化总和}}$$

$$\begin{matrix}\text{某成品应承担的某}\\\text{作业成本分配额}\end{matrix}=\frac{\text{该成品消耗}}{\text{某作业量总和}}\times\begin{matrix}\text{该项作业}\\\text{成本分配率}\end{matrix}$$

6. 作业成本法核算程序举例

【例 7.1】某企业的某生产部门生产两种产品，即产品甲和产品乙，现采用作业成本法对其生产费用组织核算。

解：(1) 该企业根据管理与核算上的需要，对资源动因进行确认与合并。确认合并后，共有 6 项，即材料移动、订单数量、准备次数、维修小时、质检数量及直接工时(成本动因的确认与合并的具体做法与过程略去)；将全部作业分解与合并为 6 个作业中心，即材料采购作业中心、材料处理作业中心、设备维修作业中心、质量检验、生产准备作业中心以及动力与折旧(作业的分解与合并的具体做法与过程略去)，并按各作业中心分别建立作业成本库。

(2) 对于直接生产费用即直接材料费、直接人工费用，不需计入各作业成本库，可直接按产品进行归集，计入产品成本。产品甲与产品乙当期(月)产量及各项直接生产费用和共同耗用的制造费用见表 7-1。

表 7-1 产品甲与产品乙当期(月)产量、各项直接生产费用、共同耗用的制造费用

项目	产品甲	产品乙
该月产量/件	400 000	200 000
直接材料费用/元	380 000	420 000
直接人工费用/元	106 000	168 000
直接人工工时/小时	400 000	600 000
共同耗用的制造费用/元	1 864 000	

(3) 该生产部门的全部制造费用(即间接费用)，均已按资源动因归集到各作业成本库(资源动因的归集过程略去)，其结果见表7-2。

表7-2 该生产部门的全部制造费用

作业中心(作业成本库)	资源动因	资源动因数量统计结果	作业成本费用归集/元
材料处理	材料搬运/次	2 500	414 000
材料采购	订单数量/张	7 500	320 000
生产准备	准备次数/次	800	160 000
设备维修	维修小时/小时	20 000	310 000
质量检验	检验次数/次	4 000	240 000
动力与折旧	直接工时/小时	200 000	420 000
制造费用总额			1 864 000

(4) 在费用归集和成本动因分析的基础上，将各作业成本库中的成本按相应作业动因(本例假定作业动因与资源动因相同)，分配到各产品中去。产品甲与产品乙的作业动因数量统计情况见表7-3。根据表7-3中的作业动因数量统计分析结果，可将制造费用在产品甲与产品乙之间进行分配。作业动因比率的计算见表7-4，根据计算出的作业动因比率，分配作业成本，分配过程与结果见表7-5。

表7-3 产品甲与产品乙的作业动因数量统计表

作业中心(作业成本库)	资源动因	作业动因数量统计结果		
		合计	产品甲	产品乙
材料处理	材料搬运/次	2 500	2 000	500
材料采购	订单数量/张	7 500	5 000	2 500
生产准备	准备次数/次	800	550	250
设备维修	维修小时/小时	20 000	12 500	7 500
质量检验	检验次数/次	4 000	3 000	1 000
动力与折旧	直接工时/小时	200 000	120 000	80 000

表7-4 作业动因比率的计算

作业中心(作业成本库)	资源动因	资源动因数量统计结果	作业成本总额/元	成本(动因)/元
材料处理	材料搬运/次	2 500	414 000	165.6
材料采购	订单数量/张	7 500	320 000	42.666 67
生产准备	准备次数/次	800	160 000	200
设备维修	维修小时/小时	20 000	310 000	15.5
质量检验	检验次数/次	4 000	240 000	60
动力与折旧	直接工时/小时	200 000	420 000	2.1

表 7-5　作业成本分配过程与结果

作业成本库	成本(动因)	产品甲		产品乙		作业成本合计/元
		动因数量	分配额/元	动因数量	分配额/元	
材料处理	165.6	2 000 次	331 200	500 次	82 800	414 000
材料采购	42.666 67	5 000 次	213 333	2 500 张	106 667	320 000
生产准备	200	550 次	110 000	250 次	50 000	160 000
设备维修	15.5	12 500 小时	193 750	7 500 小时	116 250	310 000
质量检验	60	3 000 次	180 000	1 000 次	60 000	240 000
动力与折旧	2.1	120 000 小时	252 000	80 000 小时	168 000	420 000
总计		—	1 280 283	—	583 717	1 864 000

(5) 计算产品成本。将按产品甲与产品乙所归集的直接材料费用、直接人工费用和所分配来的制造费用进行汇总，分别计算产品甲与产品乙的总成本与单位成本，见表 7-6。

表 7-6　产品甲与产品乙的总成本与单位成本

成本项目	产品甲(产量 400 000 件)		产品乙(200 000 件)	
	总成本/元	单位成本/(元/件)	总成本/元	单位成本/(元/件)
直接材料费用	380 000	0.95	420 000	2.1
直接人工费用	106 000	0.27	168 000	0.84
制造费用	1 280 283	3.20	583 717	2.92
合计	1 766 283	4.42	1 171 717	5.86

7.3　物流成本控制方法

7.3.1　弹性预算法与零基预算法

企业预算是指企业未来的一定时期内经营、资本、财务等各方面的收入、支出、现金流的总体计划。它将各种经济活动用货币的形式表现出来。每一个责任中心都有一个预算，它是为执行本中心的任务和完成财务目标所需各种资源的财务计划。

成本费用预算是企业预算的重要组成部分，其制定方法不尽相同。本节重点介绍常用的两种成本费用预算方法，即弹性预算法和零基预算法。

1. 弹性预算法

弹性预算也称为变动预算或滑动预算，它是相对固定预算而言的一种预算方法。

编制预算的传统方法是固定预算法，即根据固定业务量水平(如产量、运输量、销售量)编制出的预算。这种预算的主要缺陷是：当实际发生的业务量与预期的业务量发生较大偏差时，各项变动费用的实际发生数与预算数之间就失去了可比基础。在市场形势多变的情况下，这种偏差出现的可能性极大，因而将导致固定预算失去应有的作用。

为了弥补按传统方法编制预算所造成的缺憾，保证实际数同预算数的可比性，就必须根据实际业务量的变动对原预算数进行调整，于是就产生了“弹性预算”。

弹性预算，是指在编制费用预算时，预先估计到计划期内业务量可能发生的变动，编制出一套能适应多种业务量的费用预算，以便分别反映各种业务量情况下所应开支费用水平。由于这种预算随着业务量的变化而变化，本身具有弹性，因此称为弹性预算。

1) 弹性预算的基本原理

弹性预算的基本原理是：把成本费用按成本习性分为变动费用与固定费用两大部分，由于固定费用在其相关范围内，其总额一般不随业务量的增减而变动，因此在按照实际业务量对预算进行调整时，只需调整变动费用即可。

设固定预算中的费用预算总额为

$$Y = a + bX \tag{7.1}$$

式中：Y——费用预算总额；

a——固定费用总额；

b——单位变动成本；

X——计划业务量。

如果实际业务量为 X'，按实际业务量调整后的费用预算总额为 Y'，则

$$Y' = a + bX'$$

2) 弹性预算的特点

弹性预算具有下述特点。

(1) 弹性预算可根据各种不同的业务量水平进行编制，也可随时按实际业务量进行调整，具有伸缩性。

(2) 弹性预算的编制是以成本可划分为变动费用与固定费用为前提的。

弹性预算由于可根据不同业务量进行事先编制，或根据实际业务量进行事后调整，因此具有适用范围广的优点，增强了预算对生产经营变动情况的适应性。只要各项消耗标准、价格标准等编制预算的依据不变，弹性预算就可以连续地使用下去。由于弹性预算的编制是以成本可划分为变动费用与固定费用为前提的，所以可以分清成本增加的正常与非正常因素，有利于成本分析与控制。

3) 弹性预算的编制

弹性预算在成本控制中可用于编制各种费用预算。下面仅以某公司销售部门的推销及管理费用预算为例，说明弹性预算的编制方法。

编制销售部门的推销及管理费用预算，首先要选择合适的业务量计量对象，确定适当的业务量变动范围，然后根据各项费用与业务量之间的数量关系，区分出变动费用与固定费用，并在此基础上分析确定各项目的预算总额或单位预算，并用一定的形式表达出来。其编制包括以下步骤。

(1) 业务量计量对象的选取业务量计量对象的选取，应以代表性强、直观性强为原则。就销售部门来讲，其推销及管理费用预算的业务量计量对象可选取实物量，也可选取销售额。但销售额的多少常常与价格变动有关，因而选取实物量作为业务量计量对象的代表性与直观性较强。

(2) 确定业务量变动范围。确定业务量变动范围应满足其业务量实际变动的需要。确定的方法有以下几种。

① 把业务量范围确定在正常销售量的60%～120%。

② 把历史上的最低销售量和最高销售量分别作为业务量范围的下限和上限。

③ 对企业预算期的业务量做出悲观预测和乐观预测，分别作为业务量的上限和下限。

(3) 选择弹性预算的表达方式。弹性预算的表达方式主要有列表法和公式法。

① 列表法：

【例 7.2】某公司销售部门，某产品在正常情况下，全年销售量预计为 50 000 件。要求在其 70%～120%按间隔 10%的销售量以及按表 7-7 中的各项成本费用的标准编制其弹性预算。

表 7-7　各项成本费用的标准

单位：元

成本项目	费用与销售量的关系
销货佣金	按销量每件支付津贴 2
包装费	按销量每件支付津贴 1
装卸费	基本工资 2 100，另按销量每件支付津贴 1.5
管理人员工资	基本工资 30 000，另按销量每件支付津贴 0.1
保险费	2 000
广资费	30 000
办公费	40 000

解：根据表 7-7 所列资料编制该销售部门的推销及管理费用弹性预算，见表 7-8。

表 7-8　推销及管理费用弹性预算

项　目	单位变动费用/(元/件)	销售量/件					
		35 000	40 000	45 000	50 000	55 000	60 000
变动费用	—	—	—	—	—	—	—
销货佣金	200	70 000	80 000	90 000	100 000	110 000	120 000
包装费	1.00	35 000	40 000	45 000	50 000	55 000	60 000
装卸费	1.50	52 500	60 000	67 500	75 000	82 500	90 000
管理人员工资	0.10	3 500	4 000	4 500	5 000	5 500	6 000
变动费用小计	—	161 000	184 000	207 000	230 000	253 000	276 000
固定费用	—	—	—	—	—	—	—
装卸费	—	2 100	2 100	2 100	2 100	2 100	2 100
管理人员工资	—	30 000	30 000	30 000	30 000	30 000	30 000
保险费	—	2 000	2 000	2 000	2 000	2 000	2 000
广告费	—	30 000	30 000	30 000	30 000	30 000	30 000
办公费	—	40 000	40 000	40 000	40 000	40 000	40 000
固定费用小计	—	104 100	104 100	104 100	104 100	104 100	104 100
合　计	—	265 100	288 100	311 100	334 100	357 100	380 100

② 公式法：

由于销售部门的推销及管理费用，按其与销售数量的依存关系(即成本习性)可分解为固定费用与变动费用，所以其费用预算总额 Y 可用下式表示与计算：

$$Y = a + bX \tag{7.2}$$

式中：a——固定费用总额；

b——单位变动费用；

X——计划销售量。

当确定了 a 与 b 的数值后，在相关范围内的销量为 X 的费用预算即可用上式计算出来。以例 7.2 为例，求出 a 与 b 的数值，见表 7-9。

表 7-9 费用总额中的 a 与 b 的数值计算

费用项目	固定费用 a/元	单位变动费用 b/(元/件)
销货佣金	—	2.00
包装费	—	1.00
装卸费	2 100	1.50
管理人员工资	30 000	0.10
保险费	2 000	—
广告费	30 000	—
办公费	40 000	—
合 计	104 100	4.60

通过表 7-9 可计算出 a 与 b 的数值，分别为 104 100 元和 4.60 元/件。当计划销量(或实际销量)X 在相关范围内，均可用下式计算出相应的推销及管理费用预算总额：

$$Y = 104\,100 + 4.60X$$

例如，该公司当年实际销量为 55 000 件，则相应的费用预算总额应为

$$104\,100 + 4.60 \times 55\,000 = 357\,100(\text{元})$$

2. 零基预算法

零基预算也称“以零为基础编制计划和预算”。在编制间接费用或固定费用预算时，传统的方法是：以以往的各种费用项目的实际开支数为基础，考虑到预算期业务变化，对以往的开支数作适当的增减调整后加以确定。这种方法的不足之处在于，以往的开支中势必有不合理的费用支出，如果仅仅笼统地在此基数上加以增减，很有可能使这些不合理的费用开支继续存在下去，无法使预算发挥其应有的作用。

为解决这个问题，人们提出了零基预算的预算编制方法。

零基预算不同于传统的预算编制方法，它对于任何一项预算支出，不是以过去或现有费用水平为基础，而是一切都以零为起点，从根本上考虑它们的必要性及其数额的多少。所以，这种预算编制方法更切合实际情况，从而使预算充分发挥其控制实际支出的作用。

零基预算的编制包括以下步骤与方法。

(1) 明确企业或本部门计划期的目标和任务，列出在计划期内需要发生哪些费用项目，并说明费用开支的目的性，以及需要开支的具体数额。

(2) 将每项费用项目的所得与所费进行对比，权衡利害得失，并区分轻重缓急，按先后顺序排列，并把其分出等级。一般以必不可少的业务及其发生的费用为第一层次，必须保证；然后依据业务内容和费用多少，依次列为第二层次、第三层次等，作为领导人决策的依据。

(3) 按照上一步骤所定的层次和顺序，结合可动用的资金来源，分配资金，落实预算。

由于零基预算对每一项费用都是从零开始考虑的，因此其工作量必然繁重，但其带来的效益和效果也是十分可观的。

7.3.2 目标成本法

目标成本是一种预计成本，是指产品、劳务、工程项目等在其生产经营活动开始前，根据预定的目标所预先制定的产品、劳务、工程项目等在生产和营建过程中各种耗费的标准，是成本责任单位、成本责任人为之努力的方向与目标。

1. 目标成本的作用

通过对目标成本的确认，并在实际工作中为之努力，将使目标成本发挥以下作用。

(1) 充分调动企业各个部门或各级组织以及职工个人的工作主动性、积极性，使上下级之间、部门之间、个人之间相互配合，围绕共同的成本目标而努力做好本职工作。

(2) 目标成本是有效地进行成本比较的一种尺度。将成本指标层层分解落实，使其与实际发生的生产费用进行对比，揭示差异，查明原因，采取措施，以防止损失和浪费的发生，起到控制成本的作用。

(3) 确认目标成本的过程，也是深入了解和认识影响成本各因素的主次关系及其对成本的影响程度的过程。这将有利于企业实行例外管理原则，将管理的重点转到影响成本差异的重要因素上，从而加强成本控制。

2. 目标成本确定的方法

1) 倒扣测算法

倒扣测算法是根据通过市场调查确定的顾客或服务对象可接受的单位价格(如售价、劳务费率等)，扣除企业预期达到的单位产品利润和根据国家规定的税率预计的单位产品税金以及预计单位产品期间费用而倒算出单位产品目标成本的方法。其计算式为：

单位产品目标成本=预计单价-单位产品目标利润-预计单位产品税金-预计单位产品期间费用

【例 7.3】某新产品预计单位产品售价为 2 000 元，单位产品目标利润为 300 元，国家规定该产品税率为 10%，预计单位产品期间费用为 200 元。据倒扣测算法计算式，可求得该产品的目标成本。

解：该产品单位产品目标成本为：2 000−300−2000×10%−200=1 300(元)

2) 比价测算法

比价测算法是将新产品与曾经生产过的功能相近的老产品进行对比，凡新老产品结构相同的零部件，按老产品现有成本指标测定，与老产品不同的部件，应按预计的新的材料消耗定额、工时定额、费用标准等加以估价测定。这种方法适用于对老产品进行技术改造的目标成本的测定。

【例 7.4】某企业在 MT-1 型产品的基础上，通过技术改造，推出 MT-2 型新产品。原 MT-1 型产品单位产品成本为 100 元，共由甲、乙、丙、丁 4 个零件组成。MT-2 型产品中的甲零件选材，改用工程塑料以代替不锈钢材料，每件节约成本 3 元；乙零件提高抛光精度，每件增加成本 2 元；丁材料进行烤漆工艺处理，每件增加成本 3 元；丙零件材料与工艺无变化。

解：据此可推定 MT-2 型产品的单位产品目标成本为：

100−3+2+3=102(元)

3) 本量利分析法

本量利分析法是指在利润目标、固定成本目标和销量目标既定的前提下，对单位变动成本目标进行匡算的方法。

依据成本、销售量与利润三者的关系式，即

利润=单位售价×销售量-单位变动成本×销售量-固定成本

可导出目标单位变动成本的计算式，即

$$目标单位变动成本=单位售价-\frac{利润+固定成本}{预计销售量}$$

【例7.5】某车间加工一种新产品投放市场，据分析，其单价不能高于同类产品单价的120%，即单价不能超过50元。预计加工该产品的固定性加工费用(如设备折旧费等)全年为3 000元。该产品的目标利润为20 000元，据市场调查估算的销售量为1 150件。试匡算该产品的目标单位变动成本。

解：据上式，该产品的目标单位变动成本为

$$50-\frac{20\,000+3\,000}{1\,150}=30(元/件)$$

其实在匡算产品目标单位变动成本之前，先要确定其目标固定成本，两者相互依存，两者之和(指以目标单位变动成本和预计销售量计算的目标变动成本总额与目标固定成本总额之和)形成目标总成本。

4) 功能成本分析法

(1) 功能成本分析原理。功能成本分析是根据价值工程原理，对所生产或研制的产品或对所提供服务的功能与成本的匹配关系，试图以尽可能少的成本为用户提供其所需求的必要功能或必要服务，或按功能与成本的匹配关系，将产品成本按组成产品的各个零部件的必要功能进行合理分配，以达到优化成本设计和实现成本控制目的的一种方法。

功能与成本的关系从理论上讲可表示为

价值=功能/成本

上式中的功能是指一种新产品、零件或一项服务所具有的用途(或使用价值)；成本是指产品的寿命周期成本(即生产成本与使用成本之和)；价值是功能与成本的比值，与通常的价值概念并不相同，它表明以某种代价(成本耗费)取得某种使用价值是否合理、是否值得、是否必要。

(2) 提高价值的途径。上述价值的表达式表明：功能成本分析的目的在于提高产品(或零件、服务项目)的价值，即以相对低的寿命周期成本确保实现必要的功能。从该表达式也可以得出以下提高价值的途径。

① 在产品功能不变的前提下降低成本。

② 在成本不变的前提下提高产品的功能。

③ 在产品成本略有增加的同时，显著增加产品的功能。

④ 在不影响产品主要功能的前提下，适当降低一些次要功能，或消除不必要的功能，从而使成本显著降低。

⑤ 运用科技手段，或改变产品结构、采用新工艺新材料等措施，既提高功能又降低成本。

(3) 功能分析的步骤：

① 计算功能评价系数，其计算式为

$$功能评价系数=\frac{某零件的功能分数}{全部零件的功能分数之和}$$

从上式可以看出，功能评价系数是反映某零件功能重要程度的一个指标。根据价值工程原理，某零件的成本高低应与该零件的功能重要程度相匹配；换句话说，某零件的功能评价系数数值比其他零件高，则应配以较高的成本。同理，假如某零件的成本较高，但其功能在产品中相对较低，则说明这个零件的成本分析偏高，应予以改进。

功能的高低好差，通常是一个定性的概念，如何对其进行量化评价，是一项较难的工作。这里介绍的功能评价系数计算式所采用的量化方法，就是将组成某单位产品的各个零部件逐一地进行一对一的比较，进而确定其相对的重要程度，即汇总求出各零件的功能分数，并据以计算出各零件的功能评价系数。

为使其评价客观一些、合理一些，在实际中可由几个有关的专业人员(如产品设计人员、材料定额人员、采购人员等)分别进行评价，然后用平均分数来表示零件的功能分数。

【例 7.6】某产品由 8 个零件组装而成，各零件的功能分数由 8 位专家进行评价(即强制打分)。若以 A、B、C、D、E、F、G、H 分别表示这 8 个零件的名称，在此给出其中的一位专家(专家甲)对这 8 个零件功能的评价结果(见表 7-10)，以及这 8 位专家的功能评价汇总结果(见表 7-11)。

表 7-10　功能评价表　　评价人：专家甲

序　号	零件名称	一对一进行打分								
		A	B	C	D	E	F	G	H	各零件得分情况
1	A	—	0	1	1	1	1	1	1	6
2	B	1	—	1	1	1	1	1	1	7
3	C	0	0	—	0	1	0	0	1	2
4	D	0	0	1	—	1	1	1	1	5
5	E	0	0	0	0	—	0	0	0	0
6	F	0	0	1	0	1	—	0	1	3
7	G	0	0	1	0	1	1	—	1	4
8	H	0	0	0	0	1	0	0	—	1
全部零件得分合计										28

表 7-11　功能评价汇总表

序　号	零件名称	各专家评价结果										
		甲	乙	丙	丁	戊	己	庚	辛	小计	平均得分	评价系数
1	A	6	5	6	7	7	5	6	7	49	6.125	0.218 8
2	B	7	6	4	7	6	4	6	5	45	5.625	0.200 9
3	C	2	2	3	1	2	3	3	4	20	2.5	0.089 3
4	D	5	6	5	6	4	3	4	3	36	4.5	0.160 7
5	E	0	1	1	0	2	2	1	2	9	1.125	0.040 2
6	F	3	2	3	2	2	4	4	2	22	2.75	0.098 2
7	G	4	4	5	3	4	5	3	4	32	4	0.142 9
8	H	1	2	1	2	1	2	1	1	11	1.375	0.049 1
合　计		28	28	28	28	28	28	28	28	224	28	1.000

② 计算成本系数，其计算式为：

$$成本系数=\frac{某零件成本}{组成该产品的全部零件总成本}$$

成本系数反映当前的各零件成本(即当前各零件的单位变动成本)在总成本中所占的比重。本例中各零件的当前成本及其成本系数计算结果，见表 7-12。

表 7-12　各零件的当前成本及其成本系数

序号	零件名称	功能评价系数	成本系数	价值系数	零件当前成本/(元/件)	零件目标成本/(元/件)	零件成本应降低额/(元/件)
	(1)	(2)	(3)=(5)÷40	(4)=(2)÷(3)	(5)	(6)=产品目标成本×(2)	(7)=(5)−(6)
1	A	0.218 8	0.30	0.729 37	12.00	6.564	+5.44
2	B	0.200 9	0.22	0.913 2	8.80	6.027	+2.77
3	C	0.089 3	0.08	1.116 3	3.20	2.679	+0.52
4	D	0 160 7	0.02	8.035 0*	0.80	4.812	−4.01
5	E	0.040 2	0.06	0.670 0?	2.40	1.206	+1.19
6	F	0.098 2	0.20	0.491 0?	8.00	2.946	+5.05
7	G	0.142 9	0.10	1.429 0*	4.00	4.287	−0.29
8	H	0.049 1	0.02	2.455 0*	0.80	1.473	−0.67
合计		1.00	1.00	—	40	30(产品 B 标成本)	+10

注：表中标有“?”的价值系数表示该零件的成本匹配过剩；标有“*”的价值系数表示该零件的成本匹配不足。

③ 计算价值系数，其计算式为：

$$价值系数=\frac{功能评价系数}{成本系数}$$

计算价值系数是为了系统反映各零件的功能与成本之间的匹配情况，从理论上讲，如果某零件的价值系数接近于 1(如零件 B 和零件 C 的情况)，两者是相适应的；如果某零件的价值系数偏大(如零件 D、零件 H 和零件 G 的情况)，则说明其成本匹配不足；如果某零件的价值系数过于偏小(如零件 A、零件 E 和零件 F 的情况)，则说明其成本匹配过剩。

显然，零件的价值系数过于偏小者，应是成本控制的重点，见表 7-12(4)所列。

④ 根据功能评价系数将产品的目标成本在各零件之间进行分配，其计算式为：

某零件的目标成本＝该产品的目标成本×功能评价系数 (见表 7-12(6))。

⑤ 计算各零件的成本降低额，以确定各零件按功能评价系数和产品目标成本要求的升降幅度，见表 7-12(7)。

⑥ 拟定降低成本的措施。功能成本分析法的关键，并非只是计算出其各零件的目标成本和确定其成本应降低额，重要的是如何对成本控制的重点零件采取必要的措施与方法，使其合理地实现降低任务。例如，根据各零件的目标成本，选择适当的工艺方法和适当的原材料等，使设计成本切实控制在目标成本之内。

7.3.3 责任成本法

1. 责任成本法的意义

责任成本是指责任单位能对其进行预测、计量和控制的各项可控成本之和。责任成本是按照谁负责谁承担的原则，以责任单位为计算对象来归集的，所反映的是责任单位与各种成本费用的关系。

采用责任成本法，对于合理确定与划分各物流部门的责任成本，明确各物流部门的成本控制责任范围，进而从总体上有效地控制物流成本有着重要的意义。

1) 使物流成本的控制有了切实保障

建立了责任成本制，由于将各责任部门、责任人的责任成本与其自身的经济效益密切结合，可将降低成本的目标落实到各个具体物流部门及个人，使其自觉地把成本管理纳入本部门或个人的本职工作范围，使成本管理落到实处。

2) 使物流成本的控制有了主动力

建立责任成本制，可促使企业内部各物流部门及个人主动寻求降低成本的方法，积极采用新材料、新工艺、新能源、新设备，充分依靠科学技术来降低物流成本。

2. 成本责任单位的划分

确定责任成本的前提是划分成本责任单位(以下简称为责任单位)。

责任单位的划分不在于单位大小，凡在成本管理上需要、责任可以分清、其成本管理业绩可以单独考核的单位都可以划分为责任单位。

通常可按照物流活动过程中特定的经济任务来划分责任单位。物流企业或企业物流部门，其内部各个活动环节相互紧密衔接和交叉，形成一个纵横交错、复杂严密的网络。

1) 横向责任单位

横向责任单位是指企业为了满足生产经营管理上的需要，而设置的平行职能机构。它们之间的关系是协作关系，而非隶属关系。

横向责任单位主要包括：供应部门、生产部门、劳资部门、设计部门、技术部门、设备管理部门、销售部门、计划部门和质量管理部门等。

上述各部门内部下属的平行职能单位之间，也可以相对看做是横向责任单位，如供应部门内部的采购部门与仓储部门之间互为横向责任单位。横向责任单位的划分，从某种意义上讲，是将物流成本在横向责任单位之间的合理分割与责任划分。

2) 纵向责任单位

纵向责任单位是指企业及其职能部门为了适应分级管理的需要，自上而下层层设置的各级部门或单位。纵向责任单位之间虽然是隶属关系，但因其在成本的可控性上有其各自的责任与职权，所以有必要在责任单位划分上将其区别出来。

以运输部门为例，其纵向责任单位分为：公司总部、分公司、车队、单车(司机)。

3. 责任成本的计算与考核

为了明确各责任单位责任成本的执行结果，必须对其定期进行责任成本的计算与考核，以便对各责任单位的工作作出正确的评价。

1) 责任成本的计算方法

责任成本的计算方法有直接计算法和间接计算法两种。

(1) 直接计算法。直接计算法是将责任单位的各项责任成本直接加计汇总，以求得该单位责任成本总额的方法。其计算公式为：

某责任单位责任成本＝该单位各项责任成本之和

这种方法的特点是计算结果较为准确，但工作量较大(需逐笔计算出各项责任成本)。此法适合于所有的责任单位。

(2) 间接计算法。间接计算法是以本责任单位的物流成本为基础，扣除该责任单位的不可控成本，再加上从其他责任单位转来的责任成本的计算方法。其计算公式为：

某责任单位责任成本=该责任单位发生的全部成本-该单位不可控成本+其他单位转来的责任成本

这种方法不需逐笔计算各责任单位的责任成本，所以计算工作量比直接计算法小。在运用此法时，应合理确认该单位的不可控成本与其他单位转来的责任成本。

2) 责任成本评价考核的依据

在实际工作中，对责任单位的责任成本评价考核的依据是责任预算和“业绩报告”。

责任成本的业绩报告是按各责任单位责任成本项目，综合反映其责任预算数、实际数和差异数的报告文件。

业绩报告中的“差异”是按“实际”减去“预算”后的差额。负值为“节约”，也称“有利差异”；正值为“超支”，也称“不利差异”。成本差异是评价考核各责任单位成本管理业绩好坏的重要标志，也是企业进行奖惩的重要依据。

业绩报告应按责任单位层次进行编报。在进行责任预算指标分解时，其方式是从上级向下级层层分解下达，从而形成各责任单位的责任预算：在编制业绩报告时，其方式是从最基层责任单位开始，将责任成本实际数逐级向上汇总，直至企业最高管理层。

每一级责任单位的责任预算和业绩报告，除最基层只编报本级的责任成本之外，其余各级都应包括所属单位的责任成本和本级责任成本。

4. 纵向责任单位责任成本的计算与考核

纵向责任单位系统内各单位责任成本的计算，是从最基层逐级向上进行的。以生产系统为例，其纵向责任单位责任成本的计算是从班组开始，逐级上报至企业总部。

班组责任成本由班组长负责，各班组应在每月月末编制班组责任成本业绩报告送交车间。在业绩报告中，应列出该班组各项责任成本的实际数、预算数和差异数，以便对比分析。

【例 7.7】甲生产车间下设 A、B、C 3 个生产班组，各班组均采用间接计算法来计算其责任成本。其中 A 班组业绩报告见表 7-13。

表 7-13　责任成本业绩报告

责任单位：甲车间 A 班组　　　　××××年×月　　　　单位：元

项　目	实　际	预　算	差　异
直接材料			
原料及主要材料	12 080	12 200	−120
辅助材料	11 400	11 300	+100

续表

项　目	实　际	预　算	差　异
燃料	11 560	11 500	+60
其他材料	1 450	1 460	-10
小　计	36 490	36 460	+30
直接人工费			
生产工人工费	16 300	15 200	+1 100
生产工人福利费	2 120	2 100	+20
小　计	18 420	17 500	+1 120
制造费用			
管理人员工资及权利费	11 140	11 000	+140
折旧费	11 450	10 660	+790
水电费	1 680	2 000	-320
其他制造费用	11 350	11 500	-150
小　计	35 620	35 160	+460
生产成本合计	90 530	88 920	+1 610
减：折旧费	11 450	10 660	+790
废料损失	150		+150
加：修理费	5 300	5 000	+300
责任成本	84 230	83 260	+970

表 7-13 表明，甲车间 A 班组本月归集的实际生产成本 90 530 元减去不应由该班组承担的折旧费 11 450 元，并减去废料损失(因供应部门采购有质量问题的材料而发生的工料损失 150 元)，再加上从修理车间转来的应由该班组承担的修理费，即为 A 班组的责任成本 84 230 元。

从总体上看，A 班组当月责任成本预算执行较差，超支 970 元。但从各成本项目来看，“直接材料”中的“原料及主要材料”和“其他材料”共节约 130 元；“制造费用”中的“水电费”和“其他制造费用”共节约 470 元；“直接人工”实际比预算超支 1 120 元，经查明原因主要是企业提高计件工资单价所致；对于由企业机修车间转来的修理费 5 300 元(比预算超支 300 元)，还应进一步加以分析，看其是否因本班组对设备操作不当导致维修费用增大，还是机修车间提高了修理费用(如人为多计修理工时等)。

对于节约的费用项目也应进一步加以分析，找出节约的原因，以巩固取得的成绩。

5. 车间责任成本的计算与考核

车间责任成本也是定期(一般以月为周期)以业绩报告形式汇总上报企业总部。以例 7.7 为例，甲车间在编制业绩报告时，除归集本车间的责任成本外，还应加上 3 个班组的责任成本。其业绩报告见表 7-14。

表 7-14　责任成本业绩报告

责任单位：甲车间　　××××年×月　　单位：元

项　　目	实　　际	预　　算	差　　异
A 班组责任成本	84 230	83 260	+970
B 班组责任成本	68 930	67 890	+1040
C 班组责任成本	76 890	77 880	−990
合　计	230 050	229 030	+1 020
甲车间可控成本：	—	—	—
管理人员工资	24 500	24 300	+200
设备折旧费	22 960	23 000	−40
设备维修费	22 430	22 500	−70
水电费	5 600	5 200	+400
办公费	3 000	2 500	+500
低值易耗品摊销	6 980	6 800	+180
合　计	85 470	84 300	+1 170
本车间责任成本合计	315 520	313 330	+2 190

从表 7-14 中可以看出，甲车间的 A、B、C 3 个班组中，C 班组的成本业绩是最好的，甲车间当月责任成本超支 2 190 元，其中下属 3 个班组共超支 1 020 元，本车间可控成本超支 1 170 元；A、B 两班组超支合计为 2 010 元(970 元+1 040 元)是成本控制的重点。

对于甲车间可控成本中的超支项目，还应进一步详细分析，查找原因，采取措施，加以控制。

6. 横向责任单位责任成本的计算和考核

横向责任单位责任成本的计算和考核与纵向责任单位基本相同，即由各部门负责人负责按月编制部门业绩报告报送企业总部。为简述起见，仅以供应部门为例，说明其责任成本的计算与考核方法。

企业的供应部门主要负责材料的采购、保管与收发。对供应部门的责任成本的考核，主要包括：采购费用、整理费用、仓库经费、办公费用和人员工资等。由于采购不当造成的积压浪费、废品损失等，也应加以反映与分析。其业绩报告格式略。

7. 企业总部责任成本的计算与考核

企业总部责任成本应包括所属各管理部门的责任成本，所以当企业总部(财会部门)收到所属各部门报送的业绩报告后，应汇总编制公司的责任成本业绩报告。其格式见表 7-15。

表 7-15　××公司责任成本业绩汇总表

××××年×月　　单位：元

业 绩 报 务	实　　际	预　　算	差　　异
甲车间业绩报告	—	—	—
A 班组责任成本	54 250	83 260	+970
B 班组责任成本	68 930	67 890	+1 040
C 班组责任成本	76 890	77 880	−990
车间可控成本	85 470	84 300	+1 170

续表

业 绩 报 务	实　　际	预　　算	差　　异
甲车间责任成本合计	315 520	313 330	+2 190
乙车间业绩报告	—	—	—
…	…	…	…
供应科业绩报告	—	—	—
…	…	…	…
公司总部责任成本业绩报告	131 500	132 000	−500
责任成本总计	1 223 450	1 221 400	+2 050
销售收入总额	1 455 450	1 445 300	+10 150
盈利及盈利净增额	232 000	223 900	+8 100

表 7-15 表明，该公司销售收入实际数超出预算数 10 150 元，在抵减责任成本超支数 2 050 元后，其盈利额实际数比预算数净增 8 100 元。对销售收入增加 10 150 元的增收原因，还需进一步加以分析，比如看其是否与责任成本增加有关等。

7.3.4　成本差异的计算与分析

日常的成本控制是通过计算实际成本与标准成本之间的成本差异，并对其差异产生的原因进行因素分析后采取相应的措施来实现的。

1. 成本差异计算与分析的意义

显然，以标准价格、标准消耗量编制的费用预算与实际价格、实际消耗量反映的费用执行结果之间，必然会出现数额上的差异。凡实际成本大于预算成本(或标准成本)的差异，称之为不利差异；凡实际成本小于预算成本(或标准成本)的差异，称之为有利差异。

成本差异是可以计算出来的，并且可以对其进行因素分析，以确定各因素对差异的影响数额，进而有针对性地采取措施，对不利差异的影响因素进行必要的控制。

成本差异的计算与分析，是成本控制的一项重要工作，其在成本控制中的作用如图 7.5 所示。

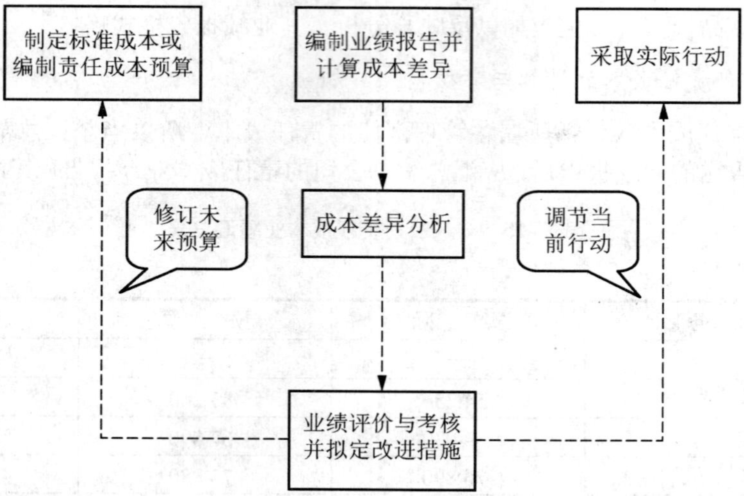

图 7.5　成本差异的计算与分析在成本控制中的作用

2. 成本差异计算的基本原理

成本差异的计算与分析的对象，主要是标准成本与实际成本之间的差异。

由于标准成本中一般由直接材料、直接人工和变动制造费用 3 个成本项目构成，而直接材料、直接人工和变动制造费用这 3 个成本项目都具有单独的价格标准和数量标准，因此，这 3 大成本项目的成本差异，都可概括为“标准价格×标准数量”与“实际价格×实际数量”之差。其基本原理如图 7.6 和图 7.7 所示。

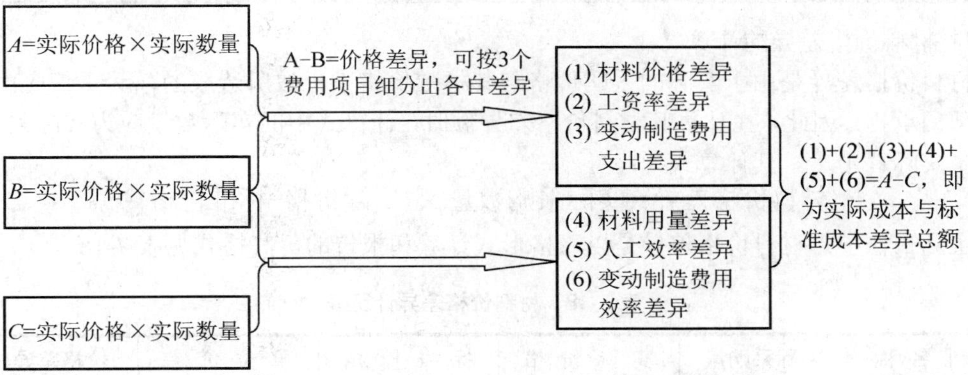

图 7.6 成本差异计算的基本原理

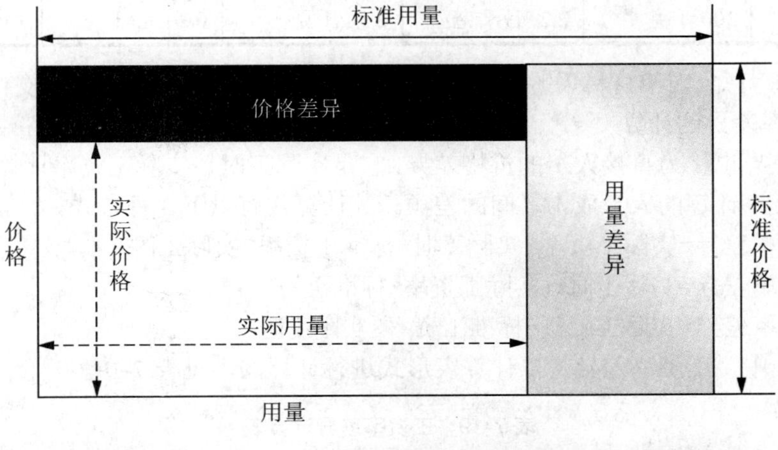

图 7.7 价格差异与数量差异均为有利差异时的成本差异图解

3. 成本差异的计算

现以某物流企业的某加工车间甲工位的甲产品成本数据为例(见表 7-16 和表 7-17)，说明变动成本差异的计算方法。

表 7-16 标准成本数据资料

成本项目	用量标准	价格标准	标准成本
直接材料	4 千克/件	2 元/千克	8 元/件
直接人工	2 小时/件	10 元/小时	20 元/件
变动制造费用	2 小时/件	4 元/小时	8 元/件
合 计	—	—	36 元/件

表 7-17　该车间某月实际成本数据资料(实际产量 60 件)

摘　　要	实 际 数 量	实 际 价 格	实际成本/元
耗用直接材料	235 千克	2.2 元/千克	517
耗用直接人工	110 小时	11 元/小时	1 210
支付变动制造费用	110 小时	5.8 元/小时	418
合　计	—	—	2 145

1) 材料价格差异的计算

材料价格差异是由于实际的采购价格与其标准价格不一致所造成的，其责任应由采购供应部门承担。因此，在计算其材料价格差异额时，计算式中的实际数量应为实际采购量，而不是实际耗用量。其计算式为：

材料价格差异＝实际采购数量×(实际价格-标准价格)

实际工作中，材料价格差异是以表格形式计算和报告的。其格式见表 7-18。

表 7-18　材料价格差异计算表

材 料 名 称	实际采购量	实 际 价 格	标 准 价 格	单 位 价 差	价格差异总额
计算关系	①	②	③	④=②-③	⑤=④×①
甲材料	300 千克	2.2 元/千克	2 元/千克	0.20 元/千克	+60 元

由表 7-18 可知，因甲材料采购价格的上升所产生的材料价格差异(即超支)总额为 60 元。

2) 工资率差异的计算

工资率差异也称为直接人工的价格差异，它是实际工时按实际工资率计算的人工成本，与按标准工资率计算的人工成本之间的差额。其计算式有以下 3 种方式。

(1) 工资率差异=实际工资率×实际工时-标准工资率×实际工时

(2) 工资率差异=实际工时×(实际工资率-标准工资率)

(3) 工资率差异=实际工资额-标准工资率×实际工时

实际工作中，工资率差异是以计算表形式进行计算的，见表 7-19。

表 7-19　工资率差异计算表

工 资 等 级	实 际 工 时	实际工资率	标准工资率	单位工资率差异	工资率差异总额
计算关系	①	②	③	④=②-③	⑤=④×①
××级	110 小时	11 元/小时	10 元/小时	+1 元/小时	+110 元

如果该工位的工人工资标准不一时，可分开计算，然后再加以汇总。

3) 变动制造费用支出差异的计算

变动制造费用支出差异是指变动制造费用的价格差异，也称变动制造费用耗费差异。它是实际发生的变动制造费用，与按实际工时计算的标准变动制造费用之间的差额。其计算式为有以下 3 种方式。

(1) $\frac{\text{变动制造费用}}{\text{支出差异}}=\frac{\text{实际变动制造}}{\text{费用比率}}\times\frac{\text{实际}}{\text{工时}}-\frac{\text{标准变动制造}}{\text{费用比率}}\times\frac{\text{实际}}{\text{工时}}$

(2) $\text{变动制造费用支出差异}=\text{实际工时}\times\left(\text{实际变动制造费用比率}-\text{标准变动制造费用比率}\right)$

(3) $\text{变动制造费用支出差异}=\text{实际变动制造费用}-\text{标准变动制造费用比率}\times\text{实际工时}$

本例变动制造费用支出差异的计算见表 7-20。

表 7-20　变动制造费用支出差异计算表

	实际工时	实际变动制造费用比率	标准变动制造费用比率	比率差异	变动制造费用支出差异总额
计算关系	①	②	③	④=②-③	⑤=④×①
该工位	110 小时	3.8 元/小时	4 元/小时	-0.2 元/小时	-22 元

4) 材料用量差异的计算

材料用量差异是指材料标准价格，按实际耗用量计算的材料成本，与按标准耗用量计算的材料成本之间的差额，它反映直接材料成本的数量差异。其计算式为

材料用量差异=标准价格×实际用量-标准价格×标准用量或材料用量差异

=标准价格×(实际用量-标准用量)

本例材料用量差异的计算见表 7-21。

表 7-21　材料用量差异计算表

材料名称	标准价格	实际用量	标准用量	用量差异	用量差异总额
计算关系	①	②	③	④=②-③	⑤=④×①
甲材料	2 元/千克	235 千克	240 千克	+5 千克	+10 元

表 7-21 中的实际用量，是指该工位加工甲产品所耗用的甲材料的实际用量，而并非是实际采购量；标准用量 240 千克是以甲产品的实际产量 60 件，与甲材料的标准用量 4 千克/件相乘而计算出来的。

5) 人工效率差异的计算

人工效率差异是指直接人工成本的数量差异，它是指标准工资率按实际工时计算的人工成本，与按标准工时计算的人工成本之间的差额。其计算式为：

人工效率差异=标准工资率×实际工时-标准工资率×标准工时

或

人工效率差异＝标准工资率×(实际工时－标准工时)

上式中的标准工时，是指本期实际产量与直接人工用量标准的乘积。本例人工效率差异的计算见表 7-22。

表 7-22　人工效率差异计算表

工资等级	标准工资率	实际工时	标准工时	工时差异	人工效率差异总额
计算关系	①	②	③	④=②-③	⑤=④×①
××级	10 元/小时	110 小时	120 小时	-10 小时	-100 元

表 7-22 中的标准工时 120 小时，是直接人工用量标准 2 小时/件与甲产品实际产量 60 件的乘积。

6) 变动制造费用效率差异的计算

变动制造费用效率差异是指变动制造费用在工时用量上的差异，用以反映工作效率的好差情况，它是以标准变动制造费用比率为同度量单位，按实际工时计算的变动制造费用，与按标准工时计算的变动制造费用之间的差额。其计算式为以下两种：

(1) $\text{变动制造费用效率差异} = \text{标准变动制造费用比率} \times \text{实际工时} - \text{标准变动制造费用比率} \times \text{标准工时}$

(2) 变动制造费用效率差异 = 标准变动制造费用比率×(实际工时－标准工时)

本例变动制造费用效率差异的计算见表 7-23。

表 7-23　变动制造费用效率差异计算表

	标准变动制造费用比率	实际工时	标准工时	工时差异	变动制造费用效率差异总额
计算关系	①	②	③	④=②-③	⑤=④×①
该工位	4 元/小时	110 小时	120 小时	-10 小时	-40 元

7) 成本差异的汇总上述各项差异的计算

成本差异的汇总上述各项差异的计算应通过汇总表的形式加以综合反映。本例成本差异汇总表见表 7-24。

表 7-24　成本差异汇总表

成本差异	差异额/元	差异属性	可能的责任部门
材料成本差异			
材料价格差异	+60	价格差异	采购、企业外部
材料用量差异	-10	用量差异	生产、采购、维修
小计	+50	—	—
人工成本差异			
工资率差异	+110	价格差异	生产、人事
人工效率差异	-100	用量差异	生产、维修、采购
小计	+10	—	—
变动制造费用差异			
变动制造费用支出差异	-22	价格差异	生产、供应
变动制造费用效率差异	-40	用量差异	生产、维修、采购
小计	-62	—	—
合计	-2	—	—

从表 7-24 中可以看出，材料价格差异对生产部门(生产班组或工人)来说，是不可控的。所以在计算生产部门的成本差异额(成本业绩)时，不应包括材料价格差异。因此，该生产工位的可控成本差异额(成本业绩)应为：-2 元-(+60)元=-62 元。

4. 成本差异的分析

1) 材料价格差异的分析

材料价格差异主要是因材料实际采购价格，与其计划价格发生偏差而产生的，与采购部门的采购工作质量密切相关，可作为评价采购部门业绩的重要依据，一般不能用来评价生产耗用部门的成本业绩。本例中的材料价格差异超支 60 元，属不利差异，应查明原因并加以必要的控制。

材料价格差异的责任部门是企业的采购供应部门，因为影响材料采购价格的各种因素(如交货方式、运输工具、材料质量、购货折扣等)，通常由采购部门控制和作出决策。当然，有些因素也是采购部门无法控制或抉择的，如国家对原材料、燃料的价格进行上调，或由于种种原因使得原材料价格普遍上涨，或由于生产部门责任紧急购入等因素，均可导致材料价格的不利差异。另外，也有相反的情况，会出现非采购部门的原因造成材料价格的有利差异。但不论哪种情况，都要进一步做出量化分析，以便明确各有关部门的经济责任。

2) 工资率差异的分析

工资率差异常为不利差异，其原因可能是企业提高了职工工资水平，或该工位更换为技术等级高的工人，或对该工位的工人工资进行了晋级，或临时加班提高了工时津贴等。

在实际工作中，如果在技术等级低的工位上安排了技术等级高(相应工资级别高)的工人时，也会产生不利的工资率差异，这应是工资费用控制的重点。

3) 变动制造费用支出差异的分析

变动制造费用支出差异所反映的不仅是费用支付价格方面的节约或超支，同时也包括各费用明细项目在用量方面的节约或浪费。因此，对变动制造费用的各明细项目有必要加以详细分析，找出超支的主要原因。例如，对变动制造费用进一步分解为间接材料、间接人工、动力费等，并从其价格与用量两个方面进行详细分析。

4) 材料用量差异的分析

导致材料用量差异的因素，主要包括生产工人的技术熟练程度和对工作的责任感、加工设备的完好程度、材料的质量和规格是否符合规定要求，以及产品质量控制是否健全、有无贪污盗窃等。显然，材料的质量问题或工艺要求的变化而导致的材料用量增加，不应由生产部门负责。

例如，采购部门为压低材料进价，大量购入劣质材料而造成的生产部门用料过多，甚至增加了废次品等，由此而产生的材料用量差异应由采购部门负责。由于设备维修部门原因而使设备失修，出现材料用量上的浪费现象，也必然反映在材料用量差异上，而这部分差异应由设备维修部门负责。

在剔除非生产部门责任造成的用量差异后，对剩余的用量差异应查找出原因，看其是否由于工人粗心大意、缺乏训练或技术水平较低等原因造成的。

5) 人工效率差异的分析

人工效率差异实质上是反映在实际生产过程中工时的利用效率。实耗工时与实耗标准工时不一致，说明其生产效率(以工时表示)利用的好差，实耗工时小于实耗标准工时，说明其生产效率高，反之说明其生产效率低。

实耗工时高低的决定因素是多方面的，如工人的责任心、生产积极性、技术水平、时间利用程度、机器设备利用程度等均可能对生产效率产生影响。在一般情况下，人工效率差异应由生产部门负责；但如果因采购部门购入不合格的材料或因停工待料、机器维修、工艺调整、甚至停电、停水等生产部门无法控制的因素而导致的人工效率差异，应由相应的责任部门负责。

6) 变动制造费用效率差异的分析

变动制造费用效率差异也是反映在实际生产过程中工时的利用效率情况，这项差异应称为工时的效率差异，但人们已习惯称之为变动制造费用效率差异。此项差异的因素分析方法，基本与人工效率差异的分析方法相同。

本章小结

通过本章的学习，应对物流成本管理方面的知识有一个基本的认识和了解。降低物流成本对企业的发展、国家经济的发展都有着重要的作用。它不仅可以提高企业的物流管理水平，促进企业经济效益的提高，而且，对发展国民经济，提高人民生活水平都具有重要意义。

应了解物流成本的因素及降低物流成本的途径，其中影响企业物流成本的因素有 3 个，降低物流成本的途径有 3 个。物流成本有 3 个计算对象，掌握产品成本 4 种计算方法，分别为品种法、分批法、分步法和作业成本法。其中作业成本法最为重要。应掌握其基本原理、意义、特点、核算程序。物流成本控制方法包括弹性预算法与零基预算法、目标成本法和责任成本法。

关键术语

(1) 物流成本　(2) 成本计算期间　(3) 品种法
(4) 作业　(5) 资源动因　(6) 本量利分析法
(7) 责任成本　(8) 横向责任单位

习　题

1. 选择题

(1) 下列不属于影响企业物流成本的因素的是________。

A. 竞争性因素　B. 产品因素　C. 空间因素　D. 时间因素

(2) 降低物流成本的途径有 3 种：物流合理化、提高物流质量和________。

A. 加快物流速度　B. 减低物流速度
C. 增加物流周期　D. 降低资金利用率

(3) 以下________不属于成本计算对象的 3 个基本构成要素。

A. 发生期间　B. 发生地点
C. 承担实体　D. 承担费用

(4) 以下________不是常用的几种成本计算方法。

A. 品种法　B. 分批法　C. 分步法　D. 加权平均法

(5) 以成本动因理论为基础，通过对作业进行动态追踪，反映、计量作业和成本对象的成本，评价作业业绩和资源利用情况的方法是________。

A. 作业成本法　B. 品种法　C. 分批法　D. 分步法

(6) ________不属于作业成本法的特点。

A．作业成本法提供的会计信息，并不追求传统成本会计法下的“精确”计算，只要求数据能够准确到保证制订计划正确性即可

B．作业成本法有利于企业进行产品成本控制

C．作业成本不可用于分析企业生产能力的利用情况

D．作业成本法可用于制定产品生产种类的决策

(7) 指企业为提供一定量的产品或劳务所消耗的人力、技术、原材料、方法和环境等的集合体的是________。

A．作业　　B．费用　　C．成本　　D．库存

(8) ________不是作业筛选与整合的原则。

A．重要性原则从成本管理角度，分析每项作业的重要性，以便评价其是否值得单独列示为一个独立的作业中心。对于非重要的作业，可与其他作业合并为一个作业中心

B．根据产品对作业的消耗，将成本分配给中间产品，计算产品成本

C．相关性原则从成本动因角度，分析和确认作业的相关性，以便评价各项作业的成本性态是否同质，从而考虑其是否可能被合并为同一个作业中心。

D．依据资源动因，将各项作业所耗费的资源追踪到各作业中心，形成作业成本库

2. 简答题

(1) 物流成本管理的微观意义是什么？

(2) 影响企业物流成本的因素有哪些？

(3) 常用的几种成本计算方法有哪些？

(4) 分步法有哪些特点？

(5) 作业成本法的基本原理是什么？

(6) 作业成本法与传统成本会计方法相比有什么特点？

(7) 弹性预算的特点是什么？

(8) 目标成本的作用是什么？

3. 判断题

(1) 物流成本管理的微观意义体现在提高经济运行质量、总体竞争力和加速产业结构调整，支持新型工业化的发展进程。 (　　)

(2) 企业所处的市场环境充满了竞争，企业之间的竞争除了产品的价格、性能和质量外，从某种意义上来讲，优质的顾客服务水平是决定竞争成败的关键，而高效物流系统则是提高顾客服务水平的重要途径。 (　　)

(3) 产品的特性不同不会影响物流成本，如产品价值、产品密度、易损性和特殊搬运等。 (　　)

(4) 空间因素是指物流系统中企业制造中心或仓库相对于目标市场或供货点的位置关系。 (　　)

(5) 弹性预算的基本原理是：把成本费用按成本习性分为变动费用与固定费用两大部分，由于固定费用在其相关范围内，其总额一般不随业务量的增减而变动，因此在按照实际业务量对预算进行调整时，只需调整变动费用即可。 (　　)

(6) 弹性预算不能根据各种不同的业务量水平进行编制，也不能随时按实际业务量进行调整，不具有伸缩性。 (　　)

(7) 弹性预算的表达方式主要有列表法和公式法。 (　　)

(8) 零基预算不同于传统的预算编制方法，它对于任何一项预算支出，不是以过去或现有费用水平为基础，而是一切都以零为起点，从根本上考虑它们的必要性及其数额的多少。所以，这种预算编制方法更切合实际情况，从而使预算充分发挥其控制实际支出的作用。 (　　)

(9) 目标成本是一种预计成本，是指产品、劳务、工程项目等在其生产经营活动开始前，根据预定的目标所预先制定的产品、劳务、工程项目等在生产和营建过程中各种耗费的标准，是成本责任单位、成本责任人为之努力的方向与目标。 (　　)

(10) 责任成本法的意义在于使物流成本的控制有了切实保障和使物流成本的控制有了主动力。 (　　)

4. 计算题

(1) 某新产品预计单位产品售价为 3 000 元，单位产品目标利润为 400 元，国家规定该产品税率为 10%，预计单位产品期间费用为 200 元。据倒扣测算法计算式，可求得该产品的目标成本。

(2) 某车间加工一种新产品投放市场，据分析，其单价不能高于同类产品单价的 120%，即单价不能超过 50 元。预计加工该产品的固定性加工费用(如设备折旧费等)全年为 4 000 元。该产品的目标利润为 12 000 元，据市场调查估算的销售量为 1 000 件。试匡算该产品的目标单位变动成本。

5. 思考题

(1) 影响企业物流成本的因素有哪些？举例分析各个因素的影响。

(2) 通过对本章的学习，对于物流成本你有什么新的理解吗？

案例分析

美国的物流成本①

1. 美国物流成本占 GDP 比例

美国物流成本占国内生产总值(GDP)的比例，在 20 世纪 80 年代大体保持在 11.4%～11.7%。而进入 20 世纪最后 10 年，这一比例有了显著下降，由 11%以上下降到 10%左右，甚至达到 9.9%。必须指出的是，物流成本的绝对数量还是一直在上升的，但是由于上升的幅度低于国民经济的增长幅度，所以占 GDP 的比例在缩小，从而成为经济效益提高的源泉。

再进一步从物流成本构成进行分析。美国的物流成本主要由 3 部分组成：一是库存费用；二是运输费用；三是管理费用。通过比较近 20 多年来的变化可以看出，运输成本在 GDP 中比例大体保持不变。而库存费用比例降低是导致美国物流成本比例下降的最主要的原因，这一比例由过去接近 5%下降到不足 4%。由此可见，降低库存成本、加快资金周转速度是美国现代物流发展的突出成绩，也就是说利润的源泉更集中在降低库存、加速资金周转方面。

① 资料来源：朱伟生. 物流成本管理[M]. 北京：机械工业出版社，2009：53-55.

2. 物流成本的计算方法

宏观上，美国物流成本包括的3个部分各自有其测算的办法。第一部分库存费用是指花费在保存货物上的费用，除了包括仓储、残损、人力费用及保险和税收费用外，还包括库存占压资金的利息。其中利息是当年美国商业利率乘以全国商业库存总金额得到的。把库存占压的资金利息加入物流成本，这是现代物流与传统物流费用计算的最大区别。只有这样，降低物流成本和加速资金周转速度才能从根本利益上统一起来。美国库存占压资金的利息在美国企业平均流动资金周转次数达到10次的条件下，约为库存成本的1/4，为物流总成本的1/10，数额之大，不可小视。仓储成本数字既包括公用仓库，也包括私人仓库。

第二部分运输成本是基于伊诺运输基金会出版的年度运输丛书得到的货运数据。运输成本包括公路运输、其他运输方式与货主费用。公路运输包括城市内运送费用与区域间卡车运输费用；其他运输方式包括铁路运输费用、国际国内空运费用、货代费用、油气管道运输费用；货主方面的费用包括运输部门运作及装卸费用。近10年来，美国的运输费用占国民生产总值的比重大体为6%，一直保持着这一比例，说明运输费用与经济的增长是同步的。

第三部分物流管理费用，是按照美国的历史情况由专家确定一个固定比例，乘以库存费用和运输费用的总和得出的。美国的物流管理费用在物流总成本中比例大体在4%左右。

另一个反映美国物流效率的指标是库存周期。美国平均的库存周期在1996—1998年保持在1.38个月到1.40个月。但1999年发生了比较显著的变化，库存周期从1999年1月的1.38个月降低到年底的1.32个月，这是有史以来的最低周期。库存周期减少的原因是由于销售额的增长超过了库存量增长，1999年库存量增长了4.6%，而同时，产品销售额增长了9.2%，是库存量增长的2倍。

讨论题

(1) 美国物流成本占GDP的比例有何变化？主要从哪些方面降低了物流成本？

(2) 美国物流成本计算有何特点？结合自己的理解谈谈对美国物流成本控制的看法。

第8章 装箱决策

【教学要点】

知识要点	掌握程度	相关知识	应用方向
装箱的概念和分类	了解	基本概念和分类	装箱决策基本知识
装箱问题的原则和解决方法	掌握	一般原则、常用解决方法	
集装箱常见装箱方法及注意事项	掌握	3种装箱方法、常见的装箱注意事项	
多品种混装问题决策	重点掌握	动态规划方法求解多品种混装问题	装箱决策基本问题和解决方法
载重和体积受限的装箱问题决策	重点掌握	模型的构建和整数规划的求解方法	
装箱优化方法	熟悉	遗传算法和启发式递归算法的计算过程	
装箱基本技术	掌握	集装箱货物汗湿的预防措施和货物的系固方法	

导入案例

国内外集装箱制造业发展概况①

我国集装箱制造业是从20世纪70年代末开始起步，采用补偿贸易或合资经营的方式筹建集装箱厂，80 年代初陆续投入生产。最初主要有广州船厂集装箱分厂、大旺华侨集装箱厂、中国国际海运集装箱股份有限公司(蛇口)，上海船厂集装箱厂(后改名为华海集装箱制造有限公司) 4 家生产厂。其后江西制氧机厂、镇江冷藏汽车厂生产了少量的冷藏集装箱。20 世纪 80 年代末至 90 年代初，一批中外合资集装箱制造厂相继建成投产，主要有北洋集装箱有限公司、天津国际海运货柜工程有限公司等。据不完全统计，全国已投产的集装箱生产厂有 20 多家，生产能力达 20 多万 TEU(twentyfoot equivalent unit，标准箱)。进入 90 年代末期，发展更为迅猛，据中国集装箱工业协会统计，中国集装箱生产能力已从 80 年代初的 4 万 TEU，增长到 1998 年的 148 万 TEU，产量已连续 5 年居世界第一。从事集装箱制造的企业已有 40 多家。目前，中国集装箱产量已占世界总产量的 70%多，成为世界集装箱第一生产大国。

集装箱业务的发展对物流业发展起到了重要的推动作用。在我国，生产的集装箱大部分为通用集装箱，冷藏集装箱只有 4 万 TEU。此外，尚有少量的特种集装箱。现从集装箱生产情况来看，不仅向箱型种类多样化发展，而且，由箱体制造到配件生产已达到专业化，并形成了完整的生产体系。

我国集装箱的销售量，以 1997 年为例，集装箱的产量为 110 万 TEU，其中铁路集装箱 2820 CTU(10t 箱)。销售量为 78.08 万 TEU，总产值 13.61 亿元。1997 年度我国出口量 20 英尺箱为 12.73 万 TEU，40 英尺箱为 16.83 万 TEU，其他箱为 3.45 万 TEU，出口金额为 10.29 亿美元。在 91 个机电产品中占第 10 位。20 世纪 90 年代以后，集装箱制造业在中国得到迅速发展的主要因素有两个：一为由于经济快速发展，中国有充足的适箱货源，需要本地生产的集装箱；二为中国拥有相对比较便宜、素质较高的人力资源，这是吸引众多外国制箱商到中国建厂的主要原因。目前，由于发展过快、过猛，已出现供过于求，导致了低价销售与恶性竞争现象。今后需要调整产品结构，由以通用箱为主，逐步向多样化的专用箱发展。从国外集装箱制造业发展情况来看，1990 年前后，东南亚制箱业脱颖而出，一度生机勃勃，但时至今日，各企业遇到了不同程度的困难，有的关闭，有的封存。1994 年，泰国、马来西亚和印度尼西亚等国十几家企业的集装箱总产量已达到 17.5 万 TEU，1995 年更上一层楼，高达 20 万 TEU。目前，世界集装箱的生产，除中国以外，韩国和印度是另外两个产箱量较高的国家，特别是印度。在欧洲，还有两个高产量的专用箱和罐式箱生产的制造商，其一是马士基箱业(MCI)，目前正竭力从马士基集团中脱离，马士基箱业 1997 年的产量是 4 万 TEU，都是 40 英尺箱，其中 1/3 是冷藏高容积箱，1/3 是高容积通用箱，另 1/3 是标准通用箱。意大利则是欧洲的主要制箱国，致力于专用箱生产，并保持很高的产量，意大利的制造箱企业比较注重各类特种箱的生产和销售，因而其产值较高，具有一定的竞争优势。

讨论题

(1) 根据该案例材料，试评述国内外集装箱制造发展概况。

(2) 结合当前物流业的发展，简要说明集装箱在物流业中所起的作用。

8.1 装箱决策概述

也许很多人曾看到过这样的情景：搬运工扛着大包小包、箱筐箩笼，走过架在码头和船

① 资料来源：徐淑芬．集装箱运输基本知识[M]．北京：中国铁道出版社，2002.

舶之间抖动的狭窄跳板，一件一件装卸货物，这是最古老的方式。再先进一点的，有些码头或船舶上设有吊装设备，可以把货物用大网兜兜起来或搁在货板上，一包一包吊上吊下。

然而，随着国际贸易的蓬勃发展，再靠网兜、货板吊装，已不能适应时代发展的需要，运输工具也应该越来越标准化与先进化。海上运输，集装箱已经非常普及；铁路运输，货厢是最常用的手段；公路运输，厢式货车的出现为各种货物(如冷饮、瓷器、汽车)的运输提供了便利，如图 8.1 及图 8.2 所示。在面对这些装载工具的时候，如何能够实现运力的最大化，就成为了每一个物流决策者所面对的问题。因此，装箱问题也就具有了普遍意义。合理的装箱决策可以优化运输工具的运力，从而为公司节省送货成本。装箱决策，就是指在箱体大小或载重等约束条件下，选择最佳的装箱作业方式来实现目标的最优化。

图 8.1　集装箱

图 8.2　厢式货车

8.1.1　装箱问题的分类

由于配送作业本身的特点，如需要配送的货物的形状、包装形式和重量各异，因此在装箱时，不但要考虑运输箱体的载重，还要考虑箱体的体积，使装载工具的载重和容积的利用率最大。装箱决策解决的问题就是要在充分保证货物的质量、外形和包装完好的情况下，尽可能地提高工具的载重和容积的利用率，以提高运输工具的利用率，达到节约运输费用、节省运力的目的。

8.1.2　装箱问题的一般原则

在考虑箱体的载重和体积的同时还要考虑一些装箱基本原则。

(1) 根据货物本身的承重性(易碎性)，重不压轻，即重的货物在下，轻的货物在上。

(2) 对于不同地点的货物，尽量满足“先到后装”，便于到达各站时的搬卸。

(3) 某些不宜与其他货物混装的货物必须隔离，如食品和化工产品、有些危险物品按照国家对危险物品运输的规定进行隔离或分装。

(4) 不允许超过运输工具的最大承重量。

(5) 重心与几何形心偏差不应太大，以免在运输途中发生事故。

(6) 在设计如何装箱后，应该在实际操作中注意货物码放的稳定性。

在实际操作中除考虑遵从上述一般原则外，还要根据货物的性质(如怕震、怕压、怕潮等)、形状、体积做出弹性调整。

8.1.3　装箱问题的一般解决方法

一般来说，装箱优化决策一般采用以下方法。

(1) 数学计算法。当运输批量大或运输方式变动不大的情况下，采用数学计算的方法，载货量、体积、重量、车辆参数等数据用数学计算的方法求出满意解。

(2) 计算机系统优化法。采用计算机系统进行优化，计算级系统优化的结果比人工计算方法有更多的优点，速度更快，结果更准确，而且现在也已经有了多种成熟且高效的算法。

(3) 经验法。一般装箱任务时间较紧，常按照实际经验对车辆进行安排。此种方法是对体积或重量中运力条件有限制的一个进行优先安排，再在指标最大化的前提下酌情考虑另一个指标。

在具体的物流活动中，工作人员要根据实际情况来分析问题，选择合适的数学模型来解决问题，达到操作的最优化。

阅读链接 8-1

中国起草的集装箱电子标签国际标准获通过

2007 年 12 月 4 日，在上海召开的国际标准化组织(ISO)集装箱通信与识别技术委员会第 16 次会议上，9 个国家和地区的代表经过长达 5 个小时的讨论，最终通过了由中国提出的修订集装箱电子标签国际标准的议案。

早在 2001 年，上海港就开展了集装箱电子标签系统的研究。2008 年 3 月 10 日，“中海宁波”号班轮从上海港驶往美国萨瓦纳港，开始了全球第一条集装箱电子标签国际航线的运营。截至目前，集装箱电子标签中美航线共开航 46 个航次，完成了 6 746 个标准箱的实船试验，试验表明系统运行正常，可以实时在线监控集装箱运输状态。

中美集装箱电子标签航线开通后，出台了《用于供应链监控的集装箱电子封条应用技术规范》国家标准草案。2008 年 6 月，中国标准化委员会正式向国际标准化组织集装箱通信与识别技术委员会提交了由上海港起草的国际标准提案和标准草案《可重复使用的多功能电子封条》。该标准草案是一项具有突破意义的创新，意味着中国在集装箱电子标签系统方面走在了世界前面。

(资料来源：南开物流网，http://logistics.nankai.edu.cn/)

8.2 多物品装箱决策问题

货物配送是物流配送的主要环节之一，合理组织装箱能够有效降低物流成本，提高配送效率，提高企业的效益。装箱问题主要有两个方面：一是多品种混装问题；二是载重和体积受限的装配问题。对于这两类装箱问题，我们将运用运筹学的相关知识来解决。

8.2.1 多品种混装问题

物流公司的业务范围有大宗的货物运输，也有小批量的货物运输。为了合理安排运力，公司常常要把各个客户所需的零担货物组成整车或者整箱运往各地，这就是货物混装。这种货物混装导致货物品种的混装问题的出现。整装箱内装有多个客户的货物，要分别在一站或者多站卸货。其中不乏一些外观相近的货物，很容易混淆，从而造成差错。为避免和减少这种差错，可以把外观相近、容易混淆的货物分开装卸，尽量不要配装在同一辆车内。

可以把货物按品种、形状、颜色和规格等分为若干类，用数字表示为 1 类、2 类、3 类、…、m 类。例如，现在公司共有 n 件货物需要运输，其中 1 类货物有 n_1 件，它们的质量分别为 w_{11}、w_{12}、…，w_{1n1}；2 类货物有 n_2 件，它们的质量分别为 w_{21}、w_{22}、…、w_{2n2}；以此类推。

品种混装要求在同一货车内每类货物至多装入一件，同一客户的多件同类货物可以记作一件，要使货物装载量达到车辆载重约束条件下的最大化。

假设：x_{ij}=1 表示第 i 类货物中第 j 件被装入；x_{ij}=0 表示第 i 类货物中第 j 件不要被装入。

多品种混装问题的数学模型为：

$$\max \sum_{i=1}^{m}\sum_{j=1}^{n_i} w_{ij}x_{ij} \tag{8.1}$$

$$\text{s.t.}\begin{cases}\sum_{i=1}^{n_i} x_{ij} \leqslant 1(i=1,\ 2,\ \cdots,\ m)\\ \sum_{i=1}^{m}\sum_{j=1}^{n_i} w_{ij}x_{ij} \leqslant w_0\end{cases}$$

式中：w_0——货车的载重上限。

该模型是一个整数线性规划问题，可以运用动态规划模型来解决这个问题。把 m 类货物看作 m 个阶段，这样，混装问题就化为动态规划问题，可以运用动态规划的相关解法来进行求解。下面举例说明具体解法。

【例 8.1】某物流公司拥有一辆载重质量 w_0=30t 的厢式货车，现要求对运输的货物进行混装，货物一共 6 件，已将其分为 3 类，第 1 类货物有 3 件，w_{11}=5，w_{12}=6，w_{13}=4；第 2 类货物有 2 件，w_{21}=8，w_{22}=9；第三类货物有 1 件，w_{31}=16。求最优混合配装法。

解：这个问题可以利用网络图来表示，如图 8.3 所示。

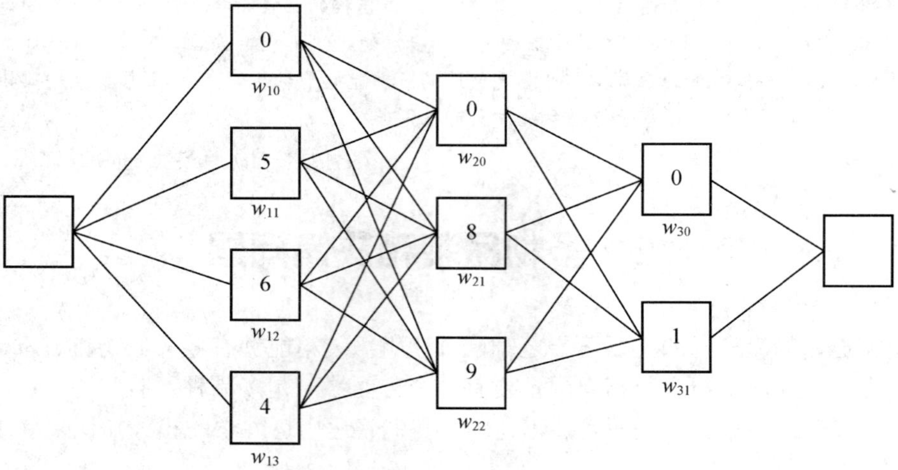

图 8.3　混装问题网络图

在图 8.3 中，同一列的方框表示同一类货物，方框内的数字表示货物的质量。上述品种混装问题其实就是在网络中自左向右寻找一条路线，使路线所经过的方框中的质量之和达到极大，但是又不超过货车载重量上限。

已知 w_i 表示第 i 类货物的质量，设 g_i 表示货车在装入第 i 类货物前已经装载的货物质量，g_i=g_{i+1}−w_i(i=1，2，3)，g_4=30。具体接替过程见表 8-1～表 8-3。

在第 4 阶段：g_4=30。

在第 3 阶段：见表 8-1。

表 8-1 第 3 阶段计算表

g_4	30	
w_3	0	16
$g_3(=g_4-w_3)$	30	14

在第 2 阶段：见表 8-2。

表 8-2 第 2 阶段计算表

g_3	30			14		
w_2	0	8	9	0	8	9
g_2	30	22	21	14	6	5

在第 1 阶段：见表 8-3。

表 8-3 第 1 阶段计算表

g_2	30				22				21			
w_1	0	5	6	4	0	5	6	4	0	5	6	4
g_1	30	25	24	2	22	17	16	18	21	16	15	17
g_2	14				6				5			
w_1	0	5	6	4	0	5	6	4	0	5	4	
g_1	14	9	8	10	6	1	0	2	5	0	1	

可见，有两种混装最优方法。它们分别是：

(1) $w_{11}(5)\to w_{22}(9)\to w_{31}(16)$

(2) $w_{12}(6)\to w_{21}(8)\to w_{31}(16)$

当然，在实际的操作中，应该根据实际的情况还应该考虑所选择的物品是否能存放于一个货厢之内。例如，味道不同但是又容易挥发的物品就不能存放到一起。

8.2.2 载重和体积受限的装箱问题

该问题的一般形式是：物流企业中箱的最大载重量是 W，最大装载体积为 V。现在有 n 种货物需要配送，假设第 i 种货物的单件质量为 w_i，体积为 v_i，货物的价值为 c_i。要求确定每种货物的装载件数，使得在不超过箱的最大载重和最大容积情况下，装运货物的总价值最大。根据货物能否拆箱装箱分为非整箱装箱和整箱装箱两种情况。

1. 非整箱装箱情况

非整箱装箱问题求出的解可能不是整数解，因此部分需要拆箱进行填充，从而实现装箱最优化。取 x_i 表示第 i 种货物的装载件数，其数学模型为：

$$\max\sum_{i=1}^{n}c_i x_i \tag{8.2}$$

$$
\text{s.t.}\begin{cases}\sum_{i=1}^{n} w_i x_i \leqslant W \\ \sum_{i=1}^{n} v_i x_i \leqslant V \\ x_i \geqslant 0 (i=1,\ 2,\ \cdots,\ n)\end{cases}
$$

该问题采用解线性规划的单纯形法来解决，该方法的使用，如例 8.2。

【例 8.2】 某物流公司有一辆箱式货车，现有 3 种货物需要配送。这 3 种货物的单位质量、体积及价值关系见表 8-4。

表 8-4　单件货物数据表

货物编号 i	质量 w_i/t	体积 v_i/m^3	价值 c_i/万元
1	1	2	4
2	2	3	5
3	1.5	1.5	3.5

已知箱式货车的最大载重量为 8t，最大允许装载体积为 15m^3，要如何配装这 3 种货物，使该货车装载货物的价值最大。

解：设 $x_i(i=1，2，3)$表示第 i 中货物的配装数量，z 表示货厢装载货物的价值，该问题的数学模型为：

$$
\max z = 4x_1 + 5x_2 + 3.5x_3
$$

$$
\text{s.t.}\begin{cases} x_1 + 2x_2 + 1.5x_3 \leqslant 8 \\ 2x_1 + 3x_2 + 1.5x_3 \leqslant 15 \\ x_1, x_2, x_3 \geqslant 0 \end{cases}
$$

用单纯形法求解过程见表 8-5～表 8-8。

表 8-5　单纯形法求解表(一)

c_i		4	5	3.5	0	0	b
C_B	X_B	x_1	x_2	x_3	x_4	x_5	
0	x_4	1	[2]	1.5	1	0	8
0	x_5	2	3	1.5	0	1	15
σ_j		4	5	3.5	0	0	0

表 8-6　单纯形法求解表(二)

c_i		4	5	3.5	0	0	b
C_B	X_B	x_1	x_2	x_3	x_4	x_5	
0	x_2	1/2	1	3/4	1/2	0	4
4	x_5	[1/2]	0	−3/4	−3/2	1	3
σ_j		3/2	0	−1/4	−5/2	0	−20

表 8-7 单纯形法求解表(三)

c_j		4	5	3.5	0	0	b
C_B	X_b	x_1	x_2	x_3	x_4	x_5	
3	x_2	0	1	3/2	2	−1	1
4	x_1	1	0	−3/2	−3	2	6
σ_j		0	0	2	2	−3	−29

表 8-8 单纯形法求解表(四)

c_j		4	5	3.5	0	0	b
C_B	X_B	x_1	x_2	x_3	x_4	x_5	
3	x_3	0	2/3	1	4/3	−2/3	2/3
4	x_1	1	1	0	−1	2	7
σ_j		0	−4/3	0	−2/3	−5/3	−91/3

得到最优解 $\boldsymbol{X}^*=(7，0，2/3，0，0)^{\mathrm{T}}$，以及最大值 $z_{\max}=91/3$(万元)。

所以最优方案是：$x_1^*=7$，$x_2^*=0$，$x_3^*=2/3$，最大装载价值为 30.33(万元)。

2. 整箱装箱情况

整箱装箱中所装载的货物不能拆箱，即 x_i 必须是大于或等于零的整数，那么问题就变为整数规划问题。可以采用求解整数规划的方法来求解，下面介绍采用分枝定界法来求整数解的步骤。

(1) 求整数规划的松弛问题(即采用线性规划求出的非整数解)的最优解。

(2) 若松弛问题的最优解满足整数要求，得到整数规划的最优解，否则转下一步。

(3) 任意选一个非整数解的变量 x_i，在松弛问题中加上约束 $x_i \leqslant [x_i]$ 及 $x_i \geqslant [x_i]+1$ 组成两个新的松弛问题，称为分枝。新的松弛问题具有的特征：当原问题是求最大值时，目标值是分枝问题的上界；当原问题是求最小值时，目标值是分枝问题的下界。

(4) 检查所有分枝的解及目标函数值，若某分枝的解是整数并且目标函数值大于(max)等于其他分枝的目标值，则将其他分枝剪去不再计算；若还存在非整数解并且目标值大于(max)整数解的目标值，需要继续分枝，再检查，直到得到最优解。

【例 8.3】我们在例 8.2 的基础上添加约束条件，即 x_i 必须是整数，采用分枝定界法来求例 8.2 的整数解。

解：

(1) 根据例 8.2，求出其松弛问题 LP0 的解为：$\boldsymbol{X}^*=(7,0,2/3,0,0)^{\mathrm{T}}$，最大值 $z_{\max}=91/3$(万元)。

(2) 由于得出的解是非整数解，所以转入下一步。

(3) 由于 x_3 是非整数解，所以在松弛问题分别中加上 $x_3 \leqslant 0$ 及 $x_3 \geqslant 1$ 组成两个新的松弛问题：

LP1：$\max z = 4x_1 + 5x_2 + 3.5x_3$

$$\text{s.t.}\begin{cases} x_1 + 2x_2 + 1.5x_3 \leqslant 8 \\ 2x_1 + 3x_2 + 1.5x_3 \leqslant 15 \\ x_3 \leqslant 0 \\ x_1, x_2, x_3 \geqslant 0 \end{cases}$$

和

LP2：$\max z = 4x_1 + 5x_2 + 3.5x_3$

$$\text{s.t.}\begin{cases} x_1 + 2x_2 + 1.5x_3 \leqslant 8 \\ 2x_1 + 3x_2 + 1.5x_3 \leqslant 15 \\ x_3 \geqslant 1 \\ x_1, x_2, x_3 \geqslant 0 \end{cases}$$

采用线性规划的解法求出 LP1 的解为：$\boldsymbol{X}^*$=(7.5，0，0，0，0)^{T}，最大值 $z_{\max}$=30(万元)；LP2 的解为：$\boldsymbol{X}^*$=(6.5，0，1，0，0)^{T}，最大值 $z_{\max}$=29.5(万元)，仍旧未出现整数解，继续分枝。选择目标值最大的 LP1 进行分枝，增加约束条件 $x_1 \leqslant 7$ 及 $x_1 \geqslant 8$，显然 $x_1 \geqslant 8$ 不可行，故得到线性规划问题：

$$\text{LP3：}\max z = 4x_1 + 5x_2 + 3.5x_3$$

$$\text{s.t.}\begin{cases} x_1 + 2x_2 + 1.5x_3 \leqslant 8 \\ 2x_1 + 3x_2 + 1.5x_3 \leqslant 15 \\ x_3 \leqslant 0, x_1 \leqslant 7 \\ x_1, x_2, x_3 \geqslant 0 \end{cases}$$

求出 LP3 的解为：$\boldsymbol{X}^*$=(7，1/3，0，0，0)^{T}，最大值 $z_{\max}$=89/3(万元)，再增加约束条件 $x_2 \leqslant 0$ 及 $x_2 \geqslant 1$，显然 $x_2 \leqslant 0$ 不可行，故得到线性规划问题：

$$\text{LP4：}\max z = 4x_1 + 5x_2 + 3.5x_3$$

$$\text{s.t.}\begin{cases} x_1 + 2x_2 + 1.5x_3 \leqslant 8 \\ 2x_1 + 3x_2 + 1.5x_3 \leqslant 15 \\ x_3 \leqslant 0, x_1 \leqslant 7, x_2 \geqslant 1 \\ x_1, x_2, x_3 \geqslant 0 \end{cases}$$

求出 LP4 的解为：$\boldsymbol{X}^*$=(6，1，0，0，0)^{T}，最大值 $z_{\max}$=29(万元)，是整数解。由于分枝 LP2 的最优解仍大于 29，有可能存在比 LP4 更优的解，所以还需将 LP2 再分枝，增加约束条件 $x_1 \leqslant 6$ 及 $x_1 \geqslant 7$，因 $x_1 \geqslant 7$ 不可行，故得到线性规划问题：

$$\text{LP5：}\max z = 4x_1 + 5x_2 + 3.5x_3$$

$$\text{s.t.}\begin{cases} x_1 + 2x_2 + 1.5x_3 \leqslant 8 \\ 2x_1 + 3x_2 + 1.5x_3 \leqslant 15 \\ x_3 \geqslant 1, x_1 \leqslant 6 \\ x_1, x_2, x_3 \geqslant 0 \end{cases}$$

求出 LP5 的解为：$\boldsymbol{X}^*$=(6，1/4，1，0，0)^{T}，最大值 $z_{\max}$=28.75(万元)，由于其最大值小于已求得的最优整数解的最优值，故不需要再进行分枝，所以求得其整数解为 $\boldsymbol{X}^*$=(6，1，0，0，0)^{T}，最大值 $z_{\max}$=29(万元)，上述分枝过程可用图 8.4 来表示。

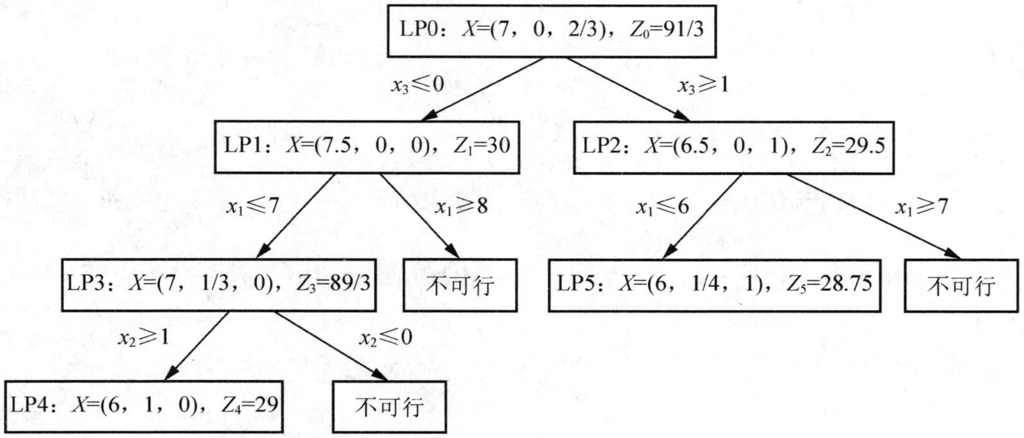

图 8.4　计算的分枝定界过程

通过对以上两类问题的求解，可以大概了解装箱问题的数学模型，但是在实际操作中遇到的问题可能会比例题中复杂得多。现在已有了相应的装箱优化软件，利用计算机技术可以很快就算出应该如何进行货物的分配，可以节省很大的人力物力。

8.3 集装箱装箱技术

阅读链接 8-2

美国沃尔玛发力冷链物流

谈及沃尔玛拼箱冷藏集装箱运输，首先想到的是沃尔玛集装箱干货配送网络的效率。由于分布在美国和世界各地超市大卖场食品杂货销售量快速增长，食品杂货中的水产品、肉制品、乳制品和速冻食品等日常保鲜食品销售份额不断扩大，沃尔玛因势利导，扩大投资。沃尔玛计划在 2012 年再扩大投资 4 亿～5 亿美元进一步建立公司内部拼箱冷藏集装箱设备梯队。在优化扩大其干货集装箱运输梯队的同时，加速扩大其经营管理的冷藏拼箱运输业务网络的全球覆盖面。目前，沃尔玛拼箱冷藏集装箱运输模式涉及范围包括远洋货轮、拖轮、集装箱卡车和航空运输。

沃尔玛公司最为业内人士所赞誉的就是沃尔玛零担货物集装箱卡车运输，业内人士称之为拼箱运输。即集装箱运输卡车从多元货物始发地把货物装运到单元目的地，为客户提供“零库存”、“实时”和“门到门”的拼箱货运服务，而其拼箱运输的货物通常是销售量特别巨大的消费者日常必买的包括冷藏食品在内的食品杂货。

采用冷藏或干货拼箱运输模式的食品杂货和其他货物不分项目种类多少和数量大小，且各个地区配送中心集装箱卡车运输车队，供货商，仓储经营商，批发零售商等供应链合伙人经营管理通过信息技术网络和信息共享系统而实现一体化，或相互密切配合弥补冷藏集装箱运输功能的一时不足，最大化利用美国和世界各地集装箱卡车运输队运能，把集装箱卡车运输空载率降低到最低水平。同时严格控制配送中心和超市大卖场等各个环节的存货水平，促使货物流更加精准，避免市场资源浪费和产品成本扩大，从而进一步提高沃尔玛的经济效益。

而本身就带有挑战性质的拼箱冷藏运输的经营管理相当复杂，首先必须建立定班冷藏集装箱车队运输网络，同时与其他地区的其他冷藏集装箱卡车运输公司保持密切合作。因为美国冷藏集装箱卡车队运力少得可怜，2006 年年底仅仅占到美国集装箱卡车运输总能力的 6%，如果按照正常整车装运冷藏品根本无法满足运量不断增长的冷藏食品杂货的运输需求。而且冷藏食品杂货不仅小包装多，批量多少不一，停点装卸站多，而且需要日夜控制温度，成本高，零售利润边幅不宽，其风险远远超过食品干货杂品。只有采用多货源拼箱冷藏箱运输方式，才能提高效率，解决冷藏集装箱卡车运力缺口，最大化降低冷藏食品杂货的运输风险成本。

2008 年 7 月底，沃尔玛在美国和世界各地拥有 2 256 家超市中心，579 家连锁仓储式大卖场和 112 家社区邻里市场，所有沃尔玛均拥有面积至少在 8 000 平方英尺的冷藏食品杂货销售专柜区。此外，沃尔玛在美国和世界各地拥有 39 家食品杂货配送中心。拼箱冷藏箱卡车运输车队主要负责以最快速度把食品杂货运送到沃尔玛经营的各个超市和大卖场网点。

(资料来源：南开物流网，http://logistics.nankai.edu.cn/)

集装箱的运输以海港运输为主，成熟的集装箱装箱技术使得由于货物运输所形成的货损相对稳定地减少。在我国，随着集装箱运输进入长江和珠江航运，集装箱运输范围由海上延伸到了江河和内陆广大地区。装箱作业点也随之自沿海港口向内陆，甚至是中西部广大地区快速延伸，因此对集装箱的装箱技术提出了更高的要求。

8.3.1 集装箱及其标准化

1. 集装箱定义

集装箱是一种容器，但这种容器与货物的外包装和其他容器不同，是一种专门用来在不同方式运输中搬运货物而特别设计的、能适应多种特殊要求的容器，是具有一定规格强度、能够周转使用的大型货箱。

关于集装箱的定义，许多国家(包括中国)基本上都采用国际标准化组织对集装箱的定义。

集装箱是一种运输设备，它应具备以下要求：①具有足够的强度，可长期反复使用；②适于一种或多种运输方式运送货物，无须中途换装；③装有便于装卸和搬运的装置，特别是便于从一种运输方式转移到另一种运输方式；④便于货物的装满和卸空；⑤内容积为 $1m^3$ 以上。

简单地说，集装箱是具有一定强度和规格，专供周转使用的大型装货容器。使用集装箱转运货物，可直接在发货人的仓库装货，运到收货人的仓库卸货，中途更换车、船时，无须将货物从箱内取出换装。在集装箱货物运输的全过程中，集装箱连同其内部装载的货物是作为一个运输单元的。

2. 集装箱的标准化

为了有效地开展国际集装箱多式联运，必须强化集装箱标准化，进一步做好集装箱标准化工作。集装箱标准化经历了一个发展过程，并出现了公司标准、地区标准、国家标准和国际标准 4 种集装箱标准。

20 世纪初，各国、各地区和一些大企业根据自己的需要，自由地制造和发展了许多不同尺度和结构的集装箱。早在 1931 年，欧洲国际铁路联盟(MC)就制定了欧洲各国铁路用集装箱标准。1953 年美国联邦运输管理部门提出设备标准化的要求，并于 1958 年被美国标准化协会采纳。随后，日本、苏联和东欧各国及某些大的公司，如海陆公司、麦逊公司等也先后制定了地区性和公司私用的集装箱标准。

地区、公司性集装箱标准的建立和集装箱在国际贸易运输中的普遍使用，迫切要求有一套世界范围通用的国际标准。国际标准化组织于 1961 年成立了有关集装箱的专门委员会——104 技术委员会(ISO/TC 104)，该委员会以建立新的国际运输系统为目标，着手进行集装箱的标准化工作。

在各方面的支持下，标准化工作进行得很顺利。但要把不同地区和公司的标准统一为一个国际标准，不是一件容易的事情。因为涉及大量不符合新国际标准的集装箱及有关设备设施的淘汰和因标准的改变而产生的一系列新的要求等。为照顾当时的现状，最初制定的国际标准以 3 个系列作为基本尺寸，其中 I 系列用于国际运输，II 系列用于欧洲，III 系列用于前苏联和东欧各国。并以此为基础制定了集装箱的国际标准，包括集装箱定义、术语、规格尺寸、总重量、试验方法及强度要求、角件结构、标志方法、操作方法等一系列标准和规定。

集装箱国际标准的推行和被普遍接受，促进了集装箱国际间的交流。但最初标准中的

Ⅱ、Ⅲ系列标准因仍属于地区性标准，违背了国际间相互交流的初衷，在后来举行的会议中被降格为地区标准，不再作为国际标准。

随着国际运输中集装箱化程度的不断提高，在集装箱运输过程中装卸、堆放、载运等安全及海关手续、维修保养等方面产生了一些新的问题。各国政府站在各自的立场上制定了自己国家的法规。这些以自己国家和地区为单位制定的法规限制了集装箱在国际市场上的顺利流通。为解决这个问题，联合国政府间海事协商组织(UN/IMCO)于1972年召开集装箱会议，通过了《国际集装箱安全公约》和《集装箱海关公约》，对国际运输的集装箱在试验、检查、认可、结构、安全条件、试验方法、海关手续及保税运输等方面做了规定。

8.3.2 集装箱常见装箱方法及注意事项

使用集装箱转运货物，可直接在发货人的仓库装货，运到收货人的仓库卸货，中途更换车、船时，无须将货物从箱内取出换装。按所装货物种类分，有杂货集装箱、散货集装箱、液体货集装箱、冷藏箱集装箱等；按制造材料分，有木集装箱、钢集装箱、铝合金集装箱、玻璃钢集装箱、不锈钢集装箱等；按结构分，有折叠式集装箱、固定式集装箱等；在固定式集装箱中还可分成密闭集装箱、开顶集装箱、板架集装箱等；按总重分，有30吨集装箱、20吨集装箱、10吨集装箱、5吨集装箱、2.5吨集装箱等。

1. 集装箱常见装箱方法

集装箱货物的装箱作业一般有以下3种方法。

(1) 全部用人力装箱，这种方式装载效率较低，而且容易发生事故。

(2) 用叉式装卸车(铲车)搬进箱内再用人力堆装。

(3) 全部用机械装箱，如货板(托盘)货用叉式装卸车在箱内堆装。

这3种方式中，以第3种方法最为理想，装卸效率最高，发生的货损事故最少。但是即使全部采用机械装箱，装载时如果忽视了货物特性和包装状态，或由于操作不当等原因，也往往会发生货损事故。特别是在内陆地区装载的集装箱，由于装箱人不了解海上运输时集装箱的状态，其装载方法通常都不符合海上运输的要求，从而引起货损事故的发生。

2. 集装箱货物装箱注意事项

(1) 在货物装箱时，任何情况下箱内所装货物的重量不能超过集装箱的最大装载量，集装箱的最大装货重量由集装箱的总重减去集装箱的自重求得；总重和自重一般都标在集装箱的箱门上。

(2) 每个集装箱的单位容重是一定的，因此，如果箱内装载一种货物，只要知道货物密度，就能断定是重货还是轻货。货物密度大于箱的单位容重的是重货，装载的货物以重量计算，反之货物密度小于箱的单位容重的是轻货，装载的货物以容积计算。装载重货时应在箱底铺上木板等衬垫材料，分散其负荷。区分重轻货物对提高装箱效率和保证安全是很重要的。

(3) 装载时要使箱底上的负荷平衡，箱内负荷不得偏于一端或一侧，特别是要严格禁止负荷重心偏在一端的情况。

(4) 用人力装货时要注意包装上有无“不可倒置”、“平放”、“竖放”等装卸指示标志，要正确使用装货工具，捆包货禁止使用手钩。箱内所装的货物要装载整齐、紧密堆装。容易散捆和包装脆弱的货物，要使用衬垫或在货物间插入胶合板，防止货物在箱内移动。

(5) 装载货板货时要确切掌握集装箱的内部尺寸和货物包装的外部尺寸，以便计算装载件数，达到尽量减少空位、多装货物的目的。

(6) 用叉式装卸车装箱时，将受到机械的自由提升高度和门架高度的限制。在条件允许的情况下。叉车装箱可一次装载两层，但上下应留有一定的间隙。如果条件不允许一次装载两层，则在箱内装第二层时，要考虑到叉式装卸车的自由提升高度和门架可能起升的高度。这时门架起升高度应为第一层货高减去自由提升高度。门架的提升高度是受集装箱内部高度限制的，只有门架起升高度小于第二层货高减去自由提升高度时，第二层货物才能装在第一层货物上层。

一般用普通起重量为两吨的叉式装卸车，其自由提升高度为 50cm 左右。但还有一种是全自由提升高度的叉式装卸车，只要箱内高度允许，这种机械就不受门架起升高度的影响，就能很方便地堆装两层货物。此外，还应注意货物下面应铺有垫木，以便使货叉能顺利抽出。

(7) 货物混装时应注意以下几点。

① 轻货要放在重货上面。

② 包装强度弱的货物要放在包装强度强的货物上面。

③ 不同形状、不同包装的货物尽可能不装在一起。

④ 液体货和不清洁货要尽量在其他货物下面。

⑤ 从包装中会渗漏出灰尘、液体、潮气、臭气等的货物，最好不要与其他货混装在一起。如果不得不混装，就要用帆布、塑料薄膜或其他衬垫材料隔开。

⑥ 带有尖角或突出部件的货物，要把尖角或突出部件保护起来，不使它损坏其他货物。

(8) 冷藏货装载时应注意以下事项。

① 冷冻集装箱在装货过程中，冷冻机要停止运转。

② 在装货前，冷冻集装箱内使用的垫木和其他衬垫材料要预冷；要选用清洁卫生的衬垫材料，不使它污染货物。

③ 不要使用纸、板等材料作衬垫，以免堵塞通风管和通风口。

④ 装货后箱顶与货物顶部一定要留出空隙，使冷气能有效地流通。

⑤ 必须注意到冷藏货要比普通杂货更容易滑动，也容易破损，因此对货物要加以固定，固定货物时可以用网等作衬垫材料，这样不会影响冷气的循环和流通。

⑥ 严格禁止已降低鲜度或已变质发臭的货物装进箱内，以避免损坏其他正常货物。

(9) 危险货物装箱时应注意以下事项。

① 货物装箱前应调查清楚该类危险货物的特性、防灾措施和发生危险后的处理方法，作业场所要选在避免日光照射、隔离热源和火源、通风良好的地点。

② 作业场所要有足够的面积和必要的设备，以便发生事故时，能有效地处置。

③ 作业时要按有关规则的规定执行。作业人员操作时应穿防护工作衣，带防护面具和橡胶手套。

④ 装货前应检查所用集装箱的强度、结构，防止使用不符合装货要求的集装箱。

⑤ 装载爆炸品、氧化性物质的危险货物时，装货前箱内要仔细清扫，防止箱内因残存灰尘、垃圾等杂物而产生着火、爆炸的危险。

⑥ 要检查危险货物的容器、包装、标志是否完整，与运输文件上所载明的内容是否一致。禁止包装有损伤、容器有泄漏的危险货物装入箱内。

⑦ 使用固定危险货物的材料时，应注意防火要求并确保其有足够的安全系数和强度。

⑧ 危险货物的任何部分都不允许突出于集装箱外，装货后箱门要能正常地关闭起来。

⑨ 有些用纸袋、纤维板和纤维桶包装的危险货物，遇水后会引起化学反应而发生自燃、发热或产生有毒气体，故应严格进行防水检查。

⑩ 危险货物的混载问题各国有不同的规定，如日本和美国规定，禁止在同一区域内装载危险货物，或不能进行混合包装的危险货物，不能混载在同一集装箱内。英国规定，不能把属于不同等级的危险货物混载在同一集装箱内。在实际装载作业中，应尽量避免把不同的危险货物混装在一个集装箱内。

阅读链接 8-3

海航收购 GE 旗下集装箱租赁企业

2011 年 8 月，经过多轮谈判和竞标，海航集团携合作伙伴香港投资公司 Bravia Capital 与 GE 及其合资伙伴签署了协议，以 10.5 亿美元的价格收购航运集装箱租赁公司 GE Sea Co。2012 年 2 月 1 日，GE Sea Co 改名为 Seaco SRL。

Seaco SRL 是全球第五大集装箱租赁公司，由 GE 与 SeaCo 公司按照 5∶5 的比例合资成立，此次 GE 出售这一资产的原因，是由于公司正在剥离金融资产并将业务重心放在工业部门。

通用电气所持 Seaco SRL 的股份，是由通用电气金融服务公司(GE capital)所有，后者正在削减对金融资产的净投资，目标是将这种净投资的总额从截至 2010 年第一季度末的 5 160 亿美元左右削减至 2012 年的 4 400 亿美元。

据了解，负责此次收购项目的是海航集团旗下的海航资本，收购资金来源将以股权和债务融资相结合。海航集团和 Bravia 资本已通过德意志银行和荷兰国际集团取得融资担保。在公布的收购声明中，Seaco SRL 将在海航现有的物流和金融业务中被作为核心业务来运作，并计划在未来两年的时间里大幅拓展 Seaco SRL 的规模。

目前，海航集团旗下拥有从事航运业务的板块主要是大新华物流，通过近几年的收购兼并，大新华集团已经拥有了集船队、码头，以及船舶租赁为一体的航运产业链，并同时拓展相关物流业务。而对于此次新增的集装箱租赁板块是否也会被纳入大新华物流，海航方面称还在商议中。

(资料来源：南开物流网，http://logistics.nankai.edu.cn/)

8.3.3 集装箱装箱优化

集装箱装箱问题从 20 世纪 70 年代初就引起了广泛的关注，简单来说，装箱问题就是将不同尺寸的物品摆放入有一定容积的容器中，以获得某种最佳的效益。一般需采用非线性规划方法来求解。本小节介绍的两种常用方法分别是遗传算法和启发式递归算法。

1. 遗传算法

遗传算法(genetic algorithms，GA)是基于自然选择和自然遗传机制的搜索算法，它是一种有效地解决最优化问题的方法。遗传算法最早是由美国 Michigan 大学的 John Holland 和他的同事及学生提出的。类似于自然界演化的基本法则，“适者生存”是遗传算法的核心机制，同样，“复制(reproduce)”、“杂交(crossover)”、“变异(mutation)”等自然界的生物演化规则在遗传算法中都得到类似的体现。

遗传算法作为一种有效的全局并行优化搜索工具，具有简单、通用、鲁棒性强的特点，且无须过多的专业知识，近年来在求解最优化问题中得到了越来越广泛的应用。它的基本思想是将某种编码技术作用于称为个体的二进制串(也可以采用其他方式)中，然后模拟出由这些串组成的群体的进化过程，并对这个群体进行选择操作、交叉操作、变异操作，通过寻求群体进化中的最优个体，得到所求问题的最优解。它的主要缺点是擅长全局搜索，而局部搜索能力不足，且容易出现早熟现象，研究表明，GA 可以用极快的速度达到最优解的 90%。

1) 遗传算法的主要步骤

(1) 编码：遗传算法在进行搜索之前先将解空间的解数据表示成遗传空间的基因型串结构数据，这些串结构数据的不同组合便构成了不同的点。

(2) 初始群体的生成：随机产生 N 个初始串结构数据，每个串结构数据称为一个个体，N 个个体构成了一个群体。遗传算法以这 N 个串结构数据作为初始点开始迭代。

(3) 适应度值评估检测：适应度函数表明个体或解的优劣性。不同的问题，适应度函数的定义方式也不同。

(4) 选择算子：选择的目的是为了从当前群体中选出优良的个体，使它们有机会作为父代繁殖子孙。遗传算法通过选择过程体现这一思想，进行选择的原则是适应性强的个体为下一代贡献一个或多个后代的概率大。选择实现了达尔文的适者生存原则。

(5) 交叉算子：交叉算子是遗传算法中最主要的遗传操作。通过交叉算子可以得到新一代个体，新个体组合了其父辈个体的特性。交叉体现了信息交换的思想。

(6) 变异算子：变异是指首先在群体中随机选择一个个体，对于选中的个体以一定的概率随机地改变串结构数据中某个串的值。同生物界一样，遗传算法中变异发生的概率很低，通常取值为 0.001～0.01。变异为新个体的产生提供了机会。

传统的遗传算法流程如图 8.5 所示。

2) 遗传算法的特点

遗传算法具有进化计算的所有特征，同时又具有自身的特点。

(1) 直接处理的对象是决策变量的编码集而不是决策变量的实际值本身，搜索过程既不受优化函数的连续性约束，也没有优化函数导数必须存在的要求。

(2) 遗传算法采用多点搜索或者说是群体搜索，具有很高的隐含并行性。

(3) 遗传算法是一种自适应搜索技术，其选择、交叉、变异等运算都是以一种概率方式来进行，从而增加了搜索过程的灵活性。同时能以很大的概率收敛于最优解，具有较好的全局优化求解能力。

(4) 遗传算法直接以目标函数值为搜索信息，对函数的性态无要求，具有较好的普适性和易扩充性；同时，可以把搜索范围集中到适应度较高的部分搜索空间中，从而提高搜索效率。

(5) 遗传算法的基本思想简单，运行方式和实现步骤规范，便于具体使用。

2. *启发式递归算法*

启发式递归算法(heuristic recursive，HR)是用于矩形物体装箱问题的策略算法，对解决矩形装箱问题简单有效。其装箱方法具体描述如下。

(1) 把一个矩形装入一个被装的空间中，把未装的空间分成两个子空间，如图 8.6 所示。

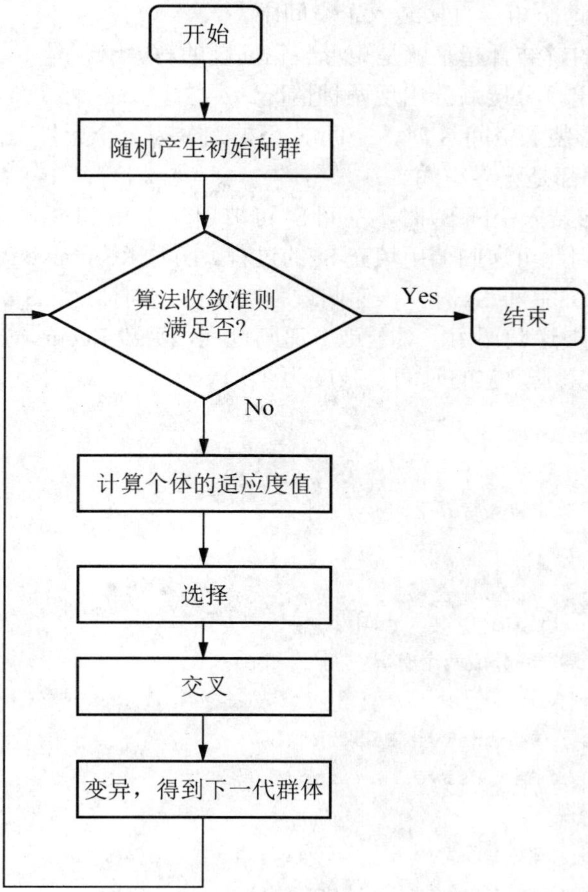

图 8.5　遗传算法流程框图

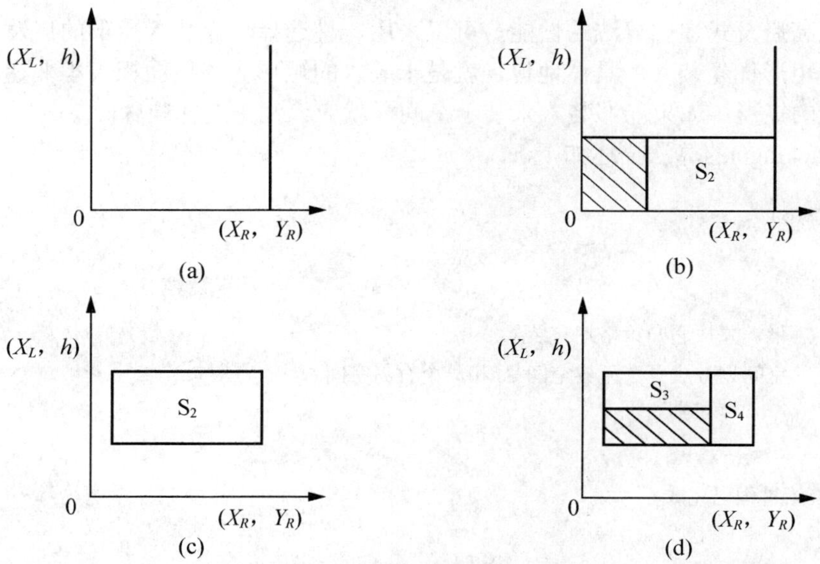

图 8.6　把一个未填满的空间分成两个子空间

(2) 在每个子空间中按照步骤(1)的方法递归的装入矩形。如果子空间的大小只能装一个矩形，那么，就把这个矩形直接装入子空间中。

(3) 每个子问题的解结合起来就是矩形装箱问题的解。

从图 8.6 中可看出，分层后会出现两种情况。

① 当有一个矩形装入空间 S 时，空间 S 可被划分为一个无界空间 S_1 和一个有界空间 S_2，此时 S_1 和 S 一样都是无界空间。

② 当有一个矩形装入空间 S_2 时，空间 S_2 可被划分成 S_3 和 S_4，此时，S_3 和 S_4 与 S_2 类似，都是有界空间。因此可递归调用填充 S_2 的过程。函数 Recursive Packing(S_2)显示了填充 S_2 的过程。在填充有界空间 S_2 时，该递归过程被调用。同样地，S_3、S_4 与 S_2 相似，函数 Recursive Packing(S_2)被递归调用。对于这一递归过程，函数 Recursive Packing(S_2)中的所有操作都在常数时间内完成，它的时间复杂度为 $T(n)=\theta(n)$。

```
Recursive Packing(S2)
  BEGIN
      若没有矩形能装入有界空间 S2，则
         Return;
      否则
         选出一块矩形,并装入 S2 中;
         把未装空间分成两个有界空间 S3 和 S4;
      若 S3 面积大于 S4 面积
         S2=S3; Recursive Packing(S2);
         S2=S4; Recursive Packing(S2);
      否则
         S2=S4; Recursive Packing(S2);
         S2=S3; Recursive Packing(S2);
  END
```

为了提高启发式递归算法的性能，可以采用一种选择优先装入矩形的启发式策略，即最大面积的矩形优先装入。具体地说，就是未装入的矩形应该按面积大小非递增排序。具有最大面积的矩形，如果能够装入未装子空间，就应该优先选择装入。

函数 Packing()的算法描述如下。

```
Packing(S)
BEGIN
Repeat
选出一个矩形，并按递归策略把它装入 S 中;
把未填充的空间划分成一个无界空间 S1 和一个有界空间 S2;
S=S1;
Recursive Packing(S2);
Until 装箱过程已完成;
END
```

当填充无界空间时，函数 Packing()被调用，这一过程可证明当装箱过程未完成时，递归函数 Recursive Packing(S_2)能被迭代调用。为了减少装箱高度，提出了一种策略，即矩形长边应该沿着未装空间的底部装入。

因为装箱顺序影响递归算法的性能，因此多个顺序能够提高性能。在实际中如果严格按照面积大小的顺序来填充矩形，这就不符合工业领域中的实际应用。因此，采用不同的顺序去实验，能得出最好的解。以下是 Heuristic Recursion()的算法描述：

```
Heuristic Recursion()
BEGIN
把所有矩形按照面积大小非递增排序;
For i=1 to n
For j=i to n
在当前的矩形顺序中交换这两个矩形 i 和 j 的顺序;
Packing(S);
存储当前最好的矩形序列和最好的解;
把最好的顺序作为当前的顺序;
END
```

从启发式递归算法的描述中，可得知该算法的平均运行时间是 $T(n)=\theta(n^3)$。为了提高递归算法的性能，反复执行函数 Heuristic Recursion()，直到高度 h 不能再改进。

8.3.4 集装箱装箱技术举例

1. 集装箱货物汗湿的预防措施

1) 集装箱货物产生汗湿的原因

集装箱内的货物在海上长期运输中存在着受汗湿而损坏的问题。由于集装箱的气容性较好，因此箱内很少因对流而受大气温度的影响，箱内温度主要是受热辐射的影响。堆放在甲板上的集装箱，由于受直射日光、热辐射的影响很大，故箱内温度的周期性日变化非常显著。因此，当箱内装了含有大量水分的货物时，在箱内的顶板上就会反复地引起结露和蒸发现象，当结露不能完全蒸发掉时水珠就会滴在货物的表面上产生湿损。

除冷藏集装箱和敞开式集装箱外，其他封闭式集装箱的箱内温度都直接取决于外界温度(其影响程度因集装箱材料热传导率的高低而异)。在船上，由于船舶甲板上的集装箱受外界温度变化的影响较严重，所以堆积在甲板最上层和两侧最外部的集装箱最易发生汗湿货损。其中积载在艏部两侧的集装箱还会因受到海水冲击(上浪)而使箱壁急剧冷却，结果使箱内温度较高的空气因急剧冷却而出现严重的结露现象。此外甲板上的集装箱受风雨影响也会使箱内气温快速下降而发生结露“出汗”现象。

集装箱货物汗湿的另一个重大因素是箱内含有水分，这类水分有以下两种情况。

(1) 集装箱上的水滴(sweat on skin)。集装箱内部温度因白天受太阳的热辐射而上升，而集装箱内的相对湿度下降。因而货物和包装材料等水分加快蒸发，提高了集装箱内部的露点。在这种状态下，到了晚上，因温度下降或海况和气象的急剧变化，集装箱的外壁、箱顶等受到冷却，当其温度低于集装箱内空气的露点时，则水蒸气就在这些构件的里侧凝结成水滴。在高温多湿地区装载了含有大量水分的货物和包装材料驶向寒冷地区时很容易引起这种现象。

(2) 货物上的水滴(sweat on cargo)。一方面由于在寒冷地区装载的货物和包装材料向温暖的地区运输时，通常货物本身的温度上升比集装箱内空气温度的上升慢；另一方面由于箱内温度的上升，相对温度降低，货物和包装材料内的水分蒸发，而露点上升。如果箱内的露点温度比箱内货物的表面温度高时，则水蒸气就直接在货物表面上凝结而产生水滴。

2) 防止集装箱产生湿损的措施

为控制货物汗湿现象，在装箱时一般可以酌情采取以下措施。

(1) 封闭式集装箱几乎是气密的，并基本上可断绝与外界空气的流通，所以降低箱内空气绝对湿度可以防止结露。具体包括以下做法。

① 货物装箱应在干燥晴朗的天气条件下进行，尽量避免在阴雨、湿度大的条件下装箱。

② 货物包装材料应保持干燥，即如果货物或其包装材料较潮湿，在不得已而装箱时，应紧密堆装，使货件之间的空气不易畅顺对流。

③ 加固及衬垫材料应干燥。

④ 可在箱内放置高效吸湿剂(如硅胶等)。

(2) 防止箱内壁面的温度急剧变化。集装箱顶板由单层铝合金或钢板所构成，因其热传导率较高、对外界温度变化的反应极为敏感极易在内壁出汗。所以应尽可能使用内壁有隔垫材料的集装箱，如集装箱内壁贴附一层隔热的胶合板，就可以改善内壁出汗的情况。

(3) 恶劣条件下的集装箱运输。当集装箱本身无法抑制外界温、湿度变化的影响时，可采取下列措施尽量减少货物湿损。

① 在顶板及侧板上铺盖内衬板，防止汗水直接淋湿货物，或用吸水性涂料(油漆)覆盖顶板。

② 货物本身应使用塑料薄膜密封在其内部，再放置硅胶或运用真空包装。易生锈的货物表面应预先处理，以防汗湿锈蚀。

③ 成组货物应尽量使货件保持紧密以减少货件与空气的接触面，减轻货湿的影响。

2. 集装箱内货物的系固

1) 船舶摇摆引起货物滑动

船运集装箱时货物的受力及其货损危险。船舶在海上航行时受风浪影响会发生摇摆，它所载货物也会随之运动。在波浪中航行时船舶的运动可分为纵向摇摆、横向摇摆和垂向颠簸运动。通常情况下货物沿垂向上跳的可能性很小，船舶纵向摇摆对货物产生的冲击也远比船舶横向摇摆对货物产生的冲击小。在此仅讨论船舶横向摇摆时货物的受力情况，如图 8.7 所示。

图 8.7　船舶横向摇摆货件受力分析

货件最大横向滑移力是在船舶摇摆时产生的，它主要由货件沿甲板面(与 Rc 同向)的下滑力 Rh 和圆周运动的惯性离心力 Rp 的甲板面分力 Rc 的并合而成，即

$$R_{max}=Rc+Rh \tag{8.3}$$

式中：R_{max}——货件最大横向滑移力(kN)；

Rc——货件惯性离心力的甲板面分力 $Rc=0.689\times\dfrac{wd\theta}{T^2}$ (kN)；

d——货件重心至船舶转动中心的垂直距离；

T——船舶横摇周期；

w——货重；

θ——横倾角；

Rh——货件平行于甲板面的分力 $Rh=w\cdot\sin\theta$ (kN)。

【例 8.4】某货件重 3 吨，该货件重心至船舶横摇中心的距离为 12 米；船舶摇摆周期为 11 秒，摇摆时最大横倾角为 30°，求该货件最大横向滑移力。

解：$Rc=0.689\times\dfrac{wd\theta}{T^2}=0.689\times\dfrac{3\times9.8\times12\times\pi/6}{11^2}=1.05(\text{kN})$

$Rh=w\cdot\sin\theta=3\times9.8\times\sin\pi/6=14.7(\text{kN})$

$R_{max}=Rc+Rh=15.75(\text{kN})$

即该货件最大横向滑移力达 15.75kN。

由此可见，横向摇摆产生的货件横向滑移力是相当大的。货物与货物之间、集装箱侧壁与货物之间如有空隙，必然会在海上运输中由于摇摆而使货物移动。造成塌货或破损，还有可能损坏其他货物、破坏集装箱的侧壁，甚至损坏其他集装箱。有时集装箱到达目的地后打开门时，由于装在箱门附近的货倒塌而引起人身伤亡和货物损坏，因此货物需要进行充分的固定。

2) 装箱作业中对货物的固定方法

运输过程中的货物在集装箱内不产生移动的作业叫做“固定”。通常依据实际情况可以有以下 3 种方法。

(1) 支撑：使用方形木条等支柱，使货物固定。

(2) 塞紧：货物之间或货物与集装箱侧壁之间用方木等支柱在水平方向加以固定或者插入填塞物。

(3) 绑扎：集装箱内的绑扎就是用绳索、带子等索具或用网具等把货物捆绑系紧。

由于集装箱的侧壁、端壁、门板处的强度较弱，因此在集装箱内进行固定作业时要注意支撑和塞紧的方法，不要直接撑在这些地方使它承受局部负荷，而必须设法使支柱撑在集装箱的主要构件上。此外，为了使货物能有效地固定并保护货物，有时也将衬垫材料、扁平木材等制成栅栏来固定。

绑扎固定对于缓冲运输中产生的冲击和振动是有效的，特别是对于防止海上运输中，由于船舶摇摆而产生的货物移动是一种重要的措施，因此在装载重货时都必须加以绑扎。

为了填补货物之间和货物与集装箱侧壁之间的空隙和防止货物的破损、湿损、污损，有必要在货物之间插入木板、覆盖物之类的隔货材料。这些材料多半为货板、木框、缓冲垫等填塞物，也有使用合成橡胶制的空气垫。前者是利用牵引车上的压缩空气把气垫吹鼓

起来，它除了能固定货物外，同时还起缓冲作用，但有价格昂贵的缺点；后者是用牛皮纸和气密性好的聚乙烯袋经过特殊加工制成的双重结构空气垫，价格便宜，使用后即可丢弃。

3. 集装箱装箱技术的发展趋势

集装箱装箱技术的研究的方向和趋势可能会呈现以下特点。

(1) 建立一种算法集成框架。当前大多数人所研究的方法仅仅针对配装问题的某一两个方面(如容积、稳定性)，不能完全适用于实际的情形。因此可以集合每种方法的特长，形成一个集装箱配装框架方案，从各近似解中选取最优解。

(2) 多集装箱配装。当前对于多集装箱配装研究仍然处于开始阶段，应用集合区分、排程方法将是今后的方向。

(3) 非方形及不规则形状货物配装。迄今为止，大多数文献只是针对长方体包装货物的配装，对于不规则形状的货物少有叙述。因此针对服装、电缆、造纸等行业的产品配装研究也有很重要的工业应用价值。

(4) 单元化装载。加快集装容器(托盘、集装箱)的标准化、通用化在企业的实施进程，推广单元化装载系统在物流配送中的应用，不仅有利于装卸作业，也会带来可观的经济效益，而且已经成为有效客户响应的一种手段。

(5) 人工智能技术在单元化装载系统中的应用。实际的配装情形相当复杂，因此应用基因算法、专家系统等人工智能技术开发配装辅助系统，可以预先生成配载方案，节约运输成本，提高物流一体化配送水平。

本 章 小 结

装箱作业是运输和配送中非常重要的一个作业环节，装箱效率的高低及其满箱率直接关系着运输或配送的成本，并且装箱作业也会影响到货物在运输过程中的完好率。在装箱作业过程中，也有一些需要管理和决策的问题，主要包括装箱作业的原则与方法、装箱作业的注意事项、多物品装箱决策问题和集装箱装箱问题等几个方面。

装箱作业的原则与方法讲述了装箱作业的 6 个基本原则和 3 种装箱优化决策的方法，装箱作业的注意事项介绍了集装箱装箱的 3 种方法和作业过程中需要注意的 13 个事项。

关于多物品装箱决策问题，本章主要分析了多品种混装、载重和体积受限的装箱两种情况下的最优装箱模型，并给出了模型的求解方法。集装箱装箱问题则介绍了集装箱装箱优化过程中采用的遗传算法和启发式递归方法，并讨论了集装箱货物预防汗湿的方法和集装箱内货物的系固方法。

装箱决策是一个复杂的过程，决策者应该根据装箱作业的特性，参考相应的决策方法来进行装箱作业的一些决策活动。

关键术语

(1) 装箱作业　(2) 装箱原则　(3) 动态规划　(4) 线性规划

(5) 整数规划　(6) 集装箱　(7) 装箱模型　(8) 装箱算法

习 题

1. 选择题

(1) 在单个客户配送数量不能达到车辆的有效载运负荷时应进行________。

A. 集货 B. 配货 C. 配装 D. 补货

(2) 货物混装时应该要避免________。

A. 轻货要放在重货上面

B. 包装强度弱的货物要放在包装强度强的货物上面

C. 不同形状、不同包装的货物尽可能装在一起

D. 液体货要尽量在其他货物下面

(3) 在设计如何装箱后，应该在实际操作中注意货物码放的________。

A. 承重性 B. 稳定性 C. 混装性 D. 搭配性

(4) 当运输批量大或运输方式变动不大的情况下，采用________的方法。

A. 数学计算 B. 计算机系统优化

C. 经验法 D. 常识判断

(5) ________不是集装箱装箱的优点。

A. 强度大 B. 不能反复使用 C. 便于装卸 D. 容量大

(6) ________不是遗传算法的步骤。

A. 选择算子 B. 遗传算子 C. 交叉算子 D. 变异算子

(7) 下列不是装箱作业中对货物的固定方法的有________。

A. 支撑 B. 塞紧 C. 绑扎 D. 裹紧

(8) 集装箱货物汗湿的原因不包括________。

A. 日光直射 B. 海水冲击

C. 大气对流 D. 货物自身含有水分

2. 简答题

(1) 简述装箱问题的一般原则。

(2) 简述装箱问题的一般解决方法。

(3) 简述集装箱常见装箱方法。

(4) 简述货物混装时应注意的事项。

(5) 简述集装箱装箱常见的优化方法。

(6) 简述集装箱装箱技术的发展趋势。

3. 判断题

(1) 装箱决策是在箱体大小或载重等约束条件下，选择最佳的装箱作业方式来实现目标的最优化。 ( )

(2) 运输过程中的货物在集装箱内不产生移动的作业称为“固定”。 ( )

(3) 集装箱内的货物虽然在海上长期运输，但不存在着受汗湿而损坏的问题。 ( )

(4) 化妆品与茶叶可以一起混装。 ( )

(5) 冷冻集装箱在装货过程中，冷冻机不可以停止运转。 (　　)

(6) 集装箱是一种专门用来在不同方式运输中搬运货物而特别设计的、能适应多种特殊要求的容器。 (　　)

(7) 箱内所装的货物要装载整齐、紧密堆装，防止货物在箱内移动。 (　　)

(8) 对于不同地点的货物，尽量满足“先到后装”，便于到达各站时的搬卸。 (　　)

(9) 在实际装箱操作中注意货物码放的稳定性和重心。 (　　)

(10) 装载时允许超过运输工具的最大承重量。 (　　)

4. 计算题

(1) 某物流公司有一辆箱式货车，现有 3 种货物需要配送。已知这 3 种货物的单位质量、体积及价值关系见表 8-9。

表 8-9　单件货物数据表

货物编号 i	质量 w_i/t	体积 v_i/m^3	价值 c_i/万元
1	3	3	5
2	2	1	3
3	2	2	2

已知箱式货车的最大载重量为 12t，最大允许装载体积为 $18m^3$，问要如何配装这 3 种货物，使该货车装载货物的价值最大。

(2) 某物流公司拥有一辆载重质量 w_0=30t 的箱式货车，现要求对运输的货物进行混装，货物一共 6 件，已将其分为 3 类，第 1 类货物有 2 件，w_{11}=5，w_{12}=6；第 2 类货物有 2 件，w_{21}=8，w_{22}=9；第三类货物有 2 件，w_{31}=16，w_{32}=4。求最优混合配装法。

案例分析

应对铁路集装箱管理滞后有“良策”①

当前，集装箱运输是现代物流业的发展方向，集装箱是铁路货物运输的发展方向，集装箱运输是铁路提高服务质量非常有效的运输方式，它蕴藏着巨大的增长空间，具备很强的发展优势。

1. 铁路箱运输“跨越式”发展

2004 年是中铁集装箱实施公司化运作的开局之年，全年共发送集装箱 311.2 万 TEU，发送货物 5 952 万吨。运量虽然谈不上宏大，但这已表明中国铁路集装箱运输行业进入了一个新的发展阶段。2005 年中铁集装箱公司又在铁道部的直接领导下，在全路实行集装箱运输集中办理，拉开了铁路集装箱运输“跨越式”发展的帷幕。

随着中国制造能力的进一步增强，大宗货物和制成品的大进大出及集装箱适箱率的提升，给港口集装箱运输的发展带来了良好的机遇。2012 年后中国将成为世界最大的集装箱航运中心，港口集装箱吞吐量将达到 10 800 万 TEU。铁路集装箱运输只有加快发展、改善服务，才能在集装箱运输市场中发挥应有的作用。在这一形势下，如何加强和完善铁路箱管理就成为当务之急。

① 资料来源：锦程物流网(http://info.jctrans.com).

2. 铁路箱管理失控

目前全国铁路箱总量号称约在60万只左右，种类比较多，特别是20英尺及以上的大型箱和特种箱近年来增加较多。但总数具体是多少、种类又是多少、全路分布如何、使用情况如何等底数不清。这实际上反映了铁路箱管理工作的滞后与失控。

在目前不可能投入大量资金建造新箱的时候，修理现有旧箱是提高铁路箱运用量的当务之急。现在每年投入的修箱费用不少，但不能正常运用的铁路箱比例仍然很高。究其原因，每年下拨的修箱费用只能维持半年，一到下半年，损坏的铁路箱就只能听之任之，处于非运用状态，只好等待来年的费用，这造成了资源的浪费。

3. 铁路箱管理的对策

完善集装箱车站报告管理信息系统。现有的TMIS集装箱追踪系统和集装箱车站报告管理信息系统是铁路集装箱运输的信息枢纽，进一步加强和完善集装箱车站报告管理信息系统是确保管理好铁路集装箱的信息基础。

(1) 建立铁路箱堆场。铁路集装箱直属站、中心站是以经营铁路集装箱运输及配套服务为主的物流中心。

现有北京东、杨浦、大朗、成都东、重庆东和昆明东6个直属站，北京、上海等18个集装箱中心站。根据这一现状，可以在这些直属站、中心站划出一定的场地设立铁路箱专用堆场，配备铁路箱管理员对铁路箱进行专人负责、专人管理，各集装箱分公司可以派遣专员驻场对铁路箱的使用和管理进行监督，控制站内、站外铁路箱数量，强化铁路箱使用、修理工作，提高周转率。在各个铁路箱堆场，配备专职铁路箱管理员，负责铁路箱日常管理及租赁工作。利用现有TMIS集装箱追踪管理系统和集装箱车站报告管理信息系统全路联网的优势进行铁路箱管理。

(2) 空箱回送有序化。从铁路箱的分布和货物流量看，目前内地箱源偏紧，而沿海较宽裕，形成了不平衡的局面，这就产生了要求空箱调配问题。铁路空箱回送主要是为了提高内地铁路集装箱发送箱数，但不能不计成本，必须在保证铁路总体效益不亏损的情况下才可以做，否则“这种为任务而任务的短期行为，必然把我们拖入忽视基础、疲于奔命的恶性循环之中”。在此过程中，必须强调全面的协调的科学发展，充分研究市场需求，引导和改善集装箱运输的货源结构、流量、流向、产品结构，努力做到铁路集装箱回送有序化。

同时通过调整运输政策、运价政策和改善组织方式，建立起能够适应市场需求的运价、时效和服务运作体系。进一步强化运输组织，严肃调度纪律，对运输能力和效率进行整合。科学合理地调配箱、车，尽量做到箱、货匹配，压缩集装箱排空数量和排空运距，积极组织回空捎货运输，从而提升运输能力，提高运输效率和经济效益。

总之，在不远的将来，铁路箱的管理和运用就会跨上与国际接轨的新台阶，铁路集装箱运输的服务质量就会得到不断提高，铁路集装箱运输生产管理将达到世界先进水平。

讨论题

(1) 我国铁路集装箱管理滞后存在的问题有哪些？

(2) 我国为应对铁路集装箱管理滞后采取了哪些“良策”？

(3) 根据本案例，你认为我国铁路集装箱管理的发展前景如何？

参 考 文 献

[1] 韩天锡．管理数量方法[M]．西安：西北工业大学出版社，2006.

[2] 李毅学．物流规划理论与案例分析[M]．北京：中国物资出版社，2010.

[3] 蒋长兵．企业物流战略规划与运营[M]．北京：中国物资出版社，2009.

[4] 崔介何．企业物流[M]．2 版．北京：北京大学出版社，2008.

[5] 谢雪梅．现代物流基础[M]．北京：北京理工大学出版社，2010.

[6] 张诚，周湘峰．现代物流管理[M]．南昌：江西人民出版社，2008.

[7] 吴仁群．经济预测与决策[M]．北京：中国人民大学出版社，2011.

[8] 缪兴锋，秦明森．物流运筹学方法[M]．广州：华南理工大学出版社，2007.

[9] 陈立，黄丽君．物流运筹学[M]．北京：北京理工大学出版社，2008.

[10] 秦玉权．物流运筹学[M]．北京：北京大学出版社，2008.

[11] 陈军，马毅．现代物流运筹学[M]．武汉：武汉理工大学出版社，2008.

[12] 沈艳萍．物流运筹学[M]．重庆：重庆大学出版社，2008.

[13] 胡运权．运筹学基础及应用[M]．北京：高等教育出版社，2008.

[14] 熊伟．运筹学[M]．北京：机械工业出版社，2009.

[15] 沈家骅．现代物流运筹学[M]．北京：电子工业出版社，2011.

[16] [美]希利尔．数据、模型与决策：运用电子表格建模与案例研究[M]．任建标，译．北京：中国财政经济出版社，2010.

[17] 张东戈．军事运筹学[M]．北京：国防工业出版社，2011.

[18] 张庆英．物流系统工程——理论、方法与案例分析[M]．北京：电子工业出版社，2011.

[19] 傅德印．预测方法与应用[M]．北京：中国统计出版社，2003.

[20] 吴旭光，杨惠珍，王新民．计算机仿真技术[M]．2 版．北京：化学工业出版社，2008.

[21] 乔冬梅．市场预测与决策[M]．郑州：郑州大学出版社，2009.

[22] 金锡万．物流管理信息系统[M]．南京：东南大学出版社，2006.

[23] 马汉武．设施规划与物流系统设计[M]．北京：高等教育出版社，2005.

[24] 杨育．设施规划[M]．北京：科学出版社，2010.

[25] [美]汤普金斯，等．设施规划[M]．伊俊敏，等译．北京：机械工业出版社，2008.

[26] 董海．设施规划与物流分析[M]．北京：机械工业出版社，2005.

[27] 朱耀祥，朱立强．设施规划与物流[M]．北京：机械工业出版社，2004.

[28] 程国全．物流设施规划与设计[M]．北京：中国物资出版社，2003.

[29] 蒋长兵．仓储管理与库存控制案例、习题与解答[M]．北京：中国财富出版社，2010.

[30] 宁俊．服装生产经营管理[M]．北京：中国纺织出版社，2010.

[31] 盛勇．ABC 分析法在库存管理中的应用[J]．财会研究，2009.

[32] 何海怀．最大收益期望值法和最小损失期望值法在经济分析中的应用——以报刊发行为例[J]．商场现代化，2005.

[33] 陈荣秋，马士华．生产运作管理[M]．北京：机械工业出版社，2009.

[34] 沈墨．现代物流案例分析[M]．南京：东南大学出版社，2006.

[35] 王慧．物流配送管理学[M]．广东：中山大学出版社，2009．
[36] 魏修建．电子商务物流：理论与实务[M]．北京：北京大学出版社，2008．
[37] 程艳霞．现代物流管理概论[M]．武汉：华中科技大学出版社，2009．
[38] 左元斌．物流配送中心选址问题的理论、方法与实践[M]．北京：中国铁道出版社，2009．
[39] 杜文．物流运输与配送管理[M]．北京：机械工业出版社，2006．
[40] 朱伟生．物流成本管理[M]．3 版．北京：机械工业出版社，2009．
[41] 冯耕中，李雪燕，汪寿阳．物流成本管理[M]．北京：中国人民大学出版社，2010．
[42] 王欣兰．物流成本管理[M]．北京：北京交通大学出版社，2010．
[43] 李安华．物流成本管理[M]．成都：四川大学出版社，2008．
[44] 熊青．企业物流管理[M]．北京：人民交通出版社，2007．
[45] 沈默．现代物流案例分析[M]．南京：东南大学出版社，2006．
[46] 于斐．在省钱过程中挣钱[J]．中国证券报，2008．
[47] 谢雪梅．物流成本管理[M]．长春：吉林大学出版社，2009．
[48] 符敦鉴．岸边集装箱起重机[M]．武汉：湖北科学技术出版社，2007．
[49] 王鸿鹏．集装箱运输管理[M]．2 版．北京：电子工业出版社，2012．
[50] 顾丽亚．集装箱运输管理实务[M]．北京：电子工业出版社，2008．
[51] 申习身，李飞诚．集装箱运输实务[M]．北京：对外经济贸易大学出版社，2008．
[52] 张伯生．运筹学[M]．2 版．北京：科学出版社，2012．
[53] 董肇君．系统工程与运筹学[M]．2 版．北京：国防工业出版社，2007．

21 世纪全国高等院校物流专业创新型应用人才培养规划教材

序　号	书　名	书　号	编著者	定 价	出版日期
1	物流工程	7-301-15045-0	林丽华　刘占峰	30.00	2012.5
2	现代物流决策技术	7-301-15868-5	王道平　王　煦	30.00	2009.10
3	物流管理信息系统	7-301-16564-5	杜彦华　吴秀丽	33.00	2010.1
4	物流信息管理	7-301-16699-4	王汉新	38.00	2010.1
5	现代物流学	7-301-16662-8	吴　健	42.00	2010.2
6	物流英语	7-301-16807-3	阚功俭	28.00	2010.2
7	第三方物流	7-301-16663-5	张旭辉　杨勇攀	35.00	2010.2
8	物流运作管理	7-301-16913-1	董千里	28.00	2010.2
9	采购管理与库存控制	7-301-16921-6	张　浩	30.00	2010.2
10	物流管理基础	7-301-16906-3	李蔚田	36.00	2010.2
11	供应链管理	7-301-16714-4	曹翠珍	40.00	2010.3
12	物流技术装备	7-301-16808-0	于　英	38.00	2010.4
13	现代物流信息技术	7-301-16049-7	王道平　周　叶	30.00	2010.4
14	现代物流仿真技术	7-301-17571-2	王道平　张学龙	34.00	2010.8
15	物流信息系统应用实例教程	7-301-17581-1	徐　琪	32.00	2010.8
16	物流项目招投标管理	7-301-17615-3	孟祥茹	30.00	2010.8
17	物流运筹学实用教程	7-301-17610-8	赵丽君　马建华	33.00	2010.8
18	现代物流基础	7-301-17611-5	王　侃	37.00	2010.8
19	现代企业物流管理实用教程	7-301-17612-2	乔志强　程宪春	40.00	2010.8
20	现代物流管理学	7-301-17672-6	丁小龙	42.00	2010.8
21	物流运筹学	7-301-17674-0	郝　海　熊德国	36.00	2010.8
22	供应链库存管理与控制	7-301-17929-1	王道平　侯美玲	28.00	2010.11
23	物流信息系统	7-301-18500-1	修桂华　姜　颖	32.00	2011.1
24	城市物流	7-301-18523-0	张　潜　吴汉波	24.00	2011.1
25	营销物流管理	7-301-18658-9	李学工　王学军	45.00	2011.4
26	物流信息技术概论	7-301-18670-1	张　磊　吴　忠	28.00	2011.4
27	物流配送中心运作管理	7-301-18671-8	陈　虎	40.00	2011.4
28	物流项目管理	7-301-18801-9	周晓晔	35.00	2011.5
29	物流工程与管理	7-301-18960-3	高举红	39.00	2011.6
30	交通运输工程学	7-301-19405-8	于　英	43.00	2011.8
31	国际物流管理	7-301-19431-7	柴庆春	40.00	2011.8
32	商品检验与质量认证	7-301-10563-4	陈红丽　缪　瑞	32.00	2011.12
33	供应链管理	7-301-19734-9	刘永胜　杜志平	49.00	2012.1
34	逆向物流	7-301-19809-4	甘卫华	33.00	2012.1
35	供应链设计理论与方法	7-301-20018-6	王道平　李　淼	32.00	2012.1
36	物流管理概论	7-301-20095-7	李传荣	44.00	2012.3
37	供应链管理	7-301-20094-0	高举红	38.00	2012.3
38	企业物流管理	7-301-20818-2	孔继利	45.00	2012.7
39	物流项目管理	7-301-20851-9	王道平　李建立	30.00	2012.7
40	供应链管理	7-301-20901-1	王道平　杨　岑	35.00	2012.7
41	现代仓储管理与实务	7-301-21043-7	周兴建　张北平	45.00	2012.8
42	物流学概论	7-301-21098-7	李　创　王丽萍	44.00	2012.8
43	航空物流管理	7-301-21118-2	刘元洪	32.00	2012.8
44	物流管理实验教程	7-301-21094-9	李晓龙	25.00	2012.8
45	物流系统仿真案例	7-301-21072-7	赵　宁	25.00	2012.9
46	物流与供应链金融	7-301-21135-9	李向文　冯茹梅	30.00	2012.9
47	物流信息系统	7-301-20989-9	王道平　关忠兴	28.00	2012.9
48	物料学	7-301-17476-0	肖生苓　孙术发	44.00	2012.9
49	智能物流	7-301-22036-8	李蔚田　神会存	45.00	2013.1
50	物流项目管理	7-301-21676-7	张旭辉　孙　晖	38.00	2013.3
51	新物流概论	7-301-22114-3	李向文　冯茹梅	34.00	2013.3
52	物流决策技术	7-301-21965-2	王道平　程肖冰	38.00	2013.3
53	物流系统优化建模与求解	7-301-22115-0	李向文	32.00	2013.3